全国农业推广专业学位研究生教育指导委员会推荐教材

农产品贮藏与物流学

NONG CHAN PIN ZHU CANG YU WU LIU XUE

蒲彪 秦文 主编

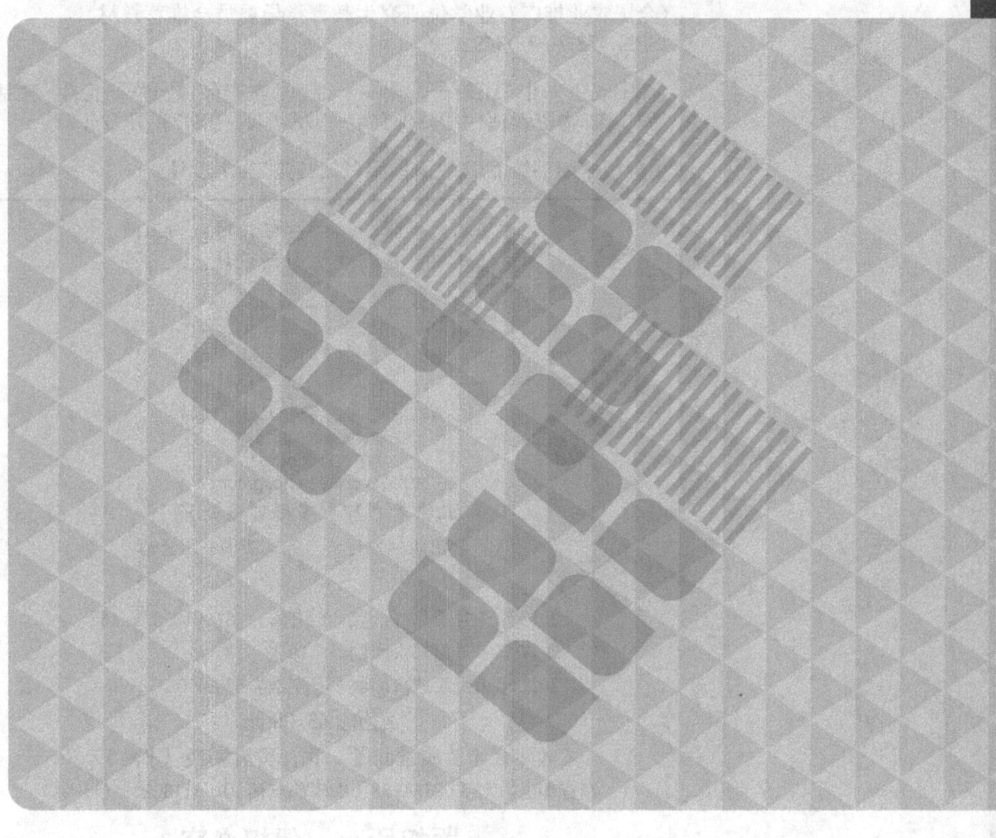

科学出版社

内 容 简 介

本书是全国农业推广硕士专业学位教育指导委员会批准立项的研究生教材，是将农产品贮藏保鲜技术与现代物流业结合的第一本教材。

本书分为9章，系统阐述了农产品的品质、采后生理、采收及采后商品化处理、采后病害及其控制、仓库害虫及其防治、贮藏技术、农产品运输、现代物流安全管理与技术、物流过程的安全质量管理等内容。

本书既可作为食品加工与安全领域专业学位研究生、食品类专业本科生的专业课教材，也可作为农产品贮藏与物流从业人员的参考书和工具书。

图书在版编目(CIP)数据

农产品贮藏与物流学/蒲彪，秦文主编. —北京：科学出版社，2012
(全国农业推广专业学位研究生教育指导委员会推荐教材)
ISBN 978-7-03-034920-0

Ⅰ.①农… Ⅱ.①蒲… ②秦… Ⅲ.①农产品-贮藏-研究生-教材②农产品-物流-物资管理-中国-研究生-教材 Ⅳ.①S379②F724.72

中国版本图书馆CIP数据核字(2012)第130745号

责任编辑：张 斌 / 责任校对：刘玉靖
责任印制：吕春珉 / 封面设计：夏 亮

科学出版社 出版
北京东黄城根北街16号
邮政编码：100717
http://www.sciencep.com
北京中科印刷有限公司 印刷
科学出版社发行 各地新华书店经销
*
2012年7月第 一 版 开本：787×1092 1/16
2017年1月第二次印刷 印张：23 1/4
2021年1月第三次印刷 字数：550 000

定价：65.00元

(如有印装质量问题，我社负责调换〈中科〉)
销售部电话 010-62134988 编辑部电话 010-62135235（HP04）

本书编审委员会

主　编　蒲　彪（四川农业大学）
　　　　秦　文（四川农业大学）

副主编　毕　阳（甘肃农业大学）
　　　　林河通（福建农林科技大学）

参　编　陈安均（四川农业大学）
　　　　李永才（甘肃农业大学）
　　　　寇莉萍（西北农林科技大学）
　　　　李　杨（东北农业大学）
　　　　王俊国（内蒙古农业大学）

主　审　罗云波（中国农业大学）

前　言

本书是全国农业推广硕士专业学位教育指导委员会批准立项的教材建设项目（项目编号 NTJC0915）。目前国内尚无该课程的研究生教材，本书编写打破传统教材的结构体系，是将农产品贮藏保鲜技术与现代物流业结合的第一本教材。

本书系统阐述了农产品贮藏与物流的基本知识，并融入编者的最新科研成果，通过具体案例简明扼要地介绍新产品开发、贮藏保鲜、物流管理等实用技术，具有目的明确、学科交叉、理论与实践相结合等特点。本书较好地体现了科学性、先进性和实用性，力求主题突出、图文并茂、结构合理，层次分明、简明易懂。

本书由全国 6 所高校共同编写，汇集了东南西北中各方的力量，是集体智慧的结晶。编写人员大多是从事本领域教学科研且具有高级职称和博士学位的专家学者，其主要内容已在参编高校讲授多轮。本书由蒲彪编写绪论和第一章，秦文编写第二章，林河通编写第三章，毕阳编写第四章，李永才编写第五章，陈安均编写第六章，王俊国编写第七章，李杨编写第八章，寇莉萍编写第九章。蒲彪负责全书统稿。

在编写审稿过程中，承蒙中国农业大学罗云波教授的悉心指导和科学出版社的大力协助。由于本书内容丰富，涵盖知识面广，作者又各居异地，书中疏漏和不妥之处在所难免，衷心期待诸位同仁和读者的指正。

蒲　彪

2011 年 11 月

于雨城雅安

目　录

绪　论

农产品贮藏是以农产品采后生理学为基础，通过协调其生命活动过程与环境条件关系，以农产品在产后贮、运、销过程中的保鲜技术为重点，进行农产品采后保鲜处理的过程。

农产品物流是指为了满足用户需求，实现农产品价值而进行的农产品实体及相关信息从生产者到消费者之间空间位移的经济活动，具体地说，它包括农产品生产、收购、运输、储存、装卸、搬运、包装、配送、流通加工、分销、信息活动等一系列环节，并且在这一过程中实现了农产品价值增值和组织目标。

一、农产品贮藏与物流的意义和任务

我国是一个农产品生产大国、流通大国和消费大国。改革开放以来，我国农业和农村经济发展取得了举世瞩目的伟大成就，综合生产能力不断提高。据统计数字显示，我国生产的粮食、棉花、油料、糖料、烤烟、茶叶、肉类、牛奶、禽蛋、水产品、蔬菜、水果等的总产量（不含木材），2008 年为 15.84 亿 t，2009 年达到 16.42 亿 t。我国主要农产品中谷物、肉类、籽棉、花生、油菜籽、茶叶、水果（不含瓜类）产量已多年居于世界第一位。而与巨大的产量相对应的则是巨大的采后损失以及低收益，如我国粮食每年的贮藏损失平均为 9.7%，果品、蔬菜的损失高达 25%～30%，全国每年粮食腐损近 0.4 亿 t，果品腐损近 1200 万 t，蔬菜腐损近 1.3 亿 t。2009 年我国水果总产量为 20395.5 万 t，但由于质量不高和包装粗劣，出口水平一直很低，出口量仅为 525.5 万 t，仅占总产量的 2.6%，且出口价格远低于美日等国家水果价格，与我国世界水果生产第一大国的地位极不相称。而我国农产品产后产值与采收时自然产值相比也仅为 0.38∶1，低于发达国家数倍。这些问题的存在已成为制约我国农业和农村经济发展的重要因素，而要加以解决则有赖于农产品贮藏与物流的发展。

（一）发展农产品贮藏与物流可以促进农民就业、提高农业人口素质

农产品贮藏与物流需要大量的运输、仓储、流通、包装、装卸、搬运以及信息处理等各方面的劳动力和管理人才，因此，发展农产品贮藏与物流有助于转移农村剩余劳动力，促进农民就业；在农产品贮藏与物流运作过程中还能提高他们的素质，为农业生产的快速发展准备人力资源。

（二）发展农产品贮藏与物流可以提高农产品附加值，增加农民收入

农民单纯出售初级农产品，市场吸引力有限，农民的收入也有限。通过发展农产品贮藏与物流，不仅有利于实现农产品“货畅其流”，而且可以使农产品在流通过程中增值，从而促进农业增产和农民增收，提高农业整体效益。

（三）发展农产品贮藏与物流可以提高农产品的市场竞争力

我国加入 WTO 后，农业产业的生产经营已经融入国际竞争的大环境下，国内市场国际化的竞争已越来越明显。发展农产品贮藏与物流可以有效提高农产品流通速度，降低流通成本，加速农业资金周转，从而大大降低流通时间和中途损耗，提高农产品的价格竞争力，积极应对来自国内外市场的激烈竞争。

（四）发展农产品贮藏与物流可以推动整个农业系统均衡协调发展

现代农业生产已不再是单纯的生产活动，而是涵盖产前、产中、产后各个环节的协调整体。发展农产品贮藏与物流能有效的解决产地和销地之间的空间隔离问题，架起生产与消费两个环节之间的桥梁；同时，农产品贮藏与物流的畅通可以反馈到农业生产中，减少农产品生产和流通中的不确定性和盲目性，从而推动整个农业系统的均衡协调发展。

（五）发展农产品贮藏与物流是建设社会主义新农村的重要保障

发展农产品贮藏与物流，以农业、农村资源为依托，将丰富的农产品资源和劳动力资源两个优势加以整合，形成农村产业发展优势，进而转化为新农村建设的经济优势，同时也带动了相关产业尤其是各项服务业的发展，促进了农村基础设施建设和社会事业的发展。

通过农产品贮藏与物流，主要的任务是建立一套适合我国国情的农产品贮藏与物流体系，既要使我国的农产品贮藏与流通技术得到提高，进一步提高我国农产品的采后商品化处理比率和水平，降低采后损失率，降低物流成本，提高农产品质量，增加经济效益，最终提高市场竞争力，使得我国的农产品“货畅其流”的同时，最大限度实现其增值潜力，从而促进农业增产和农民增收，提高农业整体效益，从而使我国农业生产有序、健康、协调发展。

二、发达国家农产品贮藏与物流的现状

国外发达国家非常重视农产品贮藏与物流，其农产品贮藏与物流开展早，采后商品化处理程度高，投入高，农产品贮藏比例高，基础设施完善，信息化水平高，技术水平高，专业化程度强。政府在发展农产品贮藏与物流的过程中往往给予政策鼓励、不断完善物流法律法规，同时提供资金、教育等方面的支持和帮助，已形成一套比较完善的贮藏与物流体系。其采后损失率低，产业化程度高，增值效益高。据介绍，美国农业总投入的 30％用于采前，70％用于采后。农产品保鲜及在其他产业的产业化率方面，意大利、荷兰为 60％，西欧其他国家为 50％。产后产值与采收时自然产值相比，美国为 3.7∶1，日本为 2.2∶1，欧洲为 2.1∶1。目前，欧美等国家果蔬采后商品化处理率在 60％～80％，水果总贮藏量占总产量的 50％以上，80％的贮藏库为全自动气调库，做到水果均衡上市，果蔬采后损失率不到 5％，加工转化能力达总产量的 40％左右。

（一）美国

美国具有完善的贮藏保鲜及物流体系，农副产品保鲜率达75%，粮食损失率不超过1%，果蔬损失率为1.7%～5%。

美国在世界上最为先进和完善的物流理论指导下，拥有一个庞大、通畅、高效的农产品物流体系，它的突出特点在于物流链各个环节的社会化程度高，只要有服务需要就能提供相应的服务。美国农业生产和贸易居于世界领先地位，农产品物流量大且非常频繁。这主要得益于以下几个方面：

(1) 农产品物流的基础设施和设备发达。美国的交通运输设施十分完备，公路、铁路、水运四通八达；通信设施和网络发达，贮运设备的机械化水平高，仅粮食的装卸输送设备就有螺旋式输送机、可移式胶带输送机及低运载量斗式提升机等。

(2) 拥有发达的农业信息流基础。成立于1848年的芝加哥期货交易所是农产品各市场主体了解市场行情、获取价格变化信息的直接窗口，方兴未艾的农业网站、信息咨询公司也为农民了解信息提供了方便的途径。

(3) 农产品物流服务的社会化程度高。美国已经建立起完善的社会化服务体系，无论是物流的哪个环节，只要农民有需要，就会有人提供服务。

(4) 政府发挥积极的调控作用。政府对农民生产不直接干涉，但对公共领域却有严格而有力的规范性措施。

（二）荷兰

荷兰位于欧洲的中心地区，它充分利用这一有利条件发展农业物流。荷兰的公路上飞驰的货运车中大约有1/3的车辆是载运农产品和食品，以向世界各地提供及时的物流服务。其农产品物流发展具有以下特点：首先，建立了电子虚拟的农产品物流供应链。通过网络连接农业生产资料供应商、生产商、种植主、批发商、零售商，形成农业供应链，以便对供应链上的各个环节进行实际操作，向商界和消费者提供品牌农产品供应商和零售商，完成客户网上订货所需要的物流活动。如荷兰的花卉园艺中心的电子信息交换和订货系统，面向全球提供服务，目前发展成为全球最大的花卉拍卖市场。其次，建立了农产品物流中心，积极发展冷冻食品行业。其人均制冷和冷冻容积量居世界首位，拥有现代化的制冷和冷冻技术设备，充分保证高质量的农产品的运输、储存服务。农业物流的城市中心主要是协调联运物流中心，如经营粮食、鱼、肉、水果等货物运输的鹿特丹港，专门从事进出口可可豆的阿姆斯特丹港，经营水果批发的弗拉辛港等。

（三）日本

日本的农业合作组织在农产品流通过程中发挥着积极作用，农协作为批发市场的主要供货团体，拥有保鲜、加工、包装、运输、信息网络等现代化物流的优势，将农民生产的农产品集中起来，进行统一销售。据统计，日本80%～90%的农产品是经由批发市场这一环节到达消费者手中的。在批发市场中，主要通过拍卖制进行交易，平均交易时间只有两三分钟，效率非常高。但近年来，由于大型连锁超市进入农产品零售业、农产品生产者团体规模壮大、批发商与中间批发商各自展开市场营销等因素影响，拍卖交易方式所占比例正逐渐降低。

日本农产品批发市场的拍卖制的减弱促使市场外流通蓬勃发展。市场外流通是指不通过批发市场，生产方和销售方直接见面，减少中间环节获得低价格的交易方式。同时，通过产销一体化组织等市场外流通的农副产品数量占到很大的比重，农产品直销得到了蓬勃的发展。通过市场外流通，实行直接运销，减少了不必要的中间环节，降低运销价差，使生产者和消费者都受益。而早市及直销所是其主要的直销方式。

日本农产品物流主要表现在：首先，建设和完善物流基础设施。日本物流发展十分迅速，这与政府确立海运立国战略和对物流业的宏观政策引导有着直接的关系；其次，加强农产品市场的硬件设施建设。日本农产品批发市场的开设实行严格的审批制度，中央批发市场、地方批发市场以及其他批发市场须根据《批发市场法》和各种条例进行建设。市场开设者主要是地方公共团体、株式会社、农协、渔协等；再次，农业合作组织发挥着积极作用。批发市场中最主要的产地供货团体是农协，各大中小城市都有农协直接参加或组织的农产品批发市场，且相当活跃。农协利用自已的组织系统以及拥有保鲜、加工、包装、运输、信息网络等现代化的优势，将农民生产的农产品集中起来，进行统一销售，担当了生产者与批发商之间的产地中介。

（四）韩国

韩国强调推行农产品物流设施的标准化，建立了一整套农产品物流品质认证体系，对于健全批发市场交易，保证农产品质量安全，与国际标准接轨起到了积极作用。韩国农产品物流设施先进程度不高，但对物流技术改进非常重视，批发市场在整个流通中的作用非常重要，蔬菜、水果等的保鲜、储存处于国际先进行列。20%左右的农产品运用先进的运输设备，处于以批发市场为核心的一体化供应链管理阶段。其中可升公司市场作为目前世界上发展最成功的农产品批发市场有很多值得借鉴的宝贵经验。市场的开办主体是政府，其中中央政府占40%，地方政府占60%。这种政府主导型市场的优势在于基础设施完善配套、管理先进、法制健全，为农产品物流的标准化提供产品质量保障和安全服务。

三、我国农产品贮藏与物流的发展现状

我国农产品贮藏加工历史悠久，《周礼》中就有果蔬贮藏的记载，《诗经》中有“凿冰冲冲，纳于凌阳”的诗句，后魏《齐民要术》中记有葡萄、梨等鲜果的室内贮藏方法。新中国成立后，我国的农产品贮藏业有了很大的发展，特别是近年来，通过农产品贮藏与保鲜技术的推广应用，我国主要果蔬的贮藏与供应期明显延长，如苹果贮藏期可达6～8个月，柑橘的常规性防腐保鲜问题基本解决，芒果贮藏期可达38d，荔枝冷藏期达34d，常温贮藏期达6～7d。我国的贮粮技术也有了较大的发展，如低温贮粮、气调贮粮和虫害治理技术在生产中得到了广泛的应用，取得了良好的效果。据不完全统计，目前，我国冷藏库总容量达到700万t左右，其中气调贮藏库200多座，其贮藏能力占冷库总容量的3%左右。

自20世纪80年代我国引进物流概念，到90年代末物流在我国快速发展至今，农产品物流业随着物流热得到一定程度上的重视。近年来，我国农产品物流取得显著成绩。

（一）农产品物流总体规模持续增长

表0-1为1991～2009年我国农产品物流概况。由表中可以看出，1991年我国农产品物流总值为3252亿元，2001年首次突破10000亿元，而2009年达到19439亿元，18年间翻了近6倍；但其在社会物流总额中的比例却呈现逐年下降的趋势，已从1991年的10.76％下降为2009年的2.01％。

表0-1 1991～2009年我国农产品物流概况

年份	农产品物流额/亿元	社会物流总额/亿元	农产品物流所占比例/％	农产品物流同比增长率（以上年为基准）/％
1991	3252	30291	10.76	—
1992	3335	39188	8.53	2.5
1993	4281	54475	7.88	28.4
1994	6104	79237	7.70	42.6
1995	7951	102230	7.80	30.3
1996	8616	116014	7.81	8.4
1997	8996	124138	7.27	4.4
1998	9160	129388	7.12	1.8
1999	9138	139717	6.58	−0.2
2000	9634	171427	5.65	5.4
2001	10291	195442	5.29	6.8
2002	10986	233597	4.72	6.8
2003	11261	296595	3.80	2.5
2004	11970	383829	3.12	6.3
2005	12748	481983	2.64	6.5
2006	13546	595976	2.27	6.3
2007	15849	752283	2.11	17.0
2008	18638	898978	2.07	17.6
2009	19439	966500	2.01	4.3

注：资料来源《中国物流年鉴2008》、《中国物流年鉴2009》、《中国物流年鉴2010》。

（二）农产品物流渠道已基本形成

农产品物流包括以下几种模式：生产者—产地市场—运销批发商—销地市场—零售商—消费者；生产者—批发商—销地市场—零售商—消费者。我国的农产品物流主要经过农户—中间代理—产地批发商—销地批发商—零售商—消费者这一供应链进行实体流动。

农产品物流渠道基本形成了从生产、收购、流通加工、运输、储存、装卸、搬运、包装、配送到销售的一整套组织环节，大大加速了我国的农业市场化进程，对整个经济体制改革也起了重要推动作用，同时也为广大市民提供了生活保障，使人民的生活质量得到不断提高。

（三）农产品物流技术和手段取得一定进步

通过国家农业科技攻关，我国产品加工、储藏保鲜和现代物流技术取得重大突破。如在粮食储藏及检测设备研究方面，开发了一批利用新能源进行稻谷低温储粮及无公害储粮的新技术，筛选了无公害储粮药剂，为稻谷安全储藏提供了技术保障；研究开发并建成了大型CO_2气调储粮示范库、适合多种处理规模的O_3储粮防护成套技术设备；在粮食和鲜活农产品物流技术研究方面，建立了符合现代粮食物流特点的粮食物流信息平台的体系、架构、标准及规范；构建了网络粮食交易标准化模式，采用基于WEB的多层结构体系和CA数字证书认证技术、内存撮合技术，重点开发了粮食竞价交易系统。

（四）农产品物流信息体系初步建立

据国家工业与信息化部发布的信息，截至2011年11月，我国农村宽带用户累计达到3265万户，占全部宽带用户的22%。电信基础设施普遍服务范围持续扩大，100%的行政村和94.5%的20户以上自然村通电话，99.7%的乡镇通宽带，100%的乡镇、95%的行政村通互联网。这为物流产业的信息化发展奠定了良好的硬件条件。目前我国正着力加快农产品信息的网络化建设步伐，丰富信息技术手段，现已开发了粮食现代物流公共信息平台和业务信息平台，汇集业务管理系统的各种供求信息，构建了区域性粮食现代物流信息平台体系，用现代物流管理模式和计算机网络技术，对粮食仓储、加工、运输、配送等环节进行优化。四川、陕西也开始试验网络与通信相结合的模式给农户发短信，告知菜价等，许多交易在菜地头完成，极大地方便了农户取得农产品信息。

（五）农产品物流园区也开始逐步构建

2007年中国物流发展报告会暨第13次中国物流专家论坛上公布的《全国物流园区发展调查报告》显示，我国拥有物流园区207个，其中已运营50个，在建65个，92个规划当中，主要分布为：东部沿海经济区52个，南部沿海经济区36个，北部沿海经济区28个，东北经济区21个，黄河中游经济区21个，西南经济区19个，长江中游经济区17个，西北经济区13个。这些物流园区涵盖了配送中心型、仓储型、货运枢纽型及综合型各个类型。农产品物流园区完全可以依托于这些已建成的物流园区大力发展农产品物流，对于规划中的物流园区可以适当考虑丰富农产品物流功能，以更好地发展当地农产品物流服务。

（六）农产品物流主体开始出现多元化

农产品物流主体向多元化方向发展，随着改革开放的逐步深入，我国涌现出了多种农产品物流主体，除原有的国有商业企业、供销社转制成为农产品物流企业，农户单独或多个农户合作从事农产品产供销物流，也有专门为农业产供销提供服务的公司等，农产品物流主体呈现多元化趋势。

四、我国农产品贮藏与物流存在的问题及发展趋势

（一）存在问题

我国在农产品贮藏与物流方面取得了一定成就，但总的来说，贮藏保鲜产业还是相对较落后，农产品物流更是处于初级阶段，比发达国家落后20～30年。我国农产品贮藏与物流存在诸多问题。

1. 农产品物流设施与技术落后

1）冷链流通设施和装备落后

目前，我国农产品流通以常温或自然物流形态为主，在生鲜农产品的加工、储存等环节，冷藏、保温设施严重不足，且未形成链环系统。据国家发展和改革委员会2010年6月发布的《农产品冷链物流发展规划》中提到，目前我国果蔬、肉类、水产品冷链流通率分别为5%、15%、23%，冷藏运输率分别为15%、30%、40%，而欧、美、加、日等发达国家肉禽冷链流通率已达100%，蔬菜、水果冷链流通率也达95%以上。目前我国人均冷库容量仅7kg，冷藏保温车占货运汽车的比例仅0.3%，且现有冷冻冷藏设施普遍陈旧老化，国有冷库中近一半已使用30年以上；生鲜农产品产后预冷技术和低温环境下的分等分级、包装加工等商品化处理手段尚未普及，运输环节温度控制手段原始粗放，发达国家广泛运用的全程温度自动控制没有得到广泛应用。

2）适应现代物流运作要求的农产品仓储设施严重不足

许多20世纪五六十年代的老旧仓库仍在使用；仓储保管技术落后、机械化程度不高；农产品的包装、分拣、搬运等物流作业大都为手工操作，“四散”（即散装、散卸、散存、散运）现象大量存在。储备库布点不科学。通用仓库比较多，专用仓库不足，特种仓库（如低温库、冷藏库、立体仓库等）严重短缺，导致简易仓库储藏和混藏、农民分散储藏，甚至露天堆放的问题相当突出。

3）农产品综合运输网络不发达

农产品从生产地到消费地运输、从内陆运输到海上运输、从汽车运输到火车运输的多式联运交通网络尚未形成。此外，装卸搬运机械化水平低，大多靠人工操作。由于农产品贮运装卸设施水平低，导致鲜活农产品贮运成本占总成本的60%以上，大大降低了我国农产品的市场竞争力。

2. 农产品物流运行水平低，成本高

我国农产品物流成本很高，而增值能力很弱。我国粮食物流成本在整个成本构成中占40%以上，鲜活产品则占60%以上，而世界发达国家物流成本一般控制在10%左右。

近年来，全国社会物流总额处于快速增长状态，经济发展对物流的需求和依赖也越来越大，但同时要看到，我国社会物流增长主要是由工业品物流总额和进口货物物流总额快速增长推动的，农产品物流总额占社会物流总额的比重很小，而且呈现逐年下降的趋势。

3. 农产品流通渠道不畅

农产品物流是农产品流通的重要组成部分。当前我国农产品流通方面存在的问题主要表现在三个方面：

（1）农产品流通信息不畅，市场调节的盲目性大。

（2）农产品批发市场培育滞后，功能作用难以有效发挥。我国农产品流通已形成以批发市场为枢纽的流通体制，目前全国有农产品批发市场5000多家，但这些批发市场大部分是在农产品供求追求数量扩张阶段建立的，无论是市场的硬件设施还是服务功能都很薄弱，交易方式以现货交易为主。场内缺乏有活力的经营主体，农产品批发价格大多是通过讨价还价的形式形成的，效率低，而且不能真正体现农产品价格。实际上，批发市场是业务批量放大了的集贸市场。这种市场结构远远不能适应现在对供求质量提高的新阶段的需要。

（3）流通的农产品质量偏低，缺少检验手段和食品安全保证。

总的来看，我国的农产品流通还处在时间长、消耗大、效率低、效益差的低层次上，很难适应社会经济迅速发展的需要。目前还没有形成全国统一的大市场，一些农产品的价格不能依靠市场机制形成，有的产品还在实行专营，开放度不够，农产品流通过程中的软、硬件环境差。

4. 农产品流通缺乏信息指导

我国农产品物流的信息化程度低下，体现在供应链的各个环节上。首先从生产过程开始，我国的农户目前由于分散经营的特点，使得对于农产品生产信息的获得主要还是依靠传统的方式，特别是那些落后的地区。其次，在农产品价格信息的获得方面，一项对全国十几个省的农产品批发市场的调查统计结果显示，对于市场信息获得的渠道，自己的信息渠道所占的比例最高，依靠同行的传播占第二位，第三位是依靠对方上门供货，其他渠道如当地市场发布、政府部门发布、传播媒体及网络所占的比例都很少。另外，对批发市场供给信息的调查结果表明，不提供供求信息和价格信息的发布占58.6%，可见目前的批发市场在信息提供方面比较欠缺。

5. 农产品物流标准化程度低

目前，我国仍未建立起一个农产品物流发展的技术标准和工作标准体系，各种运输方式之间装备标准不统一，包装标准与运输实施标准不配套，不少农产品的分类、分级、分等大多凭人工感觉，误差过大。这种状况给农产品的仓储、运输和加工造成一定困难，各物流职能部门又难以协调，不能形成一个具有内在联系的有法律约束力的物流大系统，从而降低了物流效率。而且，质量检测标准也不统一，成为困扰生产者、执法者和消费者的一大难题。

6. 管理水平低下，重复建设现象严重

据统计，我国目前有各类农产品批发市场5000多家，但具备一定规模的市场数量有限，批发市场的管理缺乏相关法律法规的约束，标准化程度不高，农产品的检疫监测手段不完善，带来了食品安全的隐患。加入WTO后，我国的一些具有优势的农产品，如蔬菜、茶叶等园艺产品，要面对越来越严格的技术壁垒的约束，进一步提升优势农产品的竞争力很重要。

7. 专业化和社会化程度较低

在我国，名副其实的农产品第三方物流企业屈指可数，社会上对发展现代农产品物流的作用和意义的认知度和认同度至今较低，甚至很多人连这个名词都没听说过。2007年底，我国已有273所本科院校、200多所高职、1000多所中专开设物流专业，足见市场对物流人才的巨大需求。但目前的物流人才培养大多侧重于工业物流人才的培养，农产品物流人才匮乏。人才缺乏已成为我国农产品贮藏与物流发展的最大制约因素。

（二）农产品贮藏与物流的发展趋势

1. 冷链流通将得到大力发展

农产品具有量大类多和运输难、易腐性等特点，受制于自然条件和社会经济条件，还有季节性、区域性、稳定性差等特点。因此，农产品贮藏与物流体系的构建，必须形成农产品从运输、保鲜防腐、包装标准、加工储存、配送零售等环节的一体化的冷链与技术体系。我国由于冷链设施和冷链物流装备不足，冷链技术不过关，造成易腐食品特别是初级农产品的大量损耗，食品安全方面存在巨大隐患。我国正在努力建设覆盖面宽广的农产品冷链物流网络，最终完成农产品贮藏与物流的产业化升级。

2. 优质高效规模化的原料生产基地建设将会得到前所未有的重视

从历史发展的角度看，农业与工业起步阶段的生产组织方式都是以家庭为基本的生产组织单位，所以农业发展的生产组织方式也可借鉴工业发展的生产组织方式。早期的工业发展是以家庭手工业为主要特征，生产落后，劳动生产率低，但最终发展到生产高度发达、劳动生产率极高的现代大工业，其演变就是企业生产规模不断壮大、企业内部高度组织化的发展过程。没有规模化，企业就没有规模经济，无法扩大市场、降低成本、获取高额利润，也没有足够的资金推动技术进步；没有组织化，企业的规模生产不能有效整合，同样也无法实现规模经济。所以，生产组织是规模化生产的基础，而生产的组织化与规模化是工业由原始手工业发展成为现代大工业发展的必由之路，同样，也将成为现代农业发展的必由之路。

因此，生产规模化是我国农产品生产发展的必然趋势，基地规模化生产模式就是在这种大环境下应运而生的，具体可以通过以下几种模式：①农民自发形成专业合作组织进行生产基地管理；②龙头企业主导建立生产基地：以农业龙头企业带动广大农户，实现订单农业；③企业集团租赁土地，实行现代企业管理模式。

3. 现代化零售连锁快速发展

从国外实践看，发展农产品连锁经营能对整个农业产业链产生良性拉动作用。首先，作为零售企业的农产品超市尤其是大型超市，他们直接与消费者接触，并且有专业的营销人员，能够比传统的农业生产者更直接地感觉到和更深刻地认识到消费者需求的变动，因而他们能对农民的生产起到良性的引导和拉动作用。其次，超市有利于推动农产品生产供应的组织化程度。大型连锁超市对商品具有大量采购、均衡供应、常年销售的显著特点，因而随着超市的发展，必将使更多分散的农民在龙头企业的带动下组织起来，使得农产品生产中各种生产要素能够合理调整，组织化程度也将大为提高。此外，农产品超市给消费者提供了其他销售渠道所无法比拟的购物环境。

目前，欧美发达国家60%～80%的农产品进入了超市。美国食品的90%、日本生鲜食品的50%～70%、法国蔬菜的55%和水果的59%是由超市销售的，而我国目前仅有20%的农产品由超市售出。当然，基于我国经济发展不均衡、城乡差别大的现状，农产品零售连锁化的发展将是一个漫长的过程，开始主要集中在东部发达地区的大中城市，流通的农产品也以适宜加工、包装、运输的农产品为主，随着物流技术和产业化水平的提高，连锁的地区范围和经营范围会逐步扩大。

4. 集约化物流园区不断涌现

近几年来，尽管专业批发市场已成为我国农产品商流和物流的主要载体，并正发挥着物流系统的核心节点功能，但由于是基于“商物合一”的物流系统模式，加之人们对物流系统建设的不重视，物流设施落后、装备现代化程度低、物流作业处理功能弱等，致使专业批发市场难以真正完成物流节点的功能与使命。因此，建立专业化的融商检、包装、冷藏、初加工、运输、配送等功能为一体的农产品物流配送中心是推动农产品物流系统变革的关键所在。

为了构建现代化的农产品流通体系，商务部于2006年启动了“双百工程”，一部分批发市场建设在各种政策的推动下，将发展成具有现代流通功能的物流中心。农产品物流园区不仅是农产品物流系统的重要组成部分，也是农产品物流集约化发展的集中体现。通过发展农产品物流园区，将众多服务功能不同的物流企业集聚在一起，实现物流信息和物流基础设施的共享，形成企业间紧密的协作关系，解决我国农产品物流资源分散、单个农产品物流企业竞争力薄弱的问题。通过农产品物流园区，更好地发挥农产品专业化物流的作用，提供单独一家农产品物流企业不能做到的全方位的物流服务，实现农产品物流的集约化经营，提高农产品物流的规模效应，降低物流成本。

随着我国农产品流通的不断发展，一批现代化的农产品物流中心正在全国各地悄然兴起。沈阳、武汉、南宁、海口、深圳、青岛等地都先后建立起了大型农产品物流中心。农产品物流中心的发展将带动我国农产品物流体系向专业化、现代化发展，提升我国农产品物流的整体水平。

5. 直接对接，强化组织与信息

通过直接对接模式，由农民或农民团体将生产的农产品包装处理后，直接运送供应消费地零售业者（超级市场）或连锁零售业包装配送中心及消费大户，以此可以减少所有不必要的中间环节，从而减少流通损失，降低流通成本。目前，美国果蔬类产地与大型超市、连锁经销网络间的直销比例已占80%左右，而经由批发市场流通销售的仅占20%左右。而日本、韩国、中国台湾这种地少人多、批发市场体系非常发达的国家和地区，直接对接的比例也在逐年上升。而在我国，伴随着两端规模化发展，尤其是零售端连锁超市的快速发展，越过中间的批销环节，由规模化的合作组织直接进货，实现生产与销售的直接对接已被许多大型连锁超市采用，并将为越来越多的超市采用。在农超对接的模式下，超市开始更多参与到农产品的上游生产中去，从标准制定到技术指导到质量检验，到统一加工、生产和配送，在各个环节保证产品的安全。直接对接模式在我国是一种必然的发展趋势。

6. 物流一体化发展成为必然

在传统农产品物流体系中，成员之间是一种交易关系且各自相互独立，各成员为自身利益进行激烈竞争，这种过度竞争导致整体的高成本和低效率。同时，随着人们生活水平的提高，人们的需求日益多样化，这种传统的农户—加工企业—产地批发市场—销地批发市场再到零售商最终到达消费者的物流模式越来越不适应物流发展的需求，尤其是农产品，容易变质腐坏，对周转的时间有严格的要求。因此，将几个物流环节一体化发展是农产品物流未来发展的趋势。

一体化发展一般是核心企业通过投资参股方式参与上游或下游环节企业，掌握了企业的管理权、技术指导权和内部信息，从而参与其生产或流通活动。或者直接投资拓展本企业的业务体系，进入上下游环节，比如大型加工企业建立自己的配送系统。

通过一体化发展，提高了流通主体的组织化程度，减少了流通路径涉及的主体数量，大大减少流通环节，从而进一步提高流通效率。同时，一体化物流组织的形成，对于农产品物流企业壮大规模，提升农产品的国际竞争力也有着重要的意义。

7. 农产品绿色物流将成为新的增长点

绿色物流的本质是从可持续发展的需要出发，对物流过程和体系进行改造，形成环境共生型、循环型、复合型的，能够促进经济发展和人类健康发展的物流系统。农产品绿色物流在技术和管理的层面，是指农产品在运输、储存、包装、流通加工等一系列的物流活动过程中，尽量实现降低对环境的污染、减少资源消耗的目标，更深的内涵是人与自然、社会、经济发展应该达到一种大和谐的理念。因此农产品绿色物流不仅包含经济属性，也包含社会属性，担负着我国自然、经济、生活的和谐与可持续发展的重任，也是农业和农产品物流双重产业化的内在要求和发展趋势。

五、本课程的主要研究内容与学习方法

“农产品贮藏与物流学”是农业推广硕士（食品加工与安全领域）的一门重要专业课，是食品科学技术与食品工业发展的重要组成部分和基础，也是农业科技领域不可分割的重要组成部分，其研究内容涉及农产品贮藏、物流过程中的方方面面，主要包括农产品品质的组成及判断标准、农产品采后生理过程、农产品采收技术与方法、农产品采后商品化处理方法及程序、农产品采后常见病害及预防控制、农产品贮藏中仓库害虫及其防治、农产品贮藏常见方法及技术、农产品运输技术、农产品物流安全管理与技术及农产品物流过程的安全质量管理。

农产品贮藏与物流学是一门涉及多学科的综合性应用学科，它以植物学、植物生理学、生物化学、微生物学、农产品原料学、农产品化学、工程学、材料学、管理学、环境学、营销学、法学等多门学科为基础，涉及生产、流通、交通运输、邮电等众多领域，涉及国民经济的许多部门。因此，要想学好此门课程，学生必须具备相关领域的基础知识，并以此为基础，培养应用这些学科的基础理论解决农产品贮藏、运输、流通过

程所涉及的化学、生物学、工程学、管理学等问题的能力，开拓性、创造性地去进行实践和操作，才能更好地学习、理解和掌握此门课程，为我国农产品贮藏与物流技术水平的提高奠定坚实的基础。

参考文献

董全，闵燕萍，曾凯芳. 2010. 农产品贮藏与加工［M］. 重庆：西南师范大学出版社.

李学工. 2009. 农产品物流框架体系构建［M］. 北京：中国物资出版社.

刘德军，张广胜. 2009. 现代农产品物流技术与管理［M］. 北京：中国物资出版社.

秦文，吴卫国，翟爱华. 2007. 农产品贮藏与加工学［M］. 北京：中国计量出版社.

张敏. 2008. 现代物流与可持续发展［M］. 北京：中国物资出版社.

张明玉. 2010. 中国农产品现代物流发展研究：战略·模式·机制·实证［M］. 北京：科学出版社.

郑宇. 2007. 我国农产品物流发展问题研究［D］. 兰州：兰州商学院.

中国物流与采购联合会. 2008. 中国物流年鉴·2008［M］. 北京：中国物资出版社.

中国物流与采购联合会. 2009. 中国物流年鉴·2009［M］. 北京：中国物资出版社.

中国物流与采购联合会. 2010. 中国物流年鉴·2010［M］. 北京：中国物资出版社.

第一章 农产品的品质

内容提要

本章介绍农产品中主要的构成物质种类及其与品质的关系，重点介绍农产品采后其物质变化和品质保持间的关系及其调控研究进展。

教学目标

1. 掌握农产品的品质构成及其物质基础。

2. 了解掌握农产品采后各物质变化与品质保持间的关系及其研究进展。

重要概念及名词

农产品品质

思考题

1. 农产品的品质包括哪些方面？

2. 农产品中碳水化合物主要包括哪些种类？分别在农产品品质构成方面有什么贡献？

3. 水分对农产品品质构成以及采后品质保持有什么影响？

4. 脂类物质对农产品品质构成与采后品质保持有什么影响？

5. 如何评价植物蛋白？植物蛋白对农产品品质构成与采后品质保持有什么影响？

6. 农产品挥发性物质的生成途径有哪些？

7. 农产品中的色素有哪些种类？各有什么功能？其颜色调控研究进展如何？

农产品品质是一个抽象的概念，涵盖了农产品很多方面的特性，概括起来，农产品品质包括内在品质、外在品质和其他品质三个方面。内在品质包括营养品质（主要有蛋白质、糖类、脂类、有机酸、维生素、矿质营养等）、风味品质（主要有酸、甜、涩、芳香等）、影响消费特性的质地品质（如硬度、脆度、细腻度、多汁性等）；外在品质包括视觉品质（如色泽、光泽、整齐度、清洁度等）、触觉品质（硬度、光滑度、弹性等）、嗅觉品质（如芳香、特异性气味等）；其他方面的品质包括贮藏品质（如耐贮性、抗性等）、加工品质（如是否容易褐变、是否耐煮制、取汁的难易程度等）。农产品的品质特性主要取决于种属遗传特性，也受采前的立地环境、栽培技术、管理水平等因素的影响，还受采后的处理技术、贮藏方式、贮藏管理等因素影响。

不过，不管是农产品哪方面的品质，都是基于其内在的物质构成，下面对农产品的化学组成及其研究概况进行介绍。

第一节　碳水化合物

碳水化合物是指含有多羟基的醛类或酮类的化合物或经水解转化成为多羟基醛类或酮类的化合物，亦称糖类化合物，是自然界存在最多、分布最广的一类重要的有机化合物，包括单糖、寡糖、淀粉、半纤维素、纤维素、复合多糖以及糖的衍生物等。碳水化合物可用通式 $C_m(H_2O)_n$ 来表示，但是有些化合物的组成并不符合 $C_m(H_2O)_n$ 通式，按其构造和性质应属于糖类化合物，如鼠李糖（$C_6H_{12}O_5$）、脱氧核糖（$C_5H_{10}O_4$）等；而有些化合物如甲醛、乙酸（$C_2H_4O_2$）、乳酸（$C_3H_6O_3$）等，其组成虽符合通式$C_m(H_2O)_n$，但结构与性质却与糖类化合物完全不同。

碳水化合物与蛋白质、脂肪同为生物界三大基础物质，为生物的生长、运动、繁殖提供主要能源，是人类生存发展必不可少的重要物质之一。碳水化合物是为人体提供热能的三种主要的营养素中最廉价的营养素，人体 60%～80%的能量由糖类物质供给。糖类物质也是构成细胞和组织的基础物质之一，每个细胞都有碳水化合物，其含量为 2%～10%，主要以糖脂、糖蛋白和蛋白多糖的形式存在，分布在细胞膜、细胞器膜、细胞浆以及细胞间质中，其中，糖蛋白还可能参与了生物体信号传导，起着信号分子的作用，影响生物多种生理生化过程。葡萄糖还是维持大脑正常功能的必需营养素，当血糖浓度下降时，脑组织可因缺乏能源而使脑细胞功能受损，造成功能障碍，并出现头晕、心悸、出冷汗，甚至昏迷。

农产品中，谷物（如水稻、小麦、玉米、大麦、燕麦、高粱等）、水果（如甘蔗、甜瓜、西瓜、香蕉、葡萄等）、坚果、蔬菜（如胡萝卜、番薯等）都是碳水化合物的主要食物来源。

一、可溶性糖

可溶性糖主要包括单糖和部分寡糖，单糖主要有葡萄糖、果糖、甘露糖、木糖、木酮糖、阿拉伯糖、核糖、脱氧核糖等，寡糖是由 2～20 个单糖通过糖苷键连接而成的糖类物质。在成熟的水果和部分的蔬菜中水溶性糖含量十分丰富，是其最重要的品质指标之一。

柑橘是以可溶性糖积累为主的水果，果实中糖、酸含量和糖酸比是决定其品质、风味最重要的指标，因此，增加果实中糖含量、降低酸含量已成为提高柑橘果实品质的主攻目标。同位素示踪法研究表明，柑橘果实中贮存的糖来源于叶产生的光合产物，通过韧皮部到达果实的海绵层，并在此发生卸载，被卸载的蔗糖通过非微管结构的汁胞梗进入汁胞，在汁胞细胞的液泡中贮存并形成一个糖分代谢库。柑橘果实主要积累蔗糖、葡萄糖和果糖等水溶性糖，在果实发育中糖的种类及比例呈动态变化，并在成熟时维持一定的比例。由于这 3 种糖的甜度和口感不同，形成品种特定的甜度与风味。周里宾等（1989）提出柑橘果实甜酸适口的指标是：柠檬酸含量为 0.63%～0.95%、糖含量为 7.8%～8.0%、糖酸比为（8.2～12）∶1，但是，随着柑橘新品种的选育和引进、栽培技术的提高以及人们对柑橘品质的要求提高，优质柑橘果实糖含量和糖酸比都有所提高。在柑橘果实发育过程中，糖含量的变化总趋势在不断增加，膨大期和成熟期时，积累增加更为明显。不过在柑橘中，三种主要的糖在发育过程中变化并不完全一致，高木敏彦等（1994）分析了温州蜜柑在成熟过程中蔗糖、葡萄糖和果糖的变化，从 7 月中旬到 9 月上旬，这 3 种糖含量大致相等，9 月中、下旬蔗糖的含量急剧增加，而葡萄糖和果糖含量没有变化。因此，9 月中、下旬总糖含量快速上升是由蔗糖所决定的。这也使成熟果实果汁中这 3 种糖的比例为 2∶1∶1，可认为柑橘果实中甜味主要是由蔗糖决定的。该变化趋势也在克里迈丁橘和甜橙果实中得到证实。Lowell 等（1989）发现葡萄柚果实从 7～9 月蔗糖在汁胞中的积累几乎为线性增加（$r=0.996$），在果实发育后期己糖的增加速度很快甚至高于蔗糖的增加量。有研究表明贡柑果实在贮藏后 6～12d 先后出现可溶性固形物、可滴定酸含量和酸性转化酶活性的增加，果实的风味品质则同期呈现变淡和出现异味等非正向变化；蔗糖等可溶性糖含量变化呈 S 型变化模式，其峰位的变化与可溶性固形物含量增加呈逆向变化关系，但和风味品质变甜变淡趋势相同。2,4-D 处理贡柑后可显著增加好蒂率和好果率，可阻止果实异味产生，但不能延缓可溶性糖含量下降和果实风味品质变淡，蔗糖等可溶性糖含量变化没有呈现 S 型变化特征。

可溶性糖是葡萄浆果品质的主要指标之一，是葡萄果实成分中除水分外的最高构成物质，一般在 15%～25%，主要是葡萄糖和果糖，蔗糖含量极微（1～3g/L）甚至不含蔗糖。转熟时葡萄糖含量高于果糖，之后两者大约为 1∶1，采收时果糖略高于葡萄糖。由于果糖的甜度高（15%的果糖约等于 22.8%葡萄糖的甜度），因而含果糖高的一些早熟鲜食品种就比相同含糖量甚至较高含糖量的品种风味甜。相反，在中、晚熟品种中，葡萄糖含量高的品种，不会因为过熟而过于甜腻。五碳糖或戊糖是非发酵糖，葡萄汁中微量存在（0.3～18g/L），其中以阿拉伯糖占主要成分，另也有痕量木糖存在。

生长发育中的香蕉，在碳水化合物代谢方面是以淀粉积累为特点，然而在采收之后，可溶性糖总体上趋于增加的。贮藏期的香蕉，随着蔗糖磷酸合成酶（sucrose phosphate synthase，SPS）、中性转化酶（neutral invertase，NI）和酸性转化酶（acid invertase，AI）等酶活性的上升，果糖、葡萄糖含量也急剧上升，这是香蕉后熟的一部分，也只有经过这些生理过程，香蕉才能达到最佳食用品质。

二、果胶物质

（一）农产品中果胶物质的构成

果胶（pectin）是一类多聚半乳糖醛酸的高分子多糖化合物，相对分子质量5万～30万。果胶分子的主要成分是D-半乳糖醛酸以α-1,4-糖苷键聚合而成的多糖链，并含有鼠李糖、阿拉伯糖、半乳糖和木糖等组成的侧链，残留的羧基单元以游离酸的形式存在或形成钾、钠和钙等盐，或在适宜条件下部分发生甲氧基化（甲酯化，形成甲醇酯），天然果胶中20%～60%的羧基被酯化。果胶分子的大致结构图如图1-1所示。

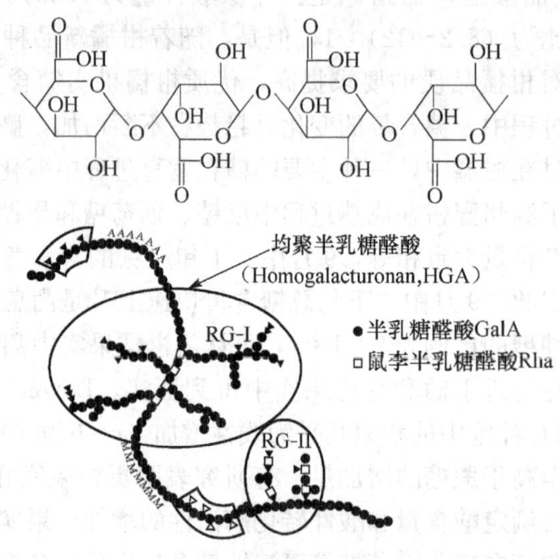

图1-1　果胶分子结构图

根据果胶在植物体内存在状态，可以将果胶分为原果胶、果胶和果胶酸。原果胶是指与纤维素、半纤维素、木质素、蛋白丝等细胞壁高分子物质相互而形成多聚体的果胶，以这种状态存在的果胶表现为非水溶性特性。果胶是指以游离状态存在的果胶分子或果胶分子聚合物，它是由原果胶在原果胶酶的作用下，从果胶-纤维素-蛋白质多聚体中释放出来的，具有水溶性特点。果胶酸则是果胶在果胶酸酶（即多聚半乳糖醛酸酶）的作用下水解而成低分子物质，果胶酸常与体内的Ca^{2+}、Mg^{2+}结合形成不溶性的果胶酸钙和果胶酸镁而丧失其黏接作用。在未成熟的植物组织或器官中，果胶主要以原果胶的方式存在，随着成熟、衰老的进程，果胶由原果胶向着果胶、果胶酸的方向代谢，从而使组织或器官逐步软化。在分析上，根据果胶的溶解性可以将果胶分为水溶性果胶、六偏磷酸盐可溶性果胶、盐酸可溶性果胶。其中六偏磷酸盐可溶性果胶就是和Ca^{2+}、Mg^{2+}等金属离子结合的不溶性果胶，盐酸可溶性果胶包括和纤维素等结合而成的不溶于水的果胶。

果胶广泛存在于植物细胞壁和细胞内层，为内部细胞的支撑物质，它与植物组织中的纤维素、半纤维素、木质素和蛋白质等相互交联，使细胞组织结构坚强，维持固有的形态。水果和部分蔬菜中果胶的含量相对较高，是维持果实脆性、硬度的重要因素，也是从天然植物中提取果胶的重要来源。

（二）果胶物质的代谢与果胶酶

在农产品采后贮运与流通中，果胶的总体变化趋势也是由原果胶向着果胶、果胶酸的方向代谢，这个代谢过程受多种因素影响，果胶酶的合成及其作用是其最重要因素。果胶酶是作用于果胶质的一类酶的总称，主要功能是通过裂解或β消去作用切断果胶质中的糖苷键，使果胶质裂解为多聚半乳糖醛酸。果胶酶可以分为3种类型。

1. 原果胶酶

将不溶于水的原果胶分解为可溶于水的高聚合体果胶；根据作用机理，原果胶酶分为两种类型：A型原果胶酶与B型原果胶酶。前者主要作用于原果胶的内部的多聚半乳糖醛酸区域，而后者主要作用于外部的连接聚半乳糖醛酸链和细胞壁组分的多糖链。

2. 多聚半乳糖醛酸酶

多聚半乳糖醛酸酶是促使果胶中D-半乳糖醛酸的α-1,4-糖苷键裂解的酶。编码多聚半乳糖醛酸酶的cDNA是第一个得到鉴定的与果实成熟有关的基因。因此，人们试图对控制成熟的酶进行其基因克隆，以期获得酶活性较低的转基因植株，抑制果实的成熟衰老。叶志彪等利用反义克隆的PG cDNA转化番茄，产生反义基因植株，其中PG活性比对照低50%，转基因果实硬度较对照株的果实硬度高22%～24%。Delipenna等研究表明，对PG基因的调控是在转录水平上进行的，番茄的3种成熟突变株中PG活性都很低，其果实软化很慢或根本不软化。Smith报道反义基因番茄果实中PG的mRNA水平降低94%，而酶活性降低90%。Sheehy等的研究结果与Smith等的研究结果相似，但这些反义基因果实成熟过程正常，表现在番茄红色素的沉积、果实的软化等都不受影响，只是果胶分子的降解过程明显受到抑制。

3. 果胶酯酶

果胶酯酶是催化水解果胶中的的羧基与甲醇形成的酯键，促使果胶的脱甲酯作用，也称果胶甲酯酶（PME EC. 3.11），它作用于多聚半乳糖醛酸的半乳糖醛酸残基的C-6羧基基团，去掉甲酯催化果胶酯酸转化为果胶酸，经过脱酯的果胶更适于多聚半乳糖醛酸酶的催化水解。因此，PE在决定PG降解果胶的程度上起重要作用。然而，也有研究发现在番茄果实整个生长果实中，PE基因都能持续表达，PE活性也抑制维持一定水平。用反义RNA技术将果胶甲酯酶基因导入番茄，使酶活性降低10%，可溶性果胶减少，但果实仍能正常成熟和软化。说明PE基因的表达不是番茄果实的软化的关键酶。不过在其他一些果实中，如桃、李等在成熟过程中，PE酶活的变化和果实软化呈现一致的反应。

目前，已先后从桃、番木瓜、番茄、西瓜等植物中得到了PE编码基因。用已经得到的PE cDNA克隆构建了35S启动子控制下的反义基因，此基因的转基因番茄果实中，PE的活性大大降低，仅为对照的10%或更低，检测不到PE蛋白和PE mRNA，但对于叶子和根部的酶活性无影响。转基因果实与普通番茄果实相比，果胶相对分子质量较大，甲酯化程度较高。

采后农产品的果胶变化总体上呈现水解趋势。

利用扫描探针显微镜技术（scanning probe microscope，SPM）分析果蔬气调冷藏中水溶性果胶（water-soluble pectin，WSP）和碱溶性果胶（sodium carbonate-solublepectin，SSP）的变化情况，特别是果胶链宽、链长和分枝分布情况，分析果胶的结构模型及结构变化的可能方式。对碱溶性果胶，选择2℃下5组人工气调冷藏条件：CA_1：2%O_2+5%CO_2；CA_2：5%O_2+10%CO_2；CA_3：2%O_2+10%CO_2；CA_4：5%O_2+5%CO_2；RA：大气冷藏组。对水溶性果胶，选择CA_1，CA_2和RA组，分析O_2和CO_2浓度对贮藏中桃肉的果胶微观结构的影响。原子力显微镜可观察聚集体和分支的微观结构，时间选择初始，贮藏第15天和第45天，SSP和WSP分子及聚集体在贮藏中逐渐分离，低O_2和高CO_2浓度可抑制SSP和WSP分子的降解。统计结果显示几乎所有AFM观察到的SSP果胶链的宽度都是4个基本单元宽度（11.719nm、15.625nm、19.531nm和17.578nm）的组合，而WSP果胶链宽度基本单元为11.719nm、15.625nm、19.531nm和35.156nm。结果表明基本单元之间的平行交联或缠绕结构是黄桃中SSP和WSP分子结构的基本信息。

三、淀粉

淀粉是多种植物体内的重要贮藏物质，它由D-葡萄糖单体组成的多聚物，其结构简式为$(C_6H_{10}O_5)_n$，包括直链淀粉和支链淀粉两种类型。

直链淀粉是由葡萄糖以α-1,4-糖苷键缩合而成的，聚合度为100～6000，一般为几百，相对分子质量为3万～16万。直链淀粉在水溶液中并不是线型分子，而是由分子内的氢键作用使之卷曲成螺旋状，每个环转含有6个葡萄糖残基。

支链淀粉又称胶淀粉，分子相对较大，一般由几千个葡萄糖残基组成。支链淀粉中的葡萄糖以α-1,4-糖苷键连接为主链，并有α-1,6-糖苷键连接作为分支点形成侧链，在侧链上又会出现另一个分支侧链。主链中每隔6～9个葡萄糖残基就有一个分支，每一个支链平均含有15～18个葡萄糖残基，平均每24～30个葡萄糖残基中就有一个非还原尾基。因此支链淀粉的结构为高支化聚合物，十分复杂，分子很大，可达一百万乃至数百万，天然淀粉中70%～80%为支链淀粉。支链淀粉难溶于水，其分子中有许多个非还原性末端，但却只有一个还原性末端，故不显现还原性。支链淀粉遇碘产生棕色反应。支链淀粉只有外围的支链能被淀粉酶水解为麦芽糖。

淀粉是人类获取能量的主要物质，也是植物体中贮存的养分，贮存在种子和块茎中，谷物、薯类等农产品中的淀粉含量都较高，大米中含淀粉62%～86%，小麦中含淀粉57%～75%，玉米中含淀粉65%～72%，马铃薯中淀粉含量超过90%。糯玉米、糯米和糯粟等农产品中的淀粉几乎近100%为支链淀粉。

在成熟的水果中淀粉含量相对较少，个别未成熟的水果中含有较多淀粉，如香蕉等。

四、纤维素和半纤维素

纤维素是由葡萄糖分子通过β-1,4-糖苷键连接而形成的线性葡聚糖，和淀粉一样，属于同多糖，分子式为（$C_6H_{10}O_5$）$_n$，相对分子质量5万～250万，相当于300～15000个葡萄糖基，是植物细胞壁的主要成分，也是自然界中分布最广、含量最多的一种多糖，占植物界碳含量的50%以上。棉花的纤维素含量接近100%，为天然的最纯纤维素来源。纤维素的β-1,4-糖苷键对纤维素的构象影响非常显著，纤维素链中每个葡萄糖残基相对于前一个残基翻转180°，使得链呈现完全伸展的立体构象，相邻、平行的伸展链在残基环面的水平方向通过链内和链间的氢键网形成片层结构，片层之间即残基环面的垂直方向靠其余氢键和环内核间的范德华力维系，这样多条链聚集成紧密的有周期性晶格的分子束，称为微晶或胶束，多个胶束进一步形成微纤维。在植物细胞中，微纤维与果胶物质、半纤维素、木质素、伸展蛋白等组成的基质粘合在一起，对细胞的抗张强度和机械性能产生重要影响。纤维素不溶于水和乙醇、乙醚等有机溶剂，能溶于铜氨$Cu[(NH_3)_4(OH)]_2$溶液和铜乙二胺（$NH_2CH_2CH_2NH_2$）$Cu(OH)_2$溶液等。水可使纤维素发生有限溶胀，某些酸、碱和盐的水溶液可渗入纤维结晶区，产生无限溶胀，使纤维素溶解。

半纤维素是由几种不同类型的单糖构成的异质多聚体，单糖包括木糖、阿拉伯糖、甘露糖和半乳糖等五碳糖和六碳糖，属于碱溶性的植物细胞壁多糖，也就是除去果胶物质后残留物被15%NaOH提取的多糖，分子结构多具有侧链，分子大小为50～400个残基。根据单糖组成，半纤维素包括木聚糖、葡甘露聚糖、半乳葡甘露聚糖、木葡聚糖、β-1,3-葡聚糖等，半纤维素是这些多糖物质的总称。木聚糖是半纤维素中最丰富的一类，包括阿拉伯木聚糖和4-*O*-甲基葡糖醛酸木聚糖，其主链结构都相同，都是由β-D-吡喃木糖以β-1,4-糖苷键连接的线性同多糖链，主链的部分木糖残基在C_2或C_3上常被乙酰化，不同的是在侧链上，阿拉伯木聚糖的侧链是L-阿拉伯糖，4-O-甲基葡糖醛酸木聚糖则是D-葡糖醛酸及其4-甲醚。葡甘露聚糖、半乳葡甘露聚糖的主链都是有D-葡萄糖和D-甘露糖通过β-1,4-糖苷键聚合而成，半乳葡甘露聚糖是在这个主链上连接有单个α-D-吡喃半乳糖残基。木葡聚糖广泛存在于豆科植物种子中，也可以与碘产生蓝色反应，并因此被称为类淀粉，但和淀粉没有结构上的关系，其主链是纤维素式的β-D-葡萄糖，主链上有一半以上的葡萄糖残基C_6位上有1,4连接α-D-Xylp-(1→或β-DGalp)-(1→2)-α-D-Xylp-(1→侧链)。罗望子果实中含有较多的木葡聚糖，被称为罗望子胶。

人与哺乳动物缺乏纤维素酶，因此不能消化纤维素，但纤维素对人体具有多种生理功能，被称为第七种营养素。其主要的生理功能有：①有助于肠内大肠杆菌合成多种维生素；②纤维素密度小，体积大，在胃肠中占据空间较大，使人有饱食感，有利于减肥；③纤维素体积大，进食后可刺激胃肠道，使消化液分泌增多和胃肠道蠕动增强，可防治便秘；④高纤维饮食可通过胃排空延缓、肠转运时间改变、可溶性纤维在肠内形成凝胶等作用而使糖的吸收减慢，亦可通过减少肠激素如抑胃肽或胰升糖素分泌，减少对胰岛B细胞的刺激，减少胰岛素释放和增高周围胰岛素受体敏感性，使葡萄糖代谢加强；⑤近年研究证明高纤维饮食使Ⅰ型糖尿病患者单核细胞上胰岛素受体结合增加，从而节省胰岛素的需要量。由此可见，糖尿病患者进食高纤维素饮食，不仅可改善高血糖，减少胰岛素和口服降糖药物的应用剂量，并且有利于减肥，还可防治便秘、痔疮等疾病。

水果、蔬菜中含有丰富的纤维素，不含纤维素的食物有鸡、鸭、鱼、肉、蛋等；含大量纤维素的食物有粗粮、麸子、蔬菜、豆类等。目前国内的植物纤维食品，多是用米糠、麸皮、麦糟、甜菜屑、南瓜、玉米皮及海藻类植物等制成的，对降低血糖、血脂有一定作用。食物纤维大致上可分为两大类：一类为可溶性的食物纤维，另一类为不溶性的食物纤维。可溶性的食物纤维对于降低胆固醇比较有效，多存在于豆类及水果中；不溶性的食物纤维则对预防大肠癌较具功效，多存在于全谷类及一些多纤维的蔬菜中。

第二节　水分

水分是农产品最重要的构成物质之一，植物的一切正常生命活动，只有在一定的细胞水分含量下，才能完成。水分对于农产品具有以下的生理功能：①构成原生质的主要成分，原生质的含水量一般在70%～90%，使原生质呈溶胶状态，保证旺盛的代谢作用，如果原生质水分含量减少，生命活动就会大大减弱，或进入休眠，甚至引起原生质破坏而死亡；②作为底物或产物参与生命代谢，如在光合作用、呼吸作用、有机质的合成和分解过程中，都有水分参与；③水分作为各种生命活动、生化反应的介质，生物体的各种生化反应、物质吸收与运输等都需要以水为介质，否则就无法进行；④维持一定的细胞膨压，保持产品固有的硬度、脆度、弹性和形态。

采后的农产品，尤其是贮藏期的农产品，因种类不同含水量要求各不相同，粮食和油料作物含水量相对较低，比如稻谷、小麦、玉米等的安全含水量一般要求在13%以下。而蔬菜、水果含水量较高，多在80%以上，有些品种达到90%以上，个别的可高达96%以上，蔬菜、水果在贮藏、流通中则要尽量减少水分的散失，以保证产品的新鲜度，防止因水分蒸腾损失而带来的品质劣变，如萎蔫、水解作用加强、生理性病害增加等。

一、水分状态

水分在生物体中的存在状态和性质可以分为游离水、胶体结合水和化合水3种类型。

在蔬菜、水果等鲜活农产品中，游离水是其主要的水分构成，如苹果含水量约为88%，其中游离水就占65%左右。游离水是指存在于液泡各细胞间隙中的表现出溶剂水特性的水分，流通性大，不仅可以从表面蒸发，而且可以借助毛细管作用从内部向外部移动。因其具有溶剂水的特性，游离水中通常溶解有糖、酸、维生素、色素、无机盐等物质，这些物质称为可溶性固形物，对于水果和一些蔬菜而言，可溶性固形物是其品质的重要指标。由于游离水分表现出水的一般特性，因而农产品上的微生物能利用的水分也是游离水分，游离水分在干制脱水加工过程中相对容易除去，因而需要脱水干制保藏的农产品，除去的水分主要是游离水分，而且游离水的含量也直接影响农产品的贮藏效果，这类农产品的贮藏要求在安全水分以下。

胶体结合水是指与农产品体内胶体物质结合的水分，依靠的是分子间的作用力，不表现溶剂水的特性，相对密度大，为1.028～1.45，热容量小，仅为0.7，冰点低，因此也不容易因干制过程而除去，只有在游离水分除去之后才能部分被除去。农产品中胶体结合水含量的多少因种类品种不同而不同，一般地讲，可溶性固形物含量越高的产品胶体结合水含量也越高。

化合水是指存在于农产品中所含的化学物质中的水分，是构成化合物的一部分，结合非常紧密，也不具备溶剂水分的特点，不能因为干燥作用而除去。

二、平衡水分及其影响因素

在一定条件下，农产品的水分可以借助水分梯度从产品内部向表面扩散，表面的水分同样可以借助于水分梯度向空气中扩散，当然空气中的水分也会通过扩散作用进入到农产品体内，当水分向内扩散和向外扩散的速度一致时，农产品的水分会保持在一定含量，除非两者速度的平衡被打破，这时的农产品水分称为平衡水分。

影响平衡水分的因素主要取决于两个方面，一个是农产品本身特性，尤其是农产品中水分存在的状态及其比例，前面已经阐述了，游离水分是易于流动扩散，而胶体结合水和化合水是不容易扩散的，尤其是化合水，而游离水、胶体结合水、化合水的比例与农产品本身性质十分密切，所以农产品本身的特性是影响平衡水分的重要因素。第二个因素是环境条件，尤其是环境条件中的相对湿度，在任何情况下，如果环境条件不发生改变，那么相对这个条件下的农产品平衡水分就是一定的，也是干燥脱水的极限。对于防止果蔬产品在贮藏中的水分散失，通常都采用高湿条件进行贮藏，而粮食油料产品则采用相对干燥的条件进行贮藏。

第三节　脂类

脂类由脂肪酸和醇作用生成的酯及其衍生物的统称，包括油脂和类脂两大类。油脂即甘油三酯，由一分子的甘油和三分子的脂肪酸组成，一般将常温下呈液态的油脂称为油，而将其呈固态时称为脂肪，这取决于其脂肪酸的饱和程度。类脂包括磷脂（phospholipids）、糖脂（glycolipid）和胆固醇及其酯（cholesterol and cholesterol ester）三大类。磷脂是含有磷酸的脂类，包括由甘油构成的甘油磷脂（glycerophosphatide）与由鞘氨醇构成的鞘磷脂（sphingomyelin）。在动物的脑和卵中、大豆的种子中，磷脂的含量较多。糖脂是含有糖基的脂类。胆固醇及甾类化合物（类固醇）等物质主要包括胆固醇、胆酸、性激素及维生素D等。这些物质对于生物体维持正常的新陈代谢和生殖过程，起着重要的调节作用。另外，胆固醇还是脂肪酸盐和维生素D_3以及类固醇激素等的合成原料，对于调节机体脂类物质的吸收，尤其是脂溶性维生素（A，D，E，K）的吸收以及钙、磷代谢等均起着重要作用。这三大类类脂是生物膜的重要组成成分，构成疏水性的“屏障”，分隔细胞水溶性成分及将细胞划分为细胞器、核等小的区室，保证细胞内同时进行多种代谢活动而互不干扰，维持细胞正常结构与功能等。

对于狭义的农产品而言，脂类是油料作物的主要营养贮藏物质，而在其他的农产品中，脂类虽不是其主要的养分贮藏物质，但是有时候对农产品的品质构成或品质变化，甚至生理变化都起到重要作用。

在大米的陈化过程中，脂质的过氧化则起到十分关键的作用。糙米中脂质约2%，大米在1%以下，糠和胚芽中约占20%左右。大米的脂肪组成主要由亚油酸、亚麻酸、油酸、软脂酸、硬脂酸和十四（烷）酸组成，其中亚油酸占50%左右。大米陈化时，首先由于脂质的过氧化形成短链的中间产物和自由基，一些中间产物赋予大米陈化味，自由基则进一步与其他物质作用，如与蛋白质作用，破坏大米做成米饭后的香气。此外，当游离脂肪酸与淀粉作用，它与直链淀粉形成的环状结构，蒸煮时限制了淀粉的膨润，使米饭蒸煮后变得硬而黏性小，适口性变差。佐藤等报道米饭中的脂肪酸被空气中的氧氧化生成过氧化物，并可以进一步分解生成乙醛、丙醛、丙酮、丁酮、（正）戊醛、及（正）己醛等，其中戊醛和己醛成为令人厌恶的陈米米饭的陈米气味。

小麦的脂肪主要存在于胚芽和糊粉层中，含量很少，只有1%～2%，这虽是营养成分，但多由不饱和脂肪酸组成，很易氧化酸败，使面粉或饼干等制品品质劣变，其道理和大米陈化类似。

在果蔬产品上，越来越多的研究结果表明膜脂的过氧化与果蔬成熟衰老密切相关。细胞膜完整性和功能的丧失是衰老初期的基本特征，而细胞膜衰败过程包括了膜磷脂水解生成游离脂肪酸，脂肪酸组分中的不饱和脂肪酸发生过氧化作用，产生氢过氧化物和游离自由基，这些脂质氢过氧化物和自由基进一步毒害细胞膜系统、蛋白质和DNA，导致了细胞膜功能的丧失和细胞的降解死亡，促使果蔬成熟衰老和品质的下降。

第四节　蛋白质

蛋白质是由不同氨基酸以肽键相连所组成的具有一定空间结构的生物大分子物质，被称为生命的物质基础，没有蛋白质就没有生命，机体中的每一个细胞和所有重要组成部分都有蛋白质参与，因此在各种农产品中均有一定量的蛋白质组成，在部分农产品中，蛋白质还是其主要的养分贮藏物质。

一、蛋白质的种类

蛋白质的种类繁多，根据不同的分类方法可以分为若干种蛋白质，下面介绍几种比较常见的一些蛋白质分类。

根据来源可以将蛋白质分为动物蛋白、植物蛋白、微生物蛋白。各种动物及其产品中蛋白质含量都十分丰富，如鸡、鸭、鹅、猪、牛、羊等，动物蛋白也是人体蛋白来源的主要资源库，其中，新鲜肌肉含蛋白质15%～22%，是人体蛋白质的重要来源，蛋类含蛋白质11%～14%，是优质蛋白质的重要来源，奶类（牛奶）一般含蛋白质3.0%～3.5%，是婴幼儿蛋白质的最佳来源。植物蛋白是动物蛋白的有益补充，大豆、花生、核桃、油菜籽、葵花籽等都含有丰富的植物蛋白。植物蛋白质中，谷类含蛋白质10%左右，蛋白质含量不算高，但由于是人们的主食，所以仍然是膳食蛋白质的主要来源。豆类含有丰富的蛋白质，特别是大豆含蛋白质高达36%～40%，氨基酸组成也比较合理，在体内的利用率较高，是植物蛋白质中非常好的蛋白质来源，是素食主义者的主要蛋白来源，植物蛋白相对动物蛋白来讲具有成本低的优势，尤其满足目前的低碳消费和低碳经济的需要。微生物蛋白十分丰富，但是目前尚不是人类的主要蛋白质来源。

根据蛋白质在生物体中的功能分为功能蛋白、结构蛋白和贮藏蛋白。功能蛋白主要参与物质代谢及生理功能的调控，如酶、信号蛋白或信号肽等。结构蛋白主要是指参与构成生物的组织和细胞，一切细胞的原生质都以蛋白质为主，动物的细胞膜及细胞间质也主要由蛋白质组成。贮藏蛋白是指作为主要的能量贮藏形式的蛋白质，如大豆蛋白、油菜籽蛋白等。

根据蛋白质的氨基酸组成及其对人体氨基酸需求的满足情况可以将蛋白质分为完全蛋白、半完全蛋白、不完全蛋白。完全蛋白是指其氨基酸组成种类、比例都适合人体的氨基酸需求或者说和人体蛋白的氨基酸组成比较接近的蛋白，其共同特点就是富含各种人体必需的氨基酸，一般地讲，奶、蛋、鱼、肉类等都属于完全蛋白质，植物中的大豆亦含有完全蛋白质。半完全蛋白是指其氨基酸组成种类符合人体对食物中氨基酸的需求，但比例不合适或者说量不能满足人的需要的蛋白，如小麦的麦胶蛋白。不完全蛋白是指其氨基酸组成缺乏必需氨基酸或者含量很少的蛋白质，如玉米所含的蛋白质和动物皮骨中的明胶等。

根据蛋白质分子的外形，可以将蛋白质分为球状蛋白、纤维状蛋白、膜蛋白。球状蛋白质的分子形状接近球形，水溶性较好，种类很多，可行使多种多样的生物学功能。纤维状蛋白质分子外形呈棒状或纤维状，大多数不溶于水，是生物体重要的结构成分或对生物体起保护作用。膜状蛋白质一般折叠成近球形，插入生物膜，也有一些通过非共价键或共价键结合在生物膜的表面。生物膜的多数功能是通过膜蛋白实现的。

二、蛋白质的氨基酸组成

虽然自然界存在300余种氨基酸，但组成蛋白质的编码氨基酸仅有20种，均为α-氨基酸，其中包括20种常见氨基酸和个别稀有氨基酸。

20种常见氨基酸都有对应的遗传密码子，它们存在于所有动植物及微生物的蛋白质之中，是构成蛋白质的基本单位。氨基酸的种类包括：①非极性疏水性氨基酸：甘氨酸、丙氨酸、缬氨酸、亮氨酸、异亮氨酸、苯丙氨酸、脯氨酸；②极性中性氨基酸：半胱氨酸、丝氨酸、色氨酸、酪氨酸、蛋氨酸（即甲硫氨酸）、苏氨酸、谷氨酰胺、天冬酰胺；③极性酸性氨基酸：天冬氨酸、谷氨酸；④极性碱性氨基酸：赖氨酸、精氨酸、组氨酸。

稀有氨基酸是存在于蛋白质中的20种常见氨基酸以外的其他罕见氨基酸，它们没有对应的遗传密码，都是在肽链合成后由相应的常见的氨基酸经过化学修饰衍生而来的氨基酸，如4-羟脯氨酸、5-羟赖氨酸等。

在氨基酸的分类上，常常根据人体对其需求的必须与否分为必需氨基酸和非必需氨基酸。由于人体内只能合成一部分，其余则须由食物蛋白质供给。人体内不能合成或合成速度太慢的氨基酸都必须由食物蛋白质供给，故称为必需氨基酸。人体内能自身合成的氨基酸则不必由食物蛋白质供给的称为非必需氨基酸。在体内合成蛋白质的许多氨基酸中，有8种必需氨基酸需食物供给，即赖氨酸、色氨酸、苯丙氨酸、蛋氨酸、苏氨酸、亮氨酸、异亮氨酸及缬氨酸。食物中含有的必需氨基酸越多，其营养价值越高。动物蛋白如肉、蛋、乳均含8种必需氨基酸，又称优质蛋白（即完全蛋白）；植物蛋白如豆类蛋白质所含的必需氨基酸是不全的。但若把玉米、小米及大豆三种植物蛋白质混合组成的面食，其营养价值则明显提高。这种把几种营养价值较低的蛋白质，混合后使其营养价值提高的作用又称为不同蛋白质的互补作用。

三、蛋白质与农产品的品质

蛋白质的含量、种类和比例对于某些农产品的品质具有至关重要的甚至决定性的影响。比如在小麦中，蛋白质含量约13%，蛋白质的含量是小麦品质的关键。众所周知，小麦蛋白质与其他禾谷类中的蛋白主要区别在于小麦的蛋白质可以形成面筋，其他禾谷产品虽然也含有蛋白质，却不能形成面筋。小麦蛋白质可以分为清蛋白、球蛋白、麦胶蛋白、麦谷蛋白，而形成面筋的主要是麦胶蛋白和麦谷蛋白。麦谷蛋白是大分子蛋白质，具有良好的延伸性，麦胶蛋白的相对分子质量低些，具有良好的弹性。不同品种小麦其蛋白质总量和比例都各不相同，也决定了小麦的品质和用途。硬质小麦蛋白质含量高，一般用于生产高筋粉；软质小麦用于生产低筋粉，蛋白质在小麦内部的分布也是不均匀的，靠近麦粒外皮的蛋白质含量比靠近中央的多。所谓低筋面粉（又称薄力粉）是指蛋白质含量6.5%～9.5%的面粉，适合做蛋糕、饼干、蛋挞等松散、酥脆、没有韧性的点心。蛋白质含量在9.5%～11.5%的面粉称为中筋面粉，适合做馒头、包子、饺子、烙饼、面条、麻花等大多数中式点心。蛋白质含量11.5%以上的面粉称为高筋粉，又叫强力粉，适合做面包、包子、比萨、泡芙、油条、千层饼等产品，这些产品需要依靠很强的弹性和延展性来包裹气泡、油层以便形成疏松结构。小麦蛋白质含量还会影响到小麦的物性指标，如小麦硬度、角质率、容重、加工特性。高蛋白质小麦一般是硬麦，其角质率含量高，加工过程中颗粒粗、易于筛理、粉色低，而蛋白质含量低的小麦一般是软麦，其角质率低、硬度低，其他特性与硬麦相反。

大米陈化中蛋白质的变化亦能很好地诠释蛋白质对农产品品质的重要作用。大米陈化的突出特征之一就是大米及其米饭的质构特性出现明显劣变，主要表现为蒸煮米的黏度减小，硬度增加。究其机理，国内外学者从脂类、蛋白质、淀粉、细胞壁等方面对大米陈化机理进行了研究。研究表明，大米在储藏过程中总蛋白质含量基本保持不变，但是蛋白质特别是米谷蛋白的—SH含量减少，—S—S—含量增多，相对分子质量增大，蛋白质碱提取率降低，陈化越严重，这种变化趋势越明显。米谷蛋白是大米的主要储藏蛋白质，约占大米总蛋白质的80%以上，因此，米谷蛋白的变化，会显著影响大米的品质。Chrastil和Zarins报道：无论是新米还是陈米的谷蛋白电泳图谱中都有从12.3kD到202kD的13个谱带，可见陈米和新米的谷蛋白谱带数目相同，但陈米的谷蛋白中，低相对分子质量谱带含量减少，高相对分子质量谱带含量增多，米谷蛋白的平均相对分子质量增大。同时，还发现在稻谷成熟过程中也可见到这种变化趋势，因此，储藏过程中的这种变化可看作是稻谷生长过程生理活动的缓慢延续。

第五节　色素

色泽不仅是农产品重要的感官品质，而且也能反应其内在品质及生理生化变化。每种农产品在其最佳食用阶段都往往具有其固有的色泽特性，尤其是果蔬产品上，色泽显得更为重要。果蔬产品的颜色依赖于各种色素物质的构成和比例，构成果蔬产品的色素物质主要包括叶绿素、花色苷、类胡萝卜素等。果蔬产品在生长、发育、成熟和衰老的整个过程中，色素物质的种类和比例一般也会发生相应的变化，所以果蔬产品的色泽也是其具体发育阶段的重要指标，是果蔬产品品质的外在体现。

一、叶绿素

叶绿素是地球上生物中两大色素物质（叶绿素和血红素）之一，是最重要的光合色素，也是与农产品采后商品性状密切相关的重要色素之一。在不同的农产品中具体要求也有所不同，香蕉、芒果、番木瓜、番茄、柑橘等果蔬的最佳食用阶段要求完全转绿，因而也往往在销售前或食用之前经过适当的脱绿转黄处理，另外一些产品如台湾青枣、库尔勒香梨、某些瓜果菜、绿叶菜等果蔬产品绿色则是其最佳食用的基本特性，也常是产品新鲜程度的重要指标，在贮藏运销时需要尽量保持鲜绿状态，这些产品的颜色由绿转黄是衰老的明显标志。

由于叶绿素的特殊功能，所以生物中叶绿素通常是在生长发育的早期形成，进入成熟和衰老期后，叶绿素的代谢则趋于降解，对于采后的果蔬产品降解则是主要趋势，但在较多时候，维护绿色则是保鲜的重要方面，尤其是以绿色为食用特征之一的果蔬产品。

叶绿素在绿色植物和成熟果实中的降解至少有两条途径。一是包括叶绿素酶等在内的降解途径，另一条是由一系列的氧化酶作用的叶绿素漂白途径。

在叶绿素酶（chlorophyllase）和脱镁叶绿素酶（Mg-dechelatase）的作用下，叶绿素分别脱去了植基（phytol）和镁离子（Mg^{2+}）形成了具环状结构的脱镁叶绿酸 a（pheophorbide a），接着在脱镁叶绿酸 a 氧化酶（pheophorbide a oxygenase，PaO）作用下，卟啉环在 C_4 和 C_5 间裂解生成红色的叶绿素降解产物（RCC），随后立即被运输到叶绿体外，进入细胞质中被进一步降解为具蓝色荧光的物质（FCCs）。叶绿素酶促降解途径如下：

叶绿素b →（叶绿素b还原酶）→ 7-羟甲基叶绿素 →（叶绿素a加氧酶）→ 叶绿素a →（叶绿素酶）→ 叶绿素a酸酯 →（脱镁叶绿素）→

脱镁叶绿素甲酯酸a →（脱镁叶绿素甲酯酸a单加氧酶）→ 红色叶绿素降解物 →（红色叶绿素降解物还原酶）→

初生荧光叶绿素降解物 →（非荧光叶绿素降解物丙二酸单酰转移酶）→ 非荧光叶绿素降解物

叶绿素的另一个降解途径是过氧化物酶（POD）参与下进行的，这一途径的机理还不明确，一般认为在过氧化氢存在下，POD 将酚类物质氧化形成自由基，自由基促进膜脂过氧化，破坏叶绿体稳定，从而引起叶绿素的降解。在柑橘与青花菜褪绿和叶绿素含量降低过程中 POD 活性则不断增加，而叶绿素酶活性没有变化。有学者认为在叶绿素的降解过程中，首先是脂溶性的叶绿素被叶绿素酶转化为水溶性的脱植基叶绿酸，然后才能被 H_2O_2 氧化或是被过氧化物酶降解为无色物质。可见在 POD 降解叶绿素的系统中，仍然需要叶绿素酶的参与。

影响采后农产品叶绿素降解的因素很多，主要是采后农产品所处的环境条件，其中温度、气体组成，此外植物激素或生长调节剂的影响也是十分显著的。

温度对采后果蔬叶绿素降解具有显著影响，在一定温度范围内农产品叶绿素降解随温度升高而加快，研究将菠菜放在 1℃下，贮藏 6d，其叶绿素含量不变，而在 25℃下贮藏 4d，其叶绿素含量已降解 65%。一般认为温度影响叶绿素降解的机理主要是影响农产品体内各种酶的活性，如叶绿素过氧化物酶。在青花菜中，叶绿素过氧化物酶的活性随温度的升高而升高，青花菜不断黄化，叶绿素迅速降低。香蕉在大于 24℃的高温下出现“青皮熟”也同样反映了温度对叶绿素降解的影响。

贮藏环境中的气体成分也可以显著的影响采后农产品叶绿色的降解，如 O_2 和 CO_2。低浓度 O_2 和（或）高浓度 CO_2 都可以抑制叶绿素的降解。活性氧可导致叶绿素四吡咯环碳环双键的裂解，导致卟啉大环裂解，而气调贮藏不仅降低了 O_2 浓度，提高了 CO_2 浓度，并且也提高果蔬的 SOD 活性，提高清除活性氧能力，减少了活性氧的生成速率。O_2 和 CO_2 还能通过影响相关酶的活性而调节叶绿素的降解。例如在 1% O_2 的气体条件下，香蕉果皮不能正常褪绿，但是仍能正常成熟。

激素和生长调节剂方面，乙烯能促进采后农产品的成熟衰老，加快农产品叶绿素的降解。乙烯处理后的柑橘果皮，叶绿素的降解伴随着叶绿素酶活性的提高。菠菜在 25℃下用 10mg/kg 的乙烯处理后，叶绿素迅速降解，在贮藏第 2d 即出现黄化现象，不过菠菜经乙烯处理后叶绿素酶活性并没有增加，这可能是由于菠菜叶片叶绿素降解主要是 POD 途径。在青花菜中，外源乙烯不仅能提高叶绿素酶的活性，也能提高过氧化物酶活性。茉莉酸及其衍生物茉莉酮酸甲酯，是一类环戊酮化合物，能广泛调节植物生理过程，促进叶绿素的降解，可促进乙烯的生物合成，青花菜经过 1mmol/L 茉莉酮酸甲酯处理后 ACC 合成酶、ACC 氧化酶、乙烯释放率以及叶绿素降解率都远高于对照。但茉莉酮酸甲酯促进叶绿素降解的能力是否与乙烯相关尚不清楚。GA_3 也是一种广泛应用于果蔬保鲜上的植物生长调节剂，无论采前喷施或是采后浸泡处理，都能有效地抑制叶绿素降解、延缓衰老。其机理可能是 GA_3 可以通过延缓膜脂的降解，保护细胞膜结构的完整性，抑制叶绿素的降解。

实际中，叶绿素的降解往往是多因素、多机制联合发挥重要。王阳光等人（2003）研究了温度、采前喷 GA、乙烯处理等对青梅果实果肉色泽及有关的主要生理指标的变化。结果表明，于 10℃和 1℃下贮藏，梅果果肉色泽变化幅度基本上较小，叶绿素含量下降较缓慢，与感官鉴定结果相一致，果肉一直为黄绿色。而在 25℃下贮藏的梅果叶绿素和类胡萝卜素含量迅速下降，果肉急剧黄化。因此在室温下梅果仅能保鲜 5d 左右。在 25℃下，结合采前喷 GA、采后添加乙烯吸收剂和充气包装处理，可有效减缓叶绿素和类胡萝卜素含量的降解，较好地保持果实绿色，尤其是充气包装处理效果更佳。

二、类胡萝卜素

类胡萝卜素是一类重要的天然色素，普遍存在于动物、高等植物、真菌、藻类和细菌中的黄色、橙红色或红色的色素，主要是β-胡萝卜素和γ-胡萝卜素，因此而得名。类胡萝卜素不溶于水，溶于脂肪和脂肪溶剂。自从19世纪初分离出胡萝卜素，至今已经发现近450种天然的类胡萝卜素；利用新的分离分析技术如薄层层析、高压液相层析以及质谱分析还不断发现新的类胡萝卜素。植物的类胡萝卜素存在于各种黄色质体或有色质体内，如秋季的黄叶、黄色花卉、黄色和红色的果实和黄色块根。β-胡萝卜素是哺乳动物合成维生素A的前体，称为维生素A原。

番茄、柑橘、胡萝卜等许多果蔬产品都含有丰富的类胡萝卜素。类胡萝卜素是镶嵌于植物叶绿体和有色体膜中的脂溶性色素，包括胡萝卜素和叶黄素（胡萝卜素的氧化衍生物）两大类，其结构特点均是由8个类异戊二烯单位浓缩后不断演变而成。在植物中，类胡萝卜素担当叶绿体光合作用的辅助色素，帮助叶绿素接收光能；另一方面，同时在高温、强光下能通过叶黄素循环，以非辐射的方式耗散光系统的过剩能量保护叶绿素免受破坏。类胡萝卜素也是合成植物激素ABA的前体。除八氢番茄红素、六氢番茄红素等几种类胡萝卜素无色外，绝大多数类胡萝卜素呈黄色、橙色或红色，从而赋予植物花、果实等器官以绚丽的色彩。

类胡萝卜素的合成受多种因素的影响，除了遗传因素、营养水平外，还包括光照、氧、温度等，在这些多种影响因素中，光照具有更为明显的效应。光可调解许多生物体中的类胡萝卜素生物合成。在高等植物的光合组织中，类胡萝卜素的生物合成发生于细胞的叶绿体中，是捕光及光合反应中心复合体形成的基本组成步骤。植物组织中类胡萝卜素的最终含量受光照的控制具有多种机制。

类胡萝卜素的合成途径如图1-2所示。

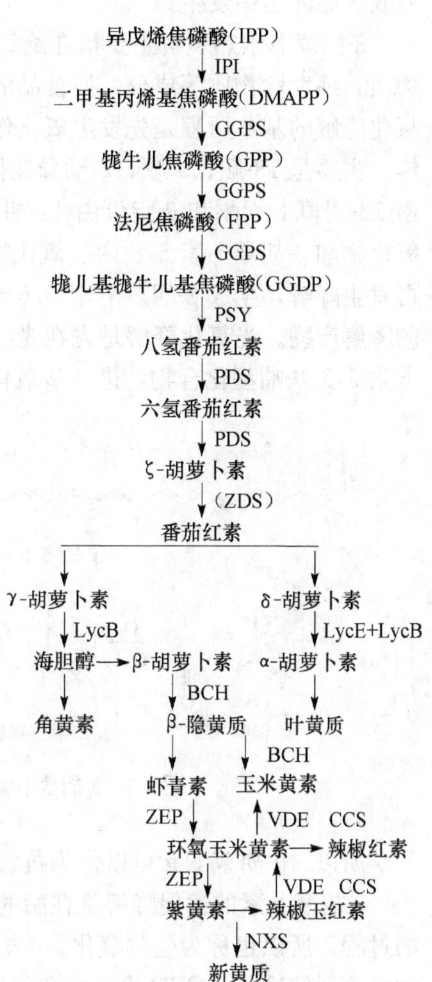

图1-2　类胡萝卜素的合成途径
（韩利军，2002）

GGPS：牻儿基牻牛儿基焦磷酸合成酶；PSY：八氢番茄红素合成酶；PDS：八氢番茄红素脱氢酶；ZDS：ζ-胡萝卜素脱氢酶；LycB：番茄红素β-环化酶；LycE：番茄红素β-环化酶；BCH：β-胡萝卜素羟化酶；VDE：堇菜黄素脱环氧酶；ZEP：玉米黄素环氧酶；CCS：辣椒红/辣椒玉红素合成酶；NXS：新黄质合成酶

在生物体中，类胡萝卜素相对比较稳定，但在一定条件下也会发生降解。以β-胡萝卜素为代表的类胡萝卜素对光、热、氧等较敏感，容易发生降解反应。β-胡萝卜素的降解方式主要有热裂解、热氧化降解、化学氧化降解、光氧化降解和酶促降解等，这些降解方式主要发生在加工食品中，尤其是热裂解、热氧化降解都是在高温加热过程才发生。化学氧化降解、光氧化降解和酶促降解除了在食品加工与贮藏中发生，也可以在采后农产品贮运中发生。

β-胡萝卜素热裂解主要指在绝氧高热作用（如深层油炸）下生成环氧化合物、短链物质、挥发性物质等成分，使食品的风味和颜色都发生不同程度的变化。β-胡萝卜素热氧化降解的基本历程是先发生氧化作用后再发生降解，主要生成具有还原性的顺式异构体，主要是13-顺、9-顺、2-顺异构体；发生裂解反应时生成的主要裂解产物是β-脂蛋白-13-胡萝卜素酮和β-脂蛋白-14-胡萝卜醛；环氧化作用下主要产生β-胡萝卜素5,8-环氧化物和β-胡萝卜素5,8-内过氧化物。β-胡萝卜素的化学氧化降解是先发生氧化作用后再发生降解，生成β-胡萝卜素5,6-环氧化合物，再进一步氧化生成相对分子质量较低的降解产物。光氧化降解是先在光线的辅助下发生氧化作用后再发生降解，生成β-胡萝卜素5,8-呋喃型化合物，进一步氧化生成低相对分子质量的降解产物，如图1-3所示。

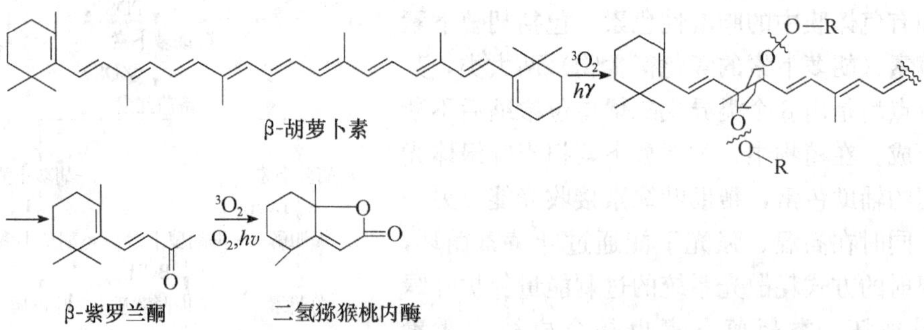

图1-3　β-胡萝卜素的光氧化降解反应（胡兴娟，2007）

所以，β-胡萝卜素可以作为抗氧化剂，具有清除自由基的能力。

β-胡萝卜素的酶促降解是在酶的催化作用下直接同步氧化降解生成小分子有机物质的过程，所以也称为生物氧化。β-胡萝卜素酶促降解包括羟化酶途径（BCH途径）、双加氧酶裂解途径（CCD途径）和氧化酶途径（BCO途径），如图1-4所示。

影响β-胡萝卜素酶促降解的主要因素包括食品体系的组成和酶的种类。脂氧合酶的存在会加速β-胡萝卜素的降解，脂氧合酶首先催化不饱和或多不饱和脂肪酸氧化，生成的过氧化物随即与β-胡萝卜素发生反应，促进β-胡萝卜素的降解，使颜色退去。Baldermann等（2005）研究发现油桃中类胡萝卜素的酶促降解与其成熟度相关，降解产物C_{13}-降异戊二烯的含量随着油桃成熟度的增加而增加，在完全成熟的油桃中它占降解产物的40%，对油桃中β-胡萝卜素裂解的研究表明其反应活化能约为62.2kJ/mol。另外，在杏鲍菇中发现的一种细胞外多功能过氧化物酶也能有效地加快β-胡萝卜素的降解。

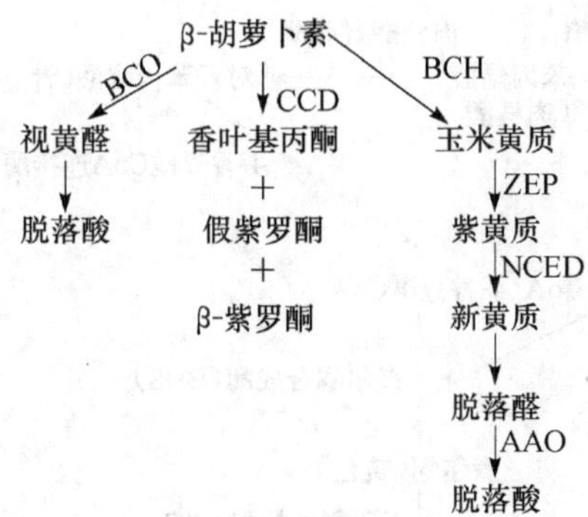

图 1-4 β-胡萝卜素生物氧化降解途径（赵小皖，2011）

BCO：β-胡萝卜素氧化酶；CCD：类胡萝卜素裂解双加氧酶；BCH：β-胡萝卜素羟化酶；ZEP：玉米黄质环氧化酶；NCED：9-顺式-环氧类胡萝卜素双氧合酶；AAO：脱落醛氧化酶

三、花色素苷

花青素是植物界中最大的一类水溶性色素，已知天然存在的花青素有 20 种，常见的有 6 种，花色苷有 250 多种，存在于 27 个科，73 个属的植物中，约占植物界类黄酮的 15%～20%，其基本结构都是 2-苯基苯并吡喃形成的花色苷元，在花色苷元上各个碳位由于取代基的不同而形成各种各样的花色素，通常在花色基元 A 环和 C 环的 C_3、C_5、C_7 上的氢原子被羟基取代，B 环的 C_3 和 C_5 上的氢原子被羟基或甲氧基取代而形成 6 种基本花青素，即：天竺葵色素（pelargonidin）、矢车菊色素（cyanidin）、翠雀花色素（delphinidin）、芍药花色素（peonidin）、一甲翠雀花色素（petunidin）、二甲翠雀花色素，其中前 3 种是最基本的花青素，分别由堪非醇（kaempferol）、栎精（quercetin）和杨梅酮（myricetin）为底物合成，而芍药花色素由天竺葵色素衍生而来，一甲翠雀花色素、二甲翠雀花色素由翠雀花色素甲基化而得。

花青素通常与糖类物质结合，以花色苷的形式存在。花色素苷是植物体内的类黄酮类次生代谢物质，在细胞液泡中不同种类与数量的花色素苷积累和贮藏使得植物表现出不同的颜色，是果蔬品质的重要方面。对于以花色素苷为主要色素物质的果蔬产品，一般表现出在其发育成熟阶段不断积累，是产品呈现固有的色泽。尽管体外花色素苷的稳定性不太稳定，但采后正常的贮藏过程中，则多表现出保持相对的稳定或有逐步增加，这与种类品种、采前环境因素、栽培技术和采收时期等因素有关。

花色素苷的合成途径如图 1-5 所示。

在不同的植物种类中，花色素苷合成途径也有所不一样。

苯丙氨酸是花青素及其他类黄酮生物合成的直接前体，由苯丙氨酸到花青素经历 3 个阶段，第一阶段由苯丙氨酸到 4-香豆酰 CoA，这是许多次生代谢共有的，该步骤受苯丙氨酸裂解酶（PAL）基因活性调控；第二阶段由 4-香豆酰 CoA 和丙二酰 CoA 到二氢黄酮醇，是类黄酮代谢的关键反应，该阶段产生的黄烷酮和二氢黄酮醇在不同酶作用下，可转化为花青素和其他类黄酮物质；第三阶段是各种花青素的合成，至少有 3 个酶：二氢黄酮醇还原酶（DFR）、花青素合成酶（ANS）和类黄酮 3-葡糖基转移酶

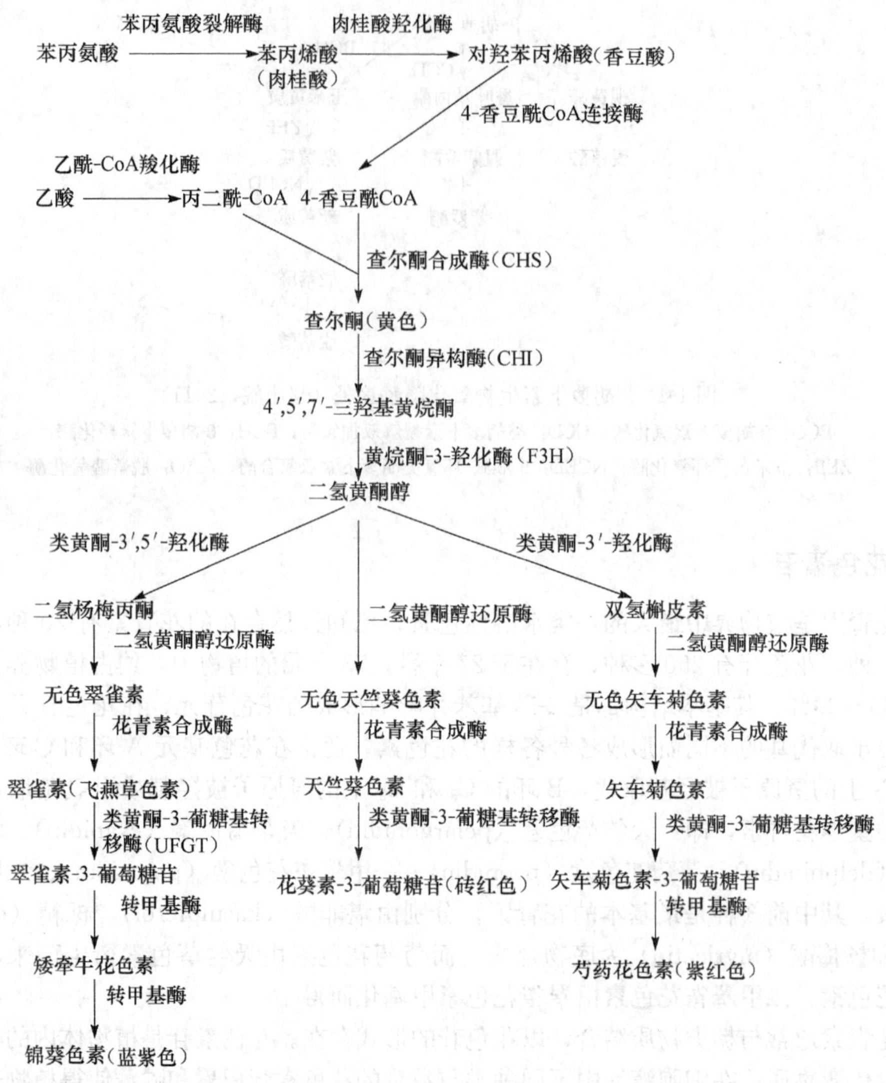

图 1-5　花青素生物合成途径（张龙，2008）

(3GT) 能够将无色的二氢黄酮醇转化成有色的花色素。苹果、葡萄中花青素的合成如图 1-6 所示。

四、农产品采后色素物质代谢的调控研究进展

（一）叶绿素的代谢调控

在农产品采后的贮藏和运输中，有许多因素影响着叶绿素的降解，如温度、环境的气体组成、植物激素等。

1. 温度

温度对采后农产品叶绿素降解具有显著影响。在一定温度范围内，叶绿素降解随温

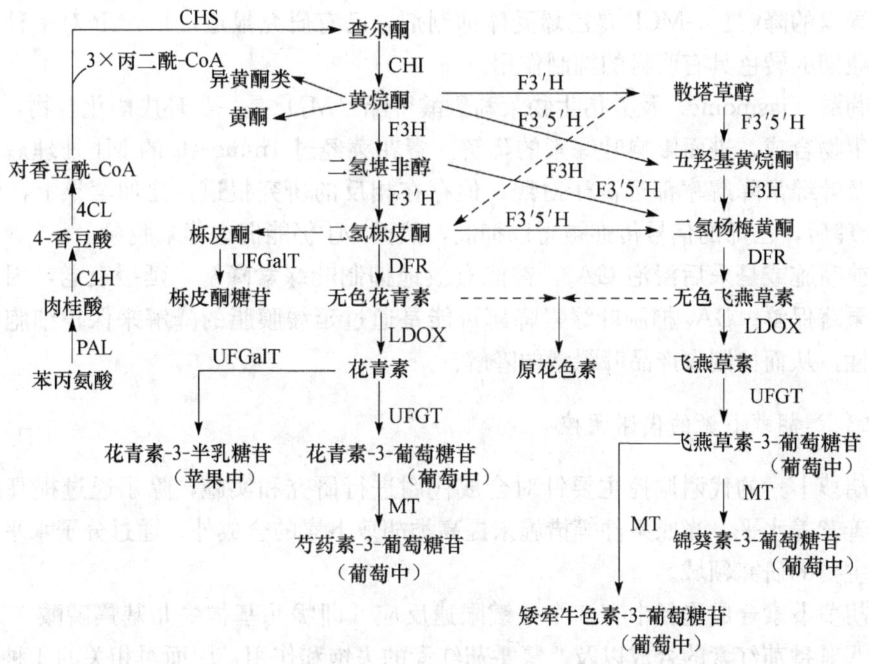

图 1-6　苹果和葡萄中花色苷的合成途径（苑克俊，1998）

PAL：苯丙氨酸解氨酶；C4H：肉桂酸羟化酶；4CL：香豆酰 CoA 连接酶；CHS：查尔酮合成酶；CHI：查尔酮异构酶；F3H：黄烷酮-3-羟基化酶；F3′H：类黄酮-3′-羟基化酶；F3′5′H：类黄酮-3′,5′-羟基化酶；DFR：二氢黄酮醇还原酶；LDOX：无色花色素双氧酶；UFGT：UDP-葡萄糖类黄酮-3-*O*-葡萄糖转移酶；UFGalT：UDP-半乳糖类黄酮-3-*O*-糖基转移酶；MT：甲基转移酶

度升高而加快。一般认为温度影响叶绿素降解的机理主要是影响果蔬体内各种酶的活性，如叶绿素酶、氧化物酶。

2. 气体成分

贮运环境中的气体成分对叶绿素的降解影响也是十分明显。一般地说，在多种果蔬上，低浓度 O_2 和高浓度 CO_2 都可以抑制叶绿素的降解。在低浓度 O_2 和高浓度 CO_2 下能提高果蔬产品的 SOD 活性，SOD 具有清除自由基的功能，而自由基可导致叶绿素四吡咯环碳环双键的裂解，而且低浓度 O_2 也减少了活性氧的生成速率。此外低浓度 O_2 和高浓度 CO_2 还能通过影响相关酶的活性而调节叶绿素的降解。

3. 植物激素

植物激素的种类及相互比例可以显著影响农产品的生理代谢过程。乙烯具有明显的促进成熟和衰老的作用，能加快农产品叶绿素的降解。乙烯能促进青花菜、柑橘、甜瓜、菠菜等果蔬中叶绿素的降解。菠菜经过乙烯处理后，叶绿素迅速降解并很快出现黄化现象。乙烯促进叶绿素的降解的机理可能与叶绿素酶有关，经过乙烯处理后的柑橘果皮叶绿素酶活性出现明显的提高，并伴随叶绿素的降解。不过在菠菜上，尽管乙烯处理可加速叶绿素的降解，但并不引起叶绿素酶活性的提高，这可能是由于菠菜叶片叶绿素降解主要是 POD 途径。在青花菜中，外源乙烯能提高叶绿素酶和过氧化物酶活性，并伴随叶绿素的降解。1-MCP 是乙烯受体抑制剂，已有研究报道，1-MCP 对多种果蔬产品的贮藏期的转色具有明显的抑制作用。

茉莉酸（jasmonic）及其衍生物茉莉酮酸甲酯（MJ）是一类环戊酮化合物，能促进乙烯的生物合成，进而影响叶绿素的降解。青花菜经过 1mmol/L 的 MJ 处理后乙烯释放率以及叶绿素降解率都远高于对照，但存在相反的研究报道。比如苹果上，先用 1-MCP 处理后，乙烯的信号传递被得以抑制，然而 MJ 仍能促进苹果脱绿。

采前喷施或是采后浸泡 GA_3，都能有效地抑制叶绿素降解，延缓衰老，因而广泛应用于果蔬保鲜。GA_3 抑制叶绿素降解可能是通过延缓膜脂的降解来保护细胞膜结构的完整性，从而抑制农产品叶绿素的降解。

（二）类胡萝卜素的代谢调控

类胡萝卜素的代谢调控主要针对合成代谢进行研究和实施，除了通过提高栽培水平、改善营养水平、光照条件等措施来提高类胡萝卜素的合成外，通过分子水平的调控是目前主要的研究领域。

类胡萝卜素合成途径中有 3 个关键限速反应，即牻儿基牻牛儿基焦磷酸（GGDP）合成，八氢番茄红素的合成以及八氢番茄红素的去饱和作用，因而对相关的 4 种酶做了大量而深入的研究，包括：牻儿基牻牛儿基焦磷酸合成酶（GGPS）及其基因、八氢番茄红素合成酶（PSY）及其基因、八氢番茄红素去饱和酶（PDS）及其基因、ζ-胡萝卜素脱氢酶（ZDS）及其基因。

1. 牻儿基牻牛儿基焦磷酸（GGDP）的合成

在高等植物中，GGDP 是类胡萝卜素合成途径中八氢番茄红素的直接前体，由（4 个 IPP 分子在 IPP 异构酶和 GGDPS）催化下相继缩合而成。GGDPS 是 IPP 向 GGPP 转化的限速酶，其活性高低不仅影响类胡萝卜素合成，也影响类异戊二烯途径中其他产物的合成。Dogbo 和 Camara 于 1987 年从辣椒中纯化了 GGDPS，随后在 1992 年制备了其抗体，并用来筛选 cDNA 文库得到 GGDPS cDNA。GGDPS 是一种多功能异戊烯转移酶，它可催化形成 GDP、FDP 和 GGDP。1994 年 Scolnik 和 Bartley 分离出拟南芥 GGPS 基因。此外该基因还从白羽扇豆、长春花和白芥中得到分离，它们的 cDNA 长 1.1～1.4kb，编码 316～366 个氨基酸。

2. 八氢番茄红素的合成

八氢番茄红素由 2 分子 GGPP 在 PSY 催化下缩合而成，它是整个类胡萝卜素合成途径中第一个类胡萝卜素分子。Ray 等于 1987 年获得一个功能未知的番茄果实成熟期间专一表达的 cDNA 克隆 Ptom5，之后经 Bramley 等人的研究证明 Ptom5 是 PSY 基因。研究绿色与成熟阶段的野生型和突变体番茄表明，有两种不同的细胞器特异表达的存在：*PSY1* 与 *PSY2*，前者位于番茄果实中，在果实成熟期表达，负责有色体类胡萝卜素的合成，后者在绿色组织中，以子叶中为主，负责叶绿体类胡萝卜素的合成。植物 PSY 基因中有一个独特的保守序列，这个保守序列在海藻、蓝藻 PSY 和细菌、真菌 crtB 上并不存在。这个序列的功能还不清楚，在 PSY 蛋白加工过程中是否被去除也不清楚。目前除番茄外现已分离出 PSY 基因的植物还有辣椒（GBAN X68017）、拟南芥（GBAN L25812）、黄水仙（GBAN X78814）、甜瓜（GBAN Z37543）、玉米（GBAN U32636）、白芥和枸杞（GBAN AY986508）等。

3. 八氢番茄红素的去饱和作用

植物中八氢番茄红素到番茄红素的去饱和过程按两步进行。首先由 PDS 将八氢番茄红素脱氢生成六氢番茄红素继而进一步脱氢生成 ζ-胡萝卜，然后在 ZDS 催化下 ζ-胡萝卜素脱氢生成链孢红素继而进一步脱氢生成番茄红素。目前已从大豆、番茄（GBAN M88683）辣椒（GBAN X68058）、拟南芥（GBAN L16237）、玉米（GBAN L39266，U37285）、黄水仙（GBAN X78815）、野生烟草（GBAN U19262）和白芥等植物中分离到 PDS 基因，其 cDNA 长 1.9～2.3kb，编码 566～582 个氨基酸。植物和蓝藻 *PDS* 氨基酸序列十分保守，相似性为 79%，一致性为 65%。*PDS* 基因定位于第 3 条染色体末端，为单拷贝基因，植物 PDS 是膜结合蛋白，但从 cDNA 推导的氨基酸序列分析，该蛋白并非是完全疏水的。ZDS 已从辣椒、拟南芥（GBAN U38550）和黄水仙（GBAN AJ224683）中分离出来，其 cDNA 长 1.8～2.1kb，编码 558～574 个氨基酸。*PDS* 和 *ZDS* 的氨基酸序列中都有一个特征序列，该特征序列也存在于吡啶二硫核苷酸氧化还原酶多肽中。

番茄果实被广泛作为类胡萝卜素生物合成的遗传、生化和分子生物学研究的模式系统。番茄上也有一系列影响类胡萝卜素含量的位点，其中大多数只影响花和果实着色，只有一个位点（ghost，gh）控制所有无性组织的颜色，该位点 GH 突变阻断八氢番茄红素的脱饱和作用，产生不稳定的白化表现型。另一个高色素基因能提高番茄叶片和果实中类胡萝卜素的总含量。这是因为在弱光下，含有的突变体对蓝光和红光表现得非常敏感，能有效地调控向光性的信号传递通道。Fray 等人将番茄 PSY 基因导入番茄，PSY 的 cDNA 在番茄中的组成型表达使植株类胡萝卜素合成增强，在离区和幼果产生异常积累，导致植株严重矮化，GA_3 和叶绿素合成受到抑制，GA_3 的合成减少了 30 倍。这是由于类胡萝卜素、GA_3 和叶绿素均是由共同前体 GGPP 转化而来，类胡萝卜素合成的加强使得进入 GA_3 和叶绿素合成途径的 GGPP 减少 50%。

Rosati 等通过农杆菌介导法将 *LycB* 基因成功导入番茄，对 *LycB* 基因表达进行正调节的构建所获得的转基因植株果实 β-胡萝卜素含量显著增加，果实颜色转化为橙色。而对 *LycB* 基因表达进行负调节的构建所获得的转基因植株果实中 *LycB* 表达被抑制了 50%，番茄红素含量稍有增加。转基因植株叶片类胡萝卜素含量没有受到影响，与亲本株系相当。Rmer 和 Fraser 等人将细菌八氢番茄红素脱氢酶基因和花椰菜斑点病毒 35s 启动子构成组成型表达载体转入番茄，结果 β-胡萝卜素含量提高到原来的 3 倍，占总量的 50%，约 50mg/kg，但类胡萝卜素的总量减半。

（三）花青素色素的代谢调控

花青素色素的代谢调控和类胡萝卜素的代谢调控类似，也多从采前因子入手，主要是提高栽培水平，改善光照条件等。从分子水平进行调控也是目前主要的研究领域。

参与花色素苷合成过程的酶中，苯丙氨酸裂解酶不是该过程的关键酶。PAL 基因在光下和暗中都可以持续地以同样水平转录，而光照可以诱导花青素的合成。深入的研究表明，不同植物中的花青素生物合成受两类基因的共同控制，一类是结构基因，其编码生物合成途径中所需的酶；另一类是调节基因，其编码的转录因子调控结构基因的时空表达。

1. 花青素合成中的主要结构基因

查尔酮合成酶（CHS）：催化 p-香豆酰 CoA 与丙二酰 CoA 生成查尔酮，形成类黄酮的基本碳架结构，是类黄酮合成的关键酶。目前已从很多植物中克隆到多个 *CHS* 编码基因，不同植物的 CHS 基因序列同源性很高，但功能上存在明显差异，同一植物体内也存在 CHS 多个编码基因，在不同品系中的表达活性不同，Pinus strobus 中的 *CHS1* 和 *CHS2* 的蛋白质有 88%的同源性，但 *CHS1* 催化查尔酮合成，*CHS2* 催化二酮基 CoA 与甲基丙二酰 CoA 的缩合反应。紫花苜蓿 *CHS2* 的 X 射线衍射，表明该酶是一个同源二聚体蛋白，有两个功能互相独立的亚基，分子质量为 40～45kDa。

查尔酮异构酶（CHI）：催化查尔酮环的闭合，形成第 1 个类黄酮产物。该酶为 24～29kDa 的单体蛋白，从很多植物中克隆到多个 CHI 的编码基因，不同植物的 CHI 的同源性在 49%～80%。CHI 在花色素苷合成途径中非常重要，缺乏 CHI 的玉米突变体，查尔酮积累且子粒呈古铜色。

黄烷酮 3-羟化酶（F3H）：催化 3 位羟基化反应，是 2-酮戊二酸依赖型的双加氧酶，反应需要 2-酮戊二酸、分子氧、铁和抗坏血酸。从牵牛花上分离到有活性的 F3H，是一个分子质量为 42kDa 的单体蛋白。

类黄烷酮 3′-羟化酶和类黄烷酮 3′,5′-羟化酶（F3′H 和 F3′5′H）：这两个酶催化类黄酮 B 环上 3′、5′位的羟基化反应，F3′H 的反应通常生成花青苷类，F3′5′H 催化生成花翠素类呈蓝色的花色素苷。

二氢类黄酮还原酶（DFR）：催化不同二氢类黄酮醇底物生成无色花青素、无色花葵素、无色花翠素，DFR 还原反应需要 NADPH 提供 H 到二氢黄烷酮的 4 位酮基。

花色素苷合成酶（ANS）：催化无色花色素形成有色花色素苷的前体，该酶也是 2-酮戊二酸依赖型的双加氧酶，反应需要 2-酮戊二酸、铁、抗坏血酸和盐酸的酸化，在 C-3 位羟基化无色花色素苷或直接形成 C-3 位酮基。

类黄酮 3,5-糖苷转移酶（UFGT）：有 3 位糖苷转移酶和 5 位糖苷转移酶，5 位糖苷转移酶较 3 位糖苷转移酶形成的产物更稳定，该酶是第 1 个使花色素转化成稳定花色素苷的酶，并由无色转为有色。

目前已经从葡萄、苹果、草莓、蓝莓中克隆了 *CHS*、*CHI*、*F3H*、*DFR*、*ANS*、*UFGT* 等结构基因。

在葡萄中克隆了 3 个 CHS 基因，*CHS1* 与 *CHS3* 在氨基酸水平的同源性为 96%，*CHS1* 与 *CHS2*，*CHS2* 与 *CHS3* 的同源性均为 86%。*CHS3* 在红色果实的果皮中表达，参与花色素苷积累，另外两个在叶片和白色品种的果皮中表达。研究证明，果树中花色素苷合成途径与玉米、矮牵牛、拟南芥、金鱼草中的花色素苷合成途径基本相同，结构基因的同源性很高。

在苹果果实发育过程中，*CHS*、*CHI*、*F3H*、*DFR* 均有不同程度的表达，*UFGT* 只在果实接近成熟的转色期表达，表达的强度与花色素苷合成呈正相关；白色和红色葡萄品种中，*CHS*、*CHI*、*F3H*、*DFR*、*LDOX* 在叶片、枝条、种子、根等器官中表达，UFGT 只在红色品种的果皮中高丰度表达；乙烯喷布使各种花色素苷含量都有所提高，而 *CHS*、*CHI*、*F3H*、*DFR*、*LDOX* 的基因表达受到了抑制或没有变化，只有 UFGT 的基因表达明显增加，说明 UFGT 是果实花色素苷合成途径的调控酶，UFGT 的表达与否和表达强度是葡萄等水果中花色素苷合成的关键。

2. 花青素合成中的主要调节基因

目前已分离和鉴定了 3 类花青素合成的转录因子：即 R2R3-MYB 蛋白、*myc* 家族的 bHLH 蛋白和 WD40 蛋白。几种转录因子及其编码基因见表 1-1。这些调节基因多数具多效性，不仅控制花色素苷合成，还调节其他生理过程。果实中的调节基因研究不如玉米、矮牵牛、拟南芥、金鱼草、紫苏等植物的研究深入。

表 1-1　几种植物花色素苷合成中的转录因子及其编码基因（Springob K.，2003）

植物种类	转录因子类型	调节基因	参考文献
玉米（*Zea mays*）	MYB	*c1/pl*	Cone 等 1993
	bHLH	*r/b*	Goff 等 1992
	bHLH	*in1*	Burr 等 1996
	WD40	*pac1*	Carey 等 2004
矮牵牛（*Petunia hybride*）	MYB	*an2*、*an4*	Quattrocchino 等 1998，1999
	bHLH	*an1*、*jaf13*	Spelf 等 2000
	WD40	*an11*	De Vetten 等 1997
金鱼草（*Antirrhinum majus*）	MYB	*rosea1/2*、*venosa*	Martin 等 1991
	bHLH	*Delila*、*mutabilis*	Goodrich 等 1992
紫苏（*Perilla frutescens*）	MYB	*myb-p1*	Gong 等 1999
	bHLH	*myc-rp/gp*、*myc f3g1*	Gong 等 1999
	WD40	*pfwd*	Yamazaki 等 2003
拟南芥（*Arabidopsis thaliana*）	MYB	*tt2*	Nesi 等 2001
	MYB	*pap1*、*pap2*	Nesi 等 2001
	bHLH	*tt8*	Nesi 等 2000
	bHLH	*myc-146*、*g13*、*eg13*	Ramsay 等 2003
	WD40	*ttg1*	Walker 等 1999
草莓（*Fragaria ananassa*）	MYB	*famyb1*	Aharoni 等 2001
葡萄（*Vitis vinifera*）	MYB	*myba*	Kobayashi 等 2002
非洲菊（*Gerbera hybrida*）	bHLH	*gmyc1*	Elomaa 等 1998

第六节　挥发性物质

一、农产品芳香物质种类及其来源

芳香物质是评价农产品嗅觉品质的重要指标之一，尤其是在果蔬产品上。香气的形成是一个动态的过程，种类复杂。在番茄中，已经分离的香气成分有400多种，但是只有30种香气物质的浓度达到1nL/L，其中有16种物质香气值为正数，Buttery认为它们才是成熟新鲜番茄中的主要香味物质，分别是：顺-3-已烯醛、已醛、1-戊烯-3-酮、顺-3-已烯醇、反-2-已烯醛、2,3-甲基丁醛、2-异丁基硫咪唑、1-硝基-2-乙基苯、3-甲基丁醇、反-2-庚烯醛、苯乙醛、6-甲基-5-庚烯-2-酮、β-紫罗兰酮、β-大马烯酮、甲基水杨酸和2-苯基乙醇。

目前一般认为农产品的香气物质主要来源于脂肪酸、氨基酸和类胡萝卜素三类前体物质。表1-2为番茄中主要香气成分的来源。

表1-2 番茄主要的香气成分来源（Buttery RG，Washinton D. C.，1993）

脂类来源（lipid derived）	氨基酸来源（amino acid derived）	类胡萝卜素来源（carotenoid derived）
己醛（hexanal）	亮氨酸（leucine）来源：	开链化合物（open chain）：
己醇（hexanol）	3-甲基丁醇（3-methylbutanol）	6-甲基-5-庚烯-2-酮（6-methyl-5-hepten-2-one）
顺式-3-己烯醛（*cis*-3-hexenal）	3-甲基丁醛（3-methylbutanal）	香叶基丙酮（geranylacetone）
顺式-3-己烯醇（*cis*-3-hexenol）	2-异丁基噻唑（2-isobutylthiazole）	6-甲基-5-庚烯-2-醇（6-methyl-5-hepten-2-ol）
反式-2-己烯醛（*trans*-2-hexenal）	苯丙氨酸（phenylalanine）来源：	环状化合物（cyclic）：
戊醛（pentanal）	2-苯乙醇（2-phenylethanol）	β-紫罗兰酮（β-ionone）
反式-2-庚烯（*trans*-2-heptenal）	苯乙醛（phenylacetaldehyde）	β-大马烯酮（β-damascenone）

（一）以脂肪酸为前体的主要芳香物质

在水果及瓜果类蔬菜的风味中，常发现有C_6、C_9的醇、醛类以及由C_6、C_9的脂肪酸所形成的酯，这些香气物质大多以脂肪酸为前体通过脂氧化酶的氧化而产生风味物质。脂类来源的香气物质是番茄果实中最重要的几种香气成分，尤其是C_6的醛、醇类，是番茄青草香气主要来源。在盖县李果实中，主要的香气物质是3-已烯醇乙酸酯，也是以脂肪酸为前体的香气物质。

以脂肪酸为前体的主要芳香物质，首先通过酰基水解酶，将脂类水解产生亚麻酸和亚油酸，它们作为香气合成的重要直接前体，在脂氧合酶（LOX）的作用下生成羧基酸，随后在裂解酶（HPL）作用下生成重要的香气成分C_6醛类化合物，经过脱氢酶作用（ADH）可生成相应的醇类。图1-7为脂类降解产生的番茄果实C_6香气成分生物合成途径。

（二）以氨基酸为前体的主要芳香物质

氨基酸主要是通过脱氨脱羧系列反应生成各种风味物质。在番茄成熟过程中，异戊醇、乙酸异戊酯和异丁酸或丁酸异戊酯的含量均有增加，其中关键的是异戊醛。将示踪原子^{14}C的亮氨酸加入到新鲜的番茄粗提物中去，得到含有^{14}C的异戊醛，然而将该亮氨酸加入煮沸后的番茄粗提物中时却无上述现象，说明在番茄内由亮氨酸生成异戊醛具有酶促反应性质。在盖县李果实成熟过程中，戊醛、异戊醇等也都有增加的趋势。以氨基酸为前体的主要芳香物质的合成途径大致如图1-8所示。

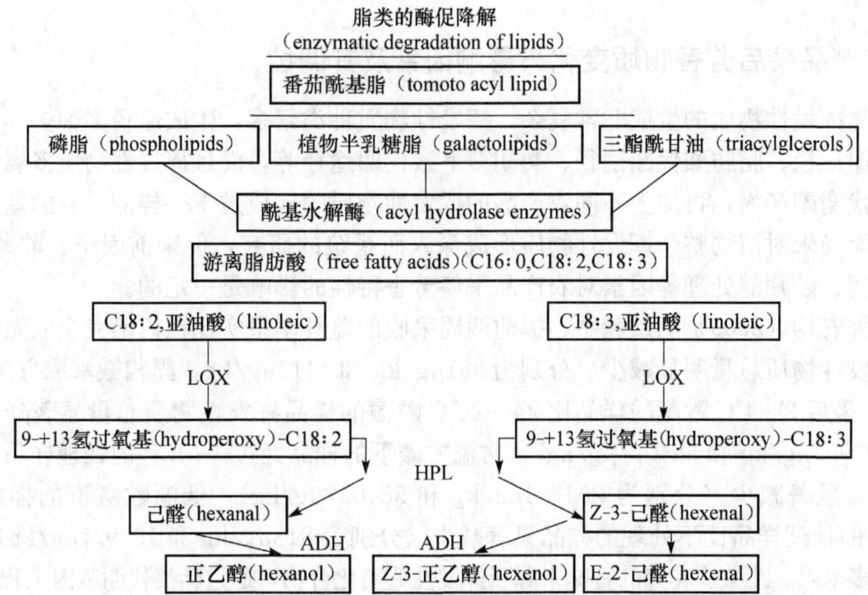

图 1-7　脂类降解产生的番茄果实 C_6 香气成分生物合成途径（Emin Y.，2001）

LOX＝lipoxygenase 脂氧合酶；HPL＝hydroperoxide lyase 氢过氧化物裂解酶；

ADH＝alcohol dehydrogenase 乙醇脱氢酶

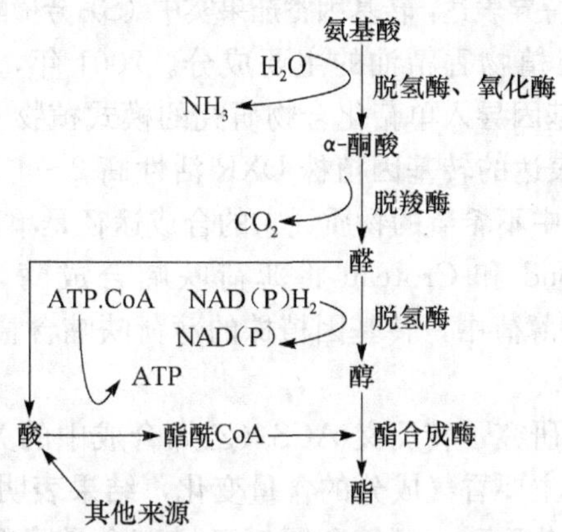

图 1-8　以氨基酸为前体生成香气成分的一般途径（丁耐克，1996）

（三）以类胡萝卜素为前体的主要芳香物质

经类胡萝卜素（异戊二烯）途径合成的风味物质有：β-紫罗兰酮、香叶基丙酮、里那醇、6-甲基-5-庚烯-2-酮、β-大马烯酮等。通常高β胡萝卜素的番茄其β-紫罗兰酮、β-环柠檬醛含量较高，高番茄红素的含有较多的牻牛儿醛。以类胡萝卜素为前体的主要芳香物质合成过程大致如图 1-9 所示。

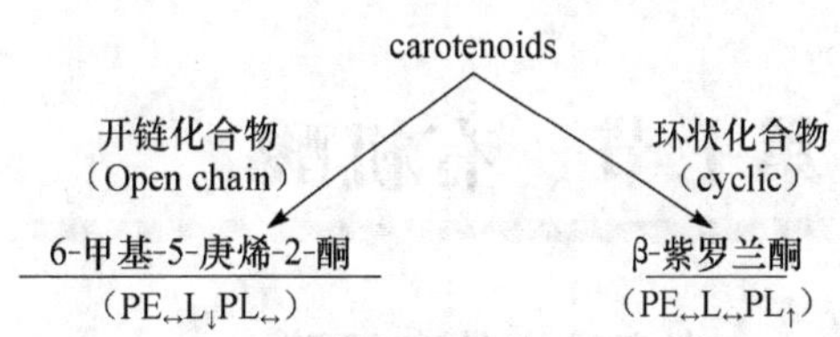

图 1-9　类胡萝卜素降解产生的番茄果实香气成分生物合成途径（Moretti CL，2002）

二、农产品采后芳香物质变化与影响因素及其调控

植物挥发性物质的生成非常复杂，挥发性物质种类繁多，生成途径多种多样，有氨基酸代谢途径、脂肪酸代谢途径、类胡萝卜素代谢途径等，而且挥发性物质多属于这些途径的代谢副产物，再加上不同农产品的挥发性物质的构成是不一样的，有的差异非常大，因而尚未对植物整个挥发性物质形成深入而系统的研究，但采前因子、贮藏条件、贮藏时间、贮藏前处理等因素对农产品采后芳香特性的影响是一定的。

在陈安均（2009）的试验中，提前两周采收的盖县李果实比在树上完全成熟采收的样品挥发性物质总量明显减少（分别为 951μg/kg 和 4415μg/kg，固相微萃取方法测定，下同），采后 2～4℃贮藏的样品比 24～26℃贮藏的样品挥发性物质总量显著降低（分别为 1939.7μg/kg 和 3840.7μg/kg），常温贮藏下的样品经过 1-MCP 的处理样品比不处理的样品显著减少（分别为 2097.4μg/kg 和 3840.7μg/kg），低温贮藏下的样品经过 1-MCP 的处理样品比不处理的样品显著减少（分别为 813μg/kg 和 1939.7μg/kg）。

许多水果、蔬菜、花卉的香味来源于挥发性萜类化合物，通过萜类代谢基因工程改良植物的香味也有成功的例子。芳樟醇（linalool）是影响番茄果实芳香的以一种主要的挥发性萜类物质，在其他水果如番石榴、李子、柑橘、菠萝等果实中存在。芳樟醇有两种构型，即(*R*)-linalool 和 (*S*)-Linalool。2001 年 Lewinsohn 等人将 (*S*)-芳樟醇合成酶［(*S*)-Linalool synthase，LIS］基因在番茄中特异表达，转基因番茄果实中 (*S*)-芳樟醇比对照高出 123～833 倍。

单萜化合物是薄荷属植物香精油的主要成分。2001 年，Mahmoud 和 Croteau 将 35S 启动子控制的 *DXR* 基因导入单萜化合物研究的模式植物——胡椒薄荷基因组，与对照相比，*DXR* 基因超表达的转基因植株 DXR 活性高 2～4 倍，精油含量高出 50%。而薄荷呋喃是薄荷香精油中不希望的物质，它的合成途径是单萜代谢网中竞争性分支途径之一。2001 年 Mahmoud 和 Croteau 将薄荷呋喃合成酶（menthofuran synthase，MFS）反义基因转入胡椒薄荷中，转基因植株的薄荷呋喃含量比野生型植株低 35%～55%，而薄荷醇含量较高。

高红岩、罗云波等人研究了转反义 ACS（乙烯合成中的关键酶）番茄和野生型番茄果实在果实成熟过程中主要香气成分的含量变化，结果表明：转反义 ACS 番茄果实中，脂肪酸来源的香气成分己醛、己醇和顺-3-己烯醇含量降低，但是以亚麻酸为合成前体的顺-3-己烯醛和反-2-己烯醛的生物合成量不受影响；色素来源的香气成分 6-甲基-5-庚烯-2-酮、6-甲基-5-庚烯-2-醇、牻牛儿基乙酮有不同程度的减少，却可以增加 β-紫罗兰酮的合成，而氨基酸来源的苯乙醛和 2-苯基乙醇也有不同程度的减少。

第七节　有机酸

一、农产品中的有机酸

有机酸是指一些具有酸性的有机化合物，最常见的有机酸是羧酸，其酸性源于羧基

(—COOH)。羧基是羧酸的官能团，除甲酸（H—COOH）外，羧酸可看做是羟分子中的氢原子被羧基取代后的衍生物，可用通式 R—COOH 表示。植物中主要的有机酸有脂肪族的一元、二元、多元羧酸如酒石酸、草酸、苹果酸、枸橼酸、抗坏血酸等，亦有芳香族有机酸如苯甲酸、水杨酸、咖啡酸等。除少数以游离状态存在外，一般都与钾、钠、钙等结合成盐，有些与生物碱类结合成盐，有的有机酸也是挥发油与树脂的组成成分。

在农产品中，水果有机酸含量最为丰富，有机酸组分的差异使不同品种果实各具独特的风味。果实有机酸组分很多，但多数品种果实通常以一种或两种有机酸为主，其他只少量存在。比如梨果实以苹果酸为主，其次是柠檬酸，不同品种差异很大，有些梨品种的果实中柠檬酸含量大于苹果酸。梨果实的风味是由糖、酸、单宁和芳香等多种物质综合决定的，其中糖、酸含量的绝对值起主要作用。含酸量极高的梨果实，无论糖含量高低，品质均不佳。柠檬酸的酸度高于苹果酸，人味觉更易感知柠檬酸，但苹果酸酸味爽快柔和，比柠檬酸刺激性缓慢、保留时间较长。有研究发现，奎尼酸和莽草酸可能使果实产生苦味。莽草酸和奎尼酸是芳香物质合成的中间产物，从而也间接对果实品质有影响。

按照果实中所积累的主要有机酸含量，可将果实分为苹果酸型、柠檬酸型和酒石酸型三大类型。

苹果、枇杷、梨、桃、李、香蕉等成熟果实中以苹果酸为主，属于苹果酸型，枇杷果实中苹果酸含量可占整个枇杷果实中有机酸含量的 56%～92%，其余的酸是柠檬酸、酒石酸、顺乌头酸等。苹果果实中苹果酸约占总酸量的 84%，其他酸成分为琥珀酸 4%，草酸 5%，乙酸、酒石酸和柠檬酸合计约 5%。欧洲甜樱桃果实苹果酸占有机酸的 94.2%，琥珀酸 3.6%，其余为柠檬酸、富马酸等。

柑橘、菠萝、芒果、草莓等成熟果实中以柠檬酸为主，属于柠檬酸型。柑橘类果实中除柠檬酸外，还含有苹果酸、丙二酸、草酸、富马酸、琥珀酸等有机酸。不同柑橘品种果实有机酸组分与含量有较大差异。菠萝果实中柠檬酸含量占总酸的 87%以上，苹果酸、草酸、抗坏血酸等含量约占 13%。菠萝果实不同部位酸含量不同，因为菠萝果实的成熟是从基部向顶部螺旋上升，基部小果先熟，顶部小果迟熟，且菠萝果肉中酸的输送是通过果心的维管束向周围扩散，造成果实基部的酸少，顶部的酸多，离果心近的部分酸少，远的部分含酸多。芒果果实中除含有大量柠檬酸外，还有乳酸、甲酸、富马酸、苹果酸、奎尼酸、莽草酸、琥珀酸、酒石酸、没食子酸等。

葡萄是典型的酒石酸型果实，其果实中主要为酒石酸，其次是苹果酸，两者占总酸量的 90%以上，其余的为少量琥珀酸、柠檬酸等有机酸。

二、农产品采后有机酸的变化

农产品采后有机酸的变化因种类品种、贮藏条件等不同而不同。

张小红（2010）以琯溪蜜柚果实为材料，研究了果实采后贮藏过程中的有机酸含量及相关代谢酶——柠檬酸合成酶（CS）、磷酸烯醇式丙酮酸羧化酶（PEPC）与细胞质乌头酸酶和 NAD-异柠檬酸脱氢酶复合酶（NAD-IDH/Cyto-Aconitase）的活性，并探讨它们之间的相关性及有机酸的代谢机理。结果表明，琯溪蜜柚果实采后室温贮藏，果肉出现酸化，主要表现为柠檬酸含量大幅度增加，采后 70d 达最高值，之后逐渐下降；柠檬酸含量与 CS 活性呈极显著正相关，且与 NAD-IDH/Cyto-Aconitase 活性呈显著负相关；CS、PEPC 和 NAD-IDH/Cyto-Aconitase 是琯溪蜜柚果实采后有机酸积累的关键酶；低温（6℃）贮藏，果实中的柠檬酸含量总体呈下降趋势，可以较好地克服果实采后酸化的问题。

张泽煌（2006）采用高效液相色谱法测定了两个黄皮品种果实成熟和低温贮藏过程中有机酸成分含量的变化。结果表明：黄皮果实有机酸有柠檬酸、草酸、苹果酸、乳酸、抗坏血酸等，其中以柠檬酸、草酸为主。在果实成熟过程中，柠檬酸、苹果酸呈逐步下降的趋势，草酸、抗坏血酸和乳酸的含量均呈逐步上升的趋势。在低温贮藏过程中，总酸和 5 种有机酸均呈下降的趋势，柠檬酸变化是影响黄皮果实有机酸变化的重要因素。

何志刚（2005）分析了解放钟和早钟六号枇杷成熟过程中及其在 8～10℃低温保鲜与 MAP 保鲜过程中有机酸成分的变化。结果表明：枇杷鲜果中有机酸有苹果酸、乳酸、草酸、酒石酸、富马酸、柠檬酸、丙酮酸等，其中主要有机酸为苹果酸（约占 85%），其次为乳酸（约占 10%），草酸、酒石酸的含量较低，富马酸微量，不含乙酸和琥珀酸。随着采收成熟度的提高与贮藏时间的延长，有机酸的种类增加，总酸含量下降，有机酸代谢消耗主要是苹果酸的代谢消耗。MAP 保鲜主要是通过抑制苹果酸的代谢来减少有机酸在贮藏过程中的消耗。

有机酸代谢不仅影响产品的感官品质，还会影响到产品的一些其他生理过程。早在 1992 年，王慧就研究了葡萄的褐变与其有机酸的代谢的相关性，结果表明：褐变的程度与有机酸含量下降的梯度成正比。有机酸含量的降低使 pH 向碱性方向移动，从而诱发多酸氧化酶的活性，引起褐变。所以一定含量的有机酸是保持果实品质、防止酶促褐变的重要因素。贮藏期间，无核白葡萄有机酸含量急剧减少，pH 环境变化剧烈，果实褐变程度最严重。喀什哈尔葡萄有机酸贮备的绝对值虽然小于无核白，但下降平缓，变化幅度小，所以褐变程度小于无核白；木纳格葡萄有机酸的损失最少，pH 环境变化细微，无褐变发生。所以多酚氧化酶引起果实褐变与有机酸损失率有密切关系。

三、有机酸代谢调控

果实有机酸含量是数量性状，遗传较为复杂，它包括两个遗传方式：一种是中酸高酸对低酸是由一个主要等位单基因 *D* 控制，低酸为隐性遗传，另一种是大多数品种杂交后代酸度表现出连续变异，说明是由多基因调控。

在桃和柠檬果实中，胞质异柠檬酸脱氢酶（*PRUpe*；*Icdh1*）的表达与 NADP-IDH（异柠檬酸脱氢酶）活性增加高度相关，催化了有机酸的代谢，促进有机酸的降解。然而更多的试验研究表明，果实有机酸含量与有机酸代谢酶有关基因表达并没有明显的相关性。低、中酸果实中，与有机酸合成、降解和贮藏有关基因的表达同果实有机酸含量变化并没有十分清晰的相关性。在柑橘中，汁泡 citl（线粒体柠檬酸合酶 cDNA 片段）转录水平不受果实发育调节，在高、低酸基因型间并无差异。汁泡胞质顺乌头酸酶基因（*ACO*）在柠檬与甜来檬果实发育过程中均高度持续表达，这说明汁泡胞质 *ACO* 的表达与柠檬酸含量无关。有机酸代谢酶基因表达与果实酸含量积累过程不一致性，原因可能是这些基因属于转录后和翻译后的调节，或者是果实发育过程中，与有机酸相关酶基因呈现的明显的空间表达。

果实有机酸含量与质子泵相关基因有着紧密关系。在温州蜜柑、桃果实中的 V-ATPase 基因（*PRUpe*；*AtpvA1*）与 V-PPase 基因（*PRUpe*；*VP2*）的大量转录与果实快速生长高峰和成熟期相一致。通过基因特异探针可知 *PRUpe*；*VP2* 在果实中大量表达，表明它与花后 45～84d 苹果酸或柠檬酸的积累相关，以及与果实成熟期相关，即 *PRUpe*；*VP2* 所表现的是明显的时空表达。Müller 等研究表明 V-ATPase 一个具有明显功能特性的同工酶对柑橘高度酸化起作用。梨果实中 *PRUpe*、*VP2* 的高度表达产生质子梯度，使有机酸穿过液泡膜，葡萄果实 *PRUpe*、*VP2* 的高度表达与 V-ATPase 有协同作用。桃果实中存在一个液泡焦磷酸酶高度表达，液泡膜质子泵呈现的基因与有机酸积累有很高的相关性。在果实细胞分裂期，低酸基因型，V-ATPase 基因 *PRUpe*；*AtpvA1* 比中酸基因型的表达要高得多，在柠檬酸积累的关键时期，低酸的 V-ATPase 基因 *PRUpe*、*VP2* 表达比中酸的要高得多，因此推测：低酸品种中，液泡膜泄漏增加，导致液泡质子泵表达的提高，是为了部分补偿质子泄漏的损失。果实液泡膜结合的紧密度下降导致成熟果实的去酸化。质子从液泡内泄漏出去将可解释果实有机酸积累下降的原因。

第八节　其他成分

一、酚类化合物

酚类物质是芳香烃环上的氢被羟基（—OH）取代的一类芳香族化合物，通式为 ArOH，为植物的主要次生代谢产物之一，广泛分布于蔬菜、水果、香辛料、谷物、豆类和果仁等各种高等植物器官中，对植物的品质、色泽、风味等有一定的影响，同时还具有抗氧化、抗癌、抗逆等重要的作用，因而成为国内外研究热点。

植物界的酚类物质有 8000 种以上，主要由类黄酮、酚酸和单宁等三类物质构成，各类又由许多亚类物质组成见图 1-10。植物酚类的分类还可以按照碳骨架进行分类见表 1-3，其中有两类基本结构为最常见，一类是 C_6-C_3-C_6 环状结构，包括类黄酮、部分酚酸和缩聚单宁，另一类是 C_6-C_1 型结构，主要是部分酚酸和水解单宁。在植物中，这些物质并不是以简单形式存在，它们往往与其他物质结合，例如：原花青素常与木质素类结合成聚合物；黄酮苷元往往与不同的糖结合以糖苷形式存在于植物体中；酚酸也以酯合或糖苷化形式与植物体内的酯、糖或纤维素结合。

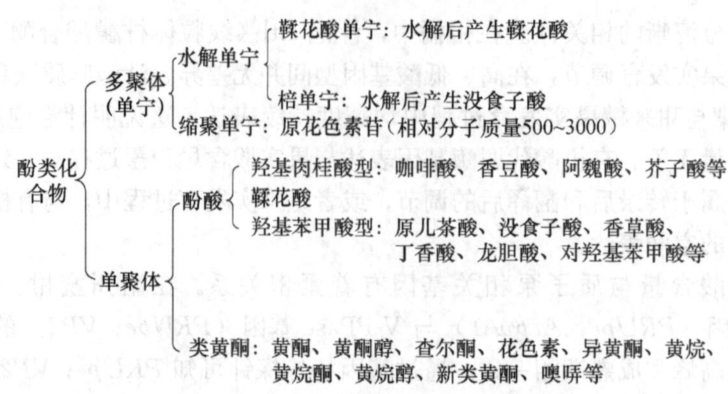

图 1-10　酚类化合物的基本分类

表 1-3　植物多酚的主要类别

碳架结构	种　类	碳架结构	种　类
C_6	简单酚类、苯醌类	C_6-C_2-C_6	芪类、蒽醌类
C_6-C_1	羟基苯甲酸类	C_6-C_3-C_6	黄酮、异黄酮、黄烷酮、黄烷醇、黄铜醇、花色苷
C_6-C_2	苯乙酮类、苯乙酸类	$(C_6$-$C_3)_2$	木脂素类
C_6-C_3	羟基肉桂酸类、苯丙烯类、香豆素类、色酮类	$(C_6$-C_3-$C_6)_2$	双黄酮类
C_6-C_4	萘醌类	$(C_6$-$C_3)_n$	木质素类
C_6-C_1-C_6	氧杂蒽酮类	$(C_6$-C_3-$C_6)_n$	缩合单宁

类黄酮是目前种类最多的酚类化合物，既与植物的花色形成密切相关，又在植物与环境互作中起重要作用（如防止 UV 损伤、抗病、影响豆科植物的根瘤形成等）。自然界中最常见的类黄酮是花青素、黄酮和黄酮醇，其他包括双氢黄酮（醇）、异黄酮、双黄酮、黄烷醇、查尔酮、橙酮及新黄酮类等。

羟基苯甲酸型酚酸有 4 种，即对羟基苯甲酸、香草酸、丁香酸和原儿茶酸，在植物中普遍存在，它们通常与糖或有机酸结合形成可溶的共轭物，或者与细胞壁结合形成木质素。另外还有一种常见的邻羟基苯甲酸即水杨酸，在植物中也普遍存在。羟基肉桂酸型的酚酸也有香豆酸、咖啡酸、阿魏酸和芥子酸等 4 种广泛存在于植物的果实中，容易形成酯合的结构。

单宁是多酚中高度聚合的化合物，可分为水解单宁和缩合单宁，两者常共存。后者也称原花色素，全谷、豆类果实等多种农产品中单宁含量都比较多。

酚类物质可以在多酚氧化酶、过氧化物酶、过氧化氢酶等酶的作用下，发生氧化反应，并生成褐色到黑褐色的物质，农产品贮运中的褐变多与此有关。

二、维生素

维生素可分为脂溶性维生素和水溶性维生素两类，前者包括维生素 A、维生素 D、维生素 E、维生素 K 等，后者有 B 族维生素和维生素 C。有些物质在化学结构上类似于某种维生素，经过简单的代谢反应即可转变成维生素，此类物质称为维生素原，例如β-胡萝卜素能转变为维生素 A，7-脱氢胆固醇可转变为维生素 D_3，但要经许多复杂代谢反应才能成为尼克酸的色氨酸则不能称为维生素原。

维生素 A（抗干眼病维生素），由 Elmer McCollum 和 M. Davis 在 1912～1914 年发现，它并不是单一的化合物，而是一系列视黄醇的衍生物（视黄醇亦被译作维生素 A 醇、松香油），脂溶性。多存在于鱼肝油、动物肝脏、绿色蔬菜。

维生素 B_1（硫胺素），又称抗脚气病因子、抗神经炎因子等，由卡西米尔·冯克（Kazimierz Funk）在 1912 年发现（一说 1911 年），水溶性维生素。维生素 B_1 在生物体内通常以硫胺焦磷酸盐（TPP）的形式存在，多存在于谷物、大豆、动物食品中。

维生素 B_2（核黄素），由 D. T. Smith 和 E. G. Hendrick 在 1926 年发现，水溶性，也被称为维生素 G。维生素 B_2 多存在于蔬菜、动物食品中。

维生素 B_3（烟酸），由 Conrad Elvehjem 在 1937 年发现，水溶性，也被称为维生素 P、维生素 PP，包括烟酸（尼克酸）和烟酰胺（尼克酰胺）两种物质，均属于吡啶衍生物，多存在于谷物、动物肝脏等。

维生素 B_4（胆碱、胆素），由 Maurice Gobley 在 1850 年发现，水溶性，多存在于大豆和动物肝脏、蛋黄、乳品中。

维生素 B_5（泛酸），由 Roger Williams 在 1933 年发现，水溶性，亦称为遍多酸，多存在于蔬菜、谷物、酵母和动物肝脏中。

维生素 B_6（吡哆醇类），由 Paul Gyorgy 在 1934 年发现，水溶性，包括吡哆醇、吡哆醛及吡哆胺，多存在于谷物、酵母、动物肝脏、蛋类和乳品中。

维生素 B_7（生物素），也被称为维生素 H 或辅酶 R，水溶性，多存在于谷物、酵母和动物肝脏中。

维生素 B_9（叶酸），也被称为蝶酰谷氨酸、蝶酸单麸胺酸、维生素 M 或叶精，水溶性，多存在于蔬菜叶和动物肝脏中。

维生素 B_{12}（氰钴胺素），由 Karl Folkers 和 Alexander Todd 在 1948 年发现，水溶性，多存在于动物食品中。

维生素 C（抗坏血酸），由 James Lind 在 1747 年发现，水溶性，多存在于新鲜蔬菜、水果。

维生素 D（钙化醇），亦称为骨化醇、抗佝偻病维生素，由 Edward Mellanby 在 1922 年发现，脂溶性，包括维生素 D_2（即麦角钙化醇）和维生素 D_3（即胆钙化醇），这是唯一一种人体可以少量合成的维生素。

维生素 E（生育酚），由 Herbert Evans 及 Katherine Bishop 在 1922 年发现，脂溶性，包括有 α、β、γ、δ，多存在于植物油和鸡蛋、动物肝脏和鱼类中。

维生素 K（萘醌类），又被称为凝血维生素，是一系列萘醌的衍生物的统称，由 Henrik Dam 在 1929 年发现，脂溶性，主要有来自植物的维生素 K_1、来自动物的维生素 K_2 以及人工合成的维生素 K_3 和维生素 K_4。维生素 K_1 多存在于菠菜、苜蓿和白菜中。

三、矿物质

矿物质（又称无机盐）是农产品中无机物的总称，也是农产品在生长发育过程中的必需元素。下面是一些矿物质及其分布。

钙广泛分布于杏仁、玉米油、南瓜子、卷心菜、小麦、煮熟晾干的豆类等。

镁广泛分布于麦芽、杏仁、腰果、葡萄干、花生、大蒜、青豆、螃蟹、山核桃和绿叶蔬菜等农产品中。

钠广泛分布于泡菜、橄榄、小虾、火腿、芹菜、卷心菜、螃蟹、豆瓣菜和红芸豆等农产品中。

钾广泛分布于豆瓣菜、芹菜、小黄瓜、萝卜、白色菜花、南瓜等农产品和蜂蜜中。

铁广泛分布于南瓜子、杏仁、腰果、葡萄干、胡桃、猪肉、芝麻、山核桃、煮熟晾干的豆等农产品中。

锌广泛分布于山核桃、青豆、豌豆、蛋黄、全麦谷物、燕麦、花生、杏仁等农产品和小虾、牡蛎、羔羊肉中。

锰广泛分布于菠菜、生菜、葡萄、草莓、燕麦、芹菜等农产品中。

铬广泛分布于小麦、土豆、麦芽、青椒、苹果、黄油、玉米粉等农产品和鸡蛋、鸡肉、牡蛎、羔羊肉中。

钼广泛分布于西红柿、麦芽、小扁豆和其他豆类，以及猪肉、羔羊肉中。

磷广泛分布于各类农产品中。

硒主要分布在蘑菇、卷心菜、竹笋、小黄瓜等蔬菜和牡蛎、蜂蜜、鲱鱼、金枪鱼、牛肝脏、鳕鱼、鸡肉中。

参考文献

丁耐克．1996．食品风味化学［M］．北京：中国轻工业出版社．

韩利军，阳成伟．2002．类胡萝卜素的生物合成途径及生物学功能研究进展［J］．生物学杂志，19（6）：1～3．

何志刚，林晓姿．2005．影响枇杷果酒色泽的若干因子分析与模型建立［J］．食品与发酵工艺，31（6）：33～36．

胡兴娟，张连富．2007．β-胡萝卜素氧化降解产物及其抑制癌细胞活性的研究［J］．食品与生物技术学报，26（3）：61～65．

邱明发．1998．米谷蛋白与淀粉组分在大米陈化过程中的变化［J］．中国粮油学报，13（1）：12～151．

任顺成，周瑞芳．2001．大米陈化过程中蛋白质与大米质构特性的变化［J］．郑州工程学院学报，22（1）：42～46．

杨宏顺．2005．果蔬气调冷藏下表皮和果胶超微结构与品质变化［D］．上海：上海交通大学．

苑克俊，张毅．1998．苹果、葡萄花色苷生物合成研究进展［J］．山东农业科学，6：46～49．

张龙，李卫华．2008．花色素苷生物合成与分子调控研究进展［J］．园艺学报，35（6）：909～916．

赵小皖，刘洵妤．2011．β-胡萝卜素的降解及其对食品体系的影响［J］．食品工业科技，32（3）：417～421．

Buttery RG．1993．Quantitative and sensory aspects of flavor of tomato and other vegetables and fruits in flavor science sensible principles and techniques［M］．Washington：ACS Books．

Chrastil J，Zarins Z M．1992．Influence of storage on peptide subunit composition of rice oryzenin［J］．J Agric Food

Chem，40 (6)：927-930.

Emin Y，Scott JW，et al. 2001. Absence of a clear relationship between lipid pathway enzymes and volatile compounds in fresh toamtoes [J]. J. Plant Physiol，158：1111-1116.

Moretti CL，Baldwin EA，et al. 2002. Internal bruising alters aroma volatile profiles in tomato fruit tissues [J]. Hortscience，37：378-382.

Smith C J S，et al. 1988. Antisense RNA inhibition of polygalacturonase gene expression in transgenic tomatoes [J]. Nature，334 (25)：724-726.

Springgob K.，Nakajima J，et al. 2003. Recent advances in the biosynthesis and accumulation of anthocyanins [J]. Nat. Prod. Rep，20：288-303.

第二章
农产品采后生理

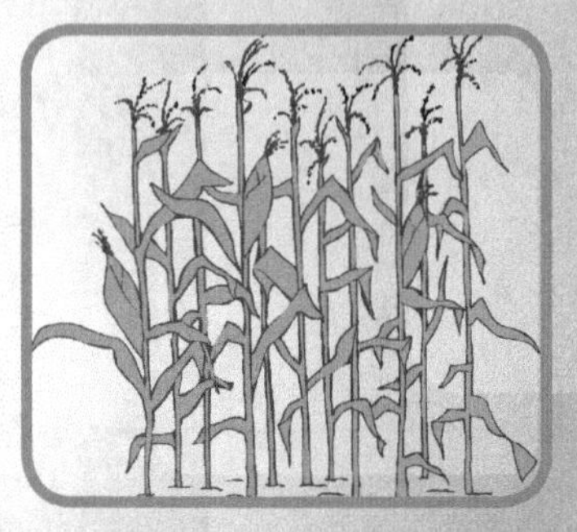

内容提要

本章以采后生理过程的基本概念和原理为内容，重点阐述了呼吸生理、成熟衰老生理、乙烯生物合成及调控等内容。

教学目标

1. 掌握基本概念、基本原理，影响各个生理过程的主要因素和调控技术。

2. 理解呼吸作用的生理意义、乙烯的生物合成过程、成熟衰老过程中结构和物质的变化、冷害发生的生理机制、成熟衰老过程的基因表达与调控。

3. 了解采后生理的研究内容、生理紊乱的原因和防治方法。

重要概念及名词

呼吸生理　乙烯生物合成　跃变型果实　非跃变型果实　粮食陈化　生理紊乱　冷害　水分蒸腾　基因表达

思考题

1. 农产品采后生理包括哪些内容？

2. 成熟衰老过程中结构和物质是怎样变化的？

3. 简述果蔬采后呼吸作用的特点及其与耐贮性和抗病性的关系。

4. 乙烯对成熟衰老有哪些影响？阐述乙烯生物合成过程及其调控方法。

5. 水分蒸腾对农产品有哪些不利影响？如何控制？

6. 简述生理紊乱的原因和防治方法。

农产品采摘以后，虽然离开了原来的栽培环境和母体，但它仍是一个活着的有机体，继续进行一系列的生理活动，既消耗营养成分，又容易寄生腐败微生物与昆虫，如贮藏不好则易腐烂，损失很大。采后生理活动主要表现在呼吸作用、贮藏物质的转化和水分的散失等方面。研究农产品采后生理过程，是其贮藏保鲜的理论基础，对指导农产品的贮藏、分级、包装、运输等过程中，如何调节和控制其生命活动，达到降低损耗、保持品质和提高耐藏性等方面都有重要意义。

第一节　呼吸

农产品种类繁多，根、茎、叶、花、果采收（harvesting）后仍然是一个活体。其主要代谢过程是呼吸作用（respiration），但各农产品的呼吸强度（respiration intensity）差异很大。呼吸作用是指呼吸底物（respiration substrate）在一系列酶的作用下，将生物体内的复杂有机物分解为简单物质，吸收 O_2 释放 CO_2 和能量的过程。呼吸底物在氧化分解过程中形成多种中间产物，一部分用于合成新的物质，合成新物质和维持细胞功能的能量来自于呼吸作用的 ATP。由于呼吸作用是一个消耗过程，采后的农产品得不到水和无机物的供应，同化作用也基本终止，所以必然会影响水果、蔬菜和花卉的采后品质、贮藏性能和贮藏寿命。物质的降解或各种生理生化过程的进行与呼吸强度成正相关。农产品寿命的长短受呼吸作用的强弱限制，呼吸作用越强，贮藏寿命就越短。因此在农产品贮运过程中要控制呼吸强度。

一、呼吸作用基本概念

（一）有氧呼吸和无氧呼吸

有氧呼吸（aerobic respiration）是呼吸的主要方式，是从空气中吸收氧，将糖类和其他物质氧化，分解成二氧化碳和水，同时释放能量的过程。由于这是一个生物氧化过程，能量并非骤然以热量的形式释放，而是逐步借助于高能磷酸键来传递，同时放出热量。下面的反应式反映了呼吸作用的全部过程：

$$C_6H_{12}O_6+6O_2+38ADP+38H_3PO_4 \longrightarrow 6CO_2+38ATP+6H_2O+2822kJ$$

这一过程实际上需要经过 50 多个生物化学反应步骤，在有氧呼吸时，呼吸底物被彻底氧化为 CO_2 和 H_2O，O_2 被还原为 H_2O。呼吸作用中，氧化作用分为多个步骤进行，呼吸底物在氧化分解过程中形成各种中间产物，能量逐步释放，一部分转移到 ATP 和 NADH 分子中，成为随时可利用的贮备能，另一部分则以热的形式释放。

无氧呼吸（anaerobic respiration）一般是指生活细胞在无氧条件下，把某些有机物分解成为不彻底的氧化产物，同时释放能量的过程。对于高等植物，这一过程习惯上被称为无氧呼吸，在微生物学中则习惯上被称为发酵。高等植物无氧呼吸可产生酒精，其过程与酒精发酵是相同的，反应式如下：

$$C_6H_{12}O_6 \longrightarrow 2C_2H_5OH + 2CO_2 + 100kJ$$

马铃薯块茎、甜菜块根、胡萝卜叶子和玉米胚在进行无氧呼吸时，则产生乳酸。反应式如下：

$$C_6H_{12}O_6 \longrightarrow 2CH_3CHOHCOOH + 75kJ$$

无氧呼吸的结果除少部分呼吸底物的碳被氧化成 CO_2 外，大部分底物仍以有机物的形式存在，因而所释放的能量远比有氧呼吸少。为了获得等量的能量，就需要消耗更多的呼吸底物来补充，且无氧呼吸的终产物为乙醛和酒精，对细胞有毒害作用。因此，在农产品贮藏中，无氧呼吸对产品是不利的。但是，农产品的某些内层组织，气体交换比较困难，经常处于缺氧的条件，进行部分的无氧呼吸，这正是植物对环境的适应，只是这种无氧呼吸在整个呼吸中所占的比重不大。在农产品贮藏中，不论由何种原因引起的无氧呼吸作用加强，都被看作是正常代谢被干扰和破坏，对贮藏都是有害的。

某些农产品由于贮藏时间过长、包装过严、涂果蜡过厚或涂果蜡后存放时间过久等原因，使其长期处于无氧或氧气不足的条件下，通常会产生酒味，这是农产品在缺氧情况下，酒精发酵的结果。

（二）与呼吸有关的几个概念

1. 呼吸强度（respiration intensity）

呼吸强度是评价呼吸强弱常用的生理指标，又称呼吸速率，以单位鲜重、干重或原生质（以含氮量表示）的植物组织单位时间的 O_2 消耗量或 CO_2 释放量表示。呼吸强度是评价农产品新陈代谢快慢的重要指标之一，根据呼吸强度可估计农产品的贮藏潜力。农产品的贮藏寿命与呼吸强度成反比，呼吸强度越大，表明呼吸代谢越旺盛，营养物质消耗越快。呼吸强度大的农产品，一般其成熟衰老较快，贮藏寿命也较短。例如，在20～21℃下，马铃薯的呼吸强度是 8～16CO_2mg/(kg·h)，而菠菜的呼吸强度是 172～287CO_2mg/(kg·h)，约是马铃薯的 20 倍，因此，菠菜不耐贮藏，更易腐烂变质。

测定呼吸速率的方法有多种，常用的有：红外线 CO_2 气体分析仪测定 CO_2 释放量；奥氏气体分析仪法；氧电极测氧装置测定 O_2 吸收量；还有广口瓶法（小篮子法）、气流法、静止法、瓦布格微量呼吸检压法等。通常叶片、块根、块茎、果实等器官释放 CO_2 的速率，用红外线 CO_2 气体分析仪测定，而细胞、线粒体的耗氧速率可用氧电极和瓦布格检压计等测定。

2. 呼吸基质及呼吸商

葡萄糖、蔗糖和果糖等已糖均是最好的呼吸底物。此外，分解的蛋白质和脂肪也可作为呼吸基质（respiration base）。脂肪在水解为甘油和脂肪酸以后才能用于呼吸。蛋白质、氨基酸和酰胺等各种含氮有机物也可直接用于呼吸，有的供脱氨作用，使氨游离而形成羧酸后供于呼吸。

呼吸商（respiration quotient，RQ），指呼吸作用中释放的二氧化碳与吸入的氧在容量上的比值（CO_2/O_2），也称呼吸系数（breathing coefficient）。吸收的氧和放出的二氧化碳均按每小时每毫克干重计算，用 Q_{O_2} 和 Q_{CO_2} 表示。由于各种农产品利用的呼吸基质不同，则呼吸商的表现数值也不一样。己糖的呼吸商见下列呼吸反应式：

$$C_6H_{12}O_6+6O_2 \longrightarrow 6H_2O+6CO_2$$

上式表明吸收的氧和释放的二氧化碳的容量相等，所以 RQ=6/6=1。

如果农产品利用的基质是一些含氧或氢的化合物，在比例上与糖类不同，如脂肪和蛋白质所含氢和碳较多，氧化时需要 O_2 就要多些，因此，呼吸商就小于 1.0，通常在 0.5 左右。如硬脂酸的呼吸商为 0.69，见下式：

$$C_{18}H_{36}O_2+26O_2 \longrightarrow 18CO_2+18H_2O$$

如果被氧化的物质含氧比糖类多，呼吸商就会大于 1。如草酸氧化反应式是：

$$2C_2H_2O_4+O_2 \longrightarrow 4CO_2+2H_2O$$

上例表明，呼吸系数越大，需要吸入的氧量越小，氧化过程中释放的能量也越少。所以有机酸供给的能量低，蛋白质和脂肪则很高。实际上无氧呼吸不吸收 O_2，只释放 CO_2，故 RQ 值会增大。农产品的呼吸过程复杂，它可以同时有几种氧化反应，可以有不同的底物参与，可以几种不同方式的氧化代谢过程同时进行，所以呼吸系数只能反映总趋势。实际上理化因素，特别是 O_2 和 CO_2 的溶解度、扩散系数不同都会影响呼吸强度和呼吸系数。

温度在 0～25℃时，伏令夏橙和华盛顿脐橙果实的 RQ 是 1 或接近于 1。当温度提高到 38℃时，伏令夏橙的 RQ 增大 0.5，而华盛顿脐橙增大 1 倍，这个数值表明在高温下，可能存在有机酸的氧化，或者无氧呼吸占优势，或者两者兼而有之。仅用测定气体的方法，不能完全证明其呼吸方式，应该同时分析其呼吸物质和最终产物。

3. 呼吸温度系数

环境温度提高 10℃，农产品反应所加速的呼吸强度叫做呼吸温度系数，通常以 Q_{10} 表示。农产品的呼吸作用受多种酶的控制，在一定的温度范围内，酶促反应的速率随温度的升高而增大。实际上，温度每提高 10℃，化学反应的速度增大 1 倍左右，即用常数 Q_{10} 表示。在整个呼吸代谢过程中，Q_{10} 是温度的函数，并不能保持恒定（表 2-1）。

表 2-1　Q_{10} 在不同温度范围内的变化

温度/℃	增加倍数	Q_{10}	温度/℃	增加倍数	Q_{10}
0～10	1.2～2	2.5～4.0	20～30	0.75～1.0	1.5～2.0
10～20	1.0～1.2	2.0～2.5	30～40	0.5～0.75	1.0～1.5

温度系数在 0～10℃的范围内随着温度的升高而增大，Q_{10} 可高达 7。但超过 10℃，Q_{10} 值则反之，一般要降到 2～3。在一定的温度范围内农产品的 Q_{10} 值各异（表 2-2）。

表 2-2　几种果蔬 Q_{10} 与温度范围的关系

材料＼温度范围	10～24℃	0.5～10℃	材料＼温度范围	10～24℃	0.5～10℃
菜豆	2.5	5.1	辣椒	3.2	2.8
菠菜	2.6	3.2	番茄	2.3	2.0
胡萝卜	1.9	3.3	黄瓜	1.9	4.2
豌豆	2.0	3.9	马铃薯	2.2	2.1

温度范围 / 材料	15～25℃	5～15℃	温度范围 / 材料	15～25℃	5～15℃
柠檬（青果）	2.3	13.4	桃（加尔曼）	2.1	—
柠檬（成熟）	1.6	2.8	桃（陈尔巴特）	2.25	—
橘子（青果）	3.4	19.8	苹果	2.6	—
橘子（成熟）	1.7	1.5			

4. 呼吸热

呼吸热指农产品在呼吸过程中释放的热能。农产品的种类不同释放的热能有明显差异，呼吸基质是葡萄糖时，其反应式为

$$C_6H_{12}O_6 + 6O_2 \longrightarrow 6CO_2 + 6H_2O + 2822kJ$$

研究表明 2822kJ 中有 1552kJ 以热的形式释放，这些热不能被果实所利用，在贮藏库内和运输车箱内均会导致温度升高。所以为了降低库温或车温需要计算出这种呼吸热的量，以便用适当的制冷设备或冰恒定农产品所要求的温度。

二、采后呼吸的特点（呼吸漂移）

（一）呼吸跃变型果实与非跃变型果实

农产品在不同的生长发育阶段呼吸强度的变化模式称为呼吸趋势（respiration drifts）。幼龄时的农产品一般表现呼吸强度高，随着成熟和衰老的进程而下降（图 2-1）。农产品中有些果实进入完熟期时，其呼吸强度骤然提高，然后随着果实衰老的进程而逐渐下降，这类产品称跃变型果实（climacteric fruits）或高峰型果实，如苹果、芒果、猕猴桃、柿子、无花果、番茄、香蕉等。一般呼吸跃变前期是果实品质提高的阶段，到了

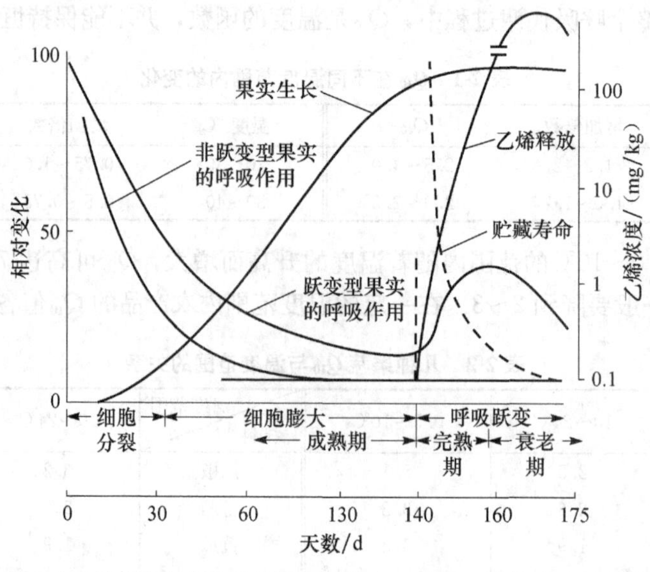

图 2-1　跃变型和非跃变型果实的生长、呼吸、乙烯产生的曲线

跃变后期，果实衰老开始，品质变劣，抗性降低。一些果实呼吸高峰发生在最佳食用品质阶段；而另一些果实呼吸高峰则发生在最佳食用品质阶段略前一些。现已证实，凡表现出后熟现象的果实都具有呼吸跃变，后熟过程所特有的除呼吸外的一切其他变化，都发生在呼吸高峰发生时期内，所以常把呼吸高峰作为后熟和衰老的分界。因此，要延长呼吸跃变型果实的贮藏期就要推迟其呼吸跃变。跃变型果实无论是长在树上还是采收后，都可以发生呼吸跃变，并完成整个后熟过程，但相比而言，在树上的果实呼吸跃变发生得较迟。果实的种类不同，呼吸跃变出现的时间和峰值高度也不同。原产于热带和亚热带的果实跃变峰值的呼吸强度分别比跃变前高 3～9 倍，但高峰维持时间很短。而原产于温带的果实跃变顶峰的呼吸强度比跃变前只增加 2 倍，但跃变高峰维持时间较长（图 2-2）。

另一类果实进入完熟期呼吸强度不提高，一直保持在稳定的低水平，这类果实称非跃变型果实（nonclimacteric fruits）或非高峰型果实，如柑橘类、葡萄、菠菜、草莓、黄瓜、荔枝等（图 2-3），绝大多数蔬菜不发生呼吸跃变。主要果实的呼吸模式见表 2-3。

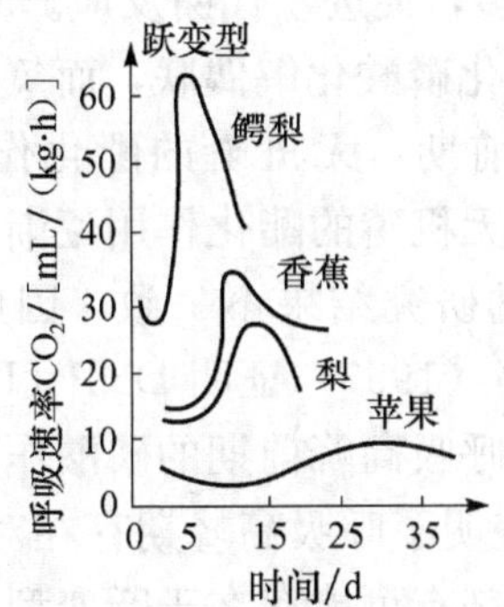

图 2-2　呼吸跃变型果实呼吸强度曲线（刘愚，1993）

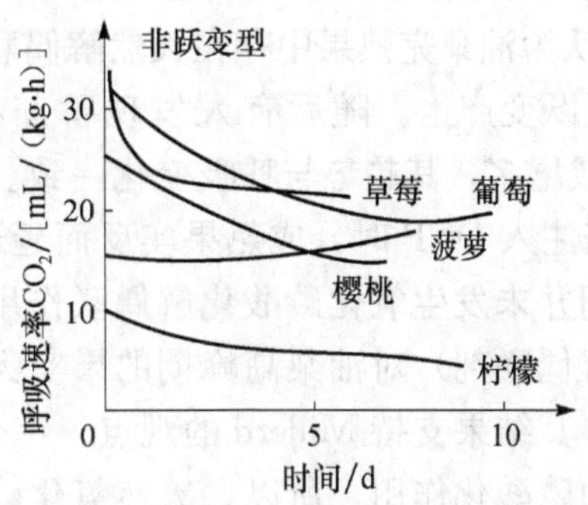

图 2-3　非呼吸跃变型果实呼吸强度曲线（刘愚，1993）

表 2-3　主要果实呼吸模式

跃变型果实（climacteric fruits）	非跃变型果实（nonclimacteric fruits）
苹果（*Malus puuiea*）	散房花越橘（*Vaccinium corymbosum*）
杏（*Prunus armenizca*）	甜樱桃（*Pruns avium*）
油梨（*Persea americana*）	酸樱桃（*Prunus cerasus*）
香蕉（*Musa sapientam*）	葡萄（*Vitis vinifera*）
番荔枝（*Annona cherimoya*）	柠檬（*Citrus lemon*）
猕猴桃（*Actinidia chinensis*）	菠萝（*Ananas comosus*）
无花果（*Ficus carica*）	温州蜜柑（*Citrus reticulata*）
芒果（*Mangifera indica*）	甜橙（*Citrus sinensis*）
番木瓜（*Carica papaya*）	草莓（*Fvagaria* sp.）
李（*Prunus salicina*）	树番茄（*Cyphomandra betacea*）
桃（*Pranas Persica*）	罗望子果（*Cyphomadra betacea*）

续表

跃变型果实（climacteric fruits）	非跃变型果实（nonclimacteric fruits）
梨（*Pyrus pyrifolia*） 柿（*Diospyros kaki*） 麝香石竹（*Dianthus caryophyllus*）	黄瓜（*Cucumis sativus*） 荔枝（*Litchi sativus*） 葡萄柚（*Citrus paradis*）

跃变型果实出现呼吸跃变伴随着的成分和质地变化，可以辨别出从成熟到完熟的明显变化。而非跃变型果实没有呼吸跃变现象，果实从成熟到完熟发展过程中变化缓慢，不易划分。大多数的蔬菜在采收后不出现呼吸跃变，只有少数的蔬菜在采后的完熟过程中出现呼吸跃变。在多数情况下，果实品质的最大变化发生在呼吸的最低点和高峰之间，延长这一变化过程也就是推迟高峰的到来，就能达到延长贮藏寿命的目的。因此，对跃变型果实要把握的关键是适时采收和采取各种措施延缓呼吸高峰的出现。

（二）呼吸跃变发生的原因

Blackman 等（1928）认为呼吸高峰的出现是由于细胞阻力降低、组织障碍的缘故，从而原生质的透性增加、酶和基质相互接触的机会增多，促进了代谢反应。Millerd 等（1953）认为油梨完熟果中存在天然解偶联剂，促使氧化磷酸化解偶联，而氧化作用加强，呼吸跃变产生。随后有人发现番茄在呼吸高峰前期，无机磷的酯化作用加强，ATP 生成增多，其趋势与呼吸变化一致。高峰后期，无机磷的酯化作用逐渐降低。并且对番茄注入 DNP 时，成熟果实反而延迟，与油梨的研究结果不一致，因此认为呼吸高峰期并未发生氧化磷酸化解偶联作用。Romani 等（1957）证明 DNP（DNP-氧化磷酸化解偶联剂）对油梨高峰期的果实无影响，但对呼吸高峰前期的磷酸作用抑制效果明显，其结果支持 Millerd 的观点。综合研究结果表明了呼吸高峰期存在对 DNP 有抵抗性的磷酸化作用。所以，天然氧化磷酸化的偶联剂有可能存在于跃变型农产品的体内。

1. 活化果糖学说

Kidd（1934）观察苹果后熟期间糖分的详细变化，发现呼吸跃变开始时细胞质中的果糖开始消失，如果液泡提供果糖则呼吸上升，果糖供应下降或停止，呼吸作用则降低，所以认为细胞中存在着“活化果糖（active fructose）”。随后许多研究者证明了这种物质是 1,6-二磷酸果糖（FDP）。如 Salminem 等（1975）研究香蕉跃变上升的结果是 FDP 和磷酸果糖激酶（PFK）分别比跃变前增长了 20 倍和 2.5 倍。该学说不足点是农产品中的其他糖也能促进呼吸作用。

2. 蛋白质合成作用增强学说

Pearson 等（1954）发现苹果在高峰期时蛋白质合成明显，从而增大了 ATP 的消耗，相对增多了 ADP 磷酸受体，促进了呼吸作用和 ATP 形成，呼吸跃变出现。实际上各种酶的合成也有所增强。呼吸跃变机理中，蛋白质合成作用增强的学说占主导地位。Hulme 等（1958）研究接近成熟的苹果皮和果肉都能产生苹果的脱羧酶。果实中 CO_2 的放出量增大，吸氧量很少增加甚至不增加，从而呼吸商提高，另外水解酶引起成熟过程加快。由此，他们对脱羧作用的加强认为是果实呼吸升高的原因。

许多农产品在跃变前期蛋白质增加显著，有人在甜瓜、梨和苹果跃变前期将亚环己酮（cycloheximide）蛋白质合成抑制剂，加入到果实组织中，蛋白质合成受阻，呼吸跃变抑制。如果抑制剂在高峰中期或后期加入均无效果。试验结果进一步说明了蛋白质主要在跃变前期合成。但也有人的研究认为农产品在跃变前期不需要合成蛋白质，本来有跃变期需要的全部酶系统，因为他们从跃变前期的果实中分离出的线粒体，表现出了跃变期的全部活性。还用嘌呤霉素（poromycin）蛋白质合成抑制剂试验。其结果是蛋白质合成受到了抑制，但对乙烯引起的呼吸作用上升的现象没有影响。抑制蛋白质合成，仍然可以发生呼吸跃变。所以，对蛋白质（酶）合成学说持有不同的观点。

3. 膜透性改变学说

改变呼吸跃变的发生是果实成熟时细胞内膜透性变大所致。果实成熟前细胞内的底物同酶彼此隔离，呼吸代谢受到限制。果实进入成熟期时，细胞结构在乙烯等因素的刺激下发生改变，膜透性增大，底物与酶相互作用，促进了代谢。电镜下观察线粒体结构发生改变，透性增大测定香蕉和梨果实呼吸跃变的关系时发现经乙烯处理，呼吸立即加强，但膜的透性几乎没有发生改变。因此 Abeles（1972）认为“膜透性改变学说”应该是果实后熟的结果。

4. 植物激素调节学说

近年来有人认为呼吸跃变学说应该是植物激素调节系统，因为农产品生长、成熟与衰老的整个发育过程都受激素的控制。许多研究证明了乙烯是果实呼吸跃变最重要的物质，呼吸高峰期果实乙烯的含量与呼吸跃变密切相关，并且极低浓度的乙烯可以启动呼吸跃变。但乙烯对非跃变型果实起不到根本的作用，如柑橘用乙烯处理后的反应即可恢复。低浓度的乙烯也促进了氧化磷酸化的加强，促进成熟代谢的 ATP 增多，可溶性氨基酸含量增加、提高 RNA 酶活性，促进 RNA 合成，从而促进了蛋白质的合成。淀粉酶、转化酶、聚半乳糖醛酸酶、纤维素酶、脂肪酶等水解酶类显著增加。总之，内源乙烯的产生能增加呼吸作用的跃变，致使果实进入完熟和衰老。

综上所述，农产品的呼吸跃变是一个复杂的生理生化过程，受多种因素的启动和调控。迄今呼吸跃变的机理还未得到共识，但随着生物技术的发展必然会得到确切的结论。

（三）两类果实乙烯的产生和对外源乙烯反应的区别

跃变型果实和非跃变型果实的区别，不仅在于完熟期间是否出现呼吸跃变，而且在内源乙烯的产生和对外源乙烯的反应上也有显著差异。

1. 两类果实中内源乙烯的产生量不同

所有的果实在发育期间都产生微量的乙烯。然而在完熟期内，跃变型果实所产生乙烯的量比非跃变型果实多得多，而且跃变型果实在跃变前后的内源乙烯的量变化幅度很大。非跃变型果实的内源乙烯一直维持在很低的水平，没有产生上升现象。例如，用 500μg/g 丙烯处理跃变型果实香蕉，成功地诱导出典型的呼吸跃变和内源乙烯的上升；

而非跃变型果实柠檬和甜橙用丙烯处理，虽能提高呼吸强度，但不能增加乙烯的产生。表明跃变型果实有自身催化乙烯产生的能力，非跃变型果实则没有这个能力（表 2-4）。Mcmurchic 等（1972）由此提出了植物体内有两套乙烯合成系统的理论，认为所有植物生长发育过程中都能合成并能释放微量的乙烯，这种乙烯的合成系统称为系统Ⅰ（system Ⅰ）。就果实而言，非跃变型果实或未成熟的跃变型果实所产生的乙烯，都是来自乙烯合成系统Ⅰ。而跃变型果实在完熟期前期合成并大量释放的乙烯，则是由另一系统产生，称为乙烯合成系统Ⅱ（system Ⅱ），它既可以随果实的自然完熟而产生，也可被外源乙烯所诱导。当跃变型果实内源乙烯积累到一定限值，便出现生产乙烯的自动催化作用，产生大量内源乙烯，从而诱导呼吸跃变和完熟期生理生化变化的出现。系统Ⅱ引发乙烯自动催化作用一旦开始即可自动催化下去，产生大量的内源乙烯。非跃变型果实只有乙烯生物合成系统Ⅰ，缺少系统Ⅱ，如将外源乙烯除去，则各种完熟反应便停止。发现系统Ⅱ是通过 ACC 合成酶和乙烯形成酶（EFE）激活所致。当系统Ⅰ生成的乙烯或外源乙烯的量达到一定阈值时，便启动了这两种酶的活性。非跃变型果实只有系统Ⅰ而无系统Ⅱ，跃变型果实则两者都有，也许这就是两种类型果实的本质差异所在。

表 2-4　几种跃变型和非跃变型果实内源乙烯含量（S. P. Burg）

类　别	种　类	乙烯/(mg/m^3)
非跃变型	酸橙	0.30～1.96
	菠萝	0.16～0.40
	橙	0.13～0.32
	柠檬	0.11～0.17
跃变型	油桃	3.6～602
	番茄	3.6～29.8
	苹果	25～2500
	四香莲果	466～530
	鳄梨	28.9～74.2
	桃	0.9～20.7
	梨	80
	香蕉	0.05～2.1
	芒果	0.04～3.0
	李	0.14～0.23

2. 对外源乙烯刺激的反应不同

对跃变型果实来说，外源乙烯只在跃变前期处理才有作用，可引起呼吸上升和内源乙烯的自身催化，这种反应是不可逆的，一旦反应发生即可自动进行下去，在呼吸高峰出现以后，果实就达到完熟阶段，虽停止处理也不能使呼吸回复到处理前的状态。而对非跃变型果实来说，任何时候处理都可以对外源乙烯发生反应，但将外源乙烯除去，由外源乙烯所诱导的各种生理生化反应便停止了，呼吸又恢复到未处理时的水平，呼吸高峰的出现并不意味着果实已完全成熟（图 2-4）。

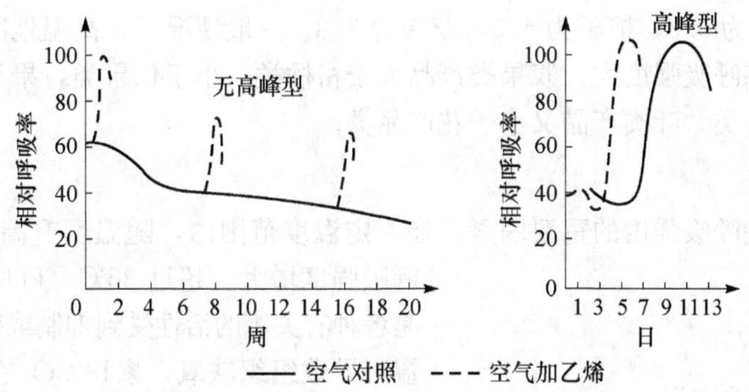

图 2-4 两类果实对外源乙烯的反应（Biale，Young，1972）

3. 对外源乙烯浓度的反应不同

提高外源乙烯的浓度，可使跃变型果实的呼吸跃变出现的时间提前，但不改变呼吸高峰的强度，乙烯浓度的改变与呼吸跃变的提前时间大致呈对数关系；对非跃变型果实，提高外源乙烯的浓度，可提高呼吸的强度，但不能提早呼吸高峰出现的时间(图 2-5)。

4. 呼吸速率变化幅度不同

Biale（1976）指出非跃变型果实与跃变型果实相比，前者的呼吸速率是很低的，再者，跃变型果实除有较高的呼吸速率外，最高和最低的呼吸速率之间的变化幅度是很大的。

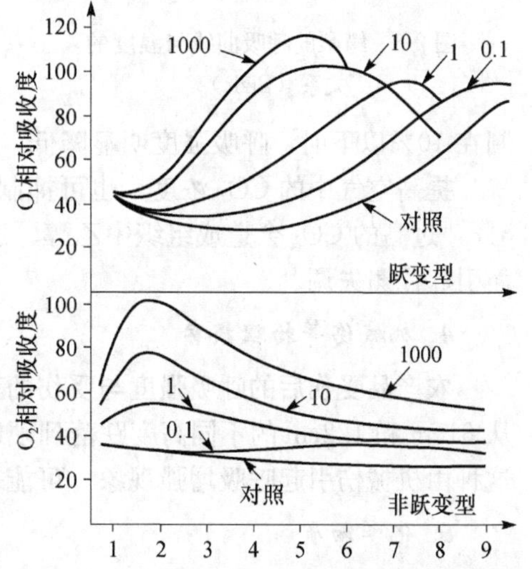

图 2-5 不同浓度的乙烯对跃变型果实和非跃变型果实呼吸作用的影响（Biale，J. b.，1964）

三、影响呼吸的因素

农产品在贮运中，产品的消耗与呼吸强度关系密切，呼吸强度越大消耗的养分就越多。由此，要尽量降低农产品的呼吸强度，减少养分物质的消耗，这是农产品贮运保鲜成败的关键。为了控制呼吸消耗，延长贮运寿命，应清楚影响呼吸强度的有关因素。

1. 自身因素

农产品的发育年龄及成熟度不同，均影响细胞的原生质含量及活动能力。幼龄期间细胞内的原生质含量丰富、呼吸强度高。随着产品组织成熟与衰老的进程，原生质的比重不断减少，则呼吸强度逐渐降低。线粒体是有氧呼吸中心，其多少与呼吸强度关系密切。同时，各种细胞器之间的内在联系，以及细胞内有关酶系统的存在都会影响呼吸强度。实际上，不同种类、品种的呼吸强度的差异均很大，在 0～3℃条件下，呼吸强度以 mg/(kg·h) 为单位，马铃薯的平均呼吸强度大约为 5，番茄为 9.4，菠菜为 21；甜橙为2.5，葡萄为3.3，柿子为4.5，苹果为7.8。一般情况下，高温地区和高温季节生长成熟的农产品呼吸强度大，浆果类产品大于柑橘类、小于仁果类，果类产品大于根茎产品类、小于叶类，叶类产品又小于花产品类。

2. 温度

温度是影响呼吸强度的重要因素，在一定温度范围内，随温度升高，酶活性增强，呼吸强度增大。超过35℃，呼吸强度下降，这是各种有关酶的活性受到抑制或破坏的缘故。高温可导致组织缺氧，累积 CO_2 在细胞内危害代谢。低温则使跃变型果实的呼吸高峰延迟出现，峰的高度降低，甚至不出现跃变高峰，贮藏寿命延长，如鳄梨的呼吸变化情况（图2-6）。

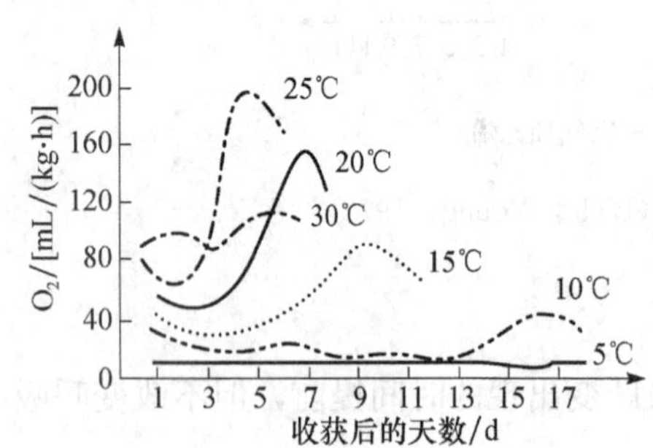

图2-6　鳄梨的呼吸曲线与温度的关系（Biale）

3. 气体成分

空气中的 O_2 和 CO_2 对农产品的呼吸作用影响明显，适当降低 O_2 浓度，提高 CO_2 浓度，可抑制呼吸，而不会影响正常代谢。O_2 浓度控制在10%以下时，呼吸强度明显降低，小于2%时产生无氧呼吸。

提高空气中的 CO_2 浓度，也可抑制呼吸，大多数农产品合适的 CO_2 浓度为1%～5%，过高的 CO_2 会造成组织中乙醇、乙醛物质积累而中毒，还会抑制呼吸酶活性，从而引起代谢失调。

4. 机械伤等物理损害

农产品受伤后的呼吸强度与受伤的程度有关，只要受伤，呼吸就会上升。伏令夏橙从61cm和122cm的不同高度跌落到硬地面时，其呼吸速率分别增强10.9%～13.3%。这种由机械伤引起呼吸增强现象，可能是引起乙烯产生的作用所致。

5. 化学物质

有些化合物如氰化物、一氧化碳、氟化物、丙二酸盐、碘乙酰盐、二硝基酚等都会抑制农产品的呼吸强度。

第二节　植物激素与成熟衰老

一、成熟与衰老的概念

成熟（maturation）与衰老是生活有机体生命过程中的两个方面。什么是成熟？目前的解释还不一致。果实发育的过程，从开花受精后，完成细胞、组织、器官分化发育的最后阶段通常称为成熟或生理成熟。这时果实表现为含糖量增加，淀粉减少，含酸量降低，单宁减少而涩味减退，芳香物质和色素生成，叶绿素降解。有些果实表面呈现光泽。这些性状都可作为果实采收成熟度（maturity）和销售的标准。另外根、茎、叶、花等农产品也分有未熟、成熟和衰老的不同阶段。未熟与成熟的界线，通常以营养生长进入生理休眠或生殖生长的时期为准。

完熟（ripening）是指果实表现出特有的风味、香气、质地和色泽的最佳食用阶段。成熟过程是发生在果实停止生长之后进行的一系列的生物化学变化。达到食用标准的完熟可以发生在植株上，也可以在采后。但后熟（post-maturation）通常指果实采后呈现特有的色、香、味的成熟过程。

衰老（senescence）是植物的器官或整个植株体在生命的最后阶段，组织细胞老化失去补偿和修复能力，胞间的物质局部崩溃，细胞彼此松离，细胞间的物质代谢和交换也减少；膜脂破坏，膜的透性增加，最终导致细胞崩溃及整个细胞死亡的过程。果实的成熟也是不可逆的变化过程。因此，有些生理学家很早就认为果实成熟是衰老的开始。有些成熟过程过渡到衰老是连续的，两者不易分割。生产上把植物组织最佳食用阶段以后的品质劣变或组织崩溃阶段称为衰老。

二、乙烯的生物合成及其对农产品采后的影响

乙烯（ethylene）是一种化学结构非常简单的植物激素。正常情况下以气体状态存在。几乎所有高等植物的器官、组织和细胞都能产生乙烯，生成量很微小，但对农产品的成熟和衰老起着极为重要的调节作用。

2000多年前劳动者就知道用燃香或熏烟的方法促进香蕉后熟，现在知道这是乙烯的作用。20世纪60年代初气相色谱仪问世以后，人们清楚了乙烯对果实、蔬菜、花卉的成熟和衰老都有强烈地促进作用。现已确认乙烯是植物细胞正常的代谢产物，农产品内源乙烯的生成量与内外各种因素的关系密切。

（一）乙烯的生理作用

乙烯参与大部分植物生理活动，具有多方面的生理效应。

1. 催熟果实

幼嫩果实组织中乙烯含量很低，当果实成熟时，乙烯的形成迅速增加，由于乙烯能使原生质膜透性增加，而使水解酶外渗，此外还使呼吸作用增加，导致果内有机物强烈转化，最后达可食程度。不论果实呼吸是跃变型还是非跃变型，乙烯都有催熟效果。由于乙烯是气体，不便于生产上应用，市场上作为商品出售的是乙烯利，是酸性液体，一般含量为40%。乙烯利在pH高于4时分解放出乙烯。植物细胞内pH均高于4，因此乙烯利水溶液进入植物组织后，分解释放出乙烯。

当番茄果实进入转色期，采下后用乙烯利1000～4000mg/kg浸果1min，取出沥干置于22～25℃环境下，经2～3d后，大部分果实转为红色，红果比例比对照增加1倍以上。

2. 促进脱落

乙烯对于叶片和花果的脱落有促进作用，其在叶或花组织衰老及受伤时产生，并作用于叶柄和花梗基部的离区，使离区所含的纤维酶浓度比两侧高得多，离区的果胶酶浓

度也同时增高。这两种酶活性增强导致细胞纤维素和中胶层成分的降解，这样使离区叶柄基部的结合强度降低，分离程度增大，以致叶片在稍加外力（风和重力）作用下脱落。

3. 促进衰老

乙烯在促进植物的衰老中起重要作用。例如，冬青离体叶片置于黑暗中数月不衰老变黄，加入乙烯利，即迅速衰老。用700mg/kg乙烯利喷洒接近采收的烟草，可促进转黄，提早成熟，改善品质。

4. 控制伸长生长

乙烯对一般植物的根、茎、侧芽伸长都有抑制作用，尤其是旱生植物在淹水条件下，茎伸长受抑制更明显。这是因为水淹部分在缺氧条件下，抑制ACC（乙烯的前体）转变为乙烯，而ACC从根上到非淹水部分，在O_2供应下转变成乙烯，乙烯的积累抑制茎的伸长。

（二）乙烯对农产品成熟与衰老的调节

未成熟果实乙烯合成能力很低，内源乙烯含量也很低。随着果实的成熟，乙烯合成能力急增，到衰老期乙烯合成又下降。例如油梨、香蕉和番茄果实在跃变前ACC含量很低，进入成熟时ACC生成量增加450倍，乙烯的发生量陡然增高。进入衰老时ACC的含量减少90%，乙烯由45mmol/m^{3}降到5mmol/m^3。又如倭锦苹果采后第14d的乙烯含量是采后7d时的800倍。随着果实内乙烯含量的不断增加，果实逐渐成熟。并且在采后13～25d时，呼吸高峰出现，果实硬度迅速下降，酸度降低，可溶性固形物增加。如果用外源乙烯催熟果实，愈接近成熟所需的乙烯浓度就愈低，时间就愈短。由此，研究者认为乙烯是一种致熟因子或催熟激素。在果实跃变前能使蛋氨酸变成SAM，但不能将SAM转化为ACC，因为跃变前ACC合成酶被抑制，所以ACC含量很低。此时若加入外源ACC，乙烯的合成会迅速增加。

麝香石竹花与成熟果实一样，衰老时乙烯合成显著增加，紫露草属植物切花和甜瓜花瓣中ACC含量与衰老的关系密切，新采摘的切花和甜瓜花的ACC和乙烯生成率很低，随着ACC含量的增加和乙烯自动催化能力的提高，花冠的衰老开始出现。以后乙烯的合成量随衰老进程而减少，但ACC在组织内的含量仍保持较高水平。

Biale等（1954）用检压法测量14种香蕉和油梨果实，发现在呼吸高峰前无乙烯产生。Brug等（1962）用气相色谱法测定芒果和香蕉在呼吸高峰前的乙烯产生量极小，其量足以引起呼吸上升。Burg等（1966）为了进一步证实乙烯的催熟作用，设计了一种降压通气装置，调节装置内外的氧分压水平相等。发现香蕉在减压条件下比常压下成熟推迟。所以他们认为在降压下乙烯的内源生存量减少，着色所需的时间加长。

许多研究结果证明了外源乙烯的催熟作用，对于具有呼吸高峰的果实，微量的乙烯足以催熟果实。不同产品对乙烯的反应不一，每个产品都有一个引起生理作用的乙烯阈值（threshold value）（表2-5）。促进果实成熟所需乙烯浓度很低，只要浓度一旦达到阈值就启动成熟。

表 2-5　几类果实引起成熟的阈值　　单位：mg/L

种　类	C_2H_4 阈值	种　类	C_2H_4 阈值
甜橙	0.1	芒果	0.04～0.4
柠檬	0.1	梨	0.4
油梨	0.1	番茄	0.5
香蕉	0.1～0.2	甜瓜	0.1～1

果品的催熟过程中除了乙烯的施用浓度和施用时间有关外，其施用时的温度也有影响，它显著影响乙烯的作用。如用 3.57mmol/m^3 乙烯处理香蕉，在 13.5～15.5℃条件下 24h 后成熟仍未开始，在 18.5～29℃下只需 18h 左右成熟活动就进行。

近年来研究表明，除了乙烯以外，其他激素如脱落酸、吲熟酯和早熟灵等对某些果实也有促进成熟的作用，而且乙烯的作用也常受其他激素影响。因此不能把乙烯看作是唯一的成熟激素，因为果实的成熟与衰老是多种因素综合作用的结果。

(三) 阻碍乙烯催熟作用的因素

前面阐述了乙烯对高峰型果实的成熟作用及衰老作用，并且说它是果实的致熟激素；非高峰型果实里并不存在激发现象，因此有人反对这个观点。即使是高峰果实，在某种情况下，乙烯也并不激发成熟。例如 35.7mmol/m^3 内源乙烯可以使得收获后的油梨成熟，并不激发油梨在树上成熟，即使对树上的油梨使用 1.79mol/m^3 高浓度为时达 48h，也不起任何致熟作用。不但树上的油梨，甚至新采下的油梨也具有对乙烯致熟效应的抵抗性，但乙烯对采后 24h 的果实有效。这些现象说明可能有抵抗成熟的抑制因素存在，并且这一因素当果实仍在树上时最活跃，采收后慢慢消失。葡萄对乙烯也无反应，果实在第三发育阶段成熟，这时内源乙烯没有增加，而脱落酸（ABA）急剧增加，显然与果粒成熟有关。虽然成熟进程中葡萄对乙烯较为敏感，但乙烯很可能不是它的主要致熟因子，而 ABA 也可能只是乙烯的补充物，而不是激发剂。

二氧化碳对乙烯的成熟效应也有抑制作用。例如油梨在空气里，8d 后就达到呼吸高峰的最高点。如果不降低其氧分压，只把二氧化碳提高到 5%，达到呼吸最高点则需要 23d，而最大呼吸量也降至原有的 40%。

近年在探讨阻碍外源乙烯的成熟作用中发现：外施乙烯激发成熟，必须使有关组织具有对乙烯的敏感性。植物组织里可能存在一种幼态因素，依据是乙烯对树上的油梨不起致熟的作用，可能有源源不断的幼态因子进入果内之故。所以乙烯致使果龄不同的香蕉及硬皮香瓜成熟必须在不同的时期进行处理。有些梨品种需要低温处理后对乙烯才有致熟反应，其原因可能都是幼态因子影响的结果。

(四) 乙烯的作用机理

乙烯促进农产品成熟衰老的作用机理（action mechanism）还不十分清楚。

(1) 乙烯是一种小分子气体，流动快、作用大。Terai 等（1972）用乙烯处理已长成的绿色香蕉，处理部分开始成熟，逐渐向未经处理部分扩张。处理果实顶端，在茎端即有大量的乙烯放出。

（2）乙烯与金属离子结合、竞争受体。Burg（1976）认为乙烯开始对植物的作用是乙烯在活体内与金属的受体部位结合，对受体产生限制作用，从而影响乙烯作用的发挥。研究结果表明乙烯对受体键的作用取决于 CO_2 和 O_2，其中 CO_2 起抑制作用，O_2 则相反。较高浓度的 CO_2 能延长农产品的贮藏寿命，应该是 CO_2 与乙烯竞争受体部位的结果。T. Solomas 推测糖酵解和呼吸的刺激作用，可能与乙烯使电子传递的细胞色素系统改向非磷酸途径有关，因为乙烯不能刺激无抗氰呼吸的组织的呼吸上升。

（3）乙烯促进蛋白质合成及酶的活性。例如葡萄柚外果皮用乙烯处理后，苯丙氨酸解氨酶（PAL）显著增加；甘薯块根切片用乙烯处理后，过氧化物酶、多酚氧化酶、绿原酸酶的活性增加。近年研究还发现乙烯导致多体（指染色体、核糖体）增加和新 mRNA 出现，这表明乙烯在翻译和转录两种水平的遗传上起一定的作用。Abeles 等研究表明乙烯能诱导 RNA 生成，从而合成农产品成熟所需要的酶系统，促进果实的成熟和衰老。

（4）乙烯改变膜的透性。乙烯是脂溶性物质，它在脂中的溶解度比在水中大 14 倍。细胞膜是拟脂层双层结构，因此脂质可能是乙烯的作用点，乙烯能改变细胞膜的透性。研究表明果实成熟时膜透性有很大变化，这是否是乙烯直接影响的结果，尚无确切证据。

以上这些研究结果与成熟关系密切。但目前尚未发现乙烯直接参与植物体内的生化反应或作为辅酶存在，膜透性的证据也不充分。但乙烯对农产品催熟的显著作用众所周知。迄今乙烯催熟的作用机理还不十分清楚。

（五）乙烯的生物合成途径

园艺植物的器官、组织、细胞都有合成乙烯的能力。由于它呈气体状态，在植物体内较难测定。因此，经过多年的研究，最后才确定它是一种成熟激素。1902 年 Neljubow 认为乙烯是引起黄化梨幼苗不正常生长的一种气体活性物质。Consins（1910）在商店里发现橙放出的气体促进了香蕉的成熟。Gane（1934）证明苹果放出乙烯，随后的研究看到乙烯对果实、蔬菜、花卉的成熟和衰老具有强烈的促进作用。乙烯的结构非常简单，有几百种化合物可以反应生成乙烯，例如丙醛、亚麻油酸、β-丙氨酸、丙烯酸、乙酸、乙醇、乙烷和蛋氨酸等。正常状态下乙烯是气体，所以在农产品体内难以测定。直到 1964 年 Lieberman 和 Mapson 才发现 Ca^{2+}-抗坏血酸化学系统中的蛋氨酸（甲硫氨酸）能有效地形成乙烯，后来又证明在苹果组织中 ^{14}C-蛋氨酸也能转化为 ^{14}C-乙烯，进而证明在所有园艺植物组织中蛋氨酸是乙烯的前体。1979 年 Yang（杨祥发）和 Adams 发现 1-氨基环丙烷羧酸（ACC）才是乙烯生物合成的直接前体，并在许多研究中确定了乙烯的生物合成途径。

1. 乙烯的生物合成过程

缺氧植物组织乙烯生成停止后，将组织重新放入空气中，乙烯生成会猛烈增加，甚至还超过一直处于空气中的组织。这种现象被认为在缺氧时组织中积累了乙烯生成的某种中间产物，供给 O_2 便迅速氧化成大量的乙烯。这种中间产物后来被证实是硫腺苷蛋氨酸（SAM），SAM 可以通过蛋氨酸和 ATP 合成。Adams 和 Yang（1979）以苹果为试材，放在空气中观察蛋氨酸代谢时，证实SAM是蛋氨酸转化成乙烯的中间产物，随后发现SAM在N_2中不能转化为乙烯，但可转化为ACC和5-甲硫基腺苷（MTA），MTA进一步水解为MTR（甲硫核糖），通过蛋氨酸循环途径，又可重新合成蛋氨酸。ACC在空气中可以很快的转化为乙烯，这表明ACC转化为乙烯需要有O_2。标记ACC后引入苹果，在空气中也可有效的转化为乙烯，从而确定了ACC是乙烯生物合成的直接前体。

2. S-腺苷蛋氨酸（SAM）的生成及作用

Murr和Yang（1975）观察到从蛋氨酸变成乙烯需氧参加，而被DNP（二硝基苯酚）抑制，他推测SAM来自于蛋氨酸和ATP。Adamst和Yang（1979）证明在空气中蛋氨酸很快生成乙烯，在氮中只累积MTA（5-甲硫基腺苷）和ACC（1-氨基环丙烷羧酸），这说明SAM是一个中间体，它可形成ACC也形成MTA。Murr和Yang（1977）标记^{14}C在MTA的甲基上，在植物组织中得到了标记的蛋氨酸。Adams和Yang（1977）在MTA中标记硫原子和甲基，结果MTA的甲硫基被结合在蛋氨酸上。由此证明了在乙烯生物合成中从蛋氨酸→MTA→蛋氨酸的循环中，甲硫基可以反复利用。

3. 1-氨基环丙烷羧酸（ACC）的生成

Burroughs等（1957）分别从成熟的苹果、梨果实中分离出ACC。由于测定技术和设备的限制，只知道ACC与果实成熟有关，不了解它在乙烯生物合成中的地位和作用。22年后Adam和Yang用苹果做材料，结果发现蛋氨酸在空气中可转化为乙烯，而在N_2中则不起作用，以后放回到空气中，ACC可以很快地转化为乙烯。将ACC施到各种植物组织，如根、茎、叶、花、果实、种子，都能显著增加内源乙烯。

SAM转化为ACC必须在ACC合成酶催化下进行。Bolle和Hewer等（1979）研究表明了番茄果实的细胞提取液能使SAM变为ACC，Acaster和Kende（1982）提纯了ACC合成酶。这种酶专一地以SAM为底物，其相对分子质量为55000～58000，可能是一种以磷酸吡哆醛为辅基的酶。这种酶强烈地受到磷酸吡哆醛酶类抑制剂，如氨基乙氧基乙烯基甘氨酸（$NH_2CH_2CH_2OCH=CHCHNH_2COOH$，AVG）和氨基氧代乙酸（$NH_2 \cdot OCH_2COOH$，AOA）等的抑制。随后在甜瓜、绿豆下胚轴、黄瓜皮、橙皮和莱豆叶片中发现了此酶。Yu，Adams和Yang（1979）证明SAM→ACC受AVG和AOA的控制，但效率不高。

环境对ACC合成的影响很大。逆境通常刺激乙烯的产生，如机械伤、病虫、辐射、冷害、高温、干旱等均是影响因素，乙烯产生的原理同其他生物合成过程类似，其过程可被蛋白质合成抑制剂控制。

4. 乙烯的合成（ACC→ethylene）

Yang（1981）根据次氯酸钠氧化ACC的化学反应认为羟化酶或脱氢酶可能会氧化ACC形成氰甲酸，氰甲酸不稳定，分解形成HCN对植物有毒，同时也形成乙烯。HCN被催化与半胱氨酸形成β-氰基丙氨酸。ACC转化成乙烯需乙烯合成酶作用及氧参加（图2-7），而且缺氧解偶联剂（如DNP）及自由基清除剂都能抑制乙烯的生成。利用匀浆、破坏细胞的结构乙烯合成就停止，但ACC累积。这说明组织结构不影响ACC

的合成，但对乙烯的合成有影响。所以影响膜功能的试剂、金属离子都影响乙烯的合成。这说明ACC转化乙烯的反应需高度完整的结构。乙烯合成酶（EFE）与膜结合在一起的可能性存在，但目前还未提纯出乙烯合成酶。

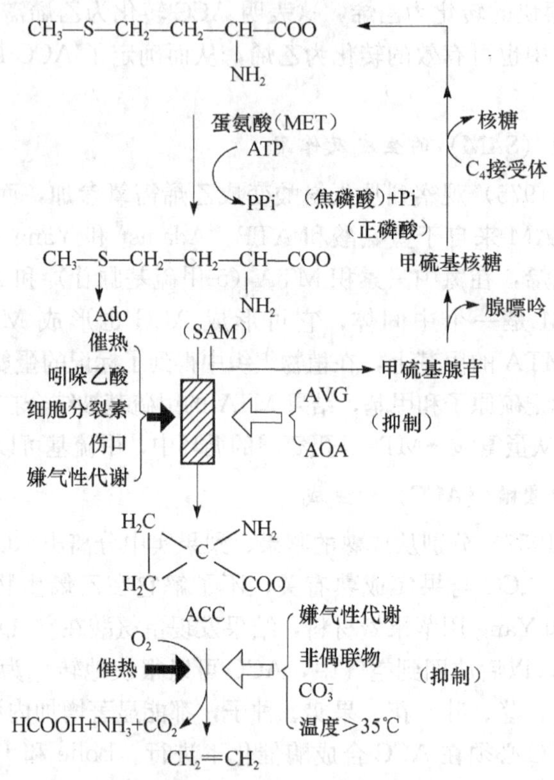

图 2-7　乙烯生物合成的控制（Yang. S. F.，1980）

5. ACC的结合物——丙二酰基

ACC（MACC）植物体内ACC与乙烯的消长常呈平行关系，但有时两者变化并不一致。Apelbaum和Yang（1981）观察小麦叶片失水萎蔫时，开始ACC和乙烯的合成都增加，后来ACC的消失量大大超过了乙烯生成量。这种现象在番茄果实和小麦受到机械损伤时也存在，这部分ACC去向何处？Hoffman（1982）发现植物体内游离态ACC还可转化为结合态的ACC。标记^{14}C-ACC饲喂失水的小麦叶片后，大部分ACC与体内丙二酸（propanedioic acid）结合形成丙二酰基ACC（Malonyl-ACC，缩写为MACC），在逆境条件下产生MACC，胁迫因素消失后MACC还能累积在组织中。MACC的生成可看成是调节乙烯形成的另一条途径。在某些条件下MACC可能是末端产物，在一定的条件下也可能会水解生成ACC和C_2H_4。随后Yang和Amrhein也分别从绿豆胚轴和番茄果实中提取了MACC形成酶。

（六）乙烯合成与蛋氨酸循环

蛋氨酸在ATP参与下形成SAM，再进一步在ACC合成酶作用下产生ACC和甲硫腺苷（MTA）。ACC在有 O_2 条件下转化为乙烯，MTA去向何处？Yang等（1969）提出在苹果组织不断产生乙烯的过程中，蛋氨酸中的S必须循环利用。因为植物组织中蛋氨酸的含量很少，如果S不能循环使用，则会限制植物组织中乙烯的形成。Adams和Yang（1977）证实在乙烯产生的同时，蛋氨酸 CH_3-S基团从SAM中以MTA形式翻译以后，进一步水解成甲硫核糖（MTR），再通过MTR-1-P（甲硫核糖-1-磷酸）和KMB（甲硫氨基丁酮酸）重新生成蛋氨酸，这样 CH_3-S基团反复循环利用。ATP分子的核糖供给乙烯的碳原子，构成了蛋氨酸循环（图2-8）。

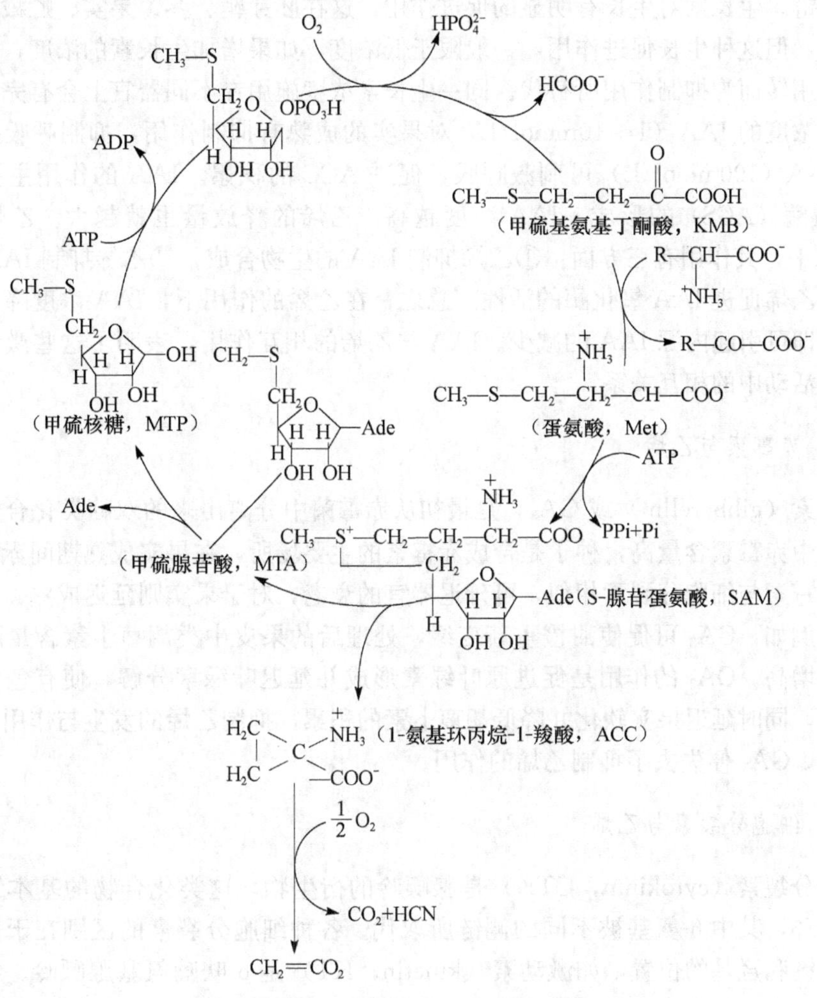

图2-8　乙烯生成与蛋氨酸循环

三、其他激素

目前已经发现了五大类激素，它们是生长素、赤霉素、细胞分裂素、脱落酸和乙烯。按其对植物组织的生理效应，把植物激素分为两种类型：第一类是对细胞的分裂、增大和生长发育有促进作用的激素，如生长素、细胞分裂素、赤霉素；第二类是在成熟衰老过程中起促进作用的激素，如脱落酸和乙烯。这两类激素的生理效应是相互对抗的。第一类激素的主要生理功能是促进生长发育，但对植物组织的成熟衰老也起重要作用；第二类激素的主要生理功能是促进衰老，对生长发育中的组织也起调节作用。果实的生长、发育、成熟、衰老过程是这两类激素相互平衡，相互作用的结果。

（一）生长素与乙烯

天然生长素（auxin）的化学名称叫吲哚乙酸（IAA），化学结构比较简单，具有吲哚环和侧链。生长素对生长有明显的促进作用，这在胚芽鞘、茎、果实、贮藏器官中都可以看到。但这种生长促进作用，一般限于低浓度，如果增加生长素的浓度，那么促进生长的作用转而为抑制作用所替代。同一生长素浓度施用在不同器官上会有完全不同的反应。低浓度的IAA（1～10mmol/L）对果实的成熟有抑制作用，抑制呼吸跃变。高浓度的IAA（100mmol/L）可刺激呼吸，促进ACC的积累。IAA的作用主要是诱导ACC合成酶（ACS）的形成，IAA浓度越高，乙烯的释放量也就越大。乙烯也影响IAA的水平，其作用有三方面：①乙烯抑制IAA的生物合成；②乙烯抑制IAA的极性运输；③乙烯促进IAA氧化酶的活性。总之，在乙烯的作用下，IAA浓度降低。使用外源乙烯即可引起内源IAA的减少。IAA与乙烯的相互作用，表明了这些激素在调节植物生命活动中的相互关系。

（二）赤霉素与乙烯

赤霉素（gibberellin）或GA_3，是最初从赤霉菌中分离出来的双萜类化合物。在幼小的果实中赤霉素含量高，种子是合成赤霉素的主要场所，在果实成熟期间赤霉素水平下降。赤霉素与细胞分裂素相似，可延迟器官的衰老，对于果实则延迟成熟，抑制乙烯的作用。例如，GA_3可促使甜橙重新变绿，处理后的果皮中类胡萝卜素含量降低而叶绿素含量增高。GA_3的作用是促进原叶绿素形成并延迟叶绿素分解，使有色体重新变成叶绿体，同时延迟果实软化并降低胡萝卜素的积累，抑制乙烯的发生与作用，但在呼吸跃变后，GA_3便失去了抑制乙烯的作用。

（三）细胞分裂素与乙烯

细胞分裂素（cytokinin，CTK）是腺嘌呤的衍生物，这类化合物的基本结构都是一个嘌呤环，其中6-氨基被不同的侧链所取代。各种细胞分裂素的区别在于侧链上有无不饱和键和羟基的位置，如激动素（kinetin，KT）是6-呋喃氨基腺嘌呤。细胞分裂素对细胞的分裂与分化有明显的效果。它可协同IAA诱导黄化豌豆幼苗增加乙烯产生，其原因可能是增加了IAA的数量，但是细胞分裂素可抑制跃变前或跃变后的苹果、鳄梨果实产生乙烯。

细胞分裂素可抑制香石竹切花生成乙烯并降低香石竹对乙烯的敏感性，如苄基腺嘌呤（BA）和KT可以阻止香石竹离体花瓣将外源ACC转变成乙烯。有人认为细胞分裂素促进ACS及ACC氧化酶（ACO）两者抑制剂的合成，进而抑制乙烯的合成。BA和KT可延迟叶片的衰老和果实的成熟，其主要作用是抑制蛋白质分解，活化合成过程。

对绿叶菜类蔬菜、辣椒、黄瓜、豆类施用外源细胞分裂素（如 BA），可以延迟叶绿素的降解和衰老作用。细胞分裂素还可以保持果实内的 GA 水平，防止脱落酸（ABA）增加，抑制乙烯的产生，在呼吸高峰以后也始终如一地抑制乙烯的产生。这说明细胞分裂素和乙烯间存在一种特殊的对抗关系。幼果和未成熟的种子是细胞分裂素的主要来源，种子成熟时细胞分裂素的含量减少，甚至完全消失。正在发育中的果实，如苹果、番茄、梨、桃等都有很多细胞分裂素，在授粉后到果实生长旺盛时期，细胞分裂素含量很高，随着果实的成熟其含量降低，成熟果实中甚至完全检测不出细胞分裂素。根尖也生成较多的细胞分裂素并运送到地上部分。产品采后由于切断了来自根部的细胞分裂素的供应，衰老加快，对乙烯的敏感性增高。这是一些果实采后比在植株上成熟快的原因之一。

（四）脱落酸与乙烯

脱落酸（abscisicacid，ABA）具有明显的落叶作用。在研究棉花果实发育的过程中，发现在幼果脱落时期和棉铃开裂时期 ABA 的含量达到最高水平，因而认为它是刺激脱落的因素，脱落酸也因此而得名。ABA 对果实的成热和衰老起到促进作用，在果实成熟期间积累。ABA 可增加水解酶的合成和释放，降低膜的完整性，干扰细胞分裂素的合成，刺激乙烯的产生。外源 ABA 处理可促进跃变果实（如番茄）的成熟。研究发现 ABA 能刺激高峰前期苹果切片的乙烯产生，但对衰老中的苹果切片就没有作用。ABA 对 KT 和 GA 均有拮抗作用。ABA 含量的升高是促进非跃变型果实成熟的一个重要因子，一些非跃变型果实在成熟过程中很少或不产生乙烯，但 ABA 含量会明显增加，如葡萄在转熟期 ABA 增加，在这个时期施用外源 ABA 可使成熟加快。

第三节　水分蒸腾

水分是果品、蔬菜和花卉生理活动中不可缺少的物质，如对养分的溶解、吸收和运转，呼吸作用及物质的分解与合成等都是以水为媒介，新鲜的农产品含水量为85%～95%。采后农产品因蒸腾作用的脱水导致组织萎蔫（tissue wilting），影响商品价值。

一、失水对农产品的影响

1. 引起产品失重、降低品质

农产品在贮运过程中因蒸腾（transpiration）使组织的含水量不断降低，其重量逐渐减少，这种失重通常称自然损耗。据 W. 弗特肯霍耶尔（1978）测定，仁果类果实秋季采收冷藏到翌年 4～5 月，果重减轻 6%～12%，其中呼吸消耗 20%，蒸腾损耗 80%，出库上市过程中，还要失水 2%左右。这是在低温下的失水情况，如果在常温情况下消耗失水还要多。

农产品失水不仅仅是自然损耗，而且商品价值会明显降低。如表皮皱缩、整体萎蔫、光泽消失、味道变劣、维生素含量降低。通常在温暖干燥的环境中几小时，大多数产品都会萎蔫。实际上失水还可影响色泽、口感、质地和风味。

2. 引起代谢失调

萎蔫会引起农产品代谢失调、促进水解酶活性提高，使大分子化合物加速转化为小分子。呼吸基质累积会进一步刺激呼吸作用加强，如甘薯变甜，是因为脱水引起淀粉水解为糖。严重脱水时，细胞液中 NH_4^+ 和 H^+ 离子浓度过高会引起细胞中毒，甚至破坏原生质的胶体结构。有研究认为组织过度缺水引起脱落酸含量增加，刺激乙烯合成，促进器官的衰老和脱落。因此，在农产品贮藏、运输过程中应该保持较大湿度，延长产品的贮藏寿命。但是洋葱、大蒜在贮藏前要进行适当的晾晒，加速鳞片的干燥，促进产品休眠；大白菜收获后也要进行适度的晾晒，果品采后在贮运前要进行预冷和预贮，这样可以使叶片和果皮的表面轻度失水，降低冰点，提高抗寒能力；由于细胞脱水膨压下降，组织变得较柔软，有利于减少贮运过程中机械伤和产品内部水分蒸发，但大白菜过度晾晒会加重贮藏中的脱帮。尽管失水会对产品造成损失，但是湿度过大会促进病原微生物的生长，导致腐烂，有时还会造成果蔬的开裂。

3. 降低耐贮性和抗病性

失水萎蔫破坏了农产品正常的代谢作用，使水解过程加强，细胞膨压下降改变机械结构特性，必然降低农产品的耐藏性和抗病性。将灰霉菌接种在不同萎蔫程度的甜菜块根上，其腐烂率差异较大；组织脱水越多，萎蔫程度就越大，抗病能力就越弱。许多实验认为失水对农产品贮藏性能的影响，无论是高峰型还是非高峰型都不利。

二、影响农产品失水的因素

蒸腾失水与农产品的自身内在特性和贮藏环境的外部因素有关。

（一）内在因素

1. 表面积比

表面积比是农产品器官的表面积与其重量或体积之比。表面积比值高的农产品蒸发失水较多。叶表面积比大，失重要比果实快；而小果实、根或块茎要比个大的水果蔬菜表面积比大，蒸发失水快，在贮藏过程中更容易萎蔫。同一器官个体小比个体大的失水多。由此，贮藏表面积大的产品要求相对湿度要大一些。

2. 表面结构和成熟度

农产品的水分主要是通过表皮层上的气孔和皮孔蒸发。一般情况下，气孔蒸腾的速度比皮孔快得多。农产品的种类、品种和成熟度不同，其气孔、皮孔和表皮层的结构也不同，因此失水的速度不一样。叶菜的表面气孔多，保护组织差。成长的叶片中90％的水分通过气孔蒸发，所以采收后极易失水萎蔫。幼嫩器官表皮层尚不发达，主要为纤维素，所以容易失水。随着器官的成熟，角质层加厚，失水开始减慢。许多果实和贮藏器官只有皮孔而无气孔，皮孔是由木栓化表皮细胞形成的开口，它不能关闭，因此水分蒸发的速度只取决于皮孔的数目、大小和蜡层的性质。成熟果实的皮孔被蜡质和一些其他物质堵塞，因此水分的蒸发和气体的交换只能通过角质层扩散。梨和金冠苹果容易失水是因为它们的果皮上皮孔数目多的缘故。农产品表层蜡的类型也明显地影响失水，通常蜡的结构比蜡的厚度对防止失水更为重要。防水散发性能最好的是那些由复杂、重叠片层结构组成的蜡层。

3. 细胞持水力

细胞中可溶性物质和亲水性胶体的含量与细胞的持水力有关，原生质较多的亲水胶体及可溶性物质含量高，细胞的渗透压较高，阻止水分向外渗透到细胞壁和细胞间隙。洋葱的含水量一般比马铃薯高，在0℃条件下贮藏3个月失水反而比后者少13.3%，这与原生质胶体的保水力和表面保护层的性质关系密切。

4. 机械伤

农产品机械伤会加速产品失水，导致萎蔫。当产品组织擦伤后，较多的气态物质通过伤口，机械伤破坏表面的保护层，因而更容易失水。虽然在组织生长和发育早期，伤口处可形成木栓化细胞愈合伤口，但产品的这种愈伤能力随产品的成熟而减小。所以收获和采后操作时要尽量避免损伤。有些成熟的产品也有明显的愈伤能力，如块茎和块根在适当的温度和湿度下可加速愈伤。

（二）主要环境因素

1. 相对湿度

湿度分为绝对湿度和相对湿度。绝对湿度指水蒸气在空气中所占比例的百分数；相对湿度指的是空气中实际所含的水蒸气量（绝对湿度）与当时温度下空气所含饱和水蒸气量（饱和湿度）之比。

农产品采后水分蒸发是以水蒸气的状态移动的，与其他气体一样，水蒸气是从高密度处向低密度处移动。采后新鲜果蔬产品组织内相对湿度在99%以上，因此，当贮藏在一个相对湿度低于99%的环境中，水蒸气便会从组织内向贮藏环境移动。在相同的贮藏温度下，贮藏环境越干燥，即相对湿度越低，水蒸气的流动速度越快，组织的失水也越快。可见，农产品的蒸腾失水率与贮藏环境中的湿度呈显著的反相关。

2. 温度

温度与空气的饱和湿度成正比，当环境中的绝对湿度不变而温度升高时，产品与空气之间的饱和差增加，空气中可以容纳的水蒸气量增加，此时农产品的失水也会增加。相反，在绝对湿度不变而温度下降时，饱和差减小，当温度下降到饱和蒸气压等于绝对蒸气压时，即发生结露现象，此时产品上会出现凝结水，即所谓“发汗”。农产品冷库中空气湿度很高，温度波动时容易出现结露。农产品从冷库中取出直接上常温货架，产品表面很快出现水珠，其原因是外界高温空气接触到农产品表面时，温度达露点以下，空气中的水蒸气就在农产品表面凝结成水滴。当块茎、鳞茎、直根类等蔬菜在贮藏运输中大堆散放时，可以观察到在堆表层下约20cm处的产品表面潮湿或有凝结水珠，这是因为散堆过大，不易通风，堆内温度高、湿度大，热气向外扩散时遇到表层低温的土豆或表层冷空气而结露。一些水果和蔬菜用塑料薄膜封闭贮藏时，帐内因产品释放呼吸热，温度总是比外部高，湿度也大，薄膜正好是冷热的交锋面；或者库内贮藏温度的波动较大，使薄膜内侧总有凝结的水珠，温差越大结露越严重。用自然通风库贮藏时，如果外界气温剧烈变化，库顶或窖顶上，也往往形成水滴或结霜，水滴落在产品上容易引起腐烂。因此，产品出库时最好逐步升温，堆放农产品时，要加强通风排湿，薄膜大帐低温贮藏时要用无滴薄膜，这样既避免结露，也防止腐烂。

3. 风速

风速可促进失水，空气流动会改变环境的绝对湿度。温度不变，空气流动使饱和差加大，促进蒸腾作用。空气可将产品的热量带走，也增加产品的失水，因为在产品周围的空气含水量与产品本身的含水量几乎处于平衡。空气流动会将这层湿空气带走，空气的流速越大，湿空气减少越多，这样就增加了产品附近和水蒸气的压差，从而失水增多。风在农产品的表面流动越快，失水就越多，因此贮运过程中要避免产品周围的空气流动，可以减少产品失水。

4. 气压

在一般贮藏条件下，气压是正常的一个大气压，对产品影响不大。采用真空冷却、真空干燥、减压贮藏等减压技术时，水分沸点降低，很快发生蒸腾失水。此时，要加湿防止失水萎蔫。

三、防止农产品失水的措施

（一）打蜡或涂膜、包装

农产品减少失水，最简单的方法是塑料薄膜包装，其次就是塑料箱或纸盒包装。将产品装在网眼袋中也有减少失水的效果，因为可提高产品周围的空气湿度。包装降低失水的程度与包装材料对水蒸气的透性有关，聚乙烯薄膜是最好的防水材料，它们的透水速度比纸或纤维板要低。此外，包装材料和产品之间也存在着水蒸气压差，由产品散发出来的水分首先被包装材料吸去。有研究表明，一个重为 4kg 的干燥木箱在 0℃时可吸水 500g，因此在使用前应该先放在高湿的环境中平衡。如果在产品表面打蜡或涂膜，然后再加上适当的包装，防止产品的水分散失效果好。

（二）增加空气湿度

增加空气的相对湿度，是控制农产品失水的有效方法，这样能减少产品和空气间的水蒸气压差，使空气达到饱和时则从产品中夺取的水分减少。增加空气湿度的方法可以用自动加湿器向库内喷迷雾或喷蒸气，也可以在地面洒水；提高蒸发器冷凝管的温度，迅速将产品冷却到贮藏温度，将蒸发器温度保持在低于贮藏温度 2～3℃的范围内，维持库内的相对湿度在 95%左右，产品难以失水。

（三）使用夹层冷库

冷库由两层墙壁组成，中间有冷空气循环，外层墙既隔热又防潮，内层墙不隔热，将蒸发器放置在夹层墙之间，通过传层作用与库内进行热交换。由于蒸发器不在库内，不会夺取产品中的水分而结霜。库内有很高的湿度，可以避免产品失水。

第四节　成熟衰老过程中结构的变化

农产品由许多不同功能的细胞和组织构成，细胞的基本结构均由细胞壁及原生质体构成。原生质体由细胞核、细胞质和液泡组成。细胞质内还有许多细胞器，它们的生理功能不同。高等植物的细胞器有质体、线粒体、高尔基体、核糖体、过氧化物体、乙醛酸体、溶酶体、微管等。细胞与细胞之间由许多称为胞间连丝的原生质细丝相连。农产品进入成熟衰老时，其细胞和组织结构会发生许多变化。

一、组织及细胞结构变化

（一）细胞器

农产品成熟衰老中细胞形态结构变化方面的研究较少，Harris 和 Spurr（1969），Butler 和 Simon（1971），Pantastico（1975）等人认为植物细胞衰老首先表现为核糖体群减少和叶绿体开始崩溃，淀粉粒减少直至最后消失；随后的变化顺序为内质网和高尔基体连同泡囊化而消失；线粒体有时在衰老的早期就变小或减少，有时嵴膨胀，比其他细胞器较抗崩溃，能保留到衰老末期；液泡膜在细胞器（cell organ）彻底解体之前也崩溃。核膜和质膜最后退化，细胞发生质膜崩溃才死亡。Biale（1964）认为跃变型果实的呼吸高峰意味着生长发育转向原生质解体或衰老。

（二）细胞壁

成熟的农产品细胞的细胞壁由三部分组成，即胞间层、初生壁及次生壁。成长和成熟中细胞壁超微结构的变化研究还很少，但发现微纤丝结构随着微纤丝之间的果胶和半纤维素物质的溶解变得松弛而软化，不同发育阶段的农产品，细胞壁的结构不同，形成的细胞和构成的组织都不同。幼嫩蔬菜柔软多汁，大多为薄壁细胞。随着成熟进程，厚角细胞和厚壁细胞分化增多，使组织坚韧，从而质地发生改变。芹菜多纤维，菜豆荚老化多筋，就是硬化细胞增多的缘故。

（三）角质层和蜡质

1. 角质层（cuticle）

角质层指覆盖在植物体上部表皮细胞壁上极细密的一层膜，也称为角质。角质（cutin）由羟基脂肪酸聚合物组成，并含有少量的酚类物质。角质膜具有明显的减低水分蒸腾和营养物质外渗的生理作用。角质具有疏水性，病原孢子不易附着，是病原菌的机械屏障，可防止病菌侵害。角质膜还影响化学药剂等一些物质的渗入，其膜的厚薄与果蔬的抗病性、耐贮运性等密切相关。角质膜受到损伤后会失去保护作用，因此，农产品采后进行处理时，必须特别注意。通常果品角质层较厚，果菜类多在幼嫩时采收，角质层尚未完全发育，保护性较差，对贮运有明显影响。

2. 蜡质（wax）

有些农产品表皮角质膜的外面还覆盖着10～100nm极薄的蜡质层，如甘蔗的茎秆外表和葡萄、李、冬瓜等成熟果实的表面，均有"白霜"状的蜡被。蜡质能溶解于氯仿、醚和苯，角质则不能溶解在有机溶剂中。蜡质的成分主要为脂肪族高级酸与长链或环状非甘油高级醇结合而成的酯。Mazliak等（1963）研究发现果实在挂树期间硬蜡增加比油快，冷藏期间硬蜡保持稳定水平，而油还在不断增加。蜡质对角质层和下部组织有保护作用，可限制水分蒸腾。

蜡质和角质膜都具有保护内部组织的生理作用，蜡能够使角质膜的蒸腾降低到最小的程度。研究表明，除去角质膜上的蜡质层，水蒸气扩散通透系数增加400倍左右，可见，蜡应该是角质层结构中的主要扩散障碍物，对保持农产品水分起重要作用。

（四）开孔

表皮组织对抑制水分和气体透过有明显的保护作用。而且，还是进行正常呼吸和蒸腾作用不可少的组织。农产品表面的自然开孔有气孔和皮孔两种，蔬菜中的茄子、番茄和甜椒，果实中的柿子、葡萄的果面上没有气孔（stoma）和皮孔（cortical pore）。葡萄在果梗部进行气体交换和水分蒸腾，柿子、茄子、番茄、甜椒等则在气孔集中的蒂部进行。

（五）细胞间隙

细胞间隙也称胞间空隙，指细胞沿着胞间层脱离而形成胞间的空隙。在农产品内存在一个明显的胞间空隙体系。细胞间隙系统在生理上非常重要，依靠它使产品组织的每个细胞都容易获得维持正常呼吸所必要的O_2，并排除CO_2。在间隙系统内，各种气体都依自己的分压差进行扩散移动。苹果是细胞间隙容量较大的果实，占总体积的20.4%～35.7%，叶菜类占20%以上，果菜和茎菜约为20%，马铃薯仅占1%～2%。果实成熟时会因水和可溶性果胶等流入细胞间隙而使整个组织的孔隙度变小。

二、亚细胞结构的变化

细胞质的基质内具有一定形态、结构和功能的亚细胞结构称为细胞器（organelles）。通常，对于衰老的植物亚细胞结构来说，第一个可观察的衰老迹象是叶绿体的破坏以及核糖体数量的减少，线粒体一般可以保留到衰老的后期，细胞核、内质网囊泡化并和高尔基体一起消失，液泡膜的解体先于细胞器，细胞核和质膜最后被破坏，质膜的破坏就预示了细胞死亡的来临。成熟与衰老是个极为复杂的过程，在这个过程中各种细胞器先后不同程度地发生解体和破坏。但可以肯定的是，超微结构的变化并不是衰老启动的原因，而只是衰老结果的反映。

（一）细胞核（nucleus）

细胞核是细胞遗传与代谢的控制中心，核膜出现内折凹陷是核衰老的最初表现，衰老的程度越高，内折也就越明显。核的整个体积变大，核中染色质凝聚、破碎，甚至出现异常多倍体，但一直到衰老的后期，仍可以看到完整的细胞核。随着衰老的进一步加剧，核仁消失，内含物聚集。

（二）质体（plastid）

成熟果蔬细胞中存在的质体主要是有色体（chromoplast）和叶绿体（chloroplast），嗜锇颗粒增大增多，以及基粒变形解体是质体在成熟和衰老中的常见现象，但不同产品体内的质体变化也存在一定的差异。例如，绿熟番茄的质体可见明显的基粒片层结构，其中还含有淀粉粒和少量小的嗜锇颗粒；随着果实的成熟，基粒片层结构模糊，淀粉粒消失而嗜锇颗粒逐渐增多变大；转色期，基粒变得稀少；粉色期，质体逐渐转变为有色体，内膜上有类胡萝卜素的沉积，周缘部位出现大量泡囊，基粒和色素晶体共同存在；红色期，有色体内大量增积累番茄红素，基粒变形或解体，嗜锇颗粒增大增多，有时会见色素晶体；后熟期，基粒逐渐崩溃，自溶作用增强。在辣椒、甜橙、梨等果实中也观察到类似的变化。成熟的甜瓜皮层组织细胞中的叶绿体基粒片层结构明显，随着后熟和衰老的进行，基粒结构逐渐变形、解体消失，嗜锇颗粒也逐渐增大增多。

（三）线粒体（mitochondrion）

线粒体的变化在细胞衰老过程中颇为重要。衰老时，一方面线粒体数目减少；另一方面线粒体的结构也发生变化，其内膜形成的嵴肿胀，接着囊泡化，最后破裂崩解。例如，绿熟期的番茄可见完整的线粒体结构，后熟期，完整线粒体数目减少，一些线粒体结构出现退化。由于完整线粒体的减少，而造成 ATP 短缺，可能导致膜完整性的丧失。叶片衰老过程中线粒体是最稳定的细胞器之一，直到衰老后期，仍具有活性。

（四）内质网（endoplasmic reticulum，ER）

内质网是由单层膜包裹而成的扁平的囊状与管状物，在细胞质内形成立体网状结构。内质网作为蛋白质和脂类分子合成的重要场所分布在整个细胞中，特别是表面结合有核糖体的糙面内质网负责合成一些重要蛋白质。细胞衰老过程中，糙面内质网的量减少，内质网膜电子密度增高，膜结构变厚，此外，内质网排列不规则，出现肿胀和囊泡化。

（五）核糖体（ribosome）

核糖体是一种颗粒状无膜包被的细胞器，是合成蛋白质的主要场所。一般认为，随着成熟和衰老的进行，核糖体的数目会显著减少，但不同产品这一变化存在差异。例如，番茄生长和成熟时，核糖体的变化不大，在果实发育的所有阶段，核糖体沿着糙面内质网遍布于细胞质内；当果实进入后熟或衰老期时，局部细胞质内的核糖体显著消失。

（六）液泡（vacuole）

随着成熟的进行，细胞中的液泡逐渐增大。衰老时，液泡出现自吞噬现象，即液泡膜内陷，形成包裹细胞质的泡囊。由于液泡膜透性增大，液泡中的β-葡萄糖苷酶、磷酸酯酶、核酸酶和蛋白酶等酸性水解酶渗出，将包裹在其中的细胞质分解。当细胞质的分解达到一定程度时，质膜破裂，细胞死亡。

第五节 休眠发芽与粮食的陈化

一、休眠的阶段与类型

一些块茎、鳞茎类蔬菜在结束其田间的正常生长时，体内积累了大量养分，原生质流动减缓，新陈代谢明显降低，水分蒸腾减少，呼吸作用减缓，一切生命活动进入相对静止状态，对不良环境的抵抗能力增加，这就是休眠（dormancy）。休眠是植物在长期的自然进化中形成的一种对不良环境的适应能力，借助休眠来度过高温、干旱和严寒等不利的环境条件。对于产品贮藏来说休眠是一种有利的生理现象。作为植物的繁殖器官，在经历了一段休眠期后，就会逐渐脱离休眠状态，此时如遇合适的环境条件，就会迅速发芽生长，休眠器官内在的营养物质迅速分解转移，消耗于芽的生长，使其重量减轻，品质下降。

根据休眠的生理生化特点，可将休眠分为如下 3 个时期。

（一）休眠前期

休眠前期（preparation period）对块茎而言是指从采收直到表面伤口愈合的时期，马铃薯常需要 2～5 周的时间；对鳞茎来说则指从采收直到表面形成革质化鳞片的时期，大蒜和洋葱常需要 1～4 周的时间。此期是从生长向休眠的过渡阶段，由于产品刚刚收获，代谢旺盛，呼吸强度大，体内的小分子物质会向大分子转化。同时伴随着伤口的愈合，木栓层形成，表皮和角质层加厚或形成革质化鳞片等过程，使水分减少，以增加对自身的保护，从生理上为休眠做准备。

（二）生理休眠期

生理休眠期（endo-dormancyperiod）是从块茎类产品表面伤口愈合、鳞茎类产品表面形成革质化鳞片开始直到产品具备发芽能力的时期。此期产品新陈代谢下降到最低水平，生理活动处于相对静止状态，产品外层保护组织完全形成，水分蒸发进一步减少。这一时期的最大特点是即使有适宜的外界条件，产品也难以发芽。

（三）强制休眠期

强制休眠期（exo-dormancyperiod）也称强迫休眠期，是指度过生理休眠期后，产品已具备发芽的能力，但由于外界环境温度过低而导致发芽被抑制的时期。例如，我国北方地区部分马铃薯度过生理休眠期的时间常在第二年的 1 月，但此时由于外界气温寒冷，贮藏温度偏低，产品也就不会发芽。如果外界温度适宜，休眠就会被打破，萌芽立即开始。强迫休眠期是由休眠向生长过渡，体内的大分子物质开始向小分子转化的时期，产品体内可以利用的营养物质增加，为发芽提供了物质基础。如果在此阶段利用低温和气调等措施可显著延长强制休眠期。

二、休眠和发芽的生理生化变化

休眠状态是在器官发育过程中获得的，是系统发育中长期适应外界环境的结果。休眠的发生常伴随着机体内部生理机能、生物化学特性的一系列改变。

（一）质壁分离发生

早在 20 世纪 40 年代，苏联学者就发现处于生理休眠期的细胞，原生质与细胞壁分离，原生质几乎不能吸水膨胀，生长期间存在于细胞间的胞间连丝消失，细胞核也发生了一些变化。这些现象的发生是由于休眠前原生质发生脱水过程，同时积累大量疏水性胶体，这些物质特别是脂肪和类脂，聚集在原生质和液泡的界面上，从而阻止水和细胞液透过原生质。所以，休眠时各个细胞像是处在孤立的状态，细胞与细胞之间，组织与外界之间的物质交换大大减少。休眠打破后，原生质又重新紧贴于细胞壁，胞间连丝恢复，原生质中的疏水性胶体减少，而亲水性胶体增加，使细胞内外的物质交换变得方便，对水和氧气的通透性加强，促进了各种生理生化过程。

（二）内源激素动态平衡变化

休眠的进程常与植物体内所产生的某些内源激素含量变化有关。一般认为，休眠是由内源激素中的促进生长与抑制生长物质之间的平衡状态决定的。ABA 被认为是休眠的主要调控物质。在鳞茎的休眠过程中，自由型 ABA 浓度较高，随着休眠的解除，其含量降低，而束缚型 ABA 浓度升高。研究表明，ABA 参与鳞茎休眠的诱导与保持。但是这种作用可被 GA_3 所逆转，要保持其有效性，ABA 必须持续或重复施用。但外源 ABA 不能诱导马铃薯非休眠块茎进入休眠，只能暂时抑制非休眠块茎上芽的生长。GA_3 和 IAA 能解除许多器官的休眠。用 GA_3 溶液处理新采收的马铃薯块茎切块，是两季生产中催芽的重要措施。休眠期间 GA_3 含量较低，当休眠结束、芽开始生长时 GA_3 含量迅速增加。对鳞茎使用外源 GA_3 能够终止休眠。大蒜休眠的调节可能主要是由 GA_3、ABA 和 CTK 三者相互作用来完成的。只有 CTK 存在时，解除了 ABA 的抑制作用，GA_3 的促进作用才能发挥出来。乙烯可通过刺激 GA_3 的加速合成和水解酶的释放，从而对休眠解除起间接作用。马铃薯块茎用乙烯短期处理，则促进发芽；用乙烯长期处理，则抑制发芽；已解除休眠期的块茎，用乙烯长期处理，则抑制芽的伸长。

（三）酶活性的改变

细胞可通过一系列细胞周期蛋白激酶（CDKS）的活化或抑制来调控休眠，这些激酶与调控蛋白的活化和磷酸化相偶联。因此，这可能是由于蛋白质磷酸化和脱磷酸化活化或抑制了某些激酶的活性。休眠还与许多其他酶活性的变化有关，例如，大蒜休眠解除后多酚氧化酶、抗坏血酸酶与蔗糖酶活性均显著增加；马铃薯块茎休眠期间淀粉酶、淀粉磷酸化酶活性很低，随着休眠的解除及顶芽萌动，其活性逐渐增强；而过氧化物酶和多酚氧化酶在块茎休眠时活性较高，随着休眠的解除和顶芽萌动，其活性迅速下降。

（四）贮藏物质的变化

休眠期间贮藏物质的变化非常缓慢；在开始发芽时，贮藏物质的变化比较急剧。例如，发芽的洋葱单糖急剧增加；发芽的马铃薯淀粉急剧降低，而可溶性糖和可溶性蛋白含量迅速增加；休眠的马铃薯内蛋白态氮较多，髓部主要是铵态氮，发芽前蛋白态氮减少，酰胺态氮增加。

三、粮食陈化

（一）陈化的概念和表现

粮食在贮藏期间，由于酶的活性降低，呼吸渐弱，原生质胶体松弛，物理化学性状改变，生活力减弱，导致其种用品质和食用品质变劣，这种由新到陈、由旺盛到衰老的现象，称为粮食陈化。

经过后熟的新粮，有很高的发芽率，随着贮藏时间的加长，发芽能力渐渐丧失，最后失去了种用价值。从品质上看，新鲜粮食外表光亮，陈化后的粮食外表变得灰暗。玉米陈化后，脐部变成褐色；大豆陈化后，脐部呈现褐色圈，称为“红眼”。从口味上看，新鲜粮食有其特有的香味；粮食陈化后，香味丧失，甚至有一种令人不快的“陈味”，口味变差，严重时甚至不宜食用。不但原粮会陈化，加工后的米、面等更易陈化。大米陈化后米饭黏性、油性都变差，并有一种“陈米味”；面粉陈化后发酵能力变差，发紧、发黏。

粮食陈化是粮食自身发生生理生化变化的一种自然现象。大体可认为除小麦以外，大多数粮食贮藏1年，即有不同程度的陈化表现。成品粮比原粮更容易陈化，米的陈化以糯米最快，在长期贮藏中，小麦陈化速度比较缓慢。

（二）粮食在陈化过程中的变化

1. 物理性状变化

粮食陈化时，表现为粮粒组织硬化，柔韧性变弱，粮粒质地变脆，稻米起筋、脱糠；淀粉细胞变硬，细胞膜增强，糊化，吸水力降低，持水力下降，粮粒破碎，黏性较差，有“陈味”。用面粉制作面包时，因其发酵力减弱，导致面包品质下降。

2. 生理变化

粮食陈化的生理变化主要表现为酶活性和代谢水平的变化。粮食贮藏期间，在各种酶的作用下发生生理变化，当粮食中酶的活性减弱或丧失，其生理作用也随之减弱、停止。其中 α-淀粉酶无论在有胚或无胚的粮食中均存在，其对粮食品质的影响很大。陈米煮饭不如新米好吃，主要原因就是陈米中的 α-淀粉酶失去活性，淀粉液化值降低。据测定，稻谷贮藏 3 年后，过氧化氢酶活性降至原来的 1/5，淀粉酶活性丧失，而大米在贮藏期间过氧化氢酶活性完全丧失，呼吸亦趋于停止。

3. 化学变化

粮食化学成分的变化一般以脂肪变化最快，淀粉次之，蛋白质最慢。

（1）脂肪的变化：粮食中脂肪含量虽然较少，但对粮食陈化的影响却很显著。粮食在贮藏期间，脂肪易水解生成游离脂肪酸，特别是当环境条件适宜时，贮藏霉菌开始繁殖，大量分泌脂肪酶，加速了脂肪水解，使粮食中游离脂肪酸增多，粮食陈化加深。

（2）淀粉的变化：贮藏初期，新鲜粮食中淀粉酶活性强，淀粉很快水解为麦芽糖和糊精，因而加工或食用时，黏度较强，食用品质好。如果继续贮藏，糊精与麦芽糖继续水解，还原糖增加，糊精相对减少，导致黏度下降，粮食开始陈化。如果水分大，温度在 25～30℃的适宜条件下，还原糖将继续氧化，生成 CO_2 和 H_2O，或酵解产生乙醇和乳酸，使粮食带酸味，品质变劣，陈化加深，最终失去食用价值。

（3）蛋白质的变化：在粮食陈化过程中，蛋白质的变化表现为水解和变性。蛋白质水解后，游离氨基酸含量增加，酸度增高；蛋白质变性后，空间结构松散，肽键展开，非极性基团外露，亲水性基团内藏，蛋白质由溶胶变为凝胶，溶解度降低，粮食即开始陈化。

（三）影响粮食陈化的因素及防止措施

1. 影响粮食陈化的因素

1）内在因素

影响粮食陈化的内在因素是由种子的遗传性和本身质量所决定的。在正常贮藏条件下，小麦、绿豆贮藏的时间长，而稻谷、玉米等贮藏的时间短，这是由粮食本身的遗传性决定的。种子本身的质量也决定了陈化速度，籽粒饱满，则粮食的陈化速度较慢。另外，有些粮食在田间生长的条件也会影响到其贮藏性能。

2）外在因素

（1）粮堆的温度和湿度。温度和湿度都是影响粮食陈化的主要因素。温度高，一方面会促使粮食呼吸，加速内部物质分解；另一方面，温度达到一定程度后又会使蛋白质凝固变性。粮食含水量增加，呼吸加快，陈化速度加快。因此，要想减缓粮食的陈化速度，首先要将粮食的温度、湿度控制在一定范围内。

（2）粮堆中的气体成分。当粮食水分在安全条件下时，粮堆中 O_2 浓度的下降，CO_2 浓度的提高，可减缓粮食内部营养物质的分解，降低陈化速度。

（3）粮堆中的微生物和病虫害。粮堆中的微生物主要是霉菌，不仅能分解粮食中的有机物质，而且有时还会产生毒性物质，如黄曲霉毒素 B，粮堆中微生物的大量繁殖会导致粮食发热，也是加速粮食陈化的重要因素。病虫危害不仅会减少粮食的数量，增加虫蚀率，降低发芽率，而且还容易导致粮食的发热、霉变、变色、变味，降低粮食质量。也是加速粮食陈化的重要因素。

(4) 粮堆中杂质。粮堆中的杂质直接关系到贮藏的稳定性，一些杂质（如草籽）体积小，胚占比例大，呼吸强度大，产生湿热多；另一些杂质（如叶子、灰尘、粉屑等）往往携带大量的微生物、螨、害虫等随粮食入库进仓，而粉状细小的杂质往往又容易堵塞粮堆内的孔隙，影响粮堆的散热、散湿，使粮堆局部结露、霉变、发热、发生病害。

(5) 化学杀虫剂。一些化学杀虫剂能与粮食发生化学反应，形成药害，加速粮食的分解劣变。如溴甲烷中的溴可以与粮食中不饱和脂肪酸中的双键发生加成反应，氯化物能与粮食发生反应，降低发芽率。因此，要尽量减少化学药剂使用的剂量和次数。

2. 陈化的防止措施

影响粮食陈化的因素是多方面的，陈化的趋势是不可逆转的，但可以采取相应的措施来减缓粮食陈化的速度。

1) 把好粮食入库关

粮食入库时要利用一切可利用的手段，及时清杂、降温、降湿，做到入库粮食干、饱、净。

2) 改造仓库设施

普通仓库可以通过吊顶、贴层设置仓顶、墙体隔热、防潮设施，新建仓库要建造顶部双层防潮隔热装置，地面铺设防潮防渗层，并具有合理通风功能；仓库门窗应有密闭和隔热性能，并设置防鼠板、防虫线，防止虫、鼠、雀的危害。

3) 加强日常管理

严格进行粮情检查，发现问题，及时处理。

4) 以防为主，综合防治

建立健全粮食病虫害的空仓清毒、实仓熏蒸、拌药防虫的预防、除治制度，把预防工作作为日常工作的首要任务。

5) 降低粮堆的温、湿度

降低粮堆温度、湿度后，可以使用少量的防虫磷或磷化铝，并及时密闭达到低温、低氧、低药量，将粮情控制在安全状态。

第六节　生理紊乱

果蔬、粮食等农产品在贮藏期的损失多由病害造成，并且不只局限于贮藏期和运输期间，而是包括了收获、分级、包装、运输、贮藏、进入市场销售等许多环节所发生的病害。农产品贮藏病害也称贮运病害，一般是指在贮运过程中发病、传播、蔓延的病害，包括田间已被侵染，在贮运期间发病或继续危害的病害。根据发病的原因可分为两大类：一类是非生物因素造成的生理病害（即非传染性病害），另一类为寄生物侵染引起的侵染性病害。

生理性病害是指果蔬在采前或采后，由于不适宜的环境条件或理化因素造成的生理障碍。生理性病害的病因很多，主要有收获前因素，如果实生长发育阶段营养失调，栽培管理措施不当，收获时成熟度不当，气候异常，药害等；收获后因素如贮运期间的温湿度失调，气体组分控制不当等。生理性病害有低温伤害、气体伤害等，现将其致病原因及防治措施分述如下。

一、冷害

果蔬贮藏在不适宜的低温下产生的生理病变叫低温伤害。果蔬的种类和品种不同，对低温的适应能力亦有所不同，如果温度过低，超过果蔬的适应能力，果蔬就会发生冷害和冻害两种低温伤害。

冷害是指由冰点以上的低温引起的果蔬细胞膜变性的生理病害，是指0℃以上不适宜的低温对果蔬产品造成的伤害，是由于贮藏的温度低于产品最适贮温的下限所致。冷害伤害温度一般出现在0～13℃。冷害可发生在田间或采后的任何阶段，不同种类的果蔬产品对冷害的敏感性不一样。一般说来，原产于热带的水果蔬菜对冷害（如香蕉、菠萝等）比较敏感，亚热带地区的水果蔬菜次之，温带果蔬较轻。

（一）症状

果蔬遭受冷害后，常表现为果皮或果肉、种子等发生褐色病变，表皮出现水浸状凹陷、烫伤状，不能正常后熟。伴随冷害的发生，果蔬的呼吸作用、化学组成及其他代谢都发生异常变化，降低了产品的抗病能力，导致病菌侵入，加重果蔬的腐烂。发生冷害的果蔬产品外观和内部症状也因其种类不同而异，并随着组织的类型而变化，如黄瓜、番瓜、白兰瓜、辣椒产品表面出现水浸状的斑点；苹果、桃、梨、菠萝、马铃薯等内部组织发生褐变或崩溃；香蕉、番茄等产品不能正常后熟。不同果蔬发生冷害的温度也不一样

（二）冷害机理

冷害的机制也是采后生理的重要研究课题。许多研究认为，冷害主要是不适宜的低温破坏了复杂的呼吸过程的各个阶段、各个环节协调性的结果。人们从不同的角度进行了研究，提出了以下几方面的看法。

1. 膜的变化

脂质是膜的主要成分，它的黏稠性随温度而变化，由此可引起细胞膜渗透性发生变化。当脂质由液态-固态时，它与蛋白质的结合改变，膜由液晶结构变成固体胶态结构，这种变化可能导致原生质停止运动而僵化，气体扩散受阻，加强缺氧呼吸，使细胞受伤。对冷害敏感的植物细胞在低温下其原生质凝固，在某些植物细胞里，甚至温度高达11.1℃，其原生质亦可能凝固。然而对冷害有抗性的耐寒植物细胞里，甚至在0℃下其原生质仍未凝固。

2. 反常的呼吸

很多果实受冷害时，呼吸反而增强，CO_2 释放增多，如黄瓜、番茄、番木瓜等。有资料证明，冷害时，芒果组织中可溶性糖减少，但淀粉极少水解；香蕉、甘薯、青椒及菠萝中维生素 C 减少，糖原氨基酸降低，而天冬酰胺等增加，果皮中积累丙酮酸，维生素 C 减少可导致醛的积累，出现变色：日本夏橙中柠檬酸减少，草酸乙酸、琥珀酸增加。总之呼吸过程失去协调，因而代谢紊乱，使一些物质的消长失常。由于呼吸失常，使某些底物次氧化，生成有毒的挥发性物质在角质层下积累，如乙醇、乙醛等。有人发现，香蕉受冷害时，乙醇、乙醛和某些酮酸就在组织中积累。有人指出，遭受严重冷害的果实，其呼吸氧化过程可能不是利用正常的呼吸基质而是多酚物质被氧化。

3. 酶活性的变化

据日本的研究报道，受伤组织中，淀粉酶的活性下降 75%～88%，转化酶活性提高一倍以上。受伤组织变黑，表明氧化酶的活动，在受冷害的香蕉果实中积累了较多的褐变反应基质酪氨酸和多巴胺胺。此外，他们还发现在成熟的各个阶段，受冷害的果实里的过氧化氢酶的活性比起未受冷害的都较强。这是因为，酶作用及酶合成的动力是受制于温度的。每一种酶都有自己的最大活动的最适温度，在一定的温度下，某些酶被活化了，而另一些则不起作用。在桃果实冷害发生的时候，组织变软可能是果胶脂酶活动增加的一种结果，果胶脂酶的活动会导致不溶性果胶成分的分解。

（三）冷害的影响因素

1. 产品的内在因素

不同种类和品种的产品冷敏感性差异很大。如黄瓜在 1℃下很快就发生冷害，而桃在 1℃下 2 周后才发生。此外，产品成熟度越低，对冷害越敏感，例如红熟番茄在 0℃下可贮藏 42d，而绿熟番茄在 7.2℃就可能产生冷害。

2. 外部环境因素

1）贮藏温度和时间

一般来说，在临界温度以下，贮藏温度越低，冷害发生越快，温度越高，耐受低温而不发生冷害的时间越长。

2）湿度

贮于高湿环境中，特别是 RH 接近 100%时，会显著抑制果实冷害时表皮和皮下细胞崩溃，冷害症状减轻。低湿加速症状的出现，如出现水浸状斑点或发生凹陷。由于脱水温度低，会加速冷害发生。

3）气体成分

对大多数产品来说，适当提高 CO_2 和降低 O_2 浓度可在某种程度上抑制冷害，一般认为 O_2 浓度为 7%时最安全，CO_2 浓度过高也会诱导冷害发生。

4）化学药物

有些药物会影响产品对冷害的抗性，如 Ca^{2+} 含量越低，产品对冷害越敏感。

（四）冷害的控制

1. 适温贮藏

各种果蔬的冷害临界温度不同，低于临界温度，就会有冷害症状出现。如果温度刚刚低于这个临界温度，那么冷害症状出现所需的时间相对要长一些。因此，防冷害的最好方法是掌握果蔬的冷害临界温度，不要将果蔬置于临界温度以下的环境中。

2. 温度预处理

对冷害敏感的果实和蔬菜，在低温贮藏前，预先用稍高温度处理，可减轻以后的冷害。如小西葫芦贮藏前预先在10℃下处理2d，甜椒在10℃下处理5～10d，葡萄柚在10～15℃下预处理7d，均可明显减轻以后在较低温度下贮藏的冷害。温度预处理获得减轻冷害的效果，在柠檬、番木瓜、黄瓜、茄子、辣椒和西瓜上也有报道。

3. 间歇升温

用一次或多次短期升温处理来中断其冷害。有许多报道，如苹果、柑橘、黄瓜、桃、油桃、李、番茄、甘薯、黄秋葵贮藏中，用中间升温的方法可增加对冷害的抗性和延长贮藏寿命。如英国将苹果在0℃贮藏51d后，在18.8℃下放置2d再转入0℃下继续贮藏30～50d，其冷害远远低于一直在0℃下贮藏的果实。黄瓜从2.5℃间歇升温至12.5℃保持18h，可降低采后置于20℃下乙烯的产生、离子的渗出，以及凹陷和腐烂。茅林春的研究证实，贮前加温和中途加温处理均能明显减缓桃果实采后冷害的发生，中途加温的效果则更为显著。但是，加温处理加速了果实软化，降低了果实的贮藏性能。尽管间歇升温能够起到减轻冷害的作用，但其作用机理还不清楚。有关研究认为，升温期间可以使组织代谢掉冷害中累积的有害物质或使组织恢复冷害中被消耗的物质。

4. 变温处理

鸭梨在冷藏过程中易发生黑心病，这主要是由于采后突然将温度降到0℃所引起的低温生理伤害。目前生产上成功地应用逐渐降温的方法解决了鸭梨冷藏冷害问题。采用每次降低2.7℃的方法，可以把香蕉的冷害（凹陷斑纹）从90.6%下降到8.9%，把油梨的冷害从30.0%下降到1.7%。这种贮前逐步降温效应与果蔬的代谢类型有关，只有有呼吸高峰的果蔬才有反应，对非呼吸高峰型的果蔬，如柠檬和葡萄柚逐步降温对减轻冷害无效。如果果蔬采前已经受到冷害温度的影响，采后立即放到温暖处可以减轻损伤。例如将甘薯采后放在29.5℃中8d，可以抵消田间1℃下1d或7.2℃下4d的低温伤害；番茄在20℃下2～3d可以消除它在0℃下的低温不良影响。

5. 湿度调节

接近100%的相对湿度可以减轻冷害症状，相对湿度过低则会加重冷害症状。Morris（1938）等观察到黄瓜和辣椒在100%的相对湿度下凹陷斑减少。Mcolloch（1962）观察到辣椒在0℃及相对湿度88%～90%的环境中贮藏12d，凹陷斑为67%，在同样温度和时间及96%～98%的相对湿度中，凹陷斑为33%。Wardiaw（1961）报道，香蕉在10℃下短时间内就会发生冷害，而用塑料袋包装的却没有冷害发生，其原因一方面是袋内的温度较高（11.6℃），另一方面可能是袋内湿度较高的缘故。实际上高湿并不能减轻低温对细胞的伤害，高湿并不是使冷害减轻的直接原因，只是环境的高湿度降低了产品的蒸腾作用。同样，涂了蜡的葡萄柚和黄瓜受冷害时凹陷斑之所以降低，也是因为抑制了水分的蒸发。

6. 贮藏环境中气体成分的调节

改变贮藏环境的气体成分，可以影响凹陷斑纹型的冷害发生。气调贮藏减轻果蔬冷害的效果受产品种类、O_2 和 CO_2 浓度、处理时间和贮藏温度等因素决定。对于某些果实用低浓度 O_2 和高浓度的 CO_2 贮藏，可以减轻冷害，而对另一些果实来说气调则会增加冷害的严重程度。采用气调可有效地减轻冷害的种类有油梨、葡萄柚、梅、番木瓜、桃、油桃、菠萝、小西葫芦等，气调加重冷害的种类有黄瓜、石刁柏、灯笼椒等。

二、冻害

冻害（freezing injury）是蔬菜产品因处于冰点以下，组织冻结而引起的一种采后生理病害。新鲜蔬菜的含水量很高，其冰点只稍低于0℃，一般在－1.5～－0.7℃，有的蔬菜更低些，如青花菜为－1.8～－1.4℃，大蒜鳞茎达－4.1～－3.5℃。冻结对蔬菜的伤害主要是由细胞原生质脱水和冰晶对细胞的机械损伤所致。冻结可分为过冷、细胞外冻结和细胞内冻结三个阶段。当环境温度下降缓慢且又宁静不受扰动时，菜体温度可降到冰点以下而不结冰，即出现过冷现象。若过冷时间短，很快温度又回升到冰点以上，蔬菜可不受害。如过冷时间长或过冷时受到扰动（如运输中的震动），或环境温度太低，即进入细胞外冻结（细胞间隙结冰）阶段。先是胞壁上的和间隙中的液态水凝成小的晶核，然后细胞内的水通过胞壁外移，水分子在气相中移动并逐渐结合到晶核上，冰晶在细胞间隙内不断增大，细胞逐渐脱水，进而发生霜冻质壁分离。胞外冻结的水可达到细胞原含水量的3/4，最终导致质膜的破坏和细胞死亡。在此之前，脱水逐渐使细胞液的浓度提高，冰点降低。继续冻结则是冰的形成延伸，并进入细胞质和液泡，即胞内冻结。如果环境温度很低，蔬菜组织可不经胞外冻结而直接进入胞内冻结。胞外冻结一般只发生在具有较大细胞间隙的蔬菜，允许冰晶在细胞间隙不断增大，叶是最具代表性的器官。结构致密的马铃薯等蔬菜，细胞间隙很小，约占总体积的1%，只能从细胞中析出很少的水形成细胞外冻结，随即进入细胞内冻结。细胞外冻结不是致命性伤害，只要细胞间隙内的冰晶没有大到足以挤破细胞壁和脱水未达到伤害膜的程度，就不出现冻害症状，这就是有些蔬菜在冻结状态下可以保持一定时间不败坏的原因。但有的蔬菜在解冻时仍有危害，特别是急速解冻，融化的水来不及回入细胞而流失，组织呈现软韧干萎皱缩。如细胞外冻结的脱水作用已经使膜受到损伤，并引起生理紊乱，甚至发生原生质胶体不可逆转的变化，则虽可暂时不显现症状，但最终将导致细胞崩溃死亡。细胞内冻结必然破坏细胞质和细胞核。轻度的细胞内冻结只引起一些较敏感的细胞（主要是木质部细胞）迅速死亡，使维管束变色。

三、气体成分伤害

低氧和高 CO_2 能够抑制果蔬的呼吸代谢、乙烯合成和生理作用，延长果蔬的贮藏寿命。这是气调贮藏的原理所在。但是，如果气体成分不当，将会造成果蔬伤害的发生。在生产中，气体伤害对贮藏所造成的经济损失比由病原菌所引起的腐烂或其他伤害威胁性更大。一旦果蔬发生气体伤害，将导致库中大部分或者整库果蔬的伤害，这是无法挽回的，特别是大型气调库危险性更大。因此，在贮藏过程中一定要注意合理应用气体成分。不同种类、品种、产地的果蔬对气体的适应性不同，这与果蔬本身的生理生化条件有关。例如大樱桃、草莓、蒜薹、金帅苹果、红星苹果、韭薹等都是耐 CO_2 的果蔬，有的甚至能忍耐20%的 CO_2；又如蒜薹、苹果、草莓、桃较耐低氧。目前国外采用超低氧（1.2% O_2）贮藏苹果，就是利用了这一特性。果蔬发生低氧伤害的主要症状，是果蔬表皮组织局部塌陷、褐变、软化、不能正常成熟、产生酒精味和异味。苹果低氧的外部伤害为果皮上呈现界线明显的褐色斑，由小条状向整个果面发展，褐色的深度取决于苹果的底色。低氧的内部伤害是褐色软木斑和形成空洞，有内部损伤的地方有时与外部伤害相邻，有内部损伤的地方常常发生腐烂，但总是保持一定的轮廓。此外，低氧症状还包括酒精损伤，果皮有时形成白色或紫色斑块。孢子甘蓝在2.5℃、0.5%的 O_2 中2周，心叶变成铁锈色，煮熟后有一种特殊苦味。甘蓝在上述条件下，分生组织褐变。花椰菜在5℃，0.5%的 O_2 下贮藏8d，然后在10℃下贮藏，会出现低氧伤害，块状花序凹陷，小花呈浅褐色。当伤害不严重时，只有在煮熟后才表现出症状。亚洲梨在0℃、1%的 O_2 下4个月，表皮会出现青铜色凹陷：鸭梨或慈梨在0℃、1%的 O_2 下30d或2%的 O_2 下50d可引起果肉褐变。高二氧化碳伤害的症状与低氧伤害相似，主要表现为果蔬表面或内部组织或两者都发生褐变，出现褐斑、凹陷或组织脱水萎蔫甚至形成空腔，如苹果果心发红，苹果和梨的褐心。鸭梨、莱阳梨等白梨系统的梨对 CO_2 非常敏感，贮藏过程中 CO_2 超过1%时，会增加果蔬的黑心病发生率。CO_2 伤害往往伴随着果蔬绿色的加深，这会给人们造成保鲜效果好的假象，例如二氧化碳伤害的莱阳梨表皮非常绿，蒜薹在贮藏过程中 CO_2 伤害初期比正常情况显得格外绿。在生产上，高 CO_2 伤害比低氧伤害更严重。其伤害不仅与氧气、CO_2 的浓度、果蔬的种类有关，而且与果蔬贮藏的环境温度、湿度、贮藏时间、果蔬的成熟度等诸多因素有关。气体伤害主要是破坏了果蔬的正常呼吸代谢，在细胞中积累有害物质及破坏细胞膜的完整性。

（一）二氧化硫伤害

二氧化硫是目前国内外通用的一种葡萄保鲜剂。它可有效防止葡萄贮藏过程中由于灰霉菌而造成的腐烂，并具有保鲜的作用。但是，由于其杀菌的有效浓度与对葡萄伤害的浓度相近，因此在贮藏过程中使用不当会造成果实伤害的发生。葡萄二氧化硫伤害的症状为近果蒂部的果实组织发生环状漂白斑点，严重者果面上也出现漂白斑点，伤害处易腐烂并有硫的异味。二氧化硫伤害与葡萄品种、葡萄采收时的成熟度、贮藏的温度、贮藏的湿度以及保鲜剂的释放速度有关。成熟度低、贮藏温度高、湿度大的果实易发生二氧化硫伤害。葡萄对二氧化硫的忍耐程度还与本身的抗氧化系统、汁液pH缓冲容量、抗御能力有关，孔秋莲（1999）研究表明：抗氧化能力、汁液pH缓冲容量低及果实表面的蜡质结构疏松无序等是红地球葡萄不耐二氧化硫的主要原因。

（二）氨伤害

氨会造成果蔬出现表皮变黑色或凹陷的斑点。氨伤害在大型冷库中经常发生。因为大型冷库制冷剂为氨，会由于氨泄漏而造成氨伤害。

四、其他伤害

（一）高温障害

果品在30℃以上高温下经一定时间后，形成乙烯或对乙烯的反应能力显著下降，从而使果实不能进行正常的后熟，这种生理病害叫高温障害。出现高温障害以后，即便是再用乙烯处理，果实也不能后熟。为避免高温障害的产生，在用乙烯处理前加温速度每小时不要超过1～1.5℃。

（二）湿度过高或过低

贮藏环境中的湿度，不但与产品的自然损耗有直接关系，而且与其生理病害的发生有密切联系。一般情况下，空气相对湿度过高，易造成果蔬吸水膨胀、果皮崩裂、病腐率增加；而湿度低可减轻某些果蔬的腐烂，但会增加干耗。为了保持果蔬产品的新鲜度及其品质，通常要求高湿条件，空气相对湿度一般为85%～95%。叶菜类在空气相对湿度过低的条件下极易发生萎蔫，在空气相对湿度为95%～100%的条件下反而可减少腐烂。低湿度下，萝卜、胡萝卜等直根类蔬菜容易糠心，叶菜类容易萎蔫、黄化。果菜类的青椒在空气相对湿度低于90%时很快变软皱褶，出现脱水现象。低湿度下甜橙果皮失水皱缩，皱缩果皮上易发生干疤病。但是，有些果蔬产品在高湿度下长期贮藏，易发生某些生理病害，最典型的如宽皮橘类的枯水病，湿度在90%以上发病严重，相对湿度90%以上对苹果褐变病发生也有促进作用。

（三）缺钙生理病害

钙可以抑制果蔬的呼吸作用和其他代谢过程。钙与细胞中的果胶物质结合在一起，形成果胶酸钙。果胶酸钙与细胞膜的稳定性有关，所以加钙能够抑制果蔬的软化，保护果蔬细胞膜结构的稳定性，减少逆境对细胞的伤害。不同的果蔬缺钙所表现的症状不同。

（四）酸伤害

贮藏中的果蔬表面出现凹陷斑点，这主要是由于保鲜剂酸度过大或应用浓度过大所造成的。

（五）碱伤害及高锰酸钾伤害

碱伤害及高锰酸钾伤害的症状是果蔬表皮变黑。

（六）光伤害

贮藏期间光对贮藏品的长期照射所引起的生理病害叫光伤害，如马铃薯贮期长期受光照射颜色变绿等。防止方法：果品在黑暗下贮藏。

第七节　成熟衰老过程的基因表达与调控

许多研究者认为园艺产品的成熟老化是发育阶段性基因启动表达或生态诱导性基因启动表达的结果。其遗传信息传递遵循中心法则：DNA—RNA—蛋白质（含酶蛋白），其中转录水平的调控是最主要的。Chrisltoffersen（1982）指出，果实成熟是一系列成熟酶按时空程序表达的结果。成熟的每一个步骤都是在酶的参与下进行的。研究表明，一些启动成熟的关键酶是在成熟预备初期合成的。

一、乙烯生物合成相关基因

（一）ACC 合成酶（ACS）基因

研究发现，从不同的植物材料中和同一材料不同条件下提取纯化的 ACS 在 K_0、最适 pH 等方面均存在差异，说明植物体内可能具有多种 ACS 同工酶。Dong（1991）用免疫法试验结果发现，成熟苹果中的 ACS 单克隆抗体与 IAA 诱导下的绿豆下胚轴的 ACS 没有交叉反应，说明植物体内可能存在分别与伤诱导、生长素诱导和成熟相关的 ACS 同工酶，这也意味着植物体内 ACS 基因不止一个。目前已成功地从多种植物中克隆到 ACS 基因，且所有植物都存在一个以上的 ACS 基因。这些 ACS 基因编码区都具有一定的同源性。Van 等（1989）从成熟番茄果实中克隆了 2 个 ACS 基因 pCVV4A 和 pCVV4B，其 DNA 序列和氨基酸序列的同源性达 82%，它们在染色体上按 5∶1 比例成串排列。Rottmann 等（1991）从成熟番茄果实中克隆到 5 个 ACS 基因，分别位于 4 条染色体上，不同的 ACS 基因在不同的生理状况下表达，如伤害、IAA 诱导或成熟作用。Huang 等（1991）从西葫芦中克隆的两个 ACS 基因 *CP-ACC1A* 和 *CP-ACC1B*，其 DNA 和氨基酸序列的同源性分别达 97% 和 95%。饶景萍等（2002）从柿果中克隆到了 3 个 ACS 基因（*DK-ACS1*、*DK-ACS2* 和 *DK-ACS3*），其中 *DK-ACS1* 在成熟期表达；*DK-ACS2* 受乙烯诱导表达；而 *DK-ACS3* 则受乙烯诱导在果蒂部表达。除此之外，近年还从苹果、洋梨、中国梨、桃、猕猴桃、李、杏、香蕉、黄瓜、南瓜、笋瓜、马铃薯、豌豆、兰花、天竺葵、康乃馨、百合等多种园艺植物上克隆到 ACS 基因。

（二）ACC 氧化酶（ACO）基因

ACC 氧化酶（ACO）又称乙烯形成酶（EFE），也是乙烯生成的关键酶之一，它直接催化 ACC 氧化成乙烯。Hirai 等（1987）首次从番茄果实成熟特异性的 cDNA 文库中筛选到了 pTOM13，但当时并不知道它是编码 ACO 的基因。Hamilton 等（1990）将 pTOM13 的 cDNA 以反义基因形式转入番茄后，研究证实它即是编码 ACO 的基因。番茄果实 ACO 基因克隆成功，引起其他许多植物中 ACO 基因 cDNA 的克隆和鉴定。

以 pTOM13 为探针，Ross 等（1992）从 cDNA 文库中筛选出苹果的 ACO 基因 pAP4，Macdiarmid 等（1993）克隆到猕猴桃的 ACO 基因 pKIWIA01 等。人工合成两个寡聚核苷酸引物，通过 RT-PCR 技术从 cDNA 中克隆出苹果 ACO 基因 pAE12（Dong 等，1992），豌豆 pE8（Scott 等，1993），香石竹 pSR120（Wangetal.，1991）。除此以外，还相继从绿豆芽、甜瓜、绿菜花、洋梨、桃、鳄梨、兰花、天竺葵、矮牵牛、向日葵等园艺植物上克隆到 ACO 基因。现已证实 ACO 由多基因家族所编码，这些基因在不同品种、不同组织器官、成熟果实和受伤组织中表达水平都不同。

（三）SAM 合成酶基因

一般认为 ACC 的合成及转化是乙烯生物合成的限速步骤。通过基因工程手段降低番茄植株内硫腺苷蛋氨酸（SAM）的含量也可显著减少 ACC 的合成，从而抑制乙烯生成（Good 等，1994），这表明 SAM 合成在一定程度上也影响乙烯的合成。SAM 是生物代谢过程中一种十分重要的化合物，对 SAM 合成酶及其基因的研究相对较晚。SAM 合成酶基因现已从中华猕猴桃、小果野蕉、番茄、拟南芥菜、芥菜、欧芹、豌豆、长春花、康乃馨、矮牵牛等多种园艺植物中克隆获得，研究证明，SAM 合成酶也受多基因编码。

二、乙烯受体蛋白基因

现代分子生物学和植物生理学研究证明，不论是外源乙烯还是内源乙烯，均需通过特殊的蛋白质进行信号传递，最终产生生理作用，这种蛋白就是乙烯受体蛋白（ETR）。早期人们试图通过生物化学的方法分离乙烯受体或乙烯结合蛋白，但均未获得成功。Chang 等（1993）用乙烯处理拟南芥后，获得乙烯不敏感突变体，从筛选的突变型中分离出了乙烯受体蛋白的基因 ETR1。据 Schaller 等（1995）报道，该基因编码的蛋白质，N-端通过一个双硫键形成二聚体与膜结合，C-端是组氨酸激酶区，与细菌信号传导的双组成系统（two component system）——组氨酸激酶蛋白同源。*ETR1* 基因在酵母中的表达试验显示，它可通过二聚体与膜结合，并可吸收乙烯。这证明 *ETR1* 蛋白是一种乙烯受体蛋白。后来又陆续从拟南芥中分离出几个同源基因，到 Sakai 等（1998）分离出 *ETR2* 为止，已从拟南芥中分离到 5 个乙烯受体基因。这表明乙烯的信号传导是由多基因控制的。Zhou 等（1996）分离出了番茄中 *ETR1* 的同源基因 *eTAE1*，从成熟突变体中分离出同源 Nr 基因。*ETR1* 和 *eTAE1* 在大部分组织中均有表达，而 Nr 基因则只在番茄成熟过程中，受到乙烯调控表达。Wikinson 等（1997）将拟南芥的 ETR 基因转入番茄中，能明显推迟果实后熟和花的衰老，这说明植物对乙烯的识别和反应途径是高度保守的。

三、果实软化相关的基因

（一）多聚半乳糖醛酸酶（PG）

PG（polygalacturonase）是果实成熟期间细胞壁的主要水解酶之一。它能水解细胞壁中果胶质的基本结构多聚半乳糖醛酸，生成半乳糖醛酸。PG不在叶片、根和未熟的果实中表达，只有当果实发育到绿熟时才有PG的存在。许多研究者认为，由于PG的作用导致了果肉细胞的彼此分离，使果实软化。这一观点的较为直接证据是：

(1) PG位于细胞壁的中胶层中，酶蛋白是构成细胞壁蛋白的主要成分，在PG活性高峰时，可达细胞总蛋白的4%～5%，当果实软化时也伴随有PG活性的增强，可溶性果胶增加。

(2) 用纯化的PG处理未成熟果实，可以使果实细胞壁溶解，并有果胶和半乳糖醛酸从细胞壁析出，这种变化与果实成熟时的变化一致。

(3) 果实不能正常成熟和软化的突变体（nr、not、ton）中PG的活性很低。1982年，英国科学家Tucker和Grierson首次从番茄中克隆出了第一个与成熟衰老有关的基因pTOM6，被鉴定为PG基因。随着基因工程研究的不断发展，人们已相继从番茄、桃、猕猴桃、柿等果实中克隆到PG基因。

（二）果胶甲酯酶（PE）

存在于植物体内许多组织中，参与细胞壁果胶物质的脱甲酯化，因此，在果实细胞壁降解过程中，也起着重要的作用。PE的作用一方面是由于PG更容易作用于脱酯化果胶，PE的存在使果肉对PG更加敏感；另一方面，PE能将细胞壁果胶中的游离羧基基团酯化，破坏钙离子对细胞壁的横向连接，最终导致细胞壁的部分分离。PE基因在一些植物中已经被克隆，在番茄染色体上已发现3个PE基因。

（三）扩张蛋白（EXP）

EXP是一种具有生理活性的细胞壁蛋白，在细胞生长和果实软化过程中起重要作用。它有打开纤维素与半纤维素之间相结合的功能，使细胞壁骨架松弛（Meson et al.，1994），为其他胞壁降解酶类提供了基质。Rose等（1997）从成熟番茄中成功地克隆到后熟特异表达的EXP基因；Civello等（1999）克隆到了非跃变型果实草莓成熟时特异表达的EXP基因；日和佐京子（2000）从洋梨中克隆到8个EXP基因，经特异表达分析，其中有2个与成熟有关；饶景萍等（2006）从中国柿果实中克隆到2个EXP基因片段。

邓伯勋. 2005. 园艺产品贮藏运销学［M］. 北京：中国农业出版社.

刘道宏．1995．果蔬采后生理［M］．北京：中国农业出版社．
刘兴华，陈维信．2004．果品蔬菜贮藏运销学［M］．北京：中国农业出版社．
罗云波．2010．果蔬采后生理与生物技术［M］．北京：中国农业出版社．
张维一，毕阳．1996．果蔬采后病害与控制［M］．北京：中国农业出版社．
张维一．1993．果蔬采后生理学［M］．北京：中国农业出版社．
赵丽芹．2010．园艺产品贮藏加工学［M］．北京：中国农业出版社．

第三章 农产品采收及采后商品化处理

内容提要

本章介绍了农产品中采收方法及采后商品化处理的主要方法和流程。

教学目标

1. 掌握采收成熟度的基本判断方法及采后商品化各处理的基本原理及方法。

2. 了解采后商品化各处理的研究进展。

重要概念及名词

预冷　鲜切　涂蜡　愈伤　催熟　脱涩　检疫杀虫

思考题

1. 简述农产品采收成熟度的判断方法。

2. 简述农产品采收的方法及应注意的问题。

3. 简述农产品采后商品化处理的主要方法及流程。

4. 常见的农产品采后预冷方法有哪几种？各有什么特点？

5. 简述农产品鲜切中存在的问题及解决的方法。

6. 简述农产品愈伤的目的及条件。

7. 简述农产品脱涩的作用及方法。

8. 鲜活农产品保鲜出口为什么要进行检疫杀虫处理工序？简述农产品检疫杀虫处理的常用技术方法。

第一节 采后商品化处理的意义和现状

一、意义

农产品采后商品化处理（commercial postharvest handling）是为了保持或改进农产品的质量，并使其由农产品转化为商品的措施。农产品采后商品化处理是一项系统工程，根据产品的特点和市场要求，有的需要采用全部处理工序，有的只需要选用几种处理工序。例如：为了便于运输而在绿熟期采收的果实，上市销售前需要催熟处理，但是供长期贮藏的农产品却不能催熟。马铃薯采后需要愈伤处理而不需要预冷。此外，农产品采后商品化处理技术的先后顺序可以不同，有些环节还可以结合在一起进行，例如：有些农产品先预冷后包装，而有些农产品则先包装再预冷。另外，清洗、保鲜药剂处理和预冷（水冷却方法）可以同时进行，即将采收后的农产品放在加入适当保鲜药剂的冷水中，使农产品温度降低的同时又被清洗干净，而且在以后的贮藏、运输和销售中可以减少和防止微生物侵染而引起农产品腐烂。上述处理工序需要在设计的农产品采后处理和包装生产线上经过流水作业完成。但是也可使用简单的机械或手工完成农产品采后处理。

农产品采收后通过商品化处理可以最大限度地保持农产品的营养、新鲜度和食用安全性，减少农产品机械损伤和水分损失、防止采后病害发生，减少农产品采后在贮藏、运输和流通销售过程中质量和数量的损失，延长采后寿命。同时，农产品采收后通过商品化处理可以实现优质优价，提高农产品信誉，创出农产品名牌。

二、现状

我国目前对农产品采后商品化处理重视不够，大部分农产品不分等级、没有包装、更没有预冷等采后处理措施，农产品主要以原始状态上市；此外，我国农产品贮藏运输设备不完善，农产品还不能实现冷链流通系统。特别是在国际市场，我国一流的农产品却卖不出一流的价格。因此，我国农产品采后损失严重，农产品经济效益较低。

农产品产后增值的潜力巨大，世界发达国家都将农产品的采后处理和保鲜、加工业放在农业的首要位置，加大采后资金投入，将新鲜水果和蔬菜的采后损失控制在 2%～5%，粮食的损耗低于 1%。从世界发达国家农产品产值的构成来看，70%以上的农产品产值是通过农产品采后商品化处理、贮藏、运输和销售环节来实现的。农产品采后产值与采收时自然产值的比例我国只有 0.38%、日本为 2.2%、美国为 3.7%。上述数据表明，与日本、美国等发达国家相比，我国农产品采后商品化处理和贮藏保鲜产业还有较大的发展潜力。此外，我国农产品消费价格也决定了我国农产品采后处理不能单纯走国外发达国家设备要求先进、投入成本高的道路，我国应该研究开发成本低、效益高、节能型的中国特色采后处理技术。

现在，随着人民生活水平的提高，消费者对农产品的需求已经从“数量型”转向

"质量型"，要求农产品花色品种多，而且要求农产品新鲜、干净和精美。以提高农产品质量为中心的采后商品化处理，通过挑选、分级、清洗、整理、预冷、涂蜡、包装和冷藏等环节，可以外观美化农产品、在市场上对消费者更有吸引力，对提高农产品附加值、减少农产品采后损失和实现农产品采后处理保鲜产业化意义重大。

三、提高商品化处理的措施

提高农产品商品化处理的措施包括农产品的采收、挑选、修整加工、分级、清洗、预冷、愈伤、防腐保鲜处理、吹干、涂蜡、催熟、脱涩、包装等技术环节。

第二节　采收

一、采收的依据

农产品的采收（harvesting）是其田间生产的最后一个环节，又是采后商品化处理的第一个环节。采收期与农产品产量、品质及采后贮运性能有非常密切的关系，只有适时采收，才能获得品质优良、耐贮运性好的农产品。

各种农产品在达到食用阶段时，都有它适宜的大小、色泽、质地、风味及外形，农产品的采收时期要根据各种农产品本身的生物学特性、食用品质和采收后的用途而决定。农产品采收时期对农产品产量、品质和耐贮性有很大影响。如果过早采收，不仅农产品未充分发育，大小和重量未达到最大程度，而且农产品内部的营养物质也不丰富，色、香、味欠佳，不能显示该农产品固有的优良性状和品质；同时，一些农产品的表面保护组织未发育完全，采收后易失水萎蔫、变质，抗病性和耐贮性低，不耐贮藏。如果采收过迟，农产品的组织器官衰老，有的已过最佳食用阶段，纤维增多、品质不佳，有的组织松软、耐贮运性能降低，不能再进行长期贮藏和长途运输。因此，选择适宜的采收时期采收是做好农产品保鲜的关键环节之一，农产品采收时期要根据农产品的种类、特点和采后用途（直接上市、贮藏、运输、加工等）来决定。一般情况下，在当地市场鲜销的农产品可在成熟度较高时采收，以保证品质风味；向外地运销和用于加工的农产品则可在成熟度较低时采收，以适应远途运销的需要。

二、成熟度的确定方法

根据农产品种类、特点和采后用途而确定适宜的采收成熟度（harvesting maturity）和采收期（harvesting date）。判别农产品成熟度的方法主要有以下 6 个方面。

（一）果梗脱离的难易度

大多数种类的果实（如仁果类、核果类），在果实成熟时，果柄与果枝间常产生离层，一经震动，即可脱离。离层形成时的果实品质最好，应及时采收；如果不及时采收，就会造成大量落果和大的经济损失。此类果实采收时，一般用手托住果实，食指按住果柄与果枝连接处，将果实扭向一方或向上轻托，使果实与果枝分离。

（二）农产品表面色泽

许多农产品在成熟时都显示其固有的表面颜色，所以表面颜色是生产上判断农产品成熟度的一个重要标志。未成熟果实的果皮中含有大量的叶绿素，果实表面为绿色；随着果实的成熟，果皮上积累的叶绿素就逐渐分解，底色（如类胡萝卜素、花青素等）逐渐呈现出来。如成熟苹果、桃、葡萄表面的红色为果皮中含有花青素；成熟甜橙表面的橙黄色为果皮中含有类胡萝卜素。用于长途运输的番茄果实应该在果皮由绿转白时采收，用于立即上市销售的番茄果实应该在半红期采收，而用于加工的番茄果实应该在全红时采收。

（三）主要化学物质的含量

农产品中的淀粉、糖、酸、总可溶性固形物和维生素 C 等主要化学物质随着农产品生长和成熟而不断发生变化。根据农产品主要化学物质含量和变化情况可以衡量农产品品质和成熟度。总可溶性固形物主要是糖分，此外，还包含有其他可溶性固形物。总可溶性固形物能表示农产品品质，而且总可溶性固形物含量的变化与农产品成熟度有关。在生产和科学实验中，常用专用的测定仪器测定总可溶性固形物含量来判定农产品的成熟度，或以总可溶性固形物含量与总酸比值（即固酸比）、糖酸比值来衡量农产品品质，要求固酸比或糖酸比达到一定的比值时才能采收。例如，四川甜橙以固酸比 10∶1、糖酸比 8∶1 作为最低的采收成熟度标准；猕猴桃果实在总可溶性固形物含量 6.5%～8.0%时采收较好；华红苹果适宜采收期时，果实的总可溶性固形物含量要高于 13.00%。

一般情况下，随着农产品成熟，农产品的淀粉不断转化为糖，使糖含量增加；但有些农产品（如马铃薯、甘薯）的变化则相反，在农产品成熟时，其淀粉含量较高。因此，掌握各种农产品在成熟过程中糖和淀粉含量变化，就可推测农产品的成熟度。根据淀粉遇碘会呈现蓝色，生产上常用碘-碘化钾与淀粉的显色反应来判断农产品的淀粉含量和成熟度，如华红苹果淀粉染色范围占果面的 1/2 为适宜采收期。糖和淀粉含量的变化也常作为蔬菜采收的成熟度指标，如以食用幼嫩组织为主的青豌豆、菜豆，在糖多、淀粉少时采收品质较好。马铃薯、甘薯应在淀粉含量较高时采收为宜，此时马铃薯、甘薯的产量高、营养丰富、耐贮藏，用于加工淀粉时的出粉率也高。

（四）饱满程度和硬度

一般用农产品的饱满程度来表示农产品的发育情况。如未成熟的香蕉果指有明显的棱角，随着香蕉果实的成熟，香蕉果指饱满程度，果指变圆、棱角不明显。有些蔬菜的饱满程度大，表示发育良好，充分成熟或达到采收的质量标准。如花椰菜在花球充实时采收，耐贮性好；结球甘蓝应在叶球充实、饱满、坚硬时采收，耐贮性好。但有些蔬菜，如莴笋、芥菜、芹菜、黄瓜、茄子、豌豆、菜豆、甜玉米等饱满程度高，则表示品质下降。如芥菜、芹菜应在叶纤维化前采收，莴笋应在茎坚硬、木质纤维化前采收，黄瓜、茄子、豌豆、菜豆、甜玉米等在幼嫩时采收。

果实硬度是指果肉抗压力的强弱。果肉抗压力强，则果实的硬度高；反之，果肉抗压力弱，则果实的硬度低。果实硬度与果实中的原果胶含量成正相关，即原果胶含量越高，果肉硬度也越高。一般在果实成熟衰老过程中，原果胶逐渐分解为果胶和果胶酸，细胞间的结构松弛，果实硬度下降，果实变得柔软多汁。因此，生产上常用果实硬度计或质构仪测定果实硬度来确定果实采收成熟度。

（五）生长期

在正常气候条件下，种植在同一地区的农产品，从生长至发育成熟（最佳采收期）需要一定的天数。因此，可通过计算农产品生长期的天数来确定成熟度和采收时间。如：山东济南的金帅苹果在 4 月 20 日前后落花，9 月 15 日左右成熟，生长期为 145d 左右；红星苹果为 147d 左右，国光苹果为 160d 左右，青香蕉苹果为 150d 左右，华红苹果为 180d 左右。

（六）成熟特征

农产品在成熟过程中会呈现出其成熟特征。一些瓜果类可以根据其种子的变色程度来判断其成熟度，种子从尖端开始由白色逐渐变褐、变黑是瓜果类充分成熟的特征之一。大蒜、洋葱、芋头、马铃薯、鲜姜等鳞茎和块茎类蔬菜，应在地上部分枯黄时采收。

农产品由于种类繁多，收获的产品是植物的不同器官，其采收成熟度标准难以统一。在生产实践上，常综合多种指标确定采收成熟度。

三、品质的非损伤测定

农产品品质检测与评价是目前的热门研究课题之一。农产品的糖、酸、维生素、蛋白质等营养成分是反映农产品品质的主要指标，常用传统的化学方法测定上述品质指标；而农药残留主要应用气相色谱仪（GC）、高压液相色谱仪（HPLC）和气相色谱-质谱联用仪（GC-MS）等方法测定。上述测定方法大多存在分析过程比较复杂、耗时长、检测费用高、技术条件复杂、难于实现即时监控及需要破坏样品等缺点。非损伤检测（nondestructive testing）技术是近年来发展起来的快速检测技术，因其具有速度快、不破坏样品、操作简单、稳定性好、效率高等特点，适合用于农产品大规模工业化生产的在线检测和分级，易于实现自动化。

农产品的非损伤检测技术主要有电学特性检测技术、光学特性检测技术、声波振动特性检测技术、核磁共振技术、电子鼻技术、撞击技术以及一些其他技术与方法。

（一）电学特性检测技术

电学特性法是利用农产品本身在电场中电特性参数的变化来反映农产品的品质。国外从 1971 年开始对水果、蔬菜在不同频率范围内的介电特性进行试验。结果发现，果蔬的介电参数与其内部的品质有一定的相关性，且介电参数随果蔬种类不同而异；此外还发现，果蔬介电参数的测量结果与所选择的测试频率有关，在一定的频率范围内，所测试果蔬的介电参数随频率的增加而减少。我国对电学特性检测技术的研究尚处于起步阶段。张立彬等研究了苹果、梨的电学特性与水果品质的关系，发现水果的电学特性参数与水果品质密切相关。上述研究结果为实现在线非损伤检测水果品质和自动分级奠定了理论基础。

目前电学特性检测技术尚未投入生产应用，由于电学特性法测定的是水果的综合品质，而且所用的设备相对简单，信号的获取和处理比较容易，因此其研究开发价值大，有较好的应用前景。

（二）光学特性检测技术

1. 光学特性检测原理

由于水果或蔬菜的内部成分及外部特性不同，在不同波长的射线照射下，会有不同的吸收或反射特性。当一束光照射到水果表面时，一部分光从水果表面反射回来，另一部分被水果的不同组成成分吸收，吸收量与果蔬的组成成分、波长及照射路径有关。根据这一特性结合光学检测装置能实现水果和蔬菜品质的非损伤检测。水果的反射特性取决于入射光和水果的光学特性，因此可以将待测样品及标准样品的透过光或反射光通过光电管进行检测，利用 A/D 变换器将信号转换为数字数据，并存储到中央处理器(CPU)，计算出反射率或透光率，再进行果实正常部分和损伤部分的灰度对比，从而可检测出水果品质。

2. 近红外光谱分析技术

近红外光谱分析技术是目前研究最多的光学检测技术之一。近红外光是指介于可见光和中红外光之间的电磁波，波长范围为 700～2500nm。在近红外光谱范围内，测量的信息主要是分子内部—OH、$—NH_2$、$—CH_3$ 官能团的倍频吸收及其伸缩振动、弯曲振动合频的吸收信息。现代近红外光谱是把光谱测量技术、化学计量学和计算机技术融为一体的间接分析技术，是通过校正模型建立实现对未知样本的定性或定量分析。

近红外光谱分析过程主要包括以下几个步骤：①选择有代表性的样品并测量其近红外光谱；②采用标准或认可的参考方法测定所关心的组分或性质的数据；③利用测得的光谱和基础数据，用适当的化学计量方法建立校正模型；④测定未知样品组分或性质。在对未知样品进行测定时，要根据测定的光谱和校正模型的适用性来确定建立的校正模型是否适合对未知样品进行测定，如适合，则测定的结果符合模型允许的误差要求，否则只能提供参考性数据。

由于近红外光对物质的穿透能力较强，所以不需对样品作任何预处理，即不需破坏样品。同时，近红外光光子的能量比可见光低，不会对人体造成伤害，并且整个分析过程不会对环境造成任何污染，属于绿色分析技术。近红外光谱分析技术不但可用于实验室分析，也可用于现场分析和在线分析，适用于农产品保鲜加工等领域。

日本FANTEC公司开发的近红外分光测定法，可同时测定水果的成熟度、含糖量、含酸量及有无病斑等品质指标。三菱公司开发出测定柑橘、桃子、西红柿、苹果等薄皮水果糖度和成熟度的检测设备；对于皮厚的香瓜、小西瓜，可以采用完全遮光透射式装置来测其糖度、酸度等品质指标。此外，还应用近红外光谱分析技术在检测农产品病害及表面是否损伤。

光学特性检测技术是非损伤检测与分拣技术中最实用和最成功的技术之一，具有适应性强、检测灵敏度高、对人体无害、使用灵活、设备轻巧、成本低和易实现自动化等优点。目前，应用光学特性检测农产品品质的技术已在生产实际中应用。

（三）声波振动特性检测技术

农产品的声学特性是指农产品在声波作用下的反射、散射、透射特性和吸收性、衰减系数、传播速度及其本身的声阻抗与固有频率等，它随着农产品内部组织的变化而变化，不同农产品的声学特性不同，同一种类品质不同的农产品其声学特性也存在差异，根据农产品的声学特性即可判断其品质。早在20世纪60年代末到70年代初，很多学者研究了果蔬产品的声波振动特性，认为坚硬系数$f^2m^{2/3}$（f和m分别代表第二共鸣频率和果蔬的质量）可以作为果蔬产品硬度的品质指标。近年来，国内外研究了苹果、西瓜、甜瓜、西红柿等农产品内部品质的声学响应特性，并建立了测定苹果硬度及西瓜、甜瓜、西红柿成熟度的方法。

利用农产品声学特性对其进行非损伤检测，具有适应性强、检测灵敏度高、对人体无害、使用灵活、设备轻巧、成本低和易实现自动化等优点。目前，国外已经应用声波振动特性检测农产品品质，国内在这方面的研究也有较快的发展。

（四）核磁共振检测技术

核磁共振成像（nuclear magnetic resonance imaging，NMRI）简称核磁共振，是一种探测浓缩氢质子的技术，它对水、脂混合状态下的响应变化比较敏感。在水果和蔬菜成熟过程中，水、脂和糖的氢质子的迁移率会随着其含量的变化而变化。此外，水、脂、糖的浓度和迁移率还与机械破损、组织衰老、过熟、腐烂、虫害以及霜冻损害等其他品质因素有关。因此，通过水、脂、糖等浓度和迁移率的检测，便能检测出水果和蔬菜的不同品质参数。

核磁共振能产生果实内部组织的高清晰图像，核磁共振成像技术可以非损伤检测水果或蔬菜品质。Rollwitz等设计了适合于农产品品质检测的便携核磁共振传感器。核磁共振非损检测技术在果蔬产品品质检测中应用，进一步促进了核磁共振传感器在水果和蔬菜采后处理中应用。如：桃、油橄榄等果实核内的种子富含水和油脂，利用核磁共振成像法可以观察到暗色的圆圈中亮色的种子，应用此法可保证加工过程中果核剔除干净，使未加工果实及时分离出来。虽然核磁共振成像技术已经成功商业应用于检测人体的肿瘤和其他人体异常的医学领域，但还没有完全挖掘应用核磁共振成像技术来检测水果和蔬菜的缺陷及其他品质。

（五）机器视觉检测技术

20世纪70年代末期，有关学者开始开展机器视觉技术在植物种类的鉴别、农产品品质检测和分级的应用研究。近年来，随着图像处理技术的迅猛发展和计算机软硬件的日益提高，机器视觉系统在农产品品质自动检测和分级中的应用得到较快的发展，促进新算法和硬件体系结构的发展，应用机器视觉技术开发水果和蔬菜内部品质自动分选系统。

计算机视觉技术在水果检测与分级中的应用，主要集中于水果表面碰伤缺损检测、形状大小分级等方面，国内外在该领域进行了大量的研究，部分技术已经投入实际应用。1995年，美国成功开发的Merling高速高频计算机视觉水果分级技术系统，生产率约为40t/h，已成功应用于苹果、柑橘、桃、番茄等农产品的分级，目前美国每年有50%以上的苹果经该设备处理，此技术已推广到加拿大等其他国家。

国内外对蔬菜等其他农产品的视觉检测与分级研究较少，因为许多农产品形状更复杂，运用视觉进行检测时干扰因素更多，特征信息更加难以提取。

（六）电子鼻检测技术

在食品感官评价的实践上，通常需要找有相关经验的人员组成一个评定小组进行感官评价。以人的感官对食品品质进行判断带有很强的主观性，评价分析结果因为人的年龄、经验不同而存在很大的个体差异。即使同一个人的评价分析结果也会因身体状况、情绪变化而得出不同结果。由于嗅觉鉴别是挥发性物质吸入鼻的过程，长期嗅觉鉴别会危害人体健康，且某些不良气味或令鉴别人员特别敏感的气味，由于鉴别人员得不到仔细的品闻而导致评价结果有误。因此，需要开发仪器以代替人体的感官进行食品感官分析评价。

在1989年的欧盟化学传感器信息处理高级专题讨论会期间，研究人员开始致力于人工嗅觉及其系统设计专题讨论。之后，研究人员对电子鼻性能、定义、标准、设计和相关技术进行广泛的研究。电子鼻整个系统主要是由气敏传感器阵列、信号预处理单元和模式识别单元三大部分组成。电子鼻工作原理是模拟人的嗅觉形成过程。人的嗅觉系统由嗅觉细胞、嗅觉神经网络（包括多个嗅觉神经元）和大脑组成。气敏传感器（具有单一选择性）作为电子鼻感知气味基本元件，相当于人嗅觉系统的嗅觉细胞，将多个具有不同选择性气敏传感器组成阵列，利用其对多种气体交叉敏感性，可通过不同气味分子在其表面产生作用转化为可测物理信号组。而信号预处理单元和模式识别单元就相当于人的大脑，信号预处理单元对信号进行特征提取后，信号进入模式识别单元接受进一步处理从而得出混合气体组成成分和浓度。因智能气敏传感器阵列系统装有不同类型传感器，所以能模拟出类似鼻子复杂判断识别系统。另外，在建立数据库基础上，传入气体组分经信号分析后与存储于数据库中该种气体图案进行比较鉴定后，就能快速进行系统化、科学化气味检测、鉴别、判断和分析。目前，技术较成熟的电子鼻系统有英国的Neotronics system和AromaScan system、法国的Alpha MOS system、日本的Frgaro、中国台湾的Smell和Keen & Ween等。

不同的果蔬有不同的香味，这是由果蔬自身所含的芳香物质所决定。芳香物质在果蔬中含量虽然极少，但因品种、成熟度和贮藏时间的不同其含量和种类各有不同。果蔬从采收到食用需要一定的时间，并且果实成熟期间最重要的变化通常发生在货架期阶段。果蔬在采收和随后贮藏的成熟过程中香气值不断变化。一些呼吸跃变型果实在呼吸跃变期间呼吸强度显著加强，芳香物质含量提高，呼吸高峰过后，香气值下降，品质劣变，不再适宜贮藏。电子鼻可以通过对上述挥发性成分的响应来实现对果蔬品质的检测。电子鼻通过对果蔬气味的检测可以很好地区分其成熟度，评价其新鲜度，预测其货架期等，从而实现对果蔬品质的非损检测。

目前电子鼻技术在果蔬品质检测的实际生产中并没有得到广泛应用，因为电子鼻在果蔬品质检测上还存在许多亟待解决的问题。随着仿生材料、微电子技术、传感器技术和计算机技术的发展，电子鼻将向集成化、小型化、实用化的方向发展，电子鼻在检测果蔬品质方面的应用前景将广阔。

（七）力学特性检测技术

利用冲击力检测果实硬度的力学原理是弹性球体与刚性平面的跌落冲击，一个弹性球体撞击一个刚性表面的反作用力与撞击的速率、质量、曲率半径、弹性系数和球体的泊松比等有关。果实对刚性表面的撞击能用弹性球体进行模拟，果实硬度对撞击的反作用力有直接的影响；核心技术是当果实得到冲击力后如何估计或计算出果实硬度，并与果实成熟度相联系。国内外学者研究了番茄、苹果、梨、桃、鳄梨等农产品的力学特性，利用撞击参数将农产品分成不同的硬度级别。应用力学特性可以测定果实硬度和确定果实适宜采收成熟度，按照果实成熟度对果品进行分级和确定贮藏保鲜期。

由于果实品质与物理参数之间的复杂关系，利用冲击力检测果实硬度要达到实际应用还需一个很长的过程，而且此方法本身存在导致农产品损伤的可能性缺陷，因此需要配套的传感器系统。

（八）其他非损伤检测技术

除了上述非损伤检测技术外，还利用密度、硬度、强制变形及射线等技术方法对农产品进行非损伤检测与分选。

很多水果和蔬菜的密度随着成熟度的提高而增加，但某些类型的损害或缺陷（如柑橘类果实的霜冻损害、果实的病虫害、西红柿的虚肿以及黄瓜和马铃薯的空心等）会导致其密度减小。通过研究密度与品质之间的相关性，就可以利用密度对品质进行非损伤检测。Zaltzman 等基于农产品密度与品质的相关性设计一套引水设备装置，能以 5t/h 的速度把马铃薯从土块和石头中分选出来，达到 99%的马铃薯选中率及 100%的土块和石头排除率。

另外，多数农产品能短波辐射（如 X 射线）穿透，穿透的程度主要取决于农产品品质、密度和吸收系数。因此，可以利用 X 射线对与农产品密度相关联的品质参数进行非损伤检测。目前，X 射线被用来探测苹果伤害、马铃薯空心、分离有凹点的桃果实及有粒状表面的柑橘果实。

很多果实的硬度与其成熟度有关，果实硬度随着成熟度的提高而逐渐降低，在果实成熟时，果实硬度急剧降低，过熟或损坏果实则变得相对柔软。因此，可以根据果实硬度不同把果实分成不同的成熟等级，把过熟或损坏的果实加以剔除，这方面的技术已经投入了生产应用。Takao 研制了强制变形式的硬度测量装置（因其能估测果实硬度、未成熟度和纹理结构而被命名 HIT 计算器）；Bellon 等发明了一种微型变形器，它能以 92%的准确率把桃果实分成质地不同的三种类型。Armstrong 等研制了一种能自动非损伤检测蓝浆果、樱桃等小型果实硬度的器械，该器械把果实夹在两平行盘之间，利用强制偏差测量法进行测量，并配合自动数据采集和分析等方法进行测定，测量速率 25 个/min。

四、采收方法

农产品的采收方法（harvesting method）可分为人工采收和机械采收两种。在发达国家，由于劳动力比较昂贵，在农产品生产中千方百计地研究用机械的方式代替人工进行采收作业。但是，由于农产品新鲜性、含水量高、组织脆嫩等特点，及机械采收易损伤等缺点，到目前为止，即使在世界上许多国家和地区，作为保鲜贮运及市场鲜销的农产品仍以人工采收为主。而真正在生产中应用机械采收的大都是其产品以加工为目的的农产品，如以制造番茄酱的番茄，制造罐头的豌豆等是进行机械采收。

（一）人工采收

作为鲜销和长期贮藏的农产品需要人工采收（hand harvest）。由于人工采收具灵活性强、机械损伤少，可以针对不同种类、不同形状、不同成熟度的农产品及时采收和分类处理等优点。此外，只要增加采收工人数就能加快采收速度。

具体采收方法应根据农产品种类而定。如葡萄、柑橘、柿等果实的果柄与枝条没有形成离层，不易分离，需要用采果剪采收。为了使柑橘果蒂不被拉伤，柑橘用复剪法采收，即采果分两剪法，第一剪在距果蒂 1cm 处剪断，第二剪平萼片剪平。苹果和梨等果实成熟时，果梗与离枝间产生离层，采收时以手掌将果实向上一托，果实即可自然脱落（须保留果柄，否则品质降低，耐贮性降低）。桃、杏等果实成熟后果肉特别柔软，容易造成伤害，人工采收时应剪平指甲或戴上手套，小心用手掌托住果实，左右轻轻摇动使其脱落。

对于一些农产品在人工采收时常辅助机械以提高采收效率。莴苣、甜瓜等蔬菜采收时，常用皮带传送装置传送已采收的农产品到中央装载容器或田间处理容器；番木瓜或香蕉采收时，采果梯旁常安置可升降的工作平台用于装载农产品；香蕉采收时，将果穗悬挂到索道的滑车挂钩上，通过滑车在索道上的滑动运输香蕉到采后商品化处理车间。

同一株树上的果实，因其成熟度不一致，需要分期分批采收以提高产量和品质。采收时，从果树的外围到内部、由果树的下部到上部的顺序采摘。采收时，还要尽量避免撞断条、花芽、叶芽，影响次年产量。

（二）机械采收

机械采收（mechanical harvest）适用于在果实成熟时果梗与果枝间形成离层的种

类。一般使用气力式振动或机械振动，使离层分离脱落。机械采收时，需要在树下布满柔软的帆布垫或传送带承接果实，之后将果实运送至分级包装间进行采后处理。

1. 气力式振动采收机

气力式振动采收机主要由风机、喷嘴、导向器、旋转筒等组成（图 3-1）。该机工作时，动力由拖拉机动力输出轴传递给风机 1，风机产生的气流从孔口 2 由旋转筒内的喷嘴 4 喷向果树，同时由导向器以 60～70 次/min 的频率改变气流方向，将果实振落。当果实振落时，由于受到气流的阻力，下落速度减小，可减轻果实的碰撞损伤。该机虽然功率消耗大，对树叶有损伤，但采摘果实的效率较高，可达 90%以上，主要用于柑橘的采摘。用气力式振动采收机采摘浆果可提高工效 2～3 倍。

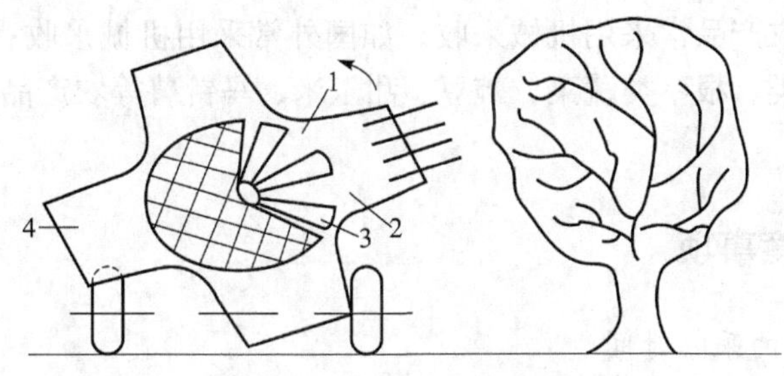

图 3-1　气力式振动采收机

1. 风机；2. 孔口；3. 叶片；4. 喷嘴

2. 机械振动采收机

机械振动采收机主要由推摇器、夹持器、接载装置、输送装置等组成（图 3-2）。在输送装置的下面安装有风扇，其主要功能是在果实向车箱输送过程中清除果实中的轻杂物。采收机工作原理是先将夹持器 10、接载装置 9 安装在果树周围，动力由拖拉机动力输出轴传递给推摇器 1，推摇器 1 通过偏心机构推摇果树，使果实振落。果实落到一个倒伞形接载装置 9 中，顺着接载装置 9 的倾斜面滚向中心，由带式输送装置 6 将果实输送到运载车箱 3 中。

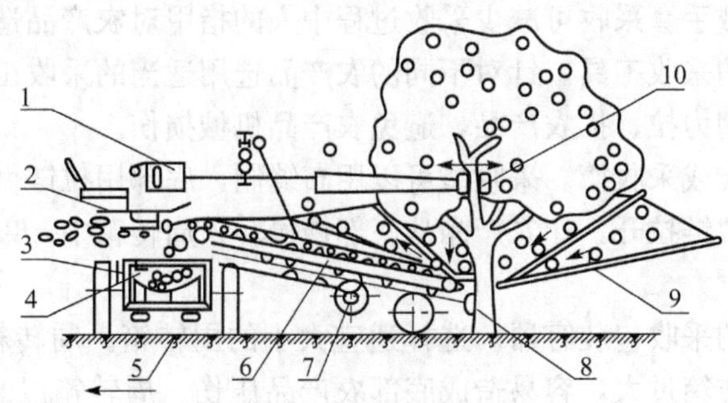

图 3-2　机械振动采收机

1. 推摇器；2. 座位；3. 运载车箱；4. 限制器；5. 支撑架；6. 输送装置；7. 风扇；8. 固定支柱；9. 接载装置；10. 夹持器

机械采收可及时采收集中大量成熟的农产品，具采收效率高、节省劳动力、降低采收成本、改善采收工人的工作条件及减少因大量雇佣和管理工人所带来的一系列问题等优点。但由于机械采收只能一次性采摘而不能多次选择性采摘，会影响农产品的品质、商品价值和耐贮性；同时机械采收会造成农产品较高的损伤率。因此，大多数新鲜农产品的采收，目前还不能完全采用机械采收。

机械采收前常喷洒果实脱落剂或催熟剂（如乙烯利）。枣果实机械采收前使用乙烯利，催落效果良好。一般在果实采收前 5～7d，全树喷布一次 200～300mg/L 的乙烯利水溶液；在喷乙烯利后 3～5d，果柄离层细胞逐渐解体，只有维管束组织保持果梗与枝条的连接，因此，机械采收时轻轻振动树枝，果实即能脱落，可大大提高采收工效，降低劳动强度。

作为加工用的农产品常采用机械采收。如国外常采用机械采收番茄、樱桃、葡萄、苹果、柑橘、坚果类、根茎类蔬菜、豌豆、甜玉米、马铃薯等农产品，可大大提高采收效率。

五、采收时的注意事项

（一）确定适宜的采收时间

农产品采收应在晴天早晨露水干后或下午 4 点后进行，避免在中午高温时或雨大、台风天、雾天或早晨露水未干时采收。因为在阴雨天、露水未干时采收时，农产品的表面细胞特别膨胀，采收时易造成机械损伤，而且农产品表面潮湿，容易受病原微生物侵染，导致采后农产品大量腐烂；在大晴天的中午或午后采收，农产品温度过高，田间热不易散发，易促进农产品的呼吸和失水，不利采后农产品的贮藏。

（二）采收时尽量避免机械损伤

农产品采收时的机械损伤容易导致病原微生物的侵染，是引致农产品采后腐烂的最主要因素。因此，在农产品采摘过程中，应尽量避免一切损伤。为了达到较好的农产品采收质量，在采收时应注意以下 4 点。

（1）戴手套。戴手套采收可减少采收过程中人的指甲对农产品造成的划伤。

（2）选用适宜的采收工具。针对不同的农产品选用适当的采收工具如果剪、采收刀等，防止从植株上用力拉、扒农产品，避免农产品机械损伤。

（3）使用采收袋或采收篮。采收袋可以用布缝制，底部用拉链做成一个开口，待袋装满农产品后，把拉链拉开，让农产品从底部慢慢转入周转箱中，以减少农产品之间的相互撞碰所致伤害。

（4）选择合适的采收包装容器。选择适宜大小的周转箱。周转箱过小，容量有限，加大运输成本；周转箱过大，容易造成底部农产品压伤。周转箱以装 15～20kg 农产品为宜，同时要求周转箱光滑、平整以避免刺伤农产品。国外主要用木箱、防水纸箱或塑料周转箱。目前我国采收用的周转箱以柳条箱、竹筐为主，对农产品伤害较重；今后应重点推广防水纸箱、塑料周转箱。一些易压伤、擦伤的果实通常在装果容器中衬垫软纸，同时在采后处理中要轻拿轻放、尽量少倒换容器。

（三）尽量缩短农产品从田间采收到采后包装处理间的时间

采收后的农产品在田间装筐后，应快速把农产品从田间运到采后包装处理间，尽快缩短农产品从采收到采后预冷的时间，以提高农产品采后寿命和品质。

第三节　分级

一、意义

分级（grading）是提高农产品商品质量和实现农产品商品化的重要手段。农产品采后分级是保证包装、贮藏、运输效果，商品品质和经济效益的基础；通过分级，以利于农产品商品流通，实行优质优价，适应国内外市场。

通过分级，使农产品达到商品标准化。农产品在生长过程中，受自然、栽培等因素的影响，农产品品质存在较大差异。如：同一株果树甚至同一枝条的果实在大小、形状、品质上不可能完全一样，只有通过分级，才能按级别定价，便于果实等级分明、规格一致，为其使用性和价格提供依据。等级标准在农产品销售中作为一种重要工具，给生产者、收购者、进货商、买卖中间商、出口商或消费者提供价格参考，避免买卖双方对农产品价格的争论；等级标准还有助于实行优质优价，推动农产品采后处理技术的发展；通过分级能够以同一等级标准比较不同市场上销售的农产品质量，利于引导农产品市场价格及提供信息。

农产品采后经严格挑选、分级工序，选择大小均匀、色泽一致、无病虫、无损伤的农产品，剔除病虫、畸形、过小、过大、未成熟、过熟和机械损伤的农产品。通过农产品的挑选、分级，可以减少农产品在贮运流通期间的损失，避免危险性病虫害的传播。对挑选、分级后的残次农产品则可以及时处理以减少浪费。

二、分级标准

农产品分级的标准化是非常重要的工作，是生产者、贸易商和销售者三者之间互相关联的纽带，标准化的农产品便于包装、贮藏、运输、销售，农产品附加值大，经济效益高。

农产品分级标准有国际标准、国家标准、协会标准和企业标准。果品的国际标准是1954年在日内瓦由欧共体制定的，许多标准已经过重新修订，目的是为了促进经济合作和发展。目前，农产品国际标准体系已基本涵盖主要果品和蔬菜种类，在欧共体国家的果品和蔬菜进出口强制性有关国际标准和要求。农产品国际标准一般标龄较长，其内容和水平受西方各国国家标准的影响。虽然国际标准为非强制性标准，但国际标准要求较高，因此，国际标准是世界各国都可采用的参考分级标准。

《中华人民共和国标准化法》根据标准的适应领域和范围，把标准分为4级：国家标准、行业标准、地方标准和企业标准。国家标准是国家标准化主管机构批准发布，在全国范围内统一使用的标准；行业标准即专业标准、国家部委标准，是在没有国家标准的情况下，由主管机构或专业标准化组织批准发布，并在某个行业范围内统一使用的标准；地方标准是在没有国家标准和行业标准的情况下，由地方制定、批准发布，并在本行政区内统一使用的标准；企业标准由企业制定发布，在本企业内统一使用。我国自1999年实施农业行业标准制定、修订专项计划以来，已经制定和发布一大批果品农业行业标准，其中苹果、梨、香蕉、鲜龙眼、核桃、板栗、红枣等果品已制定国家标准。此外，我国还制定香蕉销售标准，梨销售标准，出口鲜苹果检验方法，出口鲜甜橙、鲜宽皮橘、鲜柠檬标准等农产品行业标准；大白菜、花椰菜、青椒、黄瓜、番茄、蒜、芹菜、菜豆、韭菜等蔬菜等级国家或行业标准，新鲜蔬菜通用包装技术国家或行业标准。

果品分级标准因种类、品种不同而异。我国目前通行的做法是在果形、新鲜度、颜色、品质、病虫害和机械伤等方面已符合要求的基础上，再按果实大小进行分级，即根据果实横径的最大部分直径分为若干等级。果实大小分级用分级板或分级机进行，分级板上有一系列不同直径的孔。如我国出口的红星苹果，直径从65～90mm，每相差5mm为一个等级，共分为5个等级；四川省对出口西方国家的柑橘分为大、中、小3个等级。广东省惠阳市对销售到香港、澳门的柑橘，要求蕉柑直径51～85mm，每差5mm为一个等级，共分7个等级；椪柑直径61～95mm，每差5mm为一个等级，共分7个等级；甜橙直径51～75mm，每差5mm为一个等级，共分5个等级。根据国际食品法典委员会（CAC）发布的国际鲜龙眼标准，龙眼果实按重量或果实中部最大直径分级，可分为5个等级（表3-1）。

表3-1 龙眼果实根据重量或果实中部最大直径分级（陈石榕，2004）

等级	每1kg果实数/粒	果实中部最大直径/mm
1	＜85	＞28
2	85～94	＞27～28
3	95～104	＞26～27
4	105～114	＞25～26
5	≥115	24～25

泰国是世界上出口鲜龙眼最多的国家，每1kg龙眼果实50～75粒被认为是优等果。为了保证出口鲜龙眼的质量，泰国政府规定：外销出口仅收购E-dor、Si-chomphu和Bieo-khieo等品种龙眼，且只限于特级果（LX级，≤60粒/kg）、甲级果（A级，60～70粒/kg）和乙级果（AB级，70～80粒/kg），而对于B级果（80～90粒/kg）、一B级果（90～100粒/kg）则作为罐藏和干制原料。泰国根据不同的龙眼出口市场，龙眼果实级别标准有所差异。如出口到加拿大、新加坡和中国香港市场的要求龙眼果实为LX级和A级，而出口到马来西亚市场的要求龙眼果实为AB级和B级。

葡萄分级主要以果穗为单位，同时考虑果粒的大小，根据果穗紧实度、成熟度、有无病虫害和机械伤、能否表现出本品种固有颜色和风味等进行分级。一般可分为三级：

一级果穗较典型，大小适中，穗形美观完整，果粒大小均匀，充分成熟，能呈现出该品种的固有色泽，全穗没有破损粒和小青粒，无病虫害；二级果穗大小形状要求不严格，但要充分成熟，无破损粒和病虫害；三级果穗即为一、二级淘汰下来的果穗，一般用作加工或就地销售，不宜贮藏。如玫瑰香、龙眼葡萄的外销标准，果穗要求充分成熟，穗形完整，穗重0.4～0.5kg，果粒大小均匀，没有病虫害和机械伤，没有小青粒。

蔬菜由于食用部分不同，其成熟标准不一致，所以很难有一个固定统一的分级标准，只能按照各种蔬菜对品质的要求制定标准。蔬菜通常根据坚实度、清洁度、大小、重量、颜色、形状、鲜嫩度以及病虫害、机械伤程度进行分级，一般分为三个等级，即特级、一级和二级。特级蔬菜的品质最好，具有本品种的典型形状和色泽，没有影响蔬菜组织和风味的内部缺点，大小一致，蔬菜在包装内排列整齐，在数量或重量上允许有5%的误差；一级蔬菜产品与特级蔬菜产品有同样的品质，允许在色泽、形状上稍有缺点，外表稍有斑点，但不影响外观和品质，产品不需要整齐地排列在包装箱内，可允许10%的误差；二级蔬菜产品可以呈现某些内部和外部缺陷，价格低廉。我国的蒜薹分级标准可执行中华人民共和国农业部发布的NY/T945—2006蒜薹等级规格，将蒜薹分为特级、一级和二级3个等级（表3-2）。

表3-2　蒜薹等级

等级	要求
特级	质地脆嫩；成熟适度；花茎粗细均匀，长短一致，薹苞一下部分长度差异不超过1cm；薹苞绿色，不膨大；花茎末端断面整齐；无损伤、无病斑点
一级	质地脆嫩；成熟适度；花茎粗细均匀，长短基本一致，薹苞一下部分长度差异不超过2cm；薹苞不膨大，允许顶尖稍有黄绿色；花茎末端断面基本整齐；无损伤、无明显病斑点
二级	质地较脆嫩；成熟适度；花茎粗细较均匀，长短较一致，薹苞一下部分长度差异不超过3cm；薹苞稍膨大，允许顶尖发黄或干枯；花茎末端断面基本整齐；有轻微损伤、有轻微病斑点

三、分级方法

采后农产品的选别和分级，应在通风凉爽的地方或有低温控制的包装间进行。农产品分级方法有人工分级和机械分级两种。

（一）人工分级

人工分级是目前我国农产品产地和中小型企业主要的农产品分级方法。人工分级方法有两种：

（1）单凭人的视觉判断，按农产品的外观颜色、大小将农产品分为若干级。用该方法分级的农产品分级标准容易受人的心理因素影响，结果偏差较大。

（2）用选果板分级，选果板上有一系列直径大小不同的孔，根据果实横径大小进行分级。用这种方法分级的农产品，同一级别的农产品大小基本一致，偏差较小。

人工分级能最大限度地减少农产品机械伤害，适用于各种农产品，但工作效率低，级别标准有时不严格。

（二）机械分级

机械分级的最大优点是工作效率高，适用于那些不易受伤的农产品。有时为了使分级标准更加一致，机械分级常常与人工分级结合进行。目前我国已研制出了果实分级机，大大提高果实分级效率。美国的机械分级起步较早，大多数采用电脑控制。农产品的机械分级设备有以下几种。

1. 重量分级装置

根据农产品的重量进行分级。按被分级的农产品重量与预先设定的重量进行比较分级，重量分级装置多用于苹果、梨、桃、番茄、甜瓜、西瓜、马铃薯等农产品分级。重量分级装置有机械秤式、电子秤式等不同类型。

机械秤式重量分级装置主要由固定在传送带上可回转的托盘和设置在不同重量等级出口处的固定秤组成。将果实单个地放进回转托盘，当其移动接触到固定秤，秤上果实的重量达到固定秤的设定重量时，托盘翻转，果实即落下。机械秤式重量分级装置适用于球状果蔬，缺点是容易损伤果蔬、而且噪声很大。

电子秤式重量分级装置则改变机械秤式重量分级装置要求每一重量等级都要设秤、噪声大的缺点，一台电子秤可分选各重量等级农产品，而且装置大大简化、精度也有提高。

2. 形状分级装置

形状分级装置是按照被分级农产品的形状、大小（直径、长度）进行分级。形状分级装置有机械式和光电式等不同类型。

机械式形状分级装置是以缝隙或筛孔的大小将农产品分级。当农产品通过由小逐渐变大的缝隙或筛孔时，小的先分级出来，最大的最后被选出。机械式形状分级装置适用于柑橘、李、梅、樱桃、洋葱、马铃薯、胡萝卜等农产品分级。

光电式形状分级装置有多种，有的是利用农产品通过光电系统时的遮光，测量其外径或大小，根据测得的参数与设定的标准值比较进行分级。较先进的分级装置则是利用摄像机拍摄，经电子计算机进行图像处理，求出农产品的面积、直径、长度等。例如，黄瓜和茄子的形状分选装置，将黄瓜或茄子一个个整齐地摆放在传送带的托盘上，当其经过检测装置部位时，安装在传送带上方的黑白摄像机摄取黄瓜或茄子的图像，通过计算机处理后可迅速得出其长度、粗度、弯曲程度等，实现大小分级与品质（弯曲、畸形）分级同时进行。光电式形状分级装置克服了机械式分级装置易损伤农产品的缺点，适用于黄瓜、茄子、番茄、菜豆等农产品分级。

3. 颜色分级装置

颜色分级装置是根据农产品外观颜色进行分级。农产品外观颜色与成熟度及内在品质密切相关，农产品颜色的分级主要代表农产品成熟度的分级。例如，利用彩色摄像机和电子计算机处理的红、绿两色型装置可用于番茄、柑橘和柿果的分级，可同时判别出果实的颜色、大小及表皮有无损伤等情况。当果实随传送带通过检测装置时，由设在传送带两侧的两架摄像机拍摄。果实的成熟度根据测定装置所测出的果实表面反射的红色光与绿色光的相对强度进行判断；表面损伤的判断是将图像分割成若干小单位，根据分割单位反射光的强弱算出损伤的面积，最精确可判别出 0.2～0.3mm 大小的损伤面；果实的大小以最大直径代表。红、绿、蓝三色型机则可用于色彩更为复杂的苹果的分级。

4. 综合分级装置

果实综合分级装置既根据果实着色程度又根据果实大小进行分级，是目前世界上最先进的果实采后处理技术。果实综合分级装置的工作原理是：自动化色泽分级和自动化大小分级相结合。首先是带有可变孔径的传送带进行大小分级，在传送带的下边装有光源，传送带上漏下的果实经光源照射，反射光又传送给电脑，由电脑根据光的反射情况不同，将每一级漏下的果实又分为全绿果、半绿半红果、全红果等级别，又通过不同的传送带输送出去。

第四节　包装与装箱

一、包装

（一）包装的作用

农产品包装（packing）是标准化、商品化，保证农产品安全运输和贮藏的重要措施。农产品含水量高，保护组织差，容易受到机械损伤和微生物侵染，采后呼吸作用又会产生大量呼吸热。因此，农产品采后容易腐烂，降低商品价值和食用品质。良好的包装可以减少农产品水分蒸发，缓冲外界温度剧烈变化引起的农产品损失，避免贮藏运输期间农产品间的摩擦、碰撞或挤压造成的机械伤，防止农产品受到尘土和微生物等不利因素的污染，减少病虫害蔓延。包装可以使农产品在流通中保持良好的稳定性，提高商品率和卫生质量。

包装是农产品商品的一部分，是农产品贸易的辅助手段，为农产品市场交易提供标准规格单位，免去销售过程中农产品过秤或逐个计数。合理的包装有利于农产品商品化和标准化，同时有利于充分利用仓储空间合理堆码农产品。因此，发达国家为了增强农产品的竞争力，特别注意农产品的包装质量。

（二）包装容器的要求

包装容器应该具有足够的机械强度，防止包装容器在装卸、运输和堆码过程中变形；具有一定的通透性，利于农产品散热和气体交换；具有一定的防潮性，防止吸水变形，从而避免包装的机械强度降低而引起农产品腐烂。包装容器还应该具有无异味、无污染、无有害化学物质、内壁光滑、清洁、卫生、美观、重量轻、成本低、便于取材、易于回收及处理等特点，并在包装外面注明商标、品名、等级、重量、产地、特定标志、包装日期及贮藏条件。从经济效益方面考虑，包装容器的投资应根据经营者自身的资金实力及农产品利润的大小进行衡量，防止盲目投资导致资金浪费。

（三）包装种类和规格

最早的包装容器多用植物材料做成，尺寸由小到大，以便于人或牲畜车辆运输。随着科学的发展，包装材料和形式越来越多样化。包装容器的种类、材料、特点、适用范围如表 3-3 所示。

表 3-3　包装容器种类、材料及适用范围（周山涛，1998）

种　类	材　料	适用范围
塑料箱	高密度聚乙烯	任何果蔬
塑料箱	聚苯乙烯	高档果蔬
纸箱	板纸	果蔬
钙塑箱	聚乙烯、碳酸钙	果蔬
板条箱	木板条	果蔬
筐	竹子、荆条	任何果蔬
加固竹筐	筐体竹皮、筐盖木板	任何果蔬
网、袋	天然纤维或合成纤维	不易擦伤、含水量少的果蔬

目前，国外发达国家农产品都具有良好的包装，且向包装标准化、规格化、经济美观等方面发展，以达到重量轻、无毒、易冷却、耐湿等要求。而国内农产品的包装形式混杂，各地使用的包装材料、包装方式也不相同，给商品流通造成一定困难。我国目前普遍使用的新鲜农产品包装容器为植物材料制成的竹筐、荆条筐、草袋、麻袋、木箱、板条箱、纸箱、网眼袋、生丝袋和其他材料做成的容器，如塑料箱、塑料袋、尼龙编织袋等。在亚洲，竹筐广泛用于当地市场的农产品包装，但竹筐容易受压变形，贮运过程中农产品易受机械损伤，因而农产品商品的损耗大。其他可供选择的农产品包装容器有塑料筐、瓦楞纸箱或聚苯乙烯塑料箱。塑料薄膜袋包装能有效减少农产品失水、延长农产品贮藏期和货架期。供出口或远距离运输的农产品常用聚乙烯薄膜袋结合塑料筐、瓦楞纸箱或聚苯乙烯塑料箱包装。在泰国和澳大利亚，农产品包装和包装容器实现规格化。如在泰国，供出口龙眼包装的塑料筐规格为（42～45）cm×（30～35）cm×16cm；澳大利亚荔枝包装容器由高强度和硬度的瓦楞纸或塑料制成，规格为 47cm×33cm×（11～30）cm。

二、装箱

农产品在包装容器内应该有一定的排列形式，防止农产品在容器内滚动和相互碰撞，使农产品能通风透气，并充分利用容器的空间。根据农产品的特点可采取定位包装、散装和捆扎后包装，包装量要适度，防止过满或过少而造成损伤。不耐压的农产品包装时，包装容器内应加支撑物或衬垫物，或采用托盘进行包装，减少农产品的震动和碰撞；易失水的农产品应在包装容器内加塑料衬。

农产品包装和装卸时应轻拿轻放，避免机械损伤。大多数农产品的理想装箱为：包装容器里装满农产品，但不隆起膨胀、不过满，承受堆垛负荷是包装容器而不是农产品本身。各种果品和蔬菜抗机械伤的能力不同，为了避免上部农产品将下面的农产品压伤，农产品的最大装箱深度要求苹果 60cm、洋葱 100cm、甘蓝 100cm、梨 60cm、胡萝卜 75cm、马铃薯 100cm、柑橘 35cm、番茄 40cm。在泰国，供当地市场或加工的龙眼每塑料筐装果 25kg，而供出口龙眼的每塑料筐装果 11kg。

三、堆码

包装箱的堆码（stacking）应充分利用运输和贮藏空间，确保堆垛的稳固，并使堆垛内有足够的空气流动，以排除农产品的呼吸热或使农产品能快速冷却。堆码方式要便于操作，堆垛高度应根据农产品特性、包装容器质量、堆码机械化程度确定。目前，随着机械化装卸和堆码的推广，要求农产品在搬运、堆放、贮藏和卸货过程中，需要全面考虑包装箱的堆码尺寸。在包装箱堆码中，用于长途运输或在冷库中高堆码的包装箱需要比短途运输或当地销售的包装箱牢固。在用铲车装卸的地方，包装箱的规格必须与之相适应。交叉堆码或束缚堆码最能加强堆垛的稳固性。为充分利用冷藏库空间，通常用金属架做隔层，有利于包装箱向高处堆码。

第五节　预冷

一、意义

由于采收时的农产品温度接近环境气候温度，尤其在夏季高温季节，温度 30℃以上。如果不及时预冷，会造成以下危害：

（1）农产品的含水量通常在 80%以上，其比热 0.9kJ/(kg·℃）左右，田间采收后的农产品所含的热量高而且不易散去，如果不及时排除，即使采用低温贮运，也会造成旺盛的呼吸代谢产生大量的呼吸热，导致农产品营养成分消耗快。

（2）农产品温度高、湿度大，利于病原微生物繁殖而侵染农产品，导致农产品大量腐烂。

（3）农产品大量的田间热和呼吸热等热负荷带入冷藏库或冷藏车内，需要大量的制冷量以降低农产品的温度，在能源消耗上不经济。

（4）农产品温度与冷藏库或冷藏车内的温度差异大，会促进农产品蒸腾失水，造成冷藏库或冷藏车内湿度不均，在冷藏库或冷藏车内顶部易凝结水珠，对农产品贮运非常不利，导致农产品品质下降，缩短保鲜期。因此，在农产品采收之后，包装、运输或贮藏之前需要预冷（precooling）。

农产品的快速预冷，有利于保持农产品品质和延长其货架期。农产品冷链运输或冷藏保鲜的效果在很大程度上取决于能否及时迅速地将农产品预冷以排除田间热和降低呼吸强度。农产品采后预冷要求降温速度快，通常在农产品采收后 24h 内达到要求的预冷温度，且降温速度越快越好。农产品预冷的终点温度依产品种类、品种不同而异，要求预冷的终点温度达到或者接近农产品适宜的贮运温度。

二、预冷方法

依冷却介质的不同，农产品预冷方法有空气冷却（air cooling）、水冷却（hydro-cooling）、接触加冰冷却（ice cooling）、真空冷却（vacuum cooling）等方法。

（一）空气冷却

空气冷却包括普通冷却法（空气自然对流式冷却法）、冷藏间冷却法和强制通风冷却法。

1. 普通冷却

将被冷却的农产品堆放在阴凉通风的地方，通过空气自然流动带去农产品的热量而达到降温的目的。普通冷却法通常用于农产品采收期气温不太高的秋季。该冷却法通常用在地面干燥、温度较低而稳定的室内或树阴下进行。该方法简单，但冷却速度慢，多用于传统方法贮藏前的预冷。

2. 冷藏间（预冷间）冷却

冷藏间冷却（room cooling）方法在国内外较常应用。即采后农产品经挑拣后用不封口的包装容器，之后直接放入冷库进行冷却。有时为了加快农产品的冷却速度，常用振动装置促进冷却空气流动，让冷却空气在包装容器及农产品表面较快循环降温。当农产品温度降至预冷终点温度时，再进行封箱、堆垛。有的大型冷库有设计专用的预冷车间，农产品在预冷车间完成预冷后再将农产品移入冷藏库贮藏。

3. 强制通风冷却

强制通风冷却（force-air cooling）方法采用专用的快速冷却装置，通过强制空气高速循环，使农产品快速降低温度。强制通风冷却包括隧道冷却和差压通风冷却等方法。

1）隧道冷却法

该方法是把装好农产品的包装箱放在冷却隧道的传送带上，通过 200～400m/min 的高速冷却风在隧道内进行循环降温冷却。该冷却方法比冷藏间冷却快 4 倍以上。过去许多发达国家农产品冷却常采用隧道式强制通风冷却，但目前已经很少使用。

2）差压通风冷却

差压通风冷却（differential pressure cooling）是一种改良式强制通风冷却方法。该方法冷却时，农产品容器一般不封闭，在冷藏间的一侧上部装有气压阀，升高气压，这种高压的空气经过冷却器冷却后迅速进入冷藏间，气流速度可通过调节气流来控制。容器间要求有回路；冷却空气沿容器间流动，甚至可流经农产品表面，因而冷却速度快（图 3-3）。

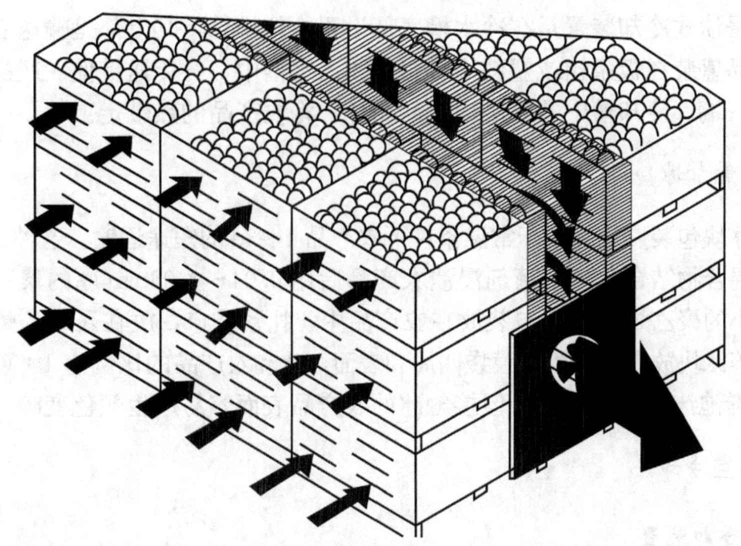

图 3-3　差压通风冷却示意图（李家庆，2003）

为了降低农产品冷却期间的失水，通常在空气冷却系统中装有加湿装置，因此进入预冷间的空气为湿冷空气。空气流经农产品后由库的一侧下部导出，再进入空气冷却系统，如此循环往复。

差压通风冷却比冷库冷藏间的冷却速度快，冷却速率是冷藏间冷却的 10 倍，农产品一般差压通风冷却几个小时就可达到预冷终温。如果农产品用塑料袋包装或瓦楞纸箱包装，则农产品的冷却时间延长。因此，农产品必须在包装之前预冷。此外，包装容器的通风孔和堆垛的合理性对差压通风冷却的迅速降温至关重要。目前日本、美国等发达国家多差压通风冷却，但设备成本高。

（二）水冷却

以冷却水作为冷媒，有人工冷却和机械冷却。水比热大，当较低温度的水（0～3℃）与农产品充分接触时，就可使农产品内部的热量迅速传出而交换给水。用 0～3℃的冰水冷却是一种非常迅速的冷却法，并广泛应用于采后农产品的预冷。生产实践上，抑制病原微生物发展的化学杀菌剂常与冷却水一起用于农产品冷却。

水冷却分为喷淋式和浸渍式：

(1) 喷淋式：由冷却水槽、传送带、压缩机、水泵及喷水装置组成的冷却机械，多安装于冷却隧道中，冷却水槽中装置的冷却盘管将槽中水的温度控制在 0～3℃。将冷却水由泵抽至隧道顶部，农产品在隧道内的传送带上移动，冷却水经喷头从上喷淋到农产品上。喷头的孔径大小根据农产品的耐压能力而不同。使用后的水返回水槽再冷却循环。为防止污染，一定时间后水需更新，有的在水中加入防腐剂。

(2) 浸渍式冷却法：人工浸渍式冷却法是将自然冷水盛一大容器中，然后将农产品盛于镂空的容器中，连容器一并浸入水中，一定时间后，提出容器，沥干水即可，该冷却法速度慢、效率低。

现在的浸渍式冷却装置是在冷水槽底部设置冷却排管，其上部是输送农产品的传送带。将农产品盛装在板条箱或塑料周转箱，放入水槽中，经传送带使农产品从水槽的一端移动到另一端。冷却槽中的水不断流动循环，将农产品的热带走。

(三) 接触加冰冷却

在我国冰块包装广泛应用于常温条件下农产品 1～3d 的短途运输。这种方法是采后农产品用冰水混合物结合化学杀菌剂浸渍农产品后用 0.04～0.05mm 厚的聚乙烯薄膜袋包装，冰块用小的聚乙烯薄膜袋包装放在农产品中，扎紧袋口，放在聚苯乙烯泡沫塑料箱内，然后把碎冰块放在聚乙烯薄膜袋四周和表面，冰和农产品的比例为 1∶(3～4)，最后密封聚苯乙烯泡沫塑料箱箱盖。但接触冰的农产品表面容易产生颜色变暗（低温冷害）。

(四) 真空冷却法

1. 真空冷却装置

农产品真空冷却装置如图 3-4 所示。

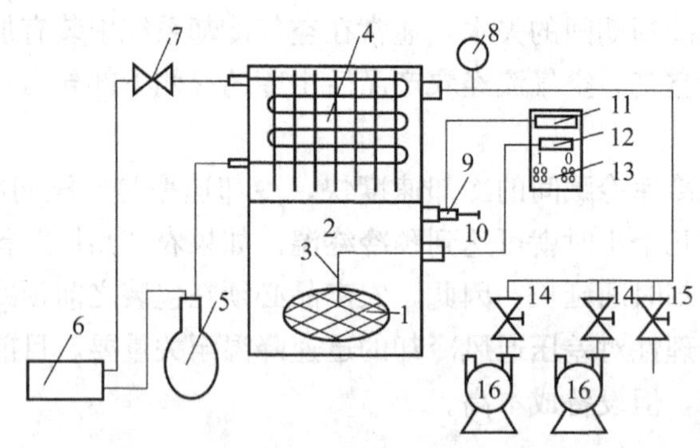

图 3-4　真空冷却装置示意图（林河通，2003）

1. 冷却对象；2. 真空室；3. 热电偶；4. 水汽凝结器（捕集器）；5. 制冷压缩机；6. 制冷剂冷凝器；7. 膨胀阀（节流阀）；8. 压强表；9. 压强传感器；10. 放气阀；11. 压强显示及控制器；12. 温度显示及控制器；13. 控制面板；14. 真空阀；15. 充气阀；16. 真空泵

2. 真空冷却的原理

在一个标准大气压下，水的沸点为 100℃，蒸发热为 2256kJ/kg，而当压强下降到 0.611kPa 时，水的沸点是 0℃，蒸发热为 2500kJ/kg。可见，随着压强的降低，水的沸点温度降低，蒸发单位重量的水所消耗的热量反而增加。真空预冷就是在真空条件下，使水迅速在真空处理室内以较低的温度蒸发，水在蒸发过程中要消耗热量，在没有外界热源的情况下，便在真空室内产生制冷效果。水蒸气用水汽凝结器（即捕集器）捕集，水汽凝结器是带气固相变的换热器，其管程走制冷剂，壳程走空气和水蒸气的混合流体，水汽凝结器又是另一制冷系统的蒸发器。真空冷却与空气冷却、水冷却、接触加冰冷却在传热机制上不同，后 3 种冷却方法的热量首先通过导热方式从农产品物料中心传递至农产品外表面，然后靠对流方式从农产品外表面放热至冷却介质，温差是驱动力，因而温度分布从农产品物料中心到农产品表面是逐渐递减的，降温速度慢。真空冷却的降温速率取决于被冷却农产品物料的表面积与体积之比和真空室的抽气速度。当真空处理室的压强降低时，相应水的饱和蒸发压也降低，水从被冷却农产品物料的表面蒸发出来，热量从农产品释放给水蒸气，而农产品本身得到迅速冷却。如果将常温的农产品置于0.611kPa附近的压强下，农产品自身的水分就会迅速蒸发，需要的汽化潜热来自本身释放的显热，结果导致农产品迅速冷却。

3. 真空冷却的应用

真空冷却是近代兴起的一种预冷新技术，与自然对流冷却、浸渍式水冷却、风冷等传统方法相比，真空冷却最突出的优点是可以大大缩短处理时间、使农产品内部温度更为均匀；还可以通过控制绝对压力来精密地控制农产品温度；同时还能够提高农产品的安全、卫生和质量及延长货架期。真空冷却已经广泛应用于美国、日本、英国、爱尔兰、德国、法国、卢森堡、比利时等发达国家果蔬、鲜切花、切割冷却肉、水产品等的快速冷却。

真空冷却的缺点在于冷却期间农产品的水分蒸发会引起农产品的重量损失。在真空冷却之前水预湿处理可减少冷却时农产品的重量损失和提高冷却速率、减少冷却时间。图3-5表明，龙眼果实真空冷却之前用28℃的水浸5min后，能减少真空冷却过程中果实的失重和增加冷却速率。经水预湿处理的龙眼果实从28℃冷却到7℃，果实失重仅1.31%；而未经水预湿处理的对照果实失重为3.66%，是水预湿处理的2.79倍［图3-5（a）］。经水预湿处理的龙眼果实从28℃冷却到7℃仅需要7.5min，而对照处理的果实则需要11min，比水预湿处理的果实增加46.67%的冷却时间［图3-5（b）］。

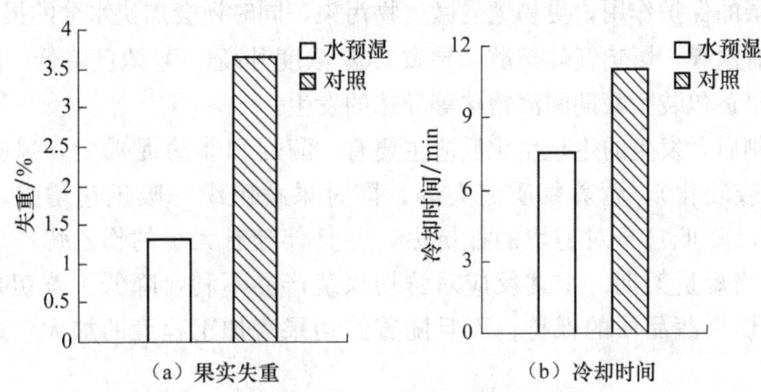

图3-5　水预湿对真空预冷的龙眼果实失重和冷却时间（从28℃下降到7℃）的影响（林河通，2003）

第六节　鲜切

一、意义

鲜切果蔬（fresh-cut fruits and vegetables）又名轻度加工果蔬（lightly processed fruits and vegetables）或最低限度加工果蔬（minimally processed fruits and vegetables)，是指以新鲜果蔬为原料，经清洗、去皮、切割或切分、修整、包装等加工过程，再经过冷藏运输而进入超市冷柜销售的即食果蔬制品。它与罐装果蔬、速冻果蔬相比，具有品质新鲜、营养卫生、使用快捷方便等特点而备受消费者青睐。

鲜切果蔬作为一种新兴食品工业产品，20 世纪 50 年代起源于美国，当时大部分鲜切果蔬是供给团体和快餐业。近年来，美国、英国、法国、日本等发达国家的鲜切果蔬产业发展很快。在国家、省有关部门的支持下，我国从 2000 年开始从事鲜切果蔬加工关键技术与配套设备开发，近年来，我国鲜切果蔬产业在也得到快速发展，目前鲜切果蔬产品已经进入超市、宾馆、快餐业，鲜切果蔬产品已经进入寻常百姓家。随着我国城市化水平的提高、人们生活水平的不断提高和现代生活节奏的加快，对鲜切果蔬的需求量将会快速增加，因此，鲜切果蔬加工产业有广阔的发展前景。

二、鲜切中存在的问题及解决的方法

（一）鲜切果蔬加工中存在的问题

1. 加速品质劣变进程，缩短货架期

新鲜果蔬切割后会产生不良的物理影响，还会发生一系列不利于贮藏保鲜的生理生化反应。

新鲜果蔬切割后，立即产生的不良物理影响有：①果蔬组织受到机械伤害；②去掉了果蔬表面皮层的保护作用，更易遭受微生物污染，同时还会加快水分的损失；③果蔬切割产品上覆有水膜，影响气体扩散，导致 CO_2 浓度升高，O_2 浓度降低，发生无氧呼吸，导致鲜切果蔬包装贮藏期间酒精味等异味的发生。

果蔬经切割后，发生的生理生化反应主要有：酶促和非酶促褐变，风味损失，质地劣变（软化或硬化），营养物质流失等。同时果蔬组织呼吸迅速增强，消耗大量的物质和能量，降低自身对逆境的抵抗力，并且伴随有大量的伤乙烯产生，加速其衰老的进程，缩短货架期。上述反应对鲜切果蔬产品不利，降低了鲜切果蔬产品质量，不利于鲜切果蔬品质的保持；而且随着鲜切果蔬加工程度的加大，这种副作用就越强。

2. 鲜切果蔬的褐变

褐变是鲜切果蔬加工中最易发生且最常见的品质不良变化。褐变已成为甘蓝、莴苣、马铃薯、苹果、梨等果蔬鲜切加工中的主要问题。新鲜果蔬经切割加工后，破坏了细胞膜结构，影响膜透性，导致果蔬组织内部酶（多酚酶化酶，PPO）与褐变底物（酚类物质）区室化结构的破坏，使酶与褐变底物直接接触而引起酚类物质氧化而产生褐变。苯丙氨酸解氨酶（PAL）是酚类物质代谢中重要的酶之一，它催化 L-苯丙氨酸脱氨形成反式肉桂酸，增加酚类物质代谢的底物，从而促进褐变。果蔬切割之后，PAL 活性显著增高，可以把 PAL 活性作为鲜切果蔬褐变的指标之一。

3. 鲜切果蔬的微生物及其安全性

经鲜切后的果蔬更易腐烂变质。其主要原因有：①果蔬内部组织受到微生物侵染；②果蔬切割造成大量机械损伤、营养物质外流，为微生物的生长提供有利基质，从而促进微生物的繁殖；③果蔬切割增加更多种类和数量的微生物对果蔬的污染机会。此外，鲜切果蔬在加工、贮藏过程中发生的交叉污染，也是引起鲜切果蔬产品腐烂变质的一个重要原因。

引起鲜切果蔬腐烂变质的微生物主要是细菌和真菌，病毒、肝炎病毒和寄生虫也可能造成鲜切果蔬产品的污染。一般来说，蔬菜组织由于含酸量低，易遭受土壤细菌的侵染，如欧文氏菌、假单胞菌、黄单胞菌等，而果实由于含酸量高则有利于真菌的生长。另外，在鲜切果蔬在加工和处理过程中，有可能污染上人类致病菌，如大肠杆菌、李斯特菌、耶尔林氏菌、沙门氏菌等。鲜切果蔬产品在贮运过程中，产品表面的微生物数量会显著增加。鲜切果蔬表面微生物数量的多少会直接影响鲜切果蔬产品的货架期，早期微生物数量越多，货架期就越短。

鲜切果蔬产品的表面一般无致病菌，而只有腐败菌，如欧文氏菌、假单胞菌等。因为这类细菌对致病菌有竞争优势。但在环境条件改变的情况下，可能会导致微生物菌落种类和数量的变化，使得致病菌的生长占主导优势。如在包装内部高湿度和极低氧浓度、低盐、低 pH、过高贮藏温度（高于 5℃）等条件下，可能会导致一些致病菌如沙门氏菌（*Salmonella*）、梭状芽孢杆菌（*Clostridium*）、肠出血性大肠杆菌（*Enterohemorrhage* E. Coli，EHEC）、李斯特菌（*Listeria*）、耶尔森氏菌（*Yersinia*）等的生长，并产生毒素，从而危及人类健康。

国际上有关鲜切果蔬产品中的致病菌危及人类健康的报道很多。如 1990 年，在美国伊利诺伊州、密执安州、明尼苏达州和威斯康星州，发生一起由爪哇沙门氏菌（*Salmonellajaviana*）感染引起的疾病，有 176 人患病，这与食用鲜切番茄有关；1995 年，芬兰和英国的 23 个州爆发了由斯坦利沙门氏菌感染的疾病，此次感病与食用苜蓿嫩梢有关。生吃芽苗菜以前曾多次在世界各地引起肠出血性大肠杆菌疫情。1996 年，日本有 17 人因生吃遭 O157 型大肠杆菌感染的萝卜芽后患病死亡；2011 年 5～6 月，受肠出血性大肠杆菌（EHEC）“污染”的黄瓜事件在德国、瑞典、丹麦、英国和奥地利等欧洲国家蔓延，其中德国最为严重，约有千人被感染、22 人患病死亡。由此可见，鲜切果蔬产品并不是十分安全，它在一定条件下具有致病能力。因此，要求果蔬在贮藏、加工过程中，应严格控制微生物的数量和种类，以确保鲜切果蔬产品适宜的货架期和安全性。

（二）控制鲜切果蔬品质的方法

1. 低温加工、贮运

低温是鲜切果蔬保鲜的必要条件，是鲜切果蔬贮藏保鲜成败的关键。控制并维持果蔬在加工、贮藏和销售环节中的低温，可有效地降低鲜切果蔬产品的新陈代谢速度、抑制相关酶的活性、防止褐变，延长果蔬的货架期。5℃以下的低温能明显抑制各种微生物的繁殖。低温有利于保鲜，但是当温度降低到临界低温时会发生冷害。因此，鲜切果蔬在低温下贮藏应控制适当的温度。

2. 防止褐变

防止褐变已成为鲜切果蔬行业急需解决的问题。影响果蔬褐变的因素主要有多酚氧化酶（PPO）活性、褐变底物（酚类物质含量）、pH、温度及组织中有效氧含量。因此，可通过选择酚类物质含量低的果蔬品种、钝化 PPO 活性、降低 pH 和温度、驱除组织中有效氧的办法来防止褐变。5mg/g L-半胱氨酸和 20mg/g 柠檬酸混合液可有效地抑制马铃薯褐变。钙有利于防止鲜切果蔬褐变和保持质地，$CaCl_2$ 溶液是最好的钙源，通常采用 $CaCl_2$ 液对蔬菜进行浸渍处理。如 10mg/g $CaCl_2$ 可抑制猕猴桃切片、苹果切片、梨切片的褐变；0.6%的 $CaCl_2$ 溶液处理鲜切菠萝，贮藏 10d 能有较好的品质。抑制果蔬褐变的物质还有抗坏血酸、柠檬酸、肉桂酸、茉莉酸甲酯、4-己基间苯二酚、植酸、谷胱甘肽等。

气调包装也可抑制鲜切果蔬褐变，如在 5℃条件下，气调（体积分数 3% O_2＋10% CO_2）包装可使鲜切莴苣的褐变发生推迟 16d。

3. 微生物控制

鲜切果蔬表面的微生物可通过良好的卫生条件、严格的温度控制及其他措施加以控制。用于加工鲜切果蔬的原料，在田间栽培时应避免使用含菌多的污水灌溉，原料产地应远离牲畜圈；对加工用水、设备要进行消毒处理及提高工作人员的卫生水平等措施都可以减少微生物的来源。在贮藏、加工过程中维持适宜的低温，可阻止微生物的生长。果蔬鲜切后清洗并离心脱去表面的水分、鲜切果蔬经过辐射处理或气调包装等方法可有效抑制微生物生长，延长货架期。

虽然控制微生物的方法很多，但由于鲜切果蔬的特殊性，微生物控制方法的选用应适合其产品的特性，故应根据鲜切果蔬中微生物种类、数量及其生长情况综合使用多种抑菌方法与技术，以达到较理想的抑菌效果。

三、鲜切工艺

鲜切果蔬可分为即食型、即用型、即煮型，其中即食型鲜切果蔬主要用于色拉、汉堡包等，即用型鲜切果蔬作为加工冷冻水饺及其他食品配料，即煮型鲜切果蔬用在烹饪中。它们的处理方式有一定差异，但都有原料选择、分级、去皮、切分、修整、切分、清洗、沥干、包装、冷藏、配送与零售等工艺。

（一）原料选择

果蔬原料是保证鲜切果蔬质量的基础。选择新鲜、饱满、成熟度适中、无异味、无病虫害的果蔬为原料。

（二）采收

用于鲜切果蔬的原料一般采用人工采收，采收后需立即加工。如采收后不能及时加工，果蔬需在低温下冷藏备用。

（三）分级

按大小或成熟度分级，分级的同时剔除不符合要求的原料。

（四）去皮、切分

用于鲜切果蔬生产的水果、蔬菜，按产品的要求经洗净后进行适当的修整，如去皮、去根、除去不能食用部分等，之后再按一定的切分方式进行切分。在工业化生产中，胡萝卜、马铃薯等果蔬去皮通常采用机械去皮、化学去皮或高压蒸汽去皮等方法。去皮后的果蔬根据人们日常食用习惯切成块、片、丝、丁。所切果蔬的保鲜性能与刀刃状况、果蔬切分大小有关。锋利刀切分的果蔬保鲜时间长，而钝刀切分的果蔬切割面受伤多，容易引起变色腐烂、果蔬保鲜时间短；果蔬切分越小、切口面积越大、则越不利保鲜。因此，果蔬修整和切分时，要采用锋利的切分刀具，在低温下（生产车间温度应小于12℃）进行机械或手工操作。

切分操作时，所有与果蔬接触的工具、垫板及所用材料必须符合相应的要求，并且都应进行清洗或消毒处理，避免发生交叉污染。

（五）清洗和沥干

清洗处理是鲜切果蔬加工中不可缺少的环节。清洗可除去果蔬切分表面细胞汁液并减少微生物数量，防止贮藏期间微生物的生长和酶促氧化褐变。鲜切果蔬清洗水中加入杀菌剂，以提高清洗处理效果。果蔬清洗水中加入的杀菌剂种类包括：①含氯的化学物质，如氯气、次氯酸钠、次氯酸钙、ClO_2 等，要求200mg/L以上的有效氯以达到杀菌的目的；②pH达2.7的电解酸性水，具有很好的杀菌效果；③O_3、Na_2HPO_4、H_2O_2。通常在清洗水中添加柠檬酸、次氯酸钠等化学物质，以提高清洗处理效果。如含氯量或柠檬酸量为100～200mg/L的清洗水处理莴苣，可抑制莴苣产品褐变和病原菌数量。但使用氯处理后的果蔬原料必须经过清洗以减少氯浓度至饮用水标准，否则会导致鲜切果蔬产品有残留氯的臭气，使其品质降低。根据产品特点和生产需要，可采用浸渍清洗或充气清洗以提高清洗效果。清洗设备有浸泡式、搅动式、摩擦式、浮流式等方式。

切分、洗净后的果蔬应立即进行脱水处理，否则比不洗的更易发生腐烂。生产上通常采用离心机进行脱水。

（六）包装

鲜切果蔬在空气中易褐变、易被微生物浸染且代谢旺盛，故在生产鲜切果蔬时，还需要采取相应的包装措施，才能达到所要求的货架期。包装可直接起阻隔作用，防止微生物浸染，同时调节果蔬微环境，控制湿度与气体成分。在鲜切果蔬工业上，用得最多的包装薄膜是聚乙烯（PE）、聚丙烯（PP）、低密聚乙烯（LDPE）和聚氯乙烯（PVC）。复合包装膜通常用乙烯-乙酸乙烯共聚物（EVA），以满足不同的透气率。

鲜切果蔬的包装方法主要有自发调节气体包装（modifide atmosphere package，MAP）、减压包装（moderate-vacuum packaging，MVP）及涂膜包装。

自发调节气体包装结合冷藏能显著延长鲜切果蔬的贮藏期。在包装袋内，通常要求维持体积分数为2%～8%的O_2和5%～10%的CO_2，以利于品质的保持。O_2体积分数太低或CO_2体积分数太高都会导致鲜切果蔬代谢紊乱，品质下降。O_2体积分数低于8%、CO_2体积分数高于1%，可降低鲜切果蔬对乙烯作用的敏感程度。体积分数10%～15%的CO_2的自发调节气体包装，可抑制草莓、樱桃灰霉病的发生。体积分数10%的O_2+10%的CO_2可阻止叶绿素的降解。但由于目前还没有找到足够理想透气性的包装材料，因此，自发调节气体包装在实际生产应用中有一定的局限性，只能采用在包装材料上打孔的办法来控制适宜的气体指标。

减压包装是目前比较常用的方法，如鲜切生菜可采用80μm的聚乙烯袋进行减压包装（抽空至46kPa压力），在5℃下，可抑制生菜10d内不褐变。此外，减压包装可改善青椒、菊苣、苹果切片和番茄切片的微生物情况，可提高杏和黄瓜的感官质量，改善绿豆芽、鲜切蔬菜混合物的微生物及感官质量。

多糖、蛋白质、纤维素衍生物等材料制成可食性涂膜包装材料，由于其卫生、安全、可食用、环保等优点，近年来研究较多，但生产应用还需要进一步推广。通常在成膜剂中加入抗氧化剂、保鲜剂是等方法，可有效抑制鲜切果蔬的褐变和品质损失，延长货架期。

（七）冷藏、配送与零售

鲜切果蔬的贮藏、配送运输和销售都必须在低温下进行。鲜切果蔬包装后，应立即放入5℃以下的冷库中贮藏，贮藏时应单层摆放，以利于产品中心部位的降温，特别是放入纸箱中贮藏时，更应注意。配送运输鲜切果蔬时，要使用带制冷设备的冷藏车，配送运输的温度应控制在5℃以下。鲜切果蔬的销售应放置在冷藏货架上，温度最好控制在5℃以下，以取得一定的货架期。

第七节　催熟

为了增加水果、蔬菜的耐贮运性和延长水果、蔬菜的贮藏保鲜期，水果和蔬菜通常需要适当提早采收。但到达贮运目的地或经过一定时期的贮藏，在水果、蔬菜上市之前，必须人为促进水果、蔬菜成熟，以体现水果、蔬菜的风味和品质，获得较佳经济效益；此外，集中采收的水果、蔬菜成熟度不一致，为使水果、蔬菜产品以较佳成熟度和风味品质供应市场，必须对一些未成熟的水果、蔬菜进行人工处理促进成熟。香蕉、鳄梨等果实在自然条件下不能正常成熟，也需要人工处理促进成熟才能食用。人为促进水果、蔬菜等农产品成熟，加快有机物质转化，使水果、蔬菜的色、香、味提前达到食用要求，这样的过程称为催熟（accelerate ripening）。

番茄、香蕉、芒果、柑橘、菠萝、鳄梨、苹果、梨、柿果等农产品采后进行人工催熟。

一、催熟的原理

与自然成熟一样，人为促进果蔬成熟过程是在各种酶的作用下发生一系列极其复杂的生理生化变化的结果，因此，凡能增强酶活性的因素都可以加速果蔬的成熟过程。人工催熟的本质就是采取适宜措施以增强酶活性、加速呼吸作用、促进有机物质的转化。

果蔬催熟的原理，是利用适宜的温度或其他条件，以及某些化学物质及气体（如酒精、乙烯、乙炔等）来刺激农产品的成熟作用，以加速其成熟过程。

二、催熟的条件

果蔬催熟应具备三个基本条件：适宜的温度、充足的氧气、催熟剂。

1. 温度

温度是催熟的首要条件。温度过高或者过低，都会抑制酶的活性，影响催熟效果，即使采用最理想的催熟剂，也很难达到催熟目的。果蔬催熟的推荐温度为 15～25℃，但不同种类的农产品其最佳催熟温度不同。

2. 氧气

氧气是催熟的另一重要条件，只有适温与充足的氧气相配合，催熟剂才能真正发挥效应。因此，催熟过程要注意通风换气，以防氧气不足和二氧化碳积累过多而抑制成熟。

3. 催熟剂

催熟剂应有一定的浓度。乙烯、乙烯利、丙烯、乙炔、乙醇、溴乙烷、四氯化碳等化合物对果蔬均有催熟作用。其中乙烯、乙烯利（乙烯释放物）广泛应用果蔬的催熟处理。

此外，环境湿度在催熟处理中也是一个不可忽视的条件。催熟室的相对湿度以 85%～90%为宜。湿度过低，产品易失水萎蔫，催熟效果不佳；湿度过高，产品又易感病腐烂。

由于催熟环境的温度和湿度都比较高，容易导致病微生物生长，因此，还应该注意催熟室的消毒。

三、催熟的方法

1. 乙烯催熟

果蔬乙烯催熟的浓度一般为 100～1000μL/L，但因果蔬种类不同而异。香蕉为 100～1000μL/L，苹果、梨为 500～1000μL/L，柑橘（特别是柠檬）为 200～250μL/L，番茄和甜瓜为 100～200μL/L。由于乙烯是气体，用乙烯进行催熟处理时需要相对密闭的环境。大规模处理时应用专门的催熟室，小规模采用塑料帐为催熟室。待催熟的产品堆码时需要留出通风道，使乙烯分布均匀。处理温度一般为 15～20℃，处理时间与温度有关，高温可以缩短催熟时间，但一般以不超过 25～30℃为宜，时间为 1～7d。乙烯催熟时，一般是在乙烯气体钢瓶上加减压阀和流量计控制流量，根据催熟室的容积计算所需乙烯气体的量，再将乙烯气体充入催熟室内。催熟结束时需要换气，排出二氧化碳和乙烯。此外，还可以采用气流式，即用混合好的适宜浓度的乙烯气体不断通过待催熟的果蔬，可以防止二氧化碳积累过多而抑制成熟，也省去换气操作。

2. 乙烯利催熟

乙烯利，其化学名称为2-氯乙基磷酸，是一种比乙烯使用更为方便的催熟剂。乙烯利为液体，乙烯利溶解于水后会释放出乙烯，从而达到催熟效果。乙烯利催熟果蔬时，不需要密闭的环境，只要将乙烯利配成一定浓度的溶液，在果蔬表面喷洒或浸渍即可。该方法由于使用简单、方便，因此，生产上使用最为广泛。乙烯利使用浓度因果蔬种类和品种不同而异，香蕉为2000μL/L、绿熟番茄为1000～2000μL/L。催熟时，可以将果蔬在乙烯利溶液中浸泡约1min后取出，也可以采用喷洒的方法，之后再盖上塑料薄膜，在室温下2～5d即可催熟。

第八节　其他采后处理

一、美化处理（洗涤、涂蜡、贴标）

（一）洗涤

洗涤（cleaning）是采收后的农产品在分级、包装之前的必要工序。洗涤的主要目的是去除农产品表面的尘垢、沙泥及农药残留，同时可以改善农产品的外观、降低农产品贮藏期间的腐烂率。农产品常用浸泡、冲洗、喷淋等洗涤方式。

农产品洗涤机械有以下5种。

1. 辊轴刷式清洗机

由一对上下配置、转动速度不同的辊轴组成，辊轴上装有毛刷或海绵状橡皮刷，依靠水和毛刷洗涤外形不太复杂的根菜类蔬菜，还可除去根菜类的根毛，洗涤胡萝卜、萝卜的效率可达到1500～3000kg/h。

2. 滚筒式清洗机

由一个网状旋转的圆筒组成，依靠蔬菜在筒中的来回滚动互相摩擦清洗。

3. 剥皮清洗机

以快速辊子为主要部件，旋转两周就可完成剥皮或清洗。洋葱剥皮时使用压缩空气作为工作介质，使压缩空气吹入葱皮孔隙，旋转时把皮剥下。胡萝卜、山药洗涤时则用水作介质。

4. 喷射式清洗机

蔬菜放在网状输送带上，在输送过程中受到高压水的冲洗，这种机械用于清洗形状不规则的蔬菜。

5. 超声波清洗装置

由设置在水中的高频振源产生压力，使蔬菜表皮上的污物脱落，适用于叶菜等形状复杂的一类蔬菜。

洗涤水一定要干净卫生。洗涤时，可以在洗涤水加入合适的防腐剂或杀菌剂，以抑制病原菌生长，防止农产品采后腐烂和延长农产品贮藏期。水洗后的农产品需要进一步晾干处理，去除农产品表面的水分，否则农产品在贮藏或运输中容易引起腐烂。

（二）涂蜡

涂蜡（wax coating）可减少农产品采后失水、保持品质新鲜、增加农产品表面光泽度、改善农产品外观品质，从而提高农产品的商品价值。涂蜡在农产品采后处理上的应用在国外已有70多年的历史，目前涂蜡技术广泛应用于美国、日本、意大利、以色列、西班牙、德国、英国等发达国家的柑橘、苹果等果品的采后处理。在中国，涂蜡处理在果蔬上的应用虽然有20多年的历史，但发展较慢，为了促进中国果蔬产业的发展、提高市场竞争能力，必须在一些适宜涂蜡的果品上实施涂蜡处理。

1. 涂蜡的主要作用

1）减少农产品水分蒸发

采收后的农产品在贮运、销售过程中（尤其是货架期），仍进行自身蒸腾作用，从而使农产品不断失水、农产品表面出现皱缩，商品价值大大下降。农产品的蒸腾作用，主要是通过农产品表面的气孔进行。农产品涂蜡后，在农产品表面会形成一层薄蜡膜而使气孔封闭，从而能抑制蒸腾作用、减少失水。与对照果实相比，新红星苹果涂蜡后可减少失水29.1%。

2）减少农产品腐烂率，提高好果率

农产品腐烂主要由微生物引起。涂蜡处理是防止农产品采后腐烂的一项有效且实用的方法。因为涂蜡层本身除了是一层足够厚度和黏度的间断蜡被之外，它还可以封闭农产品表面存在的微小损伤和擦伤，同时又是杀菌剂和保鲜剂的有效载体，因此，涂蜡可以防治农产品贮藏、运输、销售过程中致腐真菌病害和某些生理病害。如：未涂蜡的红富士苹果在20℃货架期间，好果率仅为41.7%、蔫果率41.7%、烂果率16.6%，而相同温度下涂蜡处理的红富士苹果烂果率仅为7.7%，好果率达90.4%。

3）延长贮藏期和货架期

涂蜡后的农产品表面气孔被封闭，从而降低农产品呼吸强度、乙烯释放量等采后生理代谢。如：未涂蜡的红富士苹果在20℃货架期间，其苹果内源乙烯释放量为83.60μL/L，而未涂蜡处理的红富士苹果内源乙烯释放量为90.27μL/L。经涂蜡处理的苹果，货架期可延长5～7d。

4）改善农产品外观颜色和品质

在涂蜡材料中混用增色剂，称为上色，则农产品外观更加美丽。上色多用于上市之前的果实处理。如添加橘红或橘黄色素的涂蜡材料应用于柑橘、甜橙的涂蜡处理，可以达到美化果实外观的效果。

2. 涂蜡的种类和应用

目前应用的大多数蜡涂料都以石蜡和巴西棕榈蜡混合作为基础原料。石蜡可以很好地控制失水，而巴西棕榈蜡能使农产品产生诱人的光泽。近年来，含有聚乙烯、合成树脂物质、乳化剂和润湿剂的蜡涂料被逐渐应用，它们常作为杀菌剂的载体或作为防止衰老、生理失调和发芽抑制剂的载体。我国开发的 CFW 果蜡，又称吗啉脂肪酸果蜡，是一种水溶性的果蜡，可以作为水果和蔬菜采后商品化处理的涂蜡保鲜剂，其质量已达到国外同类产品水平。虫胶（紫胶）以 2 号、3 号涂料的性能比较稳定，效果好。紫胶涂料溶液通常用水冲稀搅拌均匀后使用，加水量一般为涂料重的 1～4 倍。紫胶涂料最好随配随用，稀释后的紫胶不宜久存，每 1kg 紫胶可涂果品 1000kg 左右。

3. 使用涂蜡应注意的事项

(1) 涂蜡厚薄均匀、适当。

(2) 涂蜡材料、混用的增色剂（称为上色）必须安全无毒、无损人体健康。即涂蜡材料为食用蜡和食用色素，而且在国家安全标准之内的使用剂量。

(3) 成本低廉，使用方法简便，材料易得，便于推广。

(4) 涂蜡处理只能在一定的期限内起辅助作用，只能对短期贮藏、运输或上市前的农产品进行涂蜡处理，或农产品贮藏之后上市之前的涂蜡处理，以改善农产品的外观。对长期贮藏的农产品，涂蜡处理应该慎重。

4. 涂蜡处理的方法

1) 浸涂法

将涂料配成一定浓度的溶液，把水果和蔬菜浸入溶液中，一定时间后，取出晾干、包装、贮藏和运输。此法耗费蜡液多，不易掌握涂膜厚薄。

2) 刷涂法

用细软毛刷或用柔软的泡沫塑料蘸上涂料液在果实表面涂刷以至形成均匀的涂料薄膜。

3) 喷涂法

水果和蔬菜清洗干燥后，喷涂上一层均匀的薄层涂料。

（三）贴标

贴标（labeling）是农产品商品化处理的重要环节，是加快实施农产品品牌战略、发展农产品标准化、精细化、国际化的必要环节。在世界范围内，现在越来越多的销售商为分级后的农产品贴标，以显示农产品的标准信息，如品种、产地、尺寸及一个产品追踪编码等。

1. 对标签纸的要求

1) 安全性

用于农产品的不干胶标签，应使用食品级的胶黏剂，对人体食用安全无影响。

2）黏结性

标签贴在农产品表面上要贴得牢，特别是对表面粗糙、多毛或涂蜡的果品，要轻柔且牢固地贴上标签。

3）易揭性

在保证标签不与底纸自行分离的前提下，标签与底纸间要有良好的剥离性。易揭性的另外一层含意是指贴在农产品表面上的标签既要粘得牢，也要容易揭去。

4）防水性

有的贴上标签的农产品在冷藏条件下需要保存较长时间，因此要求标签可在冰冷与潮湿的冷藏情况下具有良好的防水性。

5）抗拉性

自动贴标机都是牵动标签底纸来移动标签的，标签底纸要有良好的抗拉断性。

2. 贴标的分类

贴标可分为人工贴标和自动贴标。在我国，农产品贴标基本上还是人工贴标方式。人工贴标作业主要存在以下问题：

（1）贴标速度慢、用工量多。

（2）贴不牢。

（3）标签易污染。贴标工人的手频繁接触标签纸，标签受污染的机会增加，影响到农产品的商品性。因此，从适应农产品采后商品化处理的形势要求，以及减少用工和提高生产效率的角度出发，加强对农产品自动化贴标技术的研究、提高我国农产品贴标自动化的程度是很有必要的。

3. 贴标机的发展

从1974年美国FMC公司申请第一个果品贴标机专利以来，果品贴标技术的发展非常迅速，出现了英国Sinclair、美国FMC、澳大利亚DIX和以色列Hadran等果品贴标机生产厂家。贴标机种类多种多样、各具特色，可以适应不同果品采后处理生产线的要求。

按采后作业的自动化程度，果品贴标机可分为手持半自动式果品贴标机和在线全自动式果品贴标机两大类。根据将标签贴到果品表面的方式，果品贴标机可分为压贴式果品贴标机和气贴式果品贴标机两大类。在保证贴得牢和不伤果品的前提下，果品自动化贴标技术的发展将呈现高速化、智能化、低耗化和无纸化的趋势。

二、愈伤

愈伤处理（curing）是指农产品在受到某种程度的损伤后，给予一定的条件，使农产品依靠本身的能力使伤口自行愈合的过程。农产品在采收和采后处理过程中，不可避免地会造成机械损伤，即使是微小的不易发觉的伤口，也会招致微生物的入侵而引起腐烂。马铃薯、洋葱、胡萝卜等农产品有伤口自行愈合的特点，人们利用农产品的这种特点，创造其适宜伤口愈合的环境条件，促进其伤口愈合，以抵抗病原菌入侵、减少采后腐烂损失。

(一) 愈伤要求的环境条件

农产品在愈伤过程中的呼吸作用加强会形成大量的中间产物，促进不利于病原菌入侵的多元酚等物质的合成；同时，农产品在愈伤过程中，伤口周围的组织会分化形成木栓层等保护组织而抑制病原菌的入侵。

1. 温度

温度是愈伤中非常重要的影响因素。在适宜的温度范围内，伤口愈合快且表皮组织平整；温度过低，则伤口愈合时间长，不能有效阻止病原菌的入侵；温度过高，则伤口组织易加速失水，影响伤口愈合。愈伤适宜温度因不同种类农产品而异，愈伤时，需要选择适宜的温度条件。马铃薯在12℃下愈伤处理10～12d，之后在4～9℃下贮藏；番薯（甘薯）在30℃下愈伤处理5d，之后在12℃下贮藏；洋葱贮藏之前在28℃下愈伤处理3d，可以延长其贮藏保鲜期。

2. 湿度

多数农产品愈伤需要较高的相对湿度条件，以保持伤口周围湿润，利于周皮细胞等保护层的形成。一般要求相对湿度为90%～95%，有的要求更高的相对湿度，如山药（淮山）在95%～100%的相对湿度条件下更有利于愈伤。

此外，有的农产品在愈伤及贮藏中均需要较低的相对湿度条件。如洋葱、大蒜等收获后需要经过晾晒，使外部鳞片干燥而以起保护作用，从而抑制洋葱、大蒜水分蒸发和减少病原菌入侵。

3. 通气良好

愈伤的场所要求通气好，有充足的O_2，以利于物质的合成和伤口的修复。

(二) 农产品内因对愈伤的影响

不同的农产品愈伤的难易程度差异很大。根茎菜类、南瓜、苹果等农产品的愈伤能力较强，柑橘类、核果类、果菜类等农产品的愈伤能力很弱；而浆果类、叶菜类、切花类等农产品则没有愈伤能力。因此，愈伤处理只是对那些能力强的农产品种类。此外，即使农产品经过处理后伤口能够愈合，但在愈伤过程中会消耗营养物质，因此，在农产品采收和采后处理过程中，最重要的是尽可能避免造成机械损伤。

愈伤作用也受农产品成熟度的影响。一般幼嫩、生长旺盛的农产品及成熟度低的农产品的伤口易愈合，而衰老或成熟度高的农产品的愈伤能力显著衰退，农产品一旦受伤则伤口难以愈合。

(三) 愈伤的场所

愈伤可在专门的处理场所进行，要求愈伤处理场所有加热装置。愈伤也可以在没有加热装置的贮藏库或窑窖中进行。目前我国用于农产品愈伤处理的专门设施较少，但由于我国农产品从采收到入库贮藏的时间较长，一般需要数天时间，这期间实际上也存在着部分愈伤作用。农产品在常温库贮藏时，愈伤作用也在贮藏期间缓慢进行，只是由于常温库温度偏低，需要的愈伤时间要长一些。此外，马铃薯、甘薯、洋葱、大蒜、姜等农产品贮藏前需要晾晒处理，晾晒过程中也进行愈伤作用。

虽然农产品在常温下伤口能够自行愈伤，但由于农产品采后处理各工序都是在空气流通的环境中进行，如果将带伤的农产品装入塑料帐或塑料袋中贮藏，由于帐、袋中空气不流通，同时氧气含量低、湿度高，农产品伤口很难愈合，损伤极易引起农产品腐烂，尤其在常温下，腐烂损失严重。

三、脱涩

有些果实在完熟以前有强烈的涩味而不能食用，如涩柿果实含有单宁物质是产生涩味的根本原因。单宁存在于果肉细胞中，食用时因细胞破裂流出，可溶性的单宁与口舌上的蛋白质结合，使蛋白质凝固，味觉下降而产生涩味。如果使可溶性的单宁物质变为不溶性的单宁物质就可避免涩味的产生。脱涩（removal of astringency）的原理为：涩果进行无氧呼吸时可产生乙醛、丙酮等中间产物，这些中间产物可与可溶性的单宁物质结合，使其溶解性发生变化，单宁物质变为不溶性，涩味就可脱除。根据以上原理，可以采取某种方法，使果实产生无氧呼吸，使单宁物质的溶性变化而脱涩。

（一）温水脱涩

涩柿果实在40℃下的乙醇脱氢酶和丙酮酸脱羧酶活性最高，此温度下果实产生的乙醛最多，涩柿脱涩时间短。具体方法为：将涩柿果实在40℃左右的温水中浸泡20h就可脱涩。温水脱涩效果的关键是控制水温。水温过低，脱涩慢；水温过高，果皮易被烫裂，果肉呈水渍状，果实褐变，而且酶活性受到抑制或酶结构遭到破坏，长时间脱涩后果实仍有明显的涩味。此外，脱涩时间的长短还与品种、成熟度有关。温水脱涩的柿果风味稍淡，而且柿果贮藏期短，2～3d后柿果颜色变褐、果实变软。因此，温水脱涩适合小规模、但不适合大规模的脱涩处理，经温水脱涩的柿果适合就地供应、零售和家庭消费。

（二）冷水脱涩

涩柿果实在冷水中进行无氧呼吸产生丙酮，再转变为乙醛、乙醇而脱涩，该脱涩方法的涩柿果实酶活性较低，需要较长的脱涩时间。具体方法为：涩柿果实装筐后浸泡在冷水中5～7d就可脱涩。冷水脱涩法不需要加温设备，与温水脱涩法相比，经冷水脱涩的果实较脆。

（三）石灰水脱涩

石灰水脱涩使涩柿果实进行无氧呼吸产生乙醛，导致可溶性单宁变为不溶性单宁；同时，石灰水中的钙离子渗入单宁细胞中，可引起可溶性单宁沉淀和抑制原果胶的水解。具体方法为：先用水把石灰溶化，然后加水稀释成3%～5%的浓度。将涩柿果实浸入石灰水中，水要淹没涩柿果实，经3～4d就可脱涩。脱涩后的柿果肉质硬脆，不易腐烂，该脱涩方法很常用。但脱涩后的柿果表面附有一层石灰，影响美观，如果处理不当会引起柿果裂果。

（四）食盐、明矾溶液脱涩

食盐、明矾混合溶液脱涩使涩柿果实进行无氧呼吸产生乙醛，导致可溶性单宁变为不溶性单宁。同时，溶液中的钠离子和铝离子等可渗入单宁细胞，与可溶性单宁结合产生沉淀而脱涩。具体方法为：50kg 水加 1.5kg 食盐和 0.5kg 明矾，搅拌混匀后，将涩柿果实放入即可。此法脱涩后的柿果味甜而脆，贮藏时间长，适合长距离运输。

（五）酒精脱涩

将 35%～75%酒精或白酒喷洒于涩柿果实表面，每 1kg 涩柿果实的酒精用量为 5～7mL，将果实密闭于容器中，在室温下 3～5d 就可脱涩。

（六）高二氧化碳脱涩

高二氧化碳处理脱涩是目前大规模的涩柿果实脱涩方法。具体方法为：将涩柿果实堆码在密闭的塑料薄膜帐内，从压缩钢瓶中通入二氧化碳，使塑料薄膜帐内的二氧化碳浓度达到并保持在 60%以上，降低氧气的浓度，造成缺氧呼吸，当温度为 40℃左右时，10h 就可脱涩，当温度为 25～30℃时，1～3d 就可脱涩。用此法脱涩的柿果质地脆硬，可存放的时间较长，成本也较低。此外，也可利用工业生产的二氧化碳，用量为每 5000kg 涩柿通入 35kg 二氧化碳。

（七）冻结脱涩法

冻结脱涩是我国北方涩柿的主要方法之一，冻柿吃起来别具特色。涩柿果实经过低温冷冻一段时间，由于可溶性单宁变为不溶性单宁，涩味就可脱除。研究表明，涩柿果实－30～－20℃快速冻结时的脱涩效果最佳。柿果冻结后不宜移动或振动，食用时要缓慢解冻，以防止果肉解体变质。

（八）保鲜膜包装脱涩

在包装袋内通过人为与自然调节气体相结合，短期内迅速达到适宜的 CO_2 和 O_2 比例，使涩柿果实在低 O_2 高 CO_2 的环境中脱涩。该法脱涩时间长，但脱涩后的柿果较脆、保鲜效果好，适合长途运输。

（九）混果脱涩

将涩柿与苹果、梨、猕猴桃、香蕉等成熟果实混放置于密闭室内。每 50kg 涩柿可混放 2.5～5kg 其他果实，在常温下经过 5～7d 即可脱涩。用此法脱涩的果实有特殊的香味。

（十）乙烯脱涩

在密闭室内通入乙烯进行催熟脱涩。涩柿果实脱涩一般采用 0.05%的浓度的乙烯，温度在 18～25℃，相对湿度 85%为宜。经 2～3d 就可脱涩。乙烯可促进果实呼吸，产生乙醇和乙醛而使涩柿脱涩。

（十一）乙烯利脱涩

柿果着色时，柿果用250～300mg/L的乙烯利溶液浸3min，在室温下（20～23℃）脱涩，3～4d就可脱涩；如用150～200mg/L的乙烯利溶液，5d就可脱涩。

四、检疫杀虫处理

检疫杀虫处理（inset disinfestations）是针对检疫危险性有害昆虫除害防疫的有效手段，是进出口农产品的重要环节。农产品携带的检疫危险性有害昆虫通过国家或地区之间的农产品贸易而传播，进口国常常设置检疫关卡来检查。此外，农产品出口国必须根据进口国的要求，出口前将农产品进行杀虫处理。实蝇（fruit fly）是许多鲜活农产品进口国（尤其是美国和日本）的检疫对象。

目前国际上农产品的检疫杀虫处理主要有低温处理、热处理、高能电子辐射（如Co^{60} γ射线辐射）等方法。

（一）低温杀虫处理

许多害虫都不能忍受低温，所以可用低温处理消灭害虫。低温杀死害虫的原理：低温能降低害虫的活动能力，并使害虫逐渐进入冷昏迷状态；低温使害虫的代谢速度变慢，进而生理功能失调和新陈代谢被破坏。长期处于冷昏迷状态的害虫，在低温温度和低温处理时间的综合作用下，害虫就会死亡。低温是防治热带农产品实蝇等害虫的有效检疫杀虫处理方法，该方法已用于许多国家多种水果的检疫杀虫处理，但检疫杀虫处理时间与处理温度有关。

低温处理是国际上通常使用的检疫杀虫处理技术，要求在0～2℃以下处理15d以上。如美国检疫机构对从有地中海实蝇（Mediterranean fruit fly）地区进口的农产品规定进行如下的低温处理：在5℃以下低温处理10d；在0.6℃以下低温处理11d；在1.1℃以下低温处理12d；在1.7℃以下低温处理13d；在2.2℃以下低温处理16d。美国现行法律允许经0～1.7℃低温处理的15d的农产品进入美国。1.1℃低温处理15d被推荐为龙眼果实杀虫的方法。但是龙眼果实在1.1℃低温处理会产生果皮黑色斑点（低温冷害），而且果实离开冷藏后迅速劣变。1℃以下低温处理15d或1.38℃以下低温处理18d被推荐为供出口美国、澳大利亚荔枝、龙眼的低温处理温度与时间。

（二）热处理杀虫技术

检疫处理的杀虫的热处理（heat treatment）技术包括热空气处理（vapor heat treatment，VHT）和热水处理（hot water treatment，HWT）。

1. 热空气杀虫处理

在美国、澳大利亚和日本等发达国家，热空气杀虫技术主要用于受实蝇类危害的水果和蔬菜的检疫处理。此方法是用饱和的热蒸汽来提高被处理的农产品温度，使农产品达到所要求的检疫杀虫温度并持续一定时间。热蒸汽在农产品表面冷凝释放的潜热使被处理的农产品温度快速、均匀地提高。生产上应根据农产品和害虫的种类来决定热空气处理温度和处理时间。热空气处理后的农产品需要立即冷却。在日本，要求热空气处理的农产品中心温度达到46.2℃并保持20min，然后冷却到2℃并保持42h。

近年来，福建农林大学和福建漳州德兴（果蔬）公司合作，根据国内外对荔枝、龙眼的褐变机理、果实寄生虫耐热特性、果实物理保鲜法等多项科研成果，开发出每小时处理5t荔枝、龙眼、芒果、柑橘等热带果实的热蒸汽杀虫处理设备，并对该设备技术成果进行转化。该设备与工艺技术经实验证明和专家鉴定，并经中国政府与日本农林水产省双方认可，可实现杀死荔枝中存在的桔小实蝇、虫、卵，抑制表皮褐变，较好地保持新鲜荔枝原有的色、香、味，达到工业生产要求，用该设备处理的物理技术保鲜龙眼在我国首次成功保鲜龙眼300t到美国、澳大利亚市场，成功保鲜7000t鲜龙眼、鲜荔枝到日本、澳大利亚、东南亚（新加坡、马来西亚等）市场，产品符合进口国对有害生物检疫处理的技术要求和食品卫生质量安全标准。

2. 热水杀虫处理

热水浸泡（hot water immersion）处理法是检疫处理的杀虫的主要方法。热水杀虫处理采用的温度与时间必须符合既能杀死害虫又不超出处理农产品的忍受程度。农产品通常应用49℃热水浸泡15～20min，以控制检疫性害虫实蝇。49℃热水浸泡20min可用于龙眼、荔枝的检疫杀虫处理。49℃热水浸泡20min用于控制龙眼实蝇尤其果蛀虫（*Conopomorpha sinensis*，爻纹细蛾），49℃热水处理15min能杀死实蝇（*Bactrocera dorsalis*，*B. cucurbitae*）、果蛀虫（*Conopomorpha sinensis*）等检疫性有害生物，但并不影响龙眼果实食用品质。

3. 热蒸汽处理结合低温杀虫技术

采用热蒸汽处理结合低温对供保鲜出口的热带果实进行检疫杀虫处理。如：供保鲜出口日本、美国和澳大利亚的荔枝、龙眼，采用热蒸汽处理结合低温对荔枝、龙眼进行检疫杀虫处理，检疫处理要求热蒸汽处理时荔枝、龙眼果肉中心温度达到46.2℃并保持20min，然后冷却到2℃并保持42h用于杀灭实蝇。

4. 热处理结合气调杀虫技术

热处理结合低O_2和/或高CO_2的气调（CA，controlled atmosphere）杀虫技术，是近年来国际上对鲜活农产品进出口有害生物检疫处理的物理处理新技术，由于该技术为非化学、无药剂残留、无环境污染等特点，目前受到发达国家的认可，是一种很有发展前途的有害生物检疫处理方式。

（三）高能电子辐射杀虫技术

辐射是一种有前途的检疫处理方法，已广泛应用于热带水果如芒果、番木瓜等的杀虫杀卵。100～300Gy ^{60}Co γ射线辐射能保持龙眼果实品质而作为龙眼的检疫杀虫处理方法。75～300Gy ^{60}Co γ射线辐射能杀死荔枝果实中的昆士兰实蝇（Queensland fruit fly）虫卵和幼虫，而且对荔枝果实的物理、化学和感官特性无影响。

X射线（X-ray）是一种波长较短的电磁波，它具有较强的穿透力，可杀死其内部的虫卵。国际上应用电子加速器产生的X射线开展出口龙眼、荔枝X射线照射的检疫杀虫处理（X-ray irradiation quarantine treatment）试验，发现电子加速器装置用400Gy辐照剂量能作为出口美国龙眼、荔枝的检疫杀虫处理方法。与49℃热水浸泡20min的荔枝、龙眼检疫杀虫处理方式相比，经辐照剂量为400Gy X射线照射后的荔枝在2℃或5℃下贮藏8d、经辐照剂量为400Gy X射线照射后的龙眼在10℃下贮藏21d，能更好地保持荔枝、龙眼的品质。因此认为，X射线照射是一种更能保持荔枝、龙眼果实品质而作为鲜果市场的检疫杀虫处理方法。

（四）高能电子辐射结合低温检疫杀虫技术

“乌龙岭”龙眼经50～70Gy ^{60}Co γ射线辐射或400Gy X射线照射后结合1～2℃低温检疫处理10d，“乌叶”荔枝果实经150～400Gy X射线照射后结合2℃低温检疫处理8d或4℃下贮藏9d，能够有效控制龙眼、荔枝果实实蝇和其他害虫，而且能保持果实品质、延长果实保鲜期。该方法与标准的低温处理检疫杀虫方法（1℃以下15d或1.38℃以下18d）相比，可以缩短检疫杀虫处理的时间。

（五）农产品保鲜出口的检疫杀虫处理条件和程序

1. 供保鲜出口荔枝的检疫杀虫处理条件和程序

采用热蒸汽处理法结合低温处理对供保鲜出口的荔枝进行检疫杀虫处理。以出口日本为例，热处理要求果肉中心温度达到46.2℃并保持20min，然后冷却到2℃并保持42h用于杀灭果蝇。输日鲜荔枝的检疫处理具体操作程序如下：

（1）温度探针的检查、校正：热蒸汽室探针，采用水浴法，保持在46.2℃稳定30min，用标准温度计校正所有探针。

（2）热蒸汽处理：用饱和热蒸汽使鲜果果肉中心部分的温度保持在30～41℃、50min内直线上升至46.2℃，并在此温度下保持20min，在热蒸汽处理过程中，热蒸汽室空气温度保持在46.2℃或以上，此时应控制室内空气温度在47℃左右，以免过高造成果实热损伤。

（3）预冷阶段：热蒸汽处理后即进入预冷阶段。果实先在热蒸汽室内冷却约10min，搬出热蒸汽室后，立即放入冷水槽降温。两个水槽各装有2台水泵，均为流动循环冷却，其制冷强度是预冷的关键，一般控制出水槽时的果温在2℃为宜，果实出水槽后用塑料袋包装（以免水分散失），分层次、有间隔地排列于冷库中。

（4）低温处理：使经热蒸汽处理后的鲜果果肉中心温度在6h内下降到2℃，果温最好控制在1.5～1.8℃，过高应立即回调，太低则会造成冻害。此过程是至关重要的环节，必须专人专职负责。低温处理40h后，中国和日本检疫官对低温处理40h的过程记录温度（每小时打印一次记录）并进行确认，同时用“冰水法”检查各探针是否无误，探针的误差应在±0.3℃内。

2. 供保鲜出口龙眼的检疫杀虫处理条件和程序

1）热蒸汽处理法

出口美国和澳大利亚的龙眼，采用热蒸汽处理法对龙眼进行检疫杀虫处理。热蒸汽处理技术参数为47℃处理15min或46℃处理20min（上述温度均指果肉中心温度）。整个处理过程不能少于2h，此过程包括加热以使果肉达到处理温度及恢复到环境温度。当所有果肉中心温度探针达到所需的温度时，即至少46℃或47℃，处理才算开始，果肉中心温度必须维持到所需的时间，即分别不少于20min或15min。热蒸汽处理需在中国经批准的包装厂热蒸汽设施内完成。

2）低温处理法

美国现行法律允许经0～1.7℃低温处理的果实进入美国。1.1℃贮藏15d被推荐为龙眼果实杀虫的方法。

3）热蒸汽处理结合低温处理

采用热蒸汽处理法结合低温处理对供保鲜出口美国和澳大利亚的龙眼进行检疫杀虫处理，检疫处理要求热处理时果实中心温度达到46.2℃并保持20min，然后冷却到2℃并保持42h。

参 考 文 献

卜凡艳，韩剑众．2008．无损检测技术在食品品质检测中的应用［J］．食品工业科技，27（7）：221～224．

陈道明，吴洁芳，王真，等．2010．柿果脱涩机理及脱涩方法研究进展［J］．广东农业科学，3：157～161．

陈石榕．2004．鲜龙眼国际标准［J］．农业质量标准，（1）：46～47．

陈永生，梁苏宁，钟成义，等．2008．自动化水果贴标技术的应用［J］．农机化研究，8：220～223．

高海生，李润丰，刘秀凤．2008．园艺产品采后商品化处理技术研究进展［J］．食品科学，29（9）：627～631．

高雪丽，高愿军．2006．鲜切果蔬加工与微生物控制［J］．农产品加工，12：24～25．

郝亚勤．2009．鲜切果蔬商品化处理过程中的品质变化及保鲜技术［J］．广东农业科学，5：133～134，152．

胡文忠．2009．鲜切果蔬科学与技术［M］．北京：化学工业出版社．

黄可辉，张晓燕，郭琼霞，等．2005．出口荔枝龙眼的检验检疫与冷处理［J］．热带农业科学，3：30～31．

黄振喜．2009．鲜切果蔬的加工工艺［J］．农产品加工，9：53～54，56．

李家庆．2003．果蔬保鲜手册［M］．北京：中国轻工业出版社．

林河通．2003．龙眼果实采后果皮褐变机理和采后处理技术研究［D］．杭州：浙江大学．

罗海波，姜丽，余坚勇，等．2010．鲜切果蔬的品质及贮藏保鲜技术研究进展［J］．食品科学，31（3）：307～311．

罗云波，蔡同一．2001．园艺产品贮藏加工学（贮藏篇）［M］．北京：中国农业大学出版社．

滕斌，王俊．2001．国内外瓜果品质的无损检测技术［J］．现代化农业，1：2～4．

王俊宁，饶景萍，任小林，等．2002．切割果蔬加工与贮藏的研究进展［J］．西北农林科技大学学报（自然科学版），30（1）：141～144．

王向阳．2002．食品贮藏与保鲜［M］．杭州：浙江科学技术出版社．

张立彬，胡海根，计时鸣，等．2005．果蔬产品品质无损检测技术的研究进展［J］．农业工程学报，21（4）：176～180．

张彧，杨启容，刘大维．2007．柱形蔬菜的真空预冷实验［J］．农业机械学报，38（3）：194～196．

郑永华．2006．食品贮藏保鲜［M］．北京：中国计量出版社．

郑永华. 2010. 食品保藏学 [M]. 北京：中国农业出版社.

周山涛. 1998. 果蔬贮运学 [M]. 北京：化学工业出版社.

Gross K C, Wang C Y, Saltveit M (Eds.). 2004. USDA Agriculture Handbook Number 66: The Commercial Storage of Fruits, Vegetables, and Florist and Nursery Stocks [M]. Washington: US Department of Agriculture.

Jiang Y M, Zhang Z Q, Joyce D C, et al. 2002. Postharvest biology and handling of longan fruit (*Dimocarpus longan* Lour.) [J]. Postharvest Biology and Technology, 26 (3): 241-252.

Lin H T, Chen S J, Xi Y F. 2003. Commercial postharvest handling and storage technology of litchi fruit [J]. Transactions of the CSAE, 19 (5): 126-134.

Lin H T, Ketsa S, Holcroft D M, et al. 2002. Establishment of commercial postharvest handling system for longan fruit [J]. Transactions of the CSAE, 18 (5): 167-174.

Menzel C, Waite G (Eds.). 2005. Litchi and Longan: Botany, Cultivation and Uses [M]. Wallingford: CAB International.

第四章 农产品采后病害及其控制

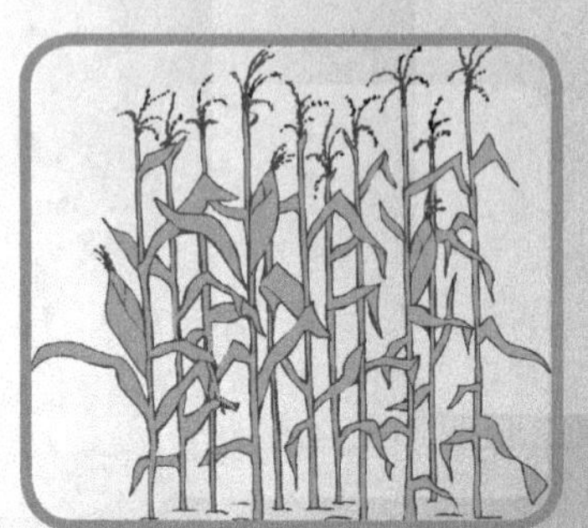

内容提要

本章以水果和蔬菜为对象，从病理、生理和生化角度全面叙述了农产品采后病害的发生机理及控制措施。

教学目标

1. 了解采后侵染性病害的种类、主要病害的症状及其病原物，掌握采后病害的发生和发展规律，病原物的侵入时期及其途径。

2. 熟悉病原物破坏寄主所采取的方式，寄主进行防卫时所产生的各类反应；了解病原物侵染后寄主体内发生的生理变化。

3. 掌握采后病害的一般性控制方法及非杀菌剂控制措施。

重要概念及名词

病原物　寄主　病程　潜伏侵染　胞外酶　毒素　防卫反应　次生代谢　病害控制　杀菌剂　冷藏　气调贮藏　热处理　辐照　公认安全药物　生物防治　诱导抗性

思考题

1. 请说出10种常见果蔬的主要采后病害及病原物。

2. 病原物是在什么时候、通过什么途径侵入寄主的？影响病原物侵入的因素有哪些？

3. 病原物通过什么方式来破坏寄主获取营养？

4. 寄主感病后会发生哪些主要的生理变化？

5. 寄主是如何对病原物的侵入和扩展进行防卫的？

6. 怎样控制侵染性病害？

7. 使用杀菌剂控制采后病害中应该注意哪些方面？

8. 通过何种措施可提高果蔬的抗性？

9. 采后病害的物理、化学和生物控制措施有哪些？原理如何？

10. 如何提高非杀菌剂控制采后病害的效果？

采后病害（postharvest diseases）包括侵染性病害（infectious diseases）和生理紊乱（physiological disorder）两类，以侵染性病害为重点，这类病害由其他生物在生长期间或采收以后侵染果蔬引起。能造成侵染的其他生物常被称为病原物（pathogen），主要为真菌和细菌，而被病原物侵染的产品则被定义为寄主（host），主要包括各类水果和蔬菜。只有病原物、寄主和适宜环境共同存在的情况下侵染性病害才会发生。生理紊乱也即采后胁迫，由采前和采后的不良环境条件引起，详细内容可参见本书第二章第六节。果蔬采后均可发生不同程度的采后病害，严重者几乎全军覆没。由于我国的果蔬冷链还处于初步阶段，大多数产品的采后贮藏及物流仍在常温条件下进行，加之粗放的包装和采后处理，采后病害造成的损失往往更大。因此，掌握侵染性病害的发生原因及发展规律，通过安全有效的措施对其加以减轻或控制（即防腐，control decay）是采后科技人员所面临的重要任务。

第一节　病害种类

大约有 40 个种的真菌和细菌与果蔬腐烂密切相关。由于大多数水果的 pH 较低，故主要受真菌的侵染。而蔬菜则主要受真菌和细菌的双重侵染。因此，果蔬采后病原物以真菌为主。生长期间的果蔬对病原物具有较强的抵抗力，采收以后随着成熟和衰老的进行，体内的抗病性逐渐降低，对病原物的侵染就变得越来越敏感，病害的发生率和严重程度也就越来越高。

一、真菌性病害（fungal diseases）

每种果蔬可受到十几至几十种病原真菌的侵染，但只有少数几种最为重要。例如，由扩展青霉引起的青霉病是苹果和梨的主要采后病害，由匍枝根霉引起的软腐病是桃和杏的主要采后病害，灰葡萄孢是造成葡萄腐烂的主要病原物等。有些病原物寄主范围较广，如青霉、根霉、灰葡萄孢、交链孢、镰刀菌和白地霉可侵染多种果蔬。相反，有些病原物对寄主具有较强的选择性，例如，指状青霉引起柑橘果实的绿霉病，但不会侵染苹果和梨；扩展青霉侵染苹果和梨，但不危害柑橘果实；果生链核盘菌引起桃、樱桃、苹果和梨等温带果实的褐腐病，但不侵染热带果实。

采后真菌性病害的病名常根据病部症状的典型特征而称为软腐病、干腐病、褐腐病、青霉病、灰霉病、黑斑病等。由于这一命名规则往往造成一病多名或一名多种病原物的混乱，因此，在对病害的识别中除了对症状进行认真细致的观察外，还需要对病部的病原物进行分离、纯化和鉴定。最后根据症状的特性和病原物的鉴定结果进行确诊。

引起采后病害的真菌性病原物主要分属半知菌亚门，少数分属鞭毛菌、结合菌及子囊菌亚门。表 4-1 列出了一些由真菌引起的常见采后病害的病名、病原物以及寄主。

表 4-1 常见的采后真菌性病害

病原物	病害	寄主
青霉属（*Penicillium*）	青霉病	番茄、黄瓜、甜瓜、荔枝、枣
指状青霉（*P. digitatum*）	绿霉病	柑橘
扩展青霉（*P. expansum*）	青霉病	仁果类、核果类、葡萄
意大利青霉（*P. italicum*）	青霉病	柑橘
链格孢属（*Alternaria*）		
互隔交链孢（*A. alternata*）	黑斑病	核果类、仁果类、葡萄、柿子、番木瓜、茄果类、瓜类、豆类、甘蓝、花椰菜、玉米、胡萝卜、马铃薯、甘薯、洋葱
	蒂腐病	鳄梨、芒果、番木瓜
	心腐病	苹果、梨
柑橘链格孢（*A. citri*）	蒂腐病	柑橘
葡萄孢属（*Botrytis*）		
葱腐葡萄孢（*B. allii*）	颈腐病	洋葱
灰葡萄孢（*B. cinerea*）	灰霉病	仁果类、核果类、葡萄、柿子、柑橘、草莓、悬钩子、枇杷、茄果类、瓜类、豆类、甘蓝、大白菜、花椰菜、莴苣、胡萝卜、洋葱、蒜薹、马铃薯、甘薯、绿叶蔬菜
镰刀菌属（*Fusarium*）	干腐或软腐病	茄果类、瓜类、豆类、甘蓝、芦笋、玉米、胡萝卜、马铃薯、甘薯、洋葱、大蒜、绿叶蔬菜
	白霉病	甜瓜、绿叶蔬菜、豆类、地下根茎类
	果腐病	荔枝
粉红镰刀菌（*F. roseum*）	冠腐	香蕉
串珠镰孢（*F. monliforme*）	霉心病	苹果、梨
地霉属（*Geotrichum*）		
白地霉（*G. candidum*）	酸腐	核果类、柑橘、荔枝、龙眼、甜瓜、番茄、辣椒
盘长孢属（*Gloeosporium*）		
白盘长孢（*G. album*）	皮孔腐	仁果类
香蕉盘长孢（*G. musarum*）	炭疽病	香蕉
多年生盘长孢（*G. perennans*）	皮孔腐	仁果类
刺盘孢属（*Colletotrichum*）	炭疽病	叶菜，根菜，豆类
葫芦科刺盘孢（*C. lagenarium*）	炭疽病	瓜类
盘长孢状刺盘孢（*C. gloeosporioides*）	炭疽病	鳄梨、芒果、番木瓜
	皮孔腐	番石榴、柑橘
	苦腐病	核果类、仁果类
芭蕉刺盘孢（*C. musae*）	炭疽病	香蕉
腐霉属（*Pythium*）	软腐病	茄果类
疫霉属（*Phytophthora*）		
柑橘褐腐疫霉（*P. citrophthora*）	褐腐病	柑橘
致病疫霉（*P. infestans*）	晚疫病	马铃薯、番茄
恶疫霉（*P. cactorum*）	疫霉病	苹果、梨、草莓
丁香疫霉（*P. syingae*）	疫霉病	苹果、梨
棕榈疫霉（*P. palmivola*）	疫霉病	枇杷
根霉属（*Rhizopus*）		

续表

病原物	病　害	寄　主
匍枝根霉（*R. stolonifer*）	软腐病	核果类、仁果类、葡萄、鳄梨、番木瓜、草莓、悬钩子、枣、茄果类、瓜类、豆类、胡萝卜、马铃薯、甘薯、洋葱、大蒜、绿叶蔬菜
米根霉（*R. oryzae*）	软腐病	甜瓜
毛霉属（*Mucor*）		
高大毛霉（*M. mucedo*）	软腐病	甜瓜
冻土毛霉（*M. hiemalis*）	软腐病	番茄、草莓、悬钩子、甜瓜、玉米
梨形毛霉（*M. piriformis*）	软腐病	番茄、草莓
核盘菌属（*Sclerotinia*）		
向日葵核盘菌（*S. sclerotiorum*）	绵腐病	柑橘、悬钩子、茄果类、瓜类、豆类、绿叶蔬菜类、地下根茎类、结球蔬菜类
链核盘菌属（*Monilinia*）		
美澳型核果褐腐菌（*M. fructicola*）	褐腐病	核果类、仁果类
果生链核盘菌（*M. fructigena*）	褐腐病	核果类、仁果类
核果链核盘菌（*M. laxa*）	褐腐病	核果类
枝孢霉属（*Cladosporium*）		
草本枝孢（*C. herbarum*）	绿霉病	仁果类、核果类、葡萄、枣、番木瓜、无花果、番茄、辣椒、甜瓜
拟茎点霉属（*Phomopsis*）		
柑橘拟茎点霉（*P. citri*）	茎端腐	柑橘
曲霉属（*Aspergillus*）		
黑曲霉（*A. niger*）	黑腐病	葡萄、番茄、甜瓜、玉米、洋葱、大蒜
单端孢属（*Trichothecium*）		
粉红单端孢（*T. roseum*）	粉霉病	核果类、仁果类、香蕉、鳄梨、番茄、甜瓜

二、细菌性病害（bacterial diseases）

采后细菌性病害报道不多，仅少数几种细菌引起软腐（表 4-2）。造成软腐的细菌主要分属欧氏杆菌属和假单胞杆菌属。欧氏杆菌菌体为短杆状，不产生芽孢，革兰氏染色阴性反应，对氧气的要求不严格，在有氧或缺氧条件均可生长。该属中可引起采后腐烂的包括胡萝卜欧氏杆菌和菊欧氏杆菌两个种，主要造成绝大多数蔬菜的软腐。感病组织初为水浸状斑点，在适宜的条件下，病斑面积迅速扩大，最后导致组织全部软化溃烂，伴随产生不愉快的脓臭味。假单胞杆菌也不产生芽孢，革兰氏染色阴性反应，是好气性病原菌。该属中可引起采后腐烂的主要为边缘假单胞菌，可造成大多数叶菜类的软腐病，该属的致病症状与欧氏杆菌属的基本相似，但气味较弱。细菌性病害和真菌性病害在症状方面的最大区别就是前者病部表面没有霉状物，在病害发生的后期，病部常有茶褐色的液体溢出，并伴有脓臭味。由于采后细菌性病害的症状主要为软腐，故如要对病害确诊就需要对病部的细菌进行分离、纯化和鉴定。

表 4-2　常见的采后细菌性病害

病原物	病　害	寄　主
欧氏杆菌属（*Erwinia*）		
胡萝卜欧氏杆菌（*E. carotovora*）	软腐病	茄果类、瓜类、豆类、地下根茎类、结球蔬菜、绿叶蔬菜，部分水果
菊欧氏杆菌（*E. chrysanthemi*）	软腐病	大多数蔬菜以及部分热带和亚热带水果
欧氏杆菌（*Erwinia* spp.）	软腐病	大部分蔬菜
假单胞杆菌属（*Pseudomanas*）		
边缘假单胞杆菌（*P. mariginalis*）	软腐病	大多数蔬菜以及部分水果
丁香假单胞杆菌（*P. syringae*）	软腐病或斑点病	大多数蔬菜以及部分水果
假单胞杆菌（*Pseudomanas* spp.）	软腐病	大多数蔬菜

第二节　病程

为了深入了解病害的发展和有效地控制采后病害，必须掌握病原物的侵染过程，即病原物通过一定的传播方式与寄主可侵染部位接触，侵入寄主体内建立寄生关系，获得营养，并进一步繁殖和扩展，使寄主组织破坏或死亡，从而发生致病作用，显示病害症状的过程。因此，病原物的这种接触、侵入寄主，在寄主体内扩展，使寄主表现某种症状的过程就定义为病程（pathogenesis）。通常，病程分为侵入期、潜育期和发病期三个时期。

一、侵入期

从病原物接触侵入寄主开始，直到与寄主建立寄生关系为止的这一段时期，称为侵入期（infection period）。虽然病原物的侵入过程和机制复杂，但侵入所需的时间并不长，往往不超过24h。

（一）病原物侵入的时期及途径

有些病原物可在果蔬生长发育和成熟衰老的各个时期对产品进行侵染，而有些病原物只能在采收以后对产品进行侵染。因此，在采后病害的研究中通常将病原物侵入寄主的时期分为采前侵染和采后侵染两个时期。各种病原物侵入寄主的途径也存在差异。真菌大多是以孢子萌发形成的芽管通过自然孔口或伤口侵入，有些真菌还具有通过角质层直接侵入的能力。细菌则主要通过自然孔口和伤口侵入。

1. 潜伏侵染或采前侵染

采后病理学（postharvest pathology）特别将病原物在采收以前对寄主的侵染定义为潜伏侵染（latent infections 或 quiescent infection）。这是因为病原物在生长期间侵入寄主体内以后，由于寄主体内抗病性的存在而使侵入的病原物表现出某种潜伏状态，直到寄主成熟或采收以后，体内抗病性减弱，病原物才恢复活动，进而导致症状的出现。

潜伏侵染是采后病害的一个重要特点，由于侵入在采前发生，病原物又潜伏在寄主体内，因而造成了采后防腐的困难。

1）潜伏侵染发生的时期

潜伏侵染可早在花期发生。例如，灰葡萄孢可在柱头上迅速萌发，并经由花柱组织进入子房，形成对草莓和葡萄果实的早期潜伏侵染；定殖于花柱的互隔交链孢可经萼心间组织进入心室，形成对苹果霉心病的早期潜伏侵染。大多潜伏侵染是在果实发育期间发生的。例如，盘长孢状刺盘孢和盘长孢引起的柑橘、鳄梨、香蕉、芒果、番木瓜和西瓜炭疽病，互隔交链孢引起的番茄和甜椒的黑斑病，以及镰刀菌引起的甜瓜白霉病等。

2）病原物潜伏的部位

病原物主要潜伏在果皮或果皮下的组织中，果肉被侵染的几率不高。例如，采前侵染厚皮甜瓜的互隔交链孢和镰刀菌大多存在于表皮以下 1cm 左右的组织中。侵入未成熟果实的病原真菌进入潜伏状态时所处的发育阶段是不同的，在孢子萌发、芽管伸长、附着胞形成和侵染丝产生的各个阶段，都可受到寄主的抑制而处于潜伏阶段。例如，辣椒刺盘孢是以萌发的分生孢子形式在未成熟的辣椒表面潜伏；引起柑橘、鳄梨、香蕉、芒果、番木瓜和西瓜炭疽病的盘长孢状刺盘孢和盘长孢主要以埋藏在果实表皮或角质层内的附着孢形式潜伏。潜伏真菌在同一果实表皮中的分布也存在差异，通常果柄端的带菌率要明显高于其他部位。这一现象的形成与果实表面露水的分布状况有关。通常，靠近果柄部位的露水分布更多，由于果实表面可溶性营养物质如葡萄糖和果糖溶于露水进一步刺激了孢子的萌发。

3）病原物侵入的途径

（1）直接侵入（direct penetration）。是指病原物直接穿透寄主表皮细胞外缘的角质层和细胞壁侵入。角质层主要由蜡质、角质和类脂构成，但有时脂肪酸和羟基脂肪酸组成的复杂聚合物，使角质层的主要组成物质复杂化。角质层的外缘有时还有明显的蜡质层。角质层的化学性质稳定，对寄主具有良好的保护作用。病原物穿透尚未完全角质化的幼嫩组织比已经完全角质化的老熟组织要容易得多。具有直接侵入能力的病原物除上述的灰葡萄孢、盘长孢状刺盘孢、盘长孢外，还包括引起柑橘果实茎端腐的色二孢和拟茎点霉，以及引起桃和油桃褐腐病的果生链核盘菌。

（2）自然孔口侵入（penetration through natural inlets）。果蔬表面存在着多种自然孔口，如气孔、皮孔、萼孔等，可成为病原物侵入的途径，如核果类、瓜类和叶菜类表面的气孔，仁果类表面的皮孔和萼孔。真菌性病原物可通过孢子萌发形成的芽管直接进入自然孔口，细菌性病原物可通过自然掉落或在自然孔口周围的水膜中泳动的方式进入。通过气孔侵入的病原物主要有造成核果类和瓜类黑斑病以及叶菜类褐腐病的互隔交链孢；通过皮孔侵入的病原物主要有造成苹果皮孔腐烂的白盘长孢，以及引起马铃薯块茎采后细菌性软腐病的胡萝卜欧氏杆菌；通过萼孔侵入的病原物主要有造成苹果心腐病的粉红单端孢。

（3）伤口侵入（penetration via wounds）。生长期间果蔬表面形成的各类伤口，都可能是病原物侵入的途径。如甜瓜表面形成的网纹和裂纹是交链孢和镰刀菌的侵入途径，瓜类表面的日灼斑为交链孢侵入创造了条件，果实表面的鸟、虫伤为伤口病原菌的侵入提供了途径。

2. 采后侵染

采后侵染（postharvest infection）即病原物在产品采收以及采收以后各个处理环节所造成的侵染。

1）采后侵染发生的时期

可从采收开始一直到被消费之前，这些环节包括采收、分级、包装、运输、贮藏、销售等过程。对于采后病害来说，大多数病原物对产品的侵染发生在采后，因此，各类可减少采后侵染的措施均可明显降低采后侵染性病害的发生。

2）病原物侵入的途径

（1）产品表面的机械伤口（penetration via wounds）。所有的病原物均可通过表面的机械伤口进入产品体内，这也是采后病害研究中利用损伤产品的方法接种病原物的理论依据。有些病原物似乎只能通过表面的机械伤口侵染产品，例如，青霉、根霉、地霉和细菌。

在采收、分级、包装、运输等过程中即使仔细操作，果蔬表面的机械损伤也不可能完全避免。例如，香蕉的冠腐、菠萝的花梗腐烂，芒果、番木瓜、鳄梨、甜椒、洋梨及甜瓜的茎端腐烂，全部是通过采收时造成的割切伤口侵染引起的。过度挤压苹果和马铃薯块茎会造成表皮擦伤，就会刺激皮孔和损伤部位潜伏病原物的生长。苹果擦伤可引起皮孔内的扩展青霉的发展，也可诱发皮孔内潜伏的盘长孢活动。一些具有采前侵入寄主能力的病原菌，例如，灰葡萄孢、交链孢、镰刀菌、果生链核盘菌、盘长孢状刺盘孢等也可通过表面的机械损伤形成对产品的侵染。

（2）生理损伤（penetration following physiological damage）。低温冻害和冷害，高温热伤，高 CO_2 或缺 O_2，药害及其他不良的环境因素引起的生理损伤，会破坏产品的表面保护组织，使病原菌易于侵入，同时，伤害还会使果蔬自身的抗性降低。例如，葡萄柚冷害后易发生由柑橘拟茎点霉引起的茎端腐；番茄、辣椒、甜瓜和冬瓜冷害后易出现由互隔交链孢引起的黑斑病；葡萄受冻后易发生灰霉病；高 CO_2 或缺 O_2 伤害的苹果青霉病的发生率较高；热水处理虽然可以控制初始侵染柠檬的疫霉病，但果实易感染青霉病。贮藏环境通风不良，特别是块茎表面发汗是马铃薯干腐病和细菌性软腐病发病的主要条件。

（3）衰老组织（penetration due to tissue senescence）。衰老会造成果蔬表面蜡质、角质层发生变化，导致表面保护组织裂纹出现或气孔失去自身调控机能，致使某些病原菌，如青霉、交链孢、镰刀孢、根霉、地霉、根串珠霉等乘虚而入。在贮藏的后期由于组织衰老、抗性降低，产品受各类病原物侵染的几率便会显著提高。例如，甜瓜贮藏后期粉霉病和青霉病的发病率会明显增加；洋葱贮藏后期白霉病的发病率也会显著提高。

（4）采后处理（postharvest handling）。各类病原物孢子可通过空气循环在贮藏库和运输工具内传播；采后预冷、清洗、化学处理也是病原物传播的重要途径。例如，水冷会促进苹果青霉病的发生；二苯胺或乙氧基喹浸泡处理虽然可抑制苹果贮藏期间的虎皮病，但会增加青霉病的发病率。

（5）接触侵染（contact infection）。一些病原菌，如青霉、根霉、地霉、毛霉、灰葡萄孢等侵染引起的腐烂，可由发病果实传向与其相接触的健康果实。这种现象在苹果、梨、柑橘等的青霉病，桃、杏、甜瓜的软腐病，以及葡萄、草莓、番茄、甜椒等的灰霉病中尤为明显。

(6) 二次侵染（penetration following a primary pathogen）。一些破坏性严重的病原物往往会通过寄主表面初次侵染病原物形成的病斑而造成二次侵染。例如，细菌会通过疫霉引起的晚疫病病斑侵入马铃薯块茎，从而造成细菌性软腐；扩展青霉可经由白盘长孢造成的皮孔腐烂病部侵入苹果；软腐细菌可通过酸腐病部入侵番茄；根霉可经由炭疽病伤口侵入木瓜等。

（二）病原物侵入的过程

1. 病原物对寄主的识别

病原物正式侵入寄主之前有一个识别（identification）寄主的过程。通常病原物的繁殖体，如真菌的孢子、细菌的个体细胞，必须首先接触果蔬的感病部位，并在适应条件下，才有可能进行侵染。真菌孢子落在果蔬表面后侵染与否，受产品表面化学成分的调控。虽然真菌孢子一般都带有足够萌发产生芽管的营养物质，但也必须由外界供给一定的刺激物质才能促进其萌发和侵入。果蔬表面存在的一些营养和挥发性物质，会对孢子的萌发和芽管的生长具有一定的刺激作用。例如，柑橘果实挥发释放的柠檬烯和α-蒎烯可促进指状青霉的萌发。果蔬表面的某些成分以及某些孢子的自身分泌物也会抑制孢子萌发。此外，果蔬表面的其他微生物也可以产生抑制孢子萌发的物质。

2. 真菌的侵入过程

真菌性病原物直接侵入的典型过程是附着在寄主表面的孢子在适宜的条件下萌发产生芽管（germ tube），然后芽管的顶端膨大而形成附着胞（appressorium），附着胞通过分泌的黏液将其固定在寄主表面，接着从附着胞中产生较细的侵染丝或侵染钉（penetration peg），通过其表面分泌的胞外酶和机械力的作用直接穿过角质层和细胞壁进入细胞内或直接在细胞间隙中发展。进入寄主体内后，孢子和芽管里的原生质随即沿侵染丝向内输送，并发育成为菌丝体，吸取寄主体内的养分，建立寄生关系。

无论是直接侵入或从自然孔口、伤口侵入的真菌，都可以形成附着胞，但以直接侵入或由自然孔口侵入的真菌产生附着胞比较普遍；从伤口和自然孔口侵入的真菌也可以不形成附着胞和侵染丝，而直接以芽管形式侵入。

3. 细菌的侵入过程

引起采后病害的大多数细菌主要通过伤口或自然孔口侵入，病原物可通过直接落入的方式获取营养而繁殖发展，以及靠鞭毛的游动主动进入伤口或自然孔口。

（三）影响侵入期的环境条件

病原物的侵入和环境中的湿度和温度密切相关，其中以湿度的影响最大。

1. 湿度

大多数真菌孢子的萌发，细菌的繁殖和游动都需要在水滴里进行。果蔬表面的不同部位在不同时间内可以有雨水、露水等水分存在。其中有些水分虽然保留时间不长，但足以供应病原物完成侵入的需要。一般来说，湿度高对病原物侵入有利，而使寄主抗侵入能力降低。在高湿度下，寄主愈伤组织形成缓慢、自然孔口开张度大、表面保护组织柔软，从而使抵抗侵入的能力降低。通过伤口侵入的病原物，因果蔬体内的较高含水量而不受外界湿度的影响。

2. 温度

温度会影响到病原物的侵入速度。在一定的温度范围内，温度越高病原物的侵入速度也越快。各种病原物都具有其萌发和生长的最高、最适及最低的温度。愈远离最适温度，萌发和生长所需的时间也愈长，超出最高和最低温度，病原物便不能萌发和生长。一般情况下，贮运期间的外界环境温度基本可以满足病原物侵入的需要。除刺盘孢、根霉和细菌等部分病原物可被低温有效抑制外，一些病原物具有在接近0℃左右的低温条件下萌发生长的能力，这些病原物以交链孢、灰葡萄孢、枝胞霉和青霉最为典型。

二、潜育期

潜育期（incubation period）即从病原物与寄主建立寄生关系开始一直到寄主表现症状。

（一）潜育的时间

由于不同病原物的致病力以及寄主的抗病性存在差异。所以，不同病原物对同一寄主，同一种病原物对不同寄主，以及同一寄主的不同生理阶段，潜育期的长短均存在差异。就采后病害而言，每种病害均有一定的潜育期时间。通常是采前侵入的较长，采后侵入的较短。潜育期较长的病原物如盘长孢、刺盘孢、交链孢、灰葡萄孢和镰刀菌等，潜育期可长达15～160d。潜育期较短的病原物如根霉、毛霉和青霉等，潜育期只有16～72h。

（二）潜育期间病原物与寄主的互作

与寄主建立了寄生关系的病原物能否进一步发展并引起病害，还要根据具体情况而定。例如，盘长孢状刺盘孢孢子在接触鳄梨后1d就开始萌发，芽管刺入果实表面的蜡质层中形成黑色附着胞。当果实在树上或采摘后仍处于坚硬状态时，病原物就一直以附着胞的形式存在于蜡质层中。随着果实采后的逐渐软化，附着孢上才开始生出侵染丝，并逐渐穿透角质层和表皮，最后在果皮和果肉组织中形成黑斑；造成苹果霉心病的粉红单端孢在生长发育期间进入果实体内后就一直在心室部位潜伏，直到果实进入后熟期时才恢复活动，进而引起心腐。

潜育期间病原菌要从寄主获得更多的营养物质供其生长发育，病原物在生长和繁殖的同时也逐渐发挥其致病作用，使寄主的生理代谢功能发生改变。对寄主而言，其自身也并非完全处于被动的被破坏分解的状态。相反，它会对侵染的病原菌进行防卫和抵抗。病原物必须在克服寄主防卫抵抗之后，才能够有效地获取所需的营养物质，以维持其在寄主组织内生长发育的需要。所以，采后病害发生的程度，取决于果蔬组织抗病性的强弱。如果抗病性强，虽然有病原物侵染，腐烂率也不高。采后环境条件，如温度、湿度、气体成分等，既可影响果蔬的生理状态，也会影响病原菌的生长发育。因此，当环境条件促进果蔬组织的衰老，有利于病原菌生长发育时，才会发生腐烂。所以，潜育期的长短受病菌致病力、寄主抗性和环境条件三方面的影响。

由于潜育期间病原物与寄主的互作关系十分复杂，内容涉及病原物对寄主的破坏、感病后寄主的生理变化以及寄主的防卫性反应等多个方面，本章将在随后的几节中专门对此进行叙述。

（三）影响潜育期的环境条件

由于病原物已进入含有大量水分的寄主组织，因此，外界湿度对潜育期的影响不大。相反，温度则是影响潜育期的最重要因素。因为，病原物的生长和发育都有其适宜的温度，温度过高或过低都会对其加以抑制。在一定范围内，温度越高潜育期就越短，反之亦然。例如，引起桃软腐病的匐枝根霉在24℃下可在成熟果实体内潜育24h，16℃下需36h，12℃下需48h，10℃下需72h，当温度低于7～8℃时潜育过程便可被完全抑制。

三、发病期

从寄主开始表现症状到真菌性病害病部表面产生孢子，细菌性病害病部表面有脓状物溢出的一段时期即为发病期。当进入发病期时，病害的表现就会越来越严重，寄主的抗性也越来越微弱，直至完全被分解破坏。病部新产生的繁殖体又会导致更严重的“二次侵染”的发生。高温和高湿条件均对发病期有利。发病期内病害的严重程度以及造成的损失大小，不仅与寄主的抗性、病原物的致病力和环境条件密切相关，而且还与人们采取的防治措施紧密联系。

第三节　病原物对寄主的破坏

在病原物和寄主的互作中，营养关系是最基本的。病原物必须从寄主获得必要的营养物质和水分，才能进一步繁殖和扩展。病原物对寄主能否提供某些营养成分而表现出的反应不同，从而决定了它能否引起侵染或引起不同程度的侵染。如果寄主不能满足病原物的营养要求，侵染过程就不能完成。病原物从寄主获得营养，大致可以分为两种不同的方式。第一种是死体营养型，病原物先杀死寄主的细胞和组织，然后从死亡的细胞中吸收养分。属于这一类的都是非专性寄生的病原物，如大多数的采后病原物，它们产生胞外酶或毒素的能力很强，所以对寄主的直接破坏性很大。第二种是活体营养型，病原物与活的寄主细胞建立密切的营养关系，它们从寄主细胞中吸收营养物质而并不很快引起细胞的死亡，通常菌丝在寄主细胞间发育和蔓延，仅以吸器深入寄主的活细胞内吸收营养。属于这一类的大多为采前专性寄生的病原物，如锈菌、白粉菌、霜霉菌等。在长期的进化过程中，病原物逐渐形成了识别寄主化学成分的方法，从而产生各类胞外酶，分解各种寄主的化学组分。除了分泌多种胞外酶外，病原物还可产生毒素和释放病原物激素而对寄主造成破坏，从而达到获取营养的目的。

一、胞外酶

病原物在进入寄主体内后会分泌多种酶到细胞外的介质中，在营养吸收和利用中起重要作用，这类酶称为胞外酶（extracellular enzymes）。其中与病原物对寄主破坏关系最大的就是各类降解酶，其是病原物产生的对寄主细胞壁组分有降解作用的酶类，在病原物摄取营养和消除寄主的机械屏障中起重要作用。

（一）胞外酶的种类

通常根据胞外酶作用的底物，分为角质酶、果胶酶、纤维素酶、半纤维素酶和其他酶类。

1. 角质酶（cutinase）

角质酶是一种酯酶，催化角质的水解。角质单体常为具有1～3个羟基的16碳和18碳脂肪酸，单体之间以酯键相连构成角质层。角质层是病原进入寄主组织的第一个屏障。病原菌直接穿透完整果蔬表皮的角质层，必需分泌角质酶并借助芽管或菌丝生长的机械压力才能侵入组织内部。不产生角质酶的病原物只能通过机械伤口侵入。角质酶可将角质大分子聚合体水解为低聚体和单体。目前已发现黄曲霉、灰葡萄孢、盘长孢状刺盘孢和果生链核盘菌等多种病原真菌在侵入时均可产生角质酶。

2. 果胶酶（pectin enzyme）

果胶酶包括一组酶。果胶甲基酯酶（pectin methyl esterase，PME），其作用是从糖C-6部位的羧基处水解酯键，从而产生果胶酸和甲醇。该酶不能水解果胶中的α-1,4-糖苷键。果胶水解酶（pectin hydrolases）和果胶裂解酶（pectin lyases）的共同作用特点是使α-1,4-糖苷键断裂。果胶甲基半乳糖醛酸酶（pectin methyl galacturonase，PMG）和多聚半乳糖醛酸酶（polygalacturonase，PG）是两种分别以果胶和果胶酸为基质的水解酶。

根据果胶酶对底物分子的作用部位又分为内切（endo-）和外切（exo-）酶，它们分别使果胶分子从中间随机或两端逐个水解。果蔬采后软腐症状的发生很大程度上依赖于病原物分泌果胶酶的能力。欧氏杆菌、地霉、青霉、根霉和丝核菌等多种病原物均具备分泌各类果胶酶的能力。

病害发展期间感病组织内PG活性的增加既由真菌所致，又由寄主产生。对不同的病原物与寄主的互作研究表明，病原物不仅自身分泌的胞外酶会对寄主发生作用，而且也可诱导寄主体内的细胞壁分解酶。例如，在盘长孢状刺盘孢侵染鳄梨后，果实体内的PG合成被真菌诱导，在病害发生中的果皮软化基本上都是由果实自身产生的PG造成的；匍枝根霉的侵染提高了正常成熟番茄果实内部的PG产量。换句话说，侵染促进了番茄组织的成熟过程。

3. 纤维素酶（cellulase）和半纤维素酶（hemicellulase）

纤维素酶是一组复合酶，可将纤维素水解成葡萄糖。半纤维素酶可将各种半纤维素降解为单糖。主要有木聚糖酶、半乳聚糖酶、葡聚糖酶和阿拉伯聚糖酶等。欧氏杆菌、青霉、根霉、丝核菌等多种病原物均具备产生纤维素酶和半纤维素酶的能力。在病害发生期间，果胶酶主要引起前期的腐烂，纤维素酶和半纤维素酶主要造成后期的腐烂。

4. 其他酶

包括蛋白酶（protease）、淀粉酶（amylase）和磷脂酶（phospholipase）等，分别降解蛋白质、淀粉和脂类物质。

（二）胞外酶的作用机制

现已证明胞外酶在病原菌侵入、组织浸离和细胞死亡之中起作用。在侵入中起作用的主要是角质酶和果胶酶，有些病原真菌产生角质酶．使孢子下角质层分解，形成有光滑边缘的圆形侵入孔。果胶酶能使组织中细胞分离，导致组织浸解，是多种软腐病的共同特征。除果胶酶外，还有一些非果胶酶，如镰刀菌和疫霉的β-1,4-半乳聚糖酶及其他未知因子也与组织浸解有关。胞外酶对细胞死亡的作用有直接和间接两个方面。直接作用是细胞壁成分降解后，丧失对原生质体的支持力，因膨压增加引起膜破裂和膜伸展。间接作用是胞外酶作用于组织后释放有毒物质造成细胞死亡。

（三）胞外酶的合成调控

胞外酶的合成受底物或底物降解产物的诱导和抑制。有些病原物产生胞外酶的基础水平很低。当有底物存在时，基础水平酶作用后的产物对该病原物的产酶活性有明显增强作用，如角质单体对角质酶的诱导和二聚体半乳糖醛酸对果胶水解酶的诱导等。病原物侵染具有完整角质结构的寄主时，首先被诱导的是角质酶，接着是果胶酶和半纤维素酶，最后是纤维素酶。但当该底物降解产物浓度很高时，又会抑制这些酶的活性。因此，胞外酶这种诱导与抑制是受底物种类和浓度调控的。

二、毒素

毒素（toxin）是一类小剂量即可产生毒性的物质。病原物毒素应是由病原物产生，少量即可对寄主造成直接伤害的小分子化合物。毒素可以在寄主体内转移并与病害症状的产生有关。毒素是重要的致病因素，大多数真菌和细菌都能产生毒素，例如，根霉产生的富马酸，镰刀菌产生的镰孢酸，青霉菌和曲霉产生的棒曲霉素，互隔交链孢各个变种产生的 AK-、AM-、AC-毒素，以及细菌产生的多糖毒素等。

（一）毒素的类型

毒素的类型可按毒素对不同寄主植物的选择性划分为寄主专化性毒素和非寄主专化性毒素两类，也可按毒素产生的病原物种类划分为真菌毒素和细菌毒素，这里主要对前一种分类进行介绍。

1. 寄主专化性毒素（host-specific toxins，HST）

HST只对产生该毒素的病原物感病寄主表现毒性，而对抗病寄主或非寄主不表现毒性。已鉴定的HST主要由病原真菌产生，主要发生在危害双子叶植物的链格孢属和危害单子叶植物的长蠕孢属真菌中。对采后病害来说，HST多由链格孢产生，其中包括：AK-毒素，该毒素是引起梨黑斑病的互隔交链孢产生的环氧十碳三烯酯；AM-毒素，是由苹果轮斑病链格孢产生的环状四肽；AA-毒素，是引起番茄黑斑病菌的链格孢番茄专化型产生的氨基二甲基十七碳戊醇的两种酯；AC-毒素，是引起柑橘褐斑病的链格孢柑橘专化型产生的萜类化合物；AF-毒素，是引起草莓黑斑病的互隔交链孢产生的环氧十碳三烯酯。

2. 非寄主专化性毒素（non-host-specific toxins，NHST）

NHST是一类对寄主影响不表现选择性的毒素。多种病原真菌可以产生这类毒素，其特点是毒素所危害的植物种类要比产生该毒素的病原物危害的寄主种类要多。许多NHST均与采后病害的发生和发展有关，其中包括根霉产生的富马酸、齐整小核菌和核盘菌产生的草酸、长蠕孢产生的蛇孢假单壳素、尖胞镰孢产生的镰孢酸、黑曲霉产生的畸形素、刺盘孢产生的刺盘孢素、链格孢产生的腾毒素等。

一些NHST除了具有毒素的作用外，和其他真菌毒素一样，既可对人类和动物产生毒性，也具有抗菌物质和植物生长调节剂的功能。其中包括：由黄曲霉和其他真菌产生的黄曲霉素；由各种青霉和曲霉产生的桔霉素、棒曲霉素和青霉酸；由串珠镰孢产生的串珠毒素和腐马素毒素；以及由镰孢属、头孢属、漆斑菌属、木霉属、单端孢属和葡萄穗霉属等多种真菌产生的单端孢霉烯族毒素。

（二）毒素的作用机制

毒素对寄主的致病作用必需经过严格的鉴定程序才能确定。要求证明：致病性与活体外产生毒素的水平有关，并能从寄主中也分离到毒素；纯化毒素能重现病害症状；寄主的感病性与对毒素的敏感性有关；遗传分析证明病原物毒素基因与寄主对毒素的敏感性基因。

一般认为，毒素对寄主的作用包括抑制寄主植物的防卫机制；影响细胞膜透性，使其释放出病原物生长必需的营养物质；导致寄主细胞器中降解酶的释放；为病原物提供一个有利的微生态环境；促进病原物在寄主体内的运动；增强寄主的敏感性；抑制或促进其他微生物二次侵染等7个方面。不同毒素对寄主细胞的作用位点主要是细胞膜上的受体蛋白。

（三）毒素合成的调控

毒素合成受营养和代谢两方面调控，营养调控主要表现在碳素和氮素对毒素合成的调控。增加碳素可以增加或减少与碳代谢有关的毒素的合成。氮源增加有利于病原物体内氮的积累，从而阻碍催化毒素合成的酶活性。原始底物的含量会影响合成途径向代谢支路的转化，从而影响毒素的合成。毒素合成的途径颇为复杂，包括：苹果酸途径、

TCA循环、脂肪酸途径、乙酸-丙二酸途径、乙酸-甲羟戊酸途径、由TCA分支出来的不同氨基酸合成途径。毒素合成的反馈抑制是指毒素合成过量而对其后合成的抑制作用。能量与电荷的影响主要表现为有机磷过量时会减少高能磷酸键的断裂，从而阻碍毒素的合成。寄主中的某些特殊成分可能由于促进次生代谢酶的活性对毒素合成具有诱导作用。

三、病原物激素

病原物具有分泌多种植物激素（hormone）的能力，一种病原物往往可以产生几种激素，病原物产生的外源激素和寄主本身产生的内源激素之间也存在互相影响，所以病原物激素对寄主的影响是综合效应，主要表现为干扰寄主的正常代谢、降低寄主的抵抗能力等方面。对于采后的果蔬来说，病原物产生的乙烯会对寄主产生一定的影响。各种真菌生长期间均具有生成乙烯的能力。但是，除了棒曲霉、黄曲霉、指状青霉、顶青霉等几种真菌乙烯释放水平较高外，大多数病原物的释放能力较低。此外，同一种的不同菌株产生乙烯的能力也存在差异。对于一个在体外条件下很少产生乙烯的菌株来说，由于寄主会提供特定的底物，可能会在体内条件下导致明显的乙烯释放。

第四节　寄主感病后的生理变化

寄主受到病原物侵染后体内会发生一系列的生理变化，如呼吸作用增强、乙烯释放量提高、次生代谢增加等。但是，不同的病原物和寄主互作系统，所产生的生理反应也不尽相同，有些甚至差异很大。因此，了解这些生理变化对掌握寄主与病原物的互作规律具有重要意义。

一、呼吸作用

当寄主被病原物侵染后，受到影响最大的生理变化就是呼吸作用，通常在病原物侵入后的短时间内呼吸强度会明显增强，这是寄主对许多病原物侵染的典型早期反应。呼吸强度增加产生的能量可被用于对侵入病原物的各种主动防御反应。病原物与寄主的互作系统不同，其呼吸作用的变化情况也不一致。然而，呼吸强度增加并不是寄主对病原物侵染的特异性反应，由某些物理和化学因素造成的胁迫也可提高产品的呼吸强度。

（一）寄主感病后的呼吸强度变化

病原真菌侵染导致寄主呼吸强度的增加是一个普遍的生理反应。早在20世纪40年代早期，研究人员就发现指状青霉侵染柑橘后果实的呼吸强度明显增强，之后又观察到诸多类似的结果，包括桃被果生链核盘菌侵染；番茄被匐枝根霉、灰葡萄孢和白地霉侵染；苹果、香蕉、芒果被扩展青霉、链格孢、单端孢、刺盘孢、色二孢和盘多毛孢等多种真菌侵染。当同一种果实被不同真菌侵染时，呼吸强度的变化也存在差异，例如指状青霉侵染柠檬后会显著提高果实的呼吸强度，意大利青霉、蒂腐色二孢和白地霉次之，珠镰孢和柑橘链格孢较弱。寄主呼吸强度增加的部位主要发生在病斑处及其邻近组织。例如，用半裸镰刀菌和匐枝根霉接种甜瓜后发现，接种点以及相邻 15mm 范围内组织呼吸强度显著增高，而 15mm 范围以外组织呼吸强度的变化不大。通常，寄主出现明显症状时呼吸作用提高，随着真菌孢子的形成，呼吸进一步增强，待孢子完全形成时，呼吸强度达到最大，随后便逐步降低。

（二）寄主感病后呼吸途径的变化

寄主感病后体内的呼吸代谢途径会随之发生变化，磷酸戊糖途径（pentose phosphate pathway，PPP）和无氧呼吸作用得到活化和增强。磷酸戊糖途径的一些中间产物是寄主防御反应相关物质的原料或前体，可用于合成酚类物质、木质素、植保素等化合物，从而诱导寄主的主动抗性。葡萄糖-6-磷酸脱氢酶和 6-磷酸葡萄糖酸脱氢酶是磷酸戊糖途径的关键酶。因此，这两种酶活性的变化是证明寄主感病后是否发生呼吸途径变化的重要指标。病原物侵染对寄主呼吸作用的这种影响属非专化性反应，因为其他非生物因素如非生物胁迫、机械伤害等也能引起类似的变化。

（三）寄主呼吸作用增强的原因

造成感病寄主组织呼吸作用增强的原因十分复杂。一方面是由于病原物释放的毒素使氧化磷酸化中的呼吸电子传递链解偶联，导致寄主不能通过正常的呼吸产生可利用的能量。因此，寄主所需的能量要通过其他效率较低的途径来实现。另一方面是由于寄主生物合成增加所致。在寄主与病原物互作的过程中，病菌的侵入首先刺激了寄主的各种生理生化变化，这都需要呼吸作用提供更多的能量。

（四）病原物的呼吸

寄主感病的初期，由于寄主的体积要远远大于病原物的体积，感病寄主呼吸作用的增强很大程度上是寄主代谢的结果。但在病害发展的后期，旺盛生长的病原物具有较高的代谢活力，加之病原物扩展造成的机械损伤也会导致呼吸强度的增加。因此，病原物在寄主呼吸作用变化的后期也具有重要的作用。

二、乙烯

寄主受到病原物侵染时，乙烯的释放量会明显增高。在寄主与病原物互作的过程中，乙烯释放量的增加一方面促进了寄主的成熟和衰老，使得寄主组织结构以及营养物质向有利于病原物侵染的方面发展，从而加重病害；但另一方面，乙烯作为一种重要信号物质，也会参与寄主抗性反应的调控。因此，乙烯又在寄主抗病机制的形成中具有积极意义。然而，乙烯释放量的提高并不是寄主对病原物侵染的特异性反应，当产品受到机械损伤或环境胁迫时也可以明显增加乙烯的释放量。

（一）寄主感病后乙烯释放量的变化

自20世纪40年代Muller等首次证实指状青霉侵染的柑橘果实乙烯释放量显著增加以来，许多采后病害的发生均被认为与病原物侵染所导致的乙烯产生有关。当用灰葡萄孢接种绿熟以及红熟期的番茄果实时均会强烈地刺激乙烯的生成。用腐皮镰孢接种鳄梨或用丁香假单胞杆菌接种柑橘也能明显增加果实的乙烯释放量。比较各种病原物侵染柠檬后果实的乙烯释放量时发现，指状青霉侵染的乙烯释放量最高，意大利青霉、蒂腐色二孢和白地霉次之，珠镰孢和柑橘链格孢的释放量最低，这种乙烯释放水平的变化与侵染后果实呼吸强度的变化基本一致。由此表明，寄主乙烯释放量的增加和呼吸强度的提高存在一定的相关性。

（二）乙烯的来源

尽管许多病原真菌、细菌在体外条件下均能产生乙烯，但除少数几种外大多数的乙烯产生能力均很低。对于果蔬来说，除部分处于跃变期的果实外，大多数果蔬产生乙烯的水平也不高。在对果生链核盘菌侵染的苹果，以及匍枝根霉和灰葡萄孢侵染的番茄研究中发现，含有大量活体菌丝的病斑内部组织乙烯释放量很低或几乎没有乙烯产生。相反，病斑边缘的健康组织乙烯的释放水平则很高。由此表明，病原物侵染后乙烯释放量的提高是寄主对病原物反应的结果，由病原物侵染造成的乙烯增加主要来源于寄主。寄主乙烯的生物合成是经过Met（蛋氨酸）→SAM（S-腺苷蛋氨酸）→ACC（1-氨基环丙烷-1-羧酸）→乙烯途径来实现的，而病原物乙烯的合成除与上述途径相关外，可能还涉及其他途径。

三、次生代谢

植物自身产生的对其生长发育似乎没有直接作用的物质被称为次生代谢产物，合成这类物质的过程称为次生代谢（secondary metabolite）。次生代谢途径多样，产物繁杂。当病原物侵染寄主以后，寄主的次生代谢会明显加强，很多次生代谢产物与果蔬的抗病性具有直接的关系。

（一）酚类物质

酚类物质（phenolic compounds）是植物体内重要的次生代谢产物，包括单酚类、香豆素类、黄酮类、木质素等多种。寄主受病原物侵染后酚类物质会显著积累。例如，扩展青霉侵染苹果和梨后果实体内的绿原酸和阿魏酸含量明显增加；灰葡萄孢侵染葡萄以及链格孢侵染甜瓜后果实体内总酚、类黄酮和木质素含量会显著提高。

酚类物质主要通过莽草酸途径（shikimic acid pathway）和苯丙烷途径（phenylpropane pathway）合成。在莽草酸途径中首先利用磷酸烯醇式丙酮酸和4-磷酸赤藓糖经过一系列反应生成苯丙氨酸和酪氨酸，接着苯丙氨酸就进入苯丙烷途径，首先在苯丙氨酸解氨酶的作用下形成肉桂酸，肉桂酸再经过经过一系列的羟基化和甲基化反应生成以C_6-C_3为基本骨架的各种羟基肉桂酸衍生物，例如咖啡酸、阿魏酸、5-羟基阿魏酸和芥子酸等中间产物，这些化合物可进一步转化为黄酮、木质素、酚类物质、植保素、生物碱等抗菌物质。

苯丙氨酸解氨酶（phenylalanine ammonia-lyase，PAL）、4-香豆酰-辅酶A连接酶（4-coumarate：CoA ligase，4CL）、查尔酮合成酶（chalcone synthase，CHS）、查尔酮异构酶（chalcone isomerase，CHI）等是苯丙烷代谢途径中的关键酶和限速酶，这些酶活性的高低直接与寄主的抗性强弱密切相关，其中以PAL最为关键，所以该酶常被作为植物抗病性强弱的重要生化指标。一般来说，寄主受病原物侵染后，PAL活性升高，且会持续一段时间，不同的寄主和病原物互作系统其持续时间长短存在差异。如果寄主的抗病性强，PAL的活性就高，持续的时间也长。在诸多采后病害的研究中均可观察到这一现象。4CL处在苯丙烷代谢主途径向分支途径的转折点，控制着苯丙烷类化合物向查尔酮的代谢方向进行。CHS和CHI是该分支途径的关键酶，能催化和调控黄酮类物质的合成。

过氧化物酶（peroxidase，POD）和多酚氧化酶（polyphenoloxidase，PPO）是与苯丙烷代谢途径末端相关的酶，它们在抗病性中也起重要作用。研究表明，POD活性的升高有利于木质素和植保素的合成；POD能清除对植物细胞有害的H_2O_2和·OH自由基。因此，POD在病原物侵染的早期可能起一定的抗病作用。PPO是植物体内酚类物质代谢的一个重要酶，能将酚类物质氧化成高毒性的醌类物质，对病原物进行毒杀和限制。因此，该酶也常作为抗病性的生化指标。病原物侵染后，寄主PPO活性升高，但寄主的抗病性不同，其PPO活性的变化也不尽相同。在寄主与病原物的互作中PPO活性的增加可能是固有PPO的溶解性提高或从束缚状态中释放出来，而不是PPO合成的增加。有关PPO与寄主抗病性相关的报道很多，大多认为PPO活性与寄主抗病性呈正相关。

（二）类萜

类萜（terpenoid）是植物体内最多的次生代谢产物，由异戊二烯为基本单位构成，果蔬中重要的类萜包括马铃薯产生的日齐素、甘薯产生的甘薯酮以及辣椒产生的辣椒素等。此外，还包括一些精油。通常，寄主受病原物侵染后类萜会显著积累。构成类萜的异戊二烯单位是由乙酰CoA为起始物，经甲羟戊酸或甲瓦龙酸途径合成的。通过这一途径，由3个乙酰CoA合成1个异戊烯基焦磷酸，在此基础上经过一系列的反应合成各种萜类。

第五节　寄主的防卫反应

寄主自身也并非完全处于被动的被病原物破坏分解的状态。相反，它会对侵染的病原菌进行抵抗。病原物必须在克服寄主的防卫抵抗之后，才能够有效地获取所需的营养物质，以维持其在寄主组织内生长发育的需要。所以，采后病害发生的程度，某种程度上还取决于寄主抗病性的强弱。寄主的抗病性包括主动抗病性和被动抗病性两个方面，前者是寄主对病原菌侵染作出的主动反应，包括结构改变以及抗性生化反应增强；后者是寄主体内存在的固有的抗病特性，包括较厚的表皮结构和较高的抗菌物质含量等。

一、表皮和细胞壁的结构成分

表皮和细胞壁的结构成分包括角质层、蜡质、木栓质和木质素等内容，在产品被动抗病性的形成中具有重要作用。

（一）角质层（cuticle）

角质层是病原物侵入果蔬组织的第一个屏障，伤口和采后处理会破坏角质层的完整性，从而加速各种病原物的侵染。角质层由非水溶性的生物聚酯膜——角质，包埋于疏水性蜡质中构成，位于表皮细胞表面，紧贴细胞壁的果胶层。角质是由 C_{16} 和 C_{18} 的羟基和环氧脂肪酸组成的聚酯。前者为二羟棕榈酸，后者主要是 ω-羟基油酸、ω-羟基-9,10-环氧硬脂酸、9,10,18-三羟基硬脂酸和 C-12 位含有另一双键的类似物。在多数植物器官中，角质由以上各种单位组成。单体之间主要通过伯醇酯键连接，少数以仲醇酯键连接。角质层的厚度一般为 0.5～14μm。某些果蔬的角质层中还含有抑制真菌的化学物质。

角质层的厚度与番茄抗灰葡萄孢以及桃抗链核盘菌的侵染密切相关。具有较厚角质层和细胞壁的樱桃对潜伏性褐腐病的抗性较强。比较不同品种桃表皮结构时发现，抗褐腐病品种比感病品种具有较厚的角质层和更致密的表皮结构，病原物对果实的侵入期和在果实中的潜育期更长。较厚的角质层在提高寄主抗病性方面主要表现在：可较好地抵抗外界机械力对表皮的破坏；能有效地抑制病原物对寄主表皮的穿透；存在较多真菌胞外酶的抑制物质；防止细胞液的扩散，限制水分和营养物质进入孢子萌发和侵入所需的微环境；角质层的疏水性可以防止在产品表面形成水膜，使水滴中的真菌孢子不易在产品表面滞留。

（二）蜡质层（wax）

蜡质层分布于角质层的外缘，凹凸不平并具有各种形状。主要由多种非极性 C_{21}～C_{33} 的饱和不分枝长链脂肪族化合物组成，其中还有少量三萜、生育酚和芳香物质。不同种类产品蜡质的含量和成分差异较大，不同生理状态果蔬的蜡质含量和成分也存在一定差异。蜡质层的主要作用是防止产品水分蒸腾和病原物在寄主表面黏附。此外，蜡质层中还含有一些抑制或促进病原物孢子萌发的物质，例如，梨表面的蜡质可抑制互隔交链孢的萌发和菌丝生长；但鳄梨表面的蜡质则可促进盘长孢状刺盘孢的萌发和附着胞形成。

（三）木栓质（suberin）

木栓质主要分布在表皮组织中。与角质相似，是羟基脂肪酸的聚合物。在木栓化细胞中也含蜡质，因此也是一个疏水的环境。木栓质在防止病菌侵染中起屏障作用。伤口表面细胞的木栓化一方面可防止伤口的扩大，另一方面形成了阻止病原物从伤口侵入的屏障。

（四）木质素（lignin）

木质素主要分布于果蔬的表皮细胞中，是芳香族酚类物质的聚合物，由芥子醇、香豆醇和松柏醇在过氧化物酶的作用下脱氢聚合而成。由于木质素在纤维素微纤丝间的沉积而增加细胞壁的坚固性。木质素在寄主抗病中的作用包括：由于木质素的阻隔，干扰了寄主中水分和营养物质向病原物的输送，以及真菌毒素和胞外酶向寄主健康细胞和组织的移动；由于低相对分子质量木质素酚类前体对某些真菌代谢产物的钝化而干扰真菌的正常生长；由于细胞木质化使病原物在寄主组织中的扩展速度减慢，从而使寄主有足够时间合成并积累植物保卫素，局限真菌生长，促使形成局部病斑。

二、预合成抗菌物质

果蔬体内自身存在着一些预合成抗菌物质（preformed inhibitory compounds），主要包括一些小分子的酚类、皂苷类、二烯类、精油等成分。这些物质是果蔬在生长和发育过程中为了减少其他病原物的侵染而形成防御能力的基础，构成了体内的天然抗菌屏障，可抑制病原物侵入，延长病原物在产品体内的潜育期。因此，在产品自身被动抗病性的形成中具有十分重要的作用。此外，预合成抗菌物质还可被病原物的侵染和其他胁迫条件所诱导。

（一）酚类物质（phenolic compounds）

酚类物质可通过直接抑制病原物的生长，减轻病原物致病因子的危害，或者参与愈伤以及伤口周围的寄主细胞壁的木质化作用来增强产品的抗病能力。酚类物质中的绿原酸、阿魏酸可直接抑制尖孢镰刀菌和核盘孢的生长；安息香酸及其衍生物也对一些主要采后病原物具有明显的抑制效果，这些病原物包括：交链孢、灰葡萄孢、指状青霉、核盘孢和尖孢镰刀菌。在未成熟芒果皮中的间苯二酚含量与其对链格孢在果皮中的潜伏能力有关。当果实进入后熟期时，间苯二酚的含量显著降低，潜伏的病原物便开始恢复活动，从而导致了黑斑病的发生。表儿茶酸是存在于未成熟鳄梨果皮中的一种抗菌酚类物质，随着成熟的进行，果实体内表儿茶酸浓度逐渐下降，当下降到最低水平时病害症状才开始表现。绿原酸和咖啡酸是桃果实表皮和皮层细胞中的主要的酚类物质，随着果实的成熟这些物质的含量逐渐下降，果实患褐腐病的几率便明显提高。同样，绿原酸和咖啡酸含量高的桃，以及酚类物质含量高的苹果具有更强的抗病性。此外，未成熟香蕉中较高的单宁含量与果实良好的抗病性有关。洋葱鳞片中积累有黄酮类、花青素以及儿茶酚和原儿茶酸类化合物，其中水溶性的酚类化合物对真菌孢子萌芽和侵入具有抑制作用。

（二）皂苷类物质（saponin）

皂苷类物质与寄主抗性的关系主要表现为：对病原真菌孢子萌发和菌丝生长的抑

制，对病原物胞外酶或毒素的抑制和钝化，有些糖苷类生物碱本身就具有直接的抗菌作用。未熟番茄对灰葡萄孢和其他病原真菌的抵抗能力与其果皮中的高浓度 α-番茄苷有关，而成熟果实体内该化合物的含量则显著减少。α-番茄苷的毒性主要缘于其能与真菌细胞膜中的 3β-羟基甾醇结合，从而降低真菌的生长活性。而大多数具有侵染番茄能力的病原菌则可以通过分泌番茄苷酶分解破坏番茄苷的结构，从而进行解毒。这些病原菌中包括最常见的番茄采后病原物链格孢。同样，存在于未成熟番木瓜中的另一种皂苷类物质——异硫氰酯的含量高低也与果实的抗病性密切相关。另外，存在于葱蒜类和十字花科蔬菜中的硫代丙烯类化合物以及芥子油是含硫糖苷，它们在酶的作用下会生成蒜素、异硫氰酯等对真菌和细菌具有较强抑菌活性的化合物。还有一些存在于未成熟核果类和仁果类果实中的产氰糖苷会经几步酶解后产生对病原物有毒的氰氢酸。

（三）二烯物质（diene compounds）

一些二烯化合物也与果实的抗病性相关。研究表明，未成熟鳄梨果实对病原物的抵抗能力与其果皮中的抗菌二烯物质（1-乙酸基-2-羟基-4-氧代-二十一碳-12,15-二烯）含量密切相关，随着成熟的进行，果实中的抗菌二烯浓度明显降低，同时果皮中潜伏的病原物开始恢复活动。体外试验表明，即使该物质的浓度低于果皮中的浓度时，仍能抑制盘长孢状刺盘孢的孢子萌发和菌丝生长。果实体内的脂氧合酶会导致抗菌二烯的分解，从而促进病害的发生。

（四）精油（essential oil）

果蔬释放的各种精油成分也与病害的发生和发展密切相关。柠檬醛是柠檬果皮中存在的主要挥发性成分，当用柠檬醛处理损伤接种指状青霉的绿色柠檬果实时，可以有效降低病斑直径的扩展。此外，柠檬醛还可表现出对多种真菌的直接抑制。当将指状青霉接入幼嫩柠檬果皮中的油胞中时发现，抑制病原物生长繁殖的主要因素就是柠檬醛。在果实的长期贮藏期间，柠檬油胞中的柠檬醛含量逐渐减少，橙花醇乙酸酯含量上升。橙花醇乙酸酯是一种单萜酯，不具备抑制指状青霉的性能，甚至在低浓度时（＜500mg/L）会刺激病原物的生长繁殖，由此导致了果皮的抗病能力下降及腐烂率的上升。

三、植物保卫素（phytoalexin）

植物受到侵染后产生的抗病原物的小分子化合物简称植物保卫素或植保素，换句话讲，为了抵御病原物的侵染，寄主会被病原物诱导产生防止病原物扩展的抗菌物质。然而，植保素的产生除了取决于病原物的侵染，还可由真菌或细菌的代谢物以及其他胁迫条件诱导产生。植保素在产品主动抗病性的形成中具有重要作用，对防御真菌的侵染最为有效。已知的植保素多属结构较复杂的萜类和黄酮类物质。

（一）果蔬中的植保素

果蔬中经典的植保素有甘薯酮、日齐素和辣椒素等，主要从茄科的马铃薯和辣椒，以及旋花科的甘薯中获得。甘薯块根感染黑斑病菌后，体内萜类植保素明显增加，其含量和距染病部位的距离有关，越接近感病部位含量越多。抗病性强的品种较抗病性弱的品种含量高。马铃薯块茎感染马铃薯晚疫病菌或干腐病菌后，可发现日齐素（一种倍半萜化合物）的显著积累。在块茎组织中，抗病品种较感病品种积累速度更快。辣椒受到真菌侵染后会产生一种倍半萜（烯）化合物——辣椒素。其他的植保素还包括芹菜中发现的补骨脂素、直链的呋喃香豆素和哥伦比亚苷元，胡萝卜产生的6-甲氧蜜呤，苹果中发现的安息香酸，柠檬产生的滨蒿素，以及存在于豆类中的豌豆素、菜豆素、大豆素和苜蓿素等。

（二）植保素的形成

目前认为植保素的形成是由于酶合成的去阻遏所致。低浓度的病原物产物和其他物质可使植保素合成中控制合成调节酶的DNA片段去阻遏；寄主特异性代谢物和病原物质膜上的特异性受体相互作用，使寄主产生激发子，激发子又和寄主细胞相互作用，刺激植保素形成，其中寄主抗性基因和病原物无毒基因分别控制寄主代谢物和病原物质膜受体的合成；植保素的合成取决于侵染早期识别阶段病原物产生的特异性激发子和寄主膜上特异性受体之间的相互作用。特异性激发子是病原物的显性无毒基因编码的，而特异性受体是寄主显性抗性基因编码的，激发子在原位通过重新合成或活化已存在的酶而调节植保素的合成。

（三）植保素的代谢与调控

植保素对许多病原物有毒，但不同种真菌对植保素的敏感性存在差异，这可能和病原物的代谢去毒能力有关。绝大多数真菌可通过氧化作用、水合作用、羰基还原作用或醚的裂解产生新的羟基，以及去甲基作用将植保素转化为低毒产物。例如，灰葡萄孢能将维尼酮及维尼酮环氧化物还原为相应的醇。倍半萜植保素可被还原为醇。辣椒素可被灰葡萄孢及尖胞镰孢氧化为辣椒酮。植物自身也可代谢植保素，这与其自身保护机制有关，例如，菜豆能使菜豆素转化为菜豆素异黄酮；辣椒可代谢辣椒素使C-13直接羟基化；马铃薯能将日齐素代谢为两个毒性较低的产物；甘薯可将甘薯酮代谢为4-羟基甘薯酮等。

（四）愈伤及形成寄主屏障

几乎所有的病原物都可以通过产品表面的伤口造成侵染，但薯类、胡萝卜、柑橘等产品表面形成的伤口会在一定的条件下愈合或形成寄主屏障，从而减轻了病害的发生。愈伤的过程包括伤口周围形成具有保护性功能的由多个细胞组成的紧密坚固的结构屏障，这些细胞壁中由于积累了大量的木质素和木栓质从而阻止了病原物的侵入以及病原物胞外酶的降解。

1. 愈伤（wound healing）

当表面形成伤口的马铃薯块茎在高温（15～20℃）和高湿度（90%～95%）条件下，伤口周围就会形成由很多细胞组成的周皮，周皮细胞壁和细胞间隙中会迅速填充木栓质，木栓化周皮的形成通常只需几天时间。经过愈伤的马铃薯贮藏期间可有效避免干腐病菌和细菌性软腐病菌的侵染。如果受伤的马铃薯没有经过愈伤而直接贮藏于低温条件下，伤口周围就不会形成木栓化的周皮，块茎也极易受到上述病原物的侵染。甘薯在高温（26～32℃）和高湿（85%～90%）条件下也能在几天之内形成木栓化的周皮，从而有效减少了贮藏期间块根受到根霉和其他病菌的侵染。

2. 形成寄主屏障（host barriers）

将胡萝卜在高温（22～26℃）和高湿度下放置 2d，可促进伤口区域的细胞木栓化，明显降低了冷藏期间的灰霉病和其他病害。同样，将柑橘类果实在高温（30～36℃）和高湿度（90%～96%）条件下放置几天，也可以促进伤口部位细胞中填充木质素及类木质素物质，降低贮藏期间的腐烂率。高温和高湿环境具有延缓柑橘组织衰老、维持细胞膜的完整性和刺激伤口周围细胞合成木质素的作用。同样，如果将刚采收的猕猴桃在 10～20℃、相对湿度大于 92%下放置 3d 也可以有效减少冷藏期间灰霉病的发生。

四、病程相关蛋白、保护功能蛋白和胞外酶抑制物质

（一）病程相关蛋白（pathogenesis-Related Proteins，PRs）

病程相关蛋白是植物受病原物侵染过程中诱导产生的一类低分子蛋白质。对多种采后病害的研究表明，病原物的侵入可导致果蔬 PRs 的明显积累。除了病原物的侵染可导致 PRs 产生外，一些化学因素包括水杨酸、乙酰水杨酸等处理，物理因素包括机械损伤、紫外线和热处理等也可诱导 PRs 的产生。现已从番茄、马铃薯、黄瓜、苹果、柑橘等多种果蔬中发现了 PRs。人们根据烟草中 PRs 的血清学关系和功能将其分成 5 组：PR1、PR2、PR3、PR4、PR5，其他植物的 PRs 与之比较后可归入相应组内。

PRs 本身并不具有毒性，主要表现活性的有分属 PR2 的 β-1,3-葡聚糖酶（β-1,3-glucanase，GLU）和分属 PR3 的几丁质酶（chitinase，CHT），其在植物抗真菌病害中具有重要作用，其主要功能是降解真菌细胞壁大分子释放二级（内源）激发子、分解毒素等。CHT 在高等植物体内普遍存在，主要降解真菌细胞壁的主要成分几丁质（聚 N-乙酰胺基葡萄糖），但在植物中却未发现该酶底物几丁质的存在。GLU 也在高等植物中普遍存在，主要降解真菌细胞壁中的 β-1,3-葡聚糖，在抗性诱导过程中 GLU 活性也会明显升高。仅在部分植物体内发现有 β-1,3-葡聚糖底物的存在。由于 CHT 和 GLU 能水解病原物真菌细胞壁成分、破坏其结构，从而具有直接的抗菌作用。

CHT 和 GLU 活性的增高是受病原物侵染刺激或外界条件诱导后寄主表现出的一种抗性反应。研究发现，壳聚糖（一种 β-1,4-氨基葡萄糖聚合体，是许多真菌细胞壁的天然成分）能直接干扰真菌生长，激活寄主的防卫能力。用壳聚糖对草莓、甜椒和番茄等果实进行采后处理，可以诱导果实中 CHT 和 GLU 活性的提高，减少由灰葡萄孢引起的灰霉病。由此表明，果实组织中 PRs 的激活增强了寄主的抗侵染能力，从而减少了病害的发生。同时，还发现经壳聚糖处理的真菌菌丝细胞壁中几丁质明显减少。

（二）保护功能蛋白

在上述的苯丙烷代谢中已提到的过氧化物酶（POD）属另外一组具保护功能的抗

性蛋白，它的活性和寄主抗病性密切相关。作为一种糖蛋白，POD能够利用植物体内的多种过氧化物催化一系列的氧化过程，反应内容涉及乙烯的生物合成、植物激素的代谢、呼吸作用、木质素的形成、木栓化作用、生长和衰老等多个方面。在寄主抗病性形成的过程中，POD主要参与了细胞壁的构建过程，其活性的提高与木质素、酚类物质和伸展蛋白的在细胞壁中的积累密切相关。细胞壁的加厚构成了抵抗病原物侵入寄主的第一道防线。对多种采后病害寄主和病原物的互作研究表明，病原物的侵入均可导致POD活性的明显提高，抗病品种POD的活性更强。由此表明，POD在寄主抗病性的形成过程中具有重要的作用。此外，一些其他的具有保护功能的蛋白也在寄主抗性形成的过程中具有重要作用，其中包括：促进形成细胞壁中交联复合物的富含羟脯氨酸糖蛋白，以及提供对抗病菌侵入结构屏障的富含甘氨酸糖蛋白等。

（三）胞外酶抑制物质

病原物分泌的胞外酶是造成寄主细胞死亡和病原物获得营养物质的主要原因。营养物质的释放促进了病原物的生长，从而也加速了病害的发展。病原物生长环境中存在的一些物质可对其分泌的胞外酶产生一定程度的抑制。

体外条件下，培养基中的糖不仅可为病原物提供营养，促进其生长，而且还可以抑制病原物果胶酶和纤维素酶的释放，降低其活性。例如，培养基中的葡萄糖既可作为单独的碳源供扩展青霉生长，又可与苹果酸和柠檬酸共同作用抑制该病原分泌的果胶酶的活性。此外，果蔬体内存在的多酚类物质和单宁也可抑制各类真菌产生的多聚半乳糖醛酸酶的活性。

一些小分子蛋白也参与了胞外酶的抑制。研究表明，植物受病原物侵染而产生的胞外酶抑制剂如多聚半乳糖醛酸酶抑制蛋白（PG-inhibiting protein，PGIP）在抗病反应中具有重要作用。PGIP是一种能特异结合和抑制真菌内切多聚半乳糖醛酸酶（endo-PG）活性的细胞壁结合蛋白质，可延缓PG对细胞壁的降解。研究发现，随着成熟梨果实对几种病原真菌的抵抗能力逐渐减弱，与此同时果实体内的PGIP含量也相应降低。纯化的梨果实PGIP抑制了灰葡萄孢等多种病原菌的PG活性，但对梨果实内源PG活性没有影响。

五、活性氧

病原物侵入后，寄主最快的抗病反应就是产生大量的活性氧（reactive oxygen species，ROS），主要包括超氧阴离子（$O_2^{\cdot-}$）、羟自由基（$OH^{\cdot}$）和过氧化氢（H_2O_2）等。通常，成熟度低的以及抗病性强的果蔬具有较强的ROS产生能力。

ROS在寄主抗性的诱导产生方面具有非常重要的作用。ROS本身也可作为信号分子直接或间接激活寄主抗性基因和防卫基因的表达。ROS的积累还可诱导植保素的合成，例如，用H_2O_2处理鳄梨果皮后发现活性氧产量增加，同时也观察到了表儿茶酸含量和苯丙氨酸解氨酶（PAL）活性的提高。ROS还可促进细胞壁的木质化，在这个过程中，H_2O_2含量的增加和POD活性的提高，促进了细胞壁加厚，从而阻止了病原菌的侵入。体外条件下 $O_2^{\cdot-}$ 和 H_2O_2 具有直接抑制真菌和细菌生长的能力。当用晚疫病菌的非亲和小种侵染马铃薯块茎后，在侵入丝周围会产生大量 ROS，而亲和小种没有 ROS 积累，可见在非亲和小种侵染早期，寄主组织产生的 ROS 对入侵的菌丝有毒害作用。寄主 ROS 的产生量受其体内抗氧化保护体系的调控，由此避免了过量 ROS 对寄主自身细胞的伤害。

除了 ROS 的作用外，寄主体内的抗氧化酶和抗氧化剂也在抗病性的形成中发挥着重要作用，其中超氧化物歧化酶（superoxide dismutase，SOD）能有效地清除过量超氧化物阴离子（$O_2^{\cdot-}$）而对寄主细胞起保护作用，因此是植物体内防御酶系统的关键酶之一。在 SOD 活性变化与寄主抗病性的报道中，不同的寄主和病原物互作系统存在差异。对感病品种而言，病原物侵染初期 SOD 活性升高可能是一种应激反应，从病程发展来看，初期由于 SOD 活性升高能及时清除活性氧，避免了侵染组织的坏死，从而表现为感病。感病中、后期，活性氧代谢平衡被打破，当活性氧积累量超过 SOD 的清除能力时便伤害酶的活性，导致酶活性迅速下降。过氧化氢酶（catalase，CAT）在清除 H_2O_2，减少 $O_2^{\cdot-}$ 或 $OH^{\cdot}$ 形成等方面起着重要作用。目前已证明 CAT 与植物的抗逆性和抗病性有密切关系，但有关寄主 CAT 在病害反应中的作用机理尚不清楚。

第六节　采后病害的一般性控制措施

对采后病害进行控制的前提条件是首先要明确所要控制病害的种类及其病原物，然后要了解病原物侵入的时期，如果病原物的侵入时期开始于采前，就应该重点控制潜伏侵染；如果病原物是典型的采后侵染，就应该以采后控制为主。在潜伏侵染性病害的控制中，保持产品生长环境的清洁、通过栽培管理培育健壮产品以及采用化学杀菌剂处理是常用的三项措施。而在采后侵染性病害的控制中，就应当采用减少伤口、环境消毒、避免接触侵染和杀菌剂处理等措施。

一、控制潜伏侵染

（一）保持产品生长环境的清洁

许多病原物来源于田间已感病的产品或枝叶。因此，采取深埋、焚烧等方法及时清除田间的病株残果，同时结合深耕除草等措施就可以保持产品生长环境的清洁。

（二）通过栽培管理培育健壮产品

1. 选用抗病的品种

品种的选择对采后病害的控制影响很大。例如，苹果霉心病属典型的潜伏侵染性病害，其发生率与品种有着密切的关系，元帅和红星系列品种因萼孔开张度大而危害严重。因此，选用萼孔开张度小，萼孔与果心相距较大的品种，发病率就会明显降低。网纹类型的厚皮甜瓜采前易被病原物侵染，如果选用非网纹类型则潜伏侵染率就会显著减少。

2. 选用适宜的砧木

很多果树的砧木对接穗上所产果实的品质和抗性影响较大。例如，红星苹果嫁接在保德海棠上，甜橙嫁接在枳壳上所产果实的耐贮性均明显优于其他砧木。

3. 加强栽培管理

各种栽培管理措施均会对产品的抗病性产生一定程度的影响。例如，柑橘的褐腐病主要通过田间侵染，病菌可在土壤及沟水内生存，若采用抗病砧木，避免在黏重土、碱性土种植，合理排水，不偏施氮肥等措施，创造不利病菌活动繁殖的条件，增加果树的树势，就能显著减轻病原物的危害。对许多蔬菜采后病害来说，采用抗病品种、实行轮作、进行种子消毒、加强肥水管理、适时采收等农业措施可显著地减少甘蓝菌核病、胡萝卜黑斑病、番茄和甜椒灰霉病、萝卜细菌性黑斑病等潜伏侵染性病害的发生。此外，采前增施钾肥可提高大多数果蔬的抗病性。

（三）化学药物处理

对于在田间发生的潜伏侵染而言，要想在采后通过使用杀菌剂或防腐剂对其彻底清除是十分困难的。因为，杀菌剂或防腐剂不具备渗透到组织内部的能力，即使处理浓度很高效果也很一般。因此，为了控制潜伏侵染性病害的发生，生产实践中通常采用在果实未被侵染前或者已侵染但尚未表现出任何症状前喷施杀灭性或保护性杀菌剂的方法。结合其他的农业技术措施，可使产品的潜伏侵染率显著降低。

对于潜伏侵染来说，系统性的杀菌剂喷洒处理可获得比较满意的结果。由于寄主在田间生长具有较强的抗病性，已侵入寄主体内的病原物对杀菌剂十分敏感。例如，采前用苯来特和 TBZ 喷洒处理可有效地控制苹果的皮孔腐烂。采前喷施波尔多液可有效控制由柑橘疫霉侵染引起的柑橘褐腐病。由于该病原物孢子的萌发取决于水分，因此处理的时期应该选择在雨季到来之前。采前苯来特处理还可有效减轻柑橘茎端腐的危害。盘长孢状刺盘孢可通过侵染幼果引起大多数热带及亚热带水果的炭疽病，采前通过甲基托布津、苯来特、代森锰锌等杀菌剂每 7～14d 喷洒植株，可以有效控制芒果、鳄梨、木瓜、香蕉等果实炭疽病的发生。由灰葡萄孢引起的灰霉病是草莓和葡萄贮藏期间的主要病害，该病原主要在幼果期进行侵染，采前使用波尔多液以及苯并咪唑类杀菌剂多次喷洒植株可以明显降低该病的发生。采前扑海因和戴挫霉处理还可有效地减少苹果霉心病和厚皮甜瓜潜伏侵染的发病率。此外，有些采前药物处理还能在一定程度上降低采后侵染性病害的发生。例如，采前一周氯硝胺处理可减少桃采后由匐枝根霉引起的软腐病；采前分别喷洒苯来特和 TBZ 可有效控制梨和柑橘贮藏期间的青霉病以及绿霉病。

当进行采前化学药物处理时，选择适宜的杀菌剂、确定处理的时间和次数非常重要。因此，需要深入探索各种潜伏侵染性病害的发病规律，针对病原物的种类确定应该使用的杀菌剂及其浓度。随着杀菌剂的不断使用，一些菌株便开始产生抗药性，因此，在处理的过程中还要注意药物的交替使用。此外，一些新的控制措施，如诱导抗性等也可以考虑在控制潜伏侵染的过程中采用。

二、控制采后侵染

（一）尽量减少产品表面的机械伤口

由于所有的病原物都可以通过表面的伤口进入产品体内。因此，尽量减少产品表面机械伤口的产生无疑是一种非常有效的控制方法，尤其对于那些由青霉、根霉、地霉和细菌引起的采后病害。通过无伤采收、合理包装、轻拿轻放、减少中转环节等措施均可有效地减少或者避免表面机械伤口的产生。例如，采用钝头剪刀采收，以纸箱代替箩筐，进行单果包装可明显地降低柑橘采后青霉病和绿霉病的发生。

（二）环境消毒

由于贮藏库内存在有大量的病原物繁殖体。因此，对贮藏库进行消毒也是一条必不可少的措施。

1. 甲醛熏蒸

甲醛对微生物有极强的杀伤作用。甲醛可与氨基酸结合使菌体蛋白质变性，从而使菌体和芽孢死亡。用1%水溶液，每1m³ 喷施30mL，消毒后封库24h，然后开门通风。甲醛储存不当，会产生三聚甲醛的白色沉淀使药效降低，少量沉淀时，可将原瓶药液在热水中加热溶解，大量沉淀时则需加等量碳酸钠溶液，放在暖处搁置2～3d，待沉淀溶解后使用，由于此时药力减小，用量要加倍。将高锰酸钾混入甲醛溶液可加速气化，增加杀菌效果。每100m³ 用0.5kg高锰酸钾加0.5kg甲醛溶液。通常各分几个等分，先将高锰酸钾放在碗内，然后加甲醛溶液，立刻产生浓度很大的气体，迅速封库48～72h后通风。

2. 硫磺熏蒸

每1m³ 用硫磺20～25g，放在盘内点燃后，硫磺生成二氧化硫杀菌。由于二氧化硫与水结合进一步生成亚硫酸，对金属设备易腐蚀，故消毒前要将库房内的金属设备暂时搬开。封库48h后通风。因二氧化硫会腐蚀金属管道，故冷库中避免使用此法。

3. 漂白粉溶液处理

漂白粉是传统消毒剂，主要杀菌成分是次氯酸，主要利用氯的还原性可以杀灭微生物，尤其对细菌效果显著。通常4%溶液，含有效氯0.3%～0.4%，喷洒消毒。存久的漂白粉含氯浓度下降，用时要适当增加用量，消毒后封库24～48h，然后开门通风。还可用1%漂白粉刷洗或浸泡使用的用具。

（三）避免接触侵染

在有些果蔬的贮藏中，由接触侵染引起的腐烂损失占全部腐烂的较大比例，采用塑料薄膜和包果纸单果包装是控制接触侵染的最有效方法，若在包裹纸中浸入适宜的杀菌剂（联苯、SOPP 等）效果还会更好。例如，用浸入硫酸铜的纸单果包梨，能有效地阻止灰葡萄孢向相邻健康果实的扩展；用浸有氯硝铵的纸包裹桃可有效减少匐枝根霉的接触侵染。对于个体较小的葡萄、草莓等果实间发生的接触侵染，主要通过药物熏蒸的方法控制。由于熏蒸后果实表面形成药膜，阻止了病原物的接触性扩展。例如，葡萄在低温贮藏期间的腐烂主要由灰葡萄孢引起，如果在贮藏期间每隔 10d 用 SO_2 进行熏蒸，就能有效地阻止该病原物的接触侵染。

（四）杀菌剂处理

1. 处理方法

熏蒸是采后杀菌剂处理的常用方法之一。此法颇适于草莓、葡萄等，在贮藏期间还可多次使用。目前，适于熏蒸处理的杀菌剂只有 SO_2、三氯化氮、仲丁胺等几种。时间和浓度是影响熏蒸效果的两个主要因素。只有病原物或寄主伤口组织吸收了足够剂量的药物，才有可能抑制侵染。此外，提高环境温度可增大熏蒸剂的扩散能力，间接地对熏蒸效果产生影响；较高的空气相对湿度使熏蒸的浓度降低。葡萄需要在接近 0℃和高湿度下贮藏，就必须加大药物使用的浓度。

将产品浸泡在杀菌剂的溶液、悬浮液或乳浊液中，一定时间后取出。这是采后药物处理最为常用、也是最为有效的方法。浸泡处理的效果常与溶液浓度、温度、pH、浸泡时间及表面活性剂的种类、含量有着十分密切的关系。在实际操作中，必须经常对所用溶液的浓度进行检查，以免因数次使用后降低药效。

2. 影响因素

采后使用杀菌剂的效果受诸多因素的影响，包括病原物的种类，病原物的生长速率，寄主对病原物的敏感程度，环境中的温度和湿度，以及杀菌剂有效浓度渗入寄主的深度等。

对于采收及采后形成的伤口侵染来说，药物处理应在病原物侵入寄主组织深层之前尽快进行。否则会使本身有效的杀菌剂失去效果。例如，用氯硝铵控制桃的软腐病，就应在接种后 36h 之内进行处理；用 SOPP 控制柑橘的绿霉病，也应在接种后 36h 之内进行，超过 48h 杀菌剂则会完全失效。

3. 抗药性

如果长期连续使用同一种药物，病原物就会有抗药性的产生。病原物产生抗药性的原因很多，但主要包括两个方面：一是连续使用一种杀菌剂，诱导病原物产生变异，出现了抗药的新类型；二是药物杀灭了病原物中的敏感类型，保留了抗药类型，改变了病原物的群落组成，对病菌的自然突变起了筛选作用。由于病原物的抗药性存在“交叉抗性”现象，即对某种药剂有了抗性之后，对作用机制相同的其他药剂也有抗性。例如，抗苯来特的也抗托布津；抗氯硝铵的也抗五氯硝基苯等。因此，在使用药物防治病害时，不能连续使用同种或同类药物。药物的交替使用或混合使用是防止病菌产生抗药性的主要方法。

4. 常用的杀菌剂

1）仲丁胺（2-amino-butane，2-AB）

商品名称为橘腐净，是一种脂肪族胺，既可作为熏蒸剂处理，也可用于浸泡，或加入果蜡中使用。一般仲丁胺使用浓度在 0.5%～2%，在空气中仲丁胺浓度达到 100μL/L 经 4h，可使柑橘青霉病降到很低水平。仲丁胺对青霉有强烈的抑制作用，但对其他真菌如根霉、交链孢、镰刀菌、灰葡萄孢、地霉等均无抑制作用。因此，主要用于控制柑橘果实青霉病或绿霉病，处理时应注意密闭。

2）苯并咪唑类

包括苯来特（benomyl 或 benlate）、噻苯唑（thiabendazole，TBZ）、托布津、多菌灵（苯并咪唑甲酸酯）等多种药物，苯并咪唑类药物具有内吸性，不但可以控制青霉，抑制青霉菌丝生长和孢子形成，而且可控制具有潜伏侵染能力的色二孢、拟茎点霉、刺盘孢以及链核盘菌。该类药物目前主要用于控制柑橘的青绿霉病和茎端腐，核果类的褐腐病，苹果的青霉病和灰霉病，香蕉、番木瓜、芒果以及其他一些热带水果的炭疽病，以及菠萝的黑腐病。但该类药物对一些采后重要病原，如根霉、交链孢、疫霉、地霉、毛霉以及细菌没有效果，且长期使用该类药物病原物易产生抗性菌株。

3）二氧化硫

SO_2 和亚硫酸盐是很好的熏蒸剂，但只有少数几种水果能够忍耐达到控制病害的 SO_2 浓度。因此，SO_2 和亚硫酸盐控制采后腐烂的应用仅限于葡萄，少数应用于木莓。SO_2 和亚硫酸盐对灰葡萄孢有特效，温度对使用效果影响较大，在 0℃下，SO_2 使孢子致死需要（78±22.3）μL/(L・h)，在 20℃下需要 20.3μL/(L・h)。葡萄贮藏在 0℃时，当 SO_2 的浓度为 10μL/(L・h) 时，菌丝能够生长，并引起较高的腐烂率，当浓度达到 100μL/(L・h) 和 200μL/(L・h) 时，腐烂率低于 2%。贮藏湿度对 SO_2 的效果也有较大的影响。贮藏后期包装箱会吸潮，吸潮的包装材料又会吸收消耗 SO_2，致使浆果表面的 SO_2 有效浓度降低。此外，用 1600μL/L 的 SO_2 熏蒸 20～30min 或 3200μL/L 的 SO_2 熏蒸 5min 可以完全控制猕猴桃的灰霉病；利用 SO_2 溶液还可控制柑橘果实的绿霉病，2%SO_2 溶液浸泡柠檬果实可以降低绿霉病的发生率，但必须对溶液加热才能达到较好的效果。

4）扑海因（iprodione）

扑海因又名抑菌脲，能够抑制灰霉、青霉、链核盘菌和根霉等病原菌的生长，常用于核果类和仁果类果实采后病害的控制。此外，扑海因对交链孢也有一定抑制作用，在芒果上应用能够显著降低黑斑病的发病率。

5）戴挫霉（imazalil）

戴挫霉又名抑霉唑，是第一个作为采后杀菌剂的麦角甾醇生物合成抑制剂。戴挫霉的抑菌谱和苯并咪唑类相似，对镰刀菌有特效，效果优于苯并咪唑类药物。对 TBZ、苯来特、SOPP 以及仲丁胺的青霉抗性菌株也有抑制作用，对交链孢也有较好的抑制效果，但对色二孢、拟茎点霉、疫霉、地霉效果不佳。戴挫霉一般采用 1000～2000mg/L 浓度浸泡处理，也可喷雾。当加入果蜡中时浓度必须加倍。

6）施保克（prochloraz）

施保克又名咪鲜胺，是咪唑类广谱性杀菌剂，具有治疗和铲除作用，对炭疽病有特效，对柑橘青霉病、绿霉病、炭疽病、蒂腐病等也有较好的防治效果。一般采用500～1000mg/L浓度浸泡处理，采前用2000～3000倍液喷雾。

7）Strobilurin类杀菌剂

这类杀菌剂都含有甲氧基和丙烯酸酯或酰胺基团，所以这类化合物也被称为甲氧基丙烯酸酯类化合物。目前应用最广的是嘧菌脂（azoxystrobin），对葡萄、柑橘、苹果、鳄梨、甜瓜等的采后病害防治都具有明显作用。采前喷施可有效控制柑橘褐腐病和苹果黑星病。

第七节　采后病害的非杀菌剂控制措施

虽然化学杀菌剂可以非常有效地控制采后病害，但由于杀菌剂残留、环境污染及诱导病原物产生抗药性等问题而逐渐受到限制。此外，杀菌剂的开发和注册既要花费高昂的费用，又需要较长的时间。因此，开发新的、更加安全有效的采后防腐措施已为当前生产所急需，这些措施包括维持寄主抗性，采用物理、化学和生物控制等。尽管非杀菌剂措施对采后病害的控制效果还暂时与传统化学杀菌剂无法相比，但无疑是采后病害控制的发展方向。

一、维持寄主抗性的措施

（一）冷藏

冷藏（cold storage）期间的低温除可以有效地维持产品的抗病性外，还能明显抑制病原物的生长。但低温对病原物的抑制作用受温度波动、病原物种类、营养、湿度、水分活度、气体成分等因子的影响。

1. 低温对病原物的影响

采后低温能够抑制某些病原物的孢子萌发和菌丝生长，但不能将其致死。例如，将灰葡萄孢接种在葡萄上，0～30℃均可发芽，18℃为适温，在15～20℃大约15h孢子就可以萌发，在0～2.2℃，7d孢子才能萌发，在10℃下孢子萌发大约需要4～5d。通常情况下，5℃就足以抑制大多数常见果蔬病原物的生长，例如，盘长孢、刺盘孢、根霉、地霉及疫霉等在0℃左右的条件下，孢子萌发及菌丝生长均受到强烈抑制。白地霉、匍枝根霉、恶疫霉分别在温度低于10℃，7℃和5℃的条件下，孢子不能萌发，菌丝生长缓慢。已发芽的匍枝根霉孢子在0℃温度下甚至可被致死，但休眠孢子却有较强的抵抗能力。然而，一些病原物，如青霉、交链孢、枝孢霉、梨形毛霉和灰葡萄孢仍能够在0℃左右的低温条件下生长。因此，不能完全依赖低温来抑制果蔬采后病原物的生长。

温度增高会加速病原物的生长速度，特别是在0℃左右的温度范围内，虽然温度变化不大，但对病原物的生长即已发生明显的影响，比其他更高温度范围的波动影响更为明显。例如，灰葡萄孢达到旺盛生长在5℃下需7d，2℃时需9d，0℃时需12d，温度－2℃时则需17d。由此可见，2℃下的生长速度与0℃和－2℃相比，差异非常明显。同时，也可以看出在－2℃条件下虽然生长缓慢，但仍可以致病。贮藏在1.7℃或3.9℃下的葡萄与贮藏在0.5℃下的相比，灰霉病的发生率要高出2～3倍。因此，贮藏温度因尽可能控制在较低水平并保持恒定。

2. 水分活度（A_w）或相对湿度对病原物的影响

温度和水分活度（A_w）或相对湿度对病原物的萌发和生长具有显著的影响，通常情况下，越远离病原物最适宜的温度和A_w，孢子萌发时间就会越延迟，且孢子萌发和菌丝生长的速率也会逐渐降低。柑橘青霉病、绿霉病和酸腐病的三种病原物在4～30℃，A_w为0.995时均能萌发。而在低温条件下，A_w为0.95时意大利青霉的萌发和生长速率均高于指状青霉和白地霉，并且意大利青霉在较为干燥的环境中（A_w为0.87）也能萌发和生长，这就更进一步说明了青霉病是柑橘果实冷藏期间最主要的病害。然而，白地霉在A_w小于0.95时不能萌发。在对果生链核盘菌的研究中发现，在离体条件下，温度对其分生孢子活力的影响大于相对湿度，低温和较高的相对湿度均能导致分生孢子活力的降低。在较低的相对湿度（75%）下，病原物在果实上的定殖率随着温度（5～25℃）的升高而增大，但当病原物侵染后，其孢子的形成则不受温度（10～20℃）或湿度（45%～98%）的影响。

（二）气调贮藏

气调贮藏（CA storage）不仅能够延缓产品采后的生理过程，还能有效地抑制采后病害的发生。低浓度O_2或高浓度CO_2对采后病害的抑制作用主要是通过直接抑制病原物的生长及其代谢，以及间接维持寄主抗病性的方式来进行的。

1. 低O_2对病原物的影响

缺氧会抑制大多数病原真菌的生长，但抑制程度与病原物种类和发育阶段密切相关。通常，将O_2从21%减少到5%对真菌的生长影响不大，只有O_2浓度低于1%时才能有效地抑制孢子萌发、菌丝生长和孢子形成。例如，在1%O_2浓度下匐枝根霉和多主枝孢的产孢量仅为正常空气中的一半，随着O_2浓度从1%降至0.25%，产孢量也随之减少；而互隔交链孢、灰葡萄孢和粉红镰刀菌的产孢量只有在O_2浓度在0.25%或更低时才会减少。当O_2浓度低于4%时，这些病原物的菌丝生长会有一半或一半以上的被明显抑制。而要减少50%的匐枝根霉菌丝生长则O_2浓度就需要低至2%。

2. 高CO_2对病原物的影响

高浓度CO_2会通过直接降低呼吸强度等代谢过程而抑制真菌生长，其对不同病原孢子的萌发和菌丝生长的抑制程度依CO_2浓度而异。当CO_2浓度为16%时，90%的匐枝根霉、多主枝孢和灰葡萄孢的孢子萌发可被抑制，但对互隔交链孢的抑制率只有32%。同样，当CO_2浓度为20%时，互隔交链孢、灰葡萄孢和多主枝孢50%的菌丝生长可被抑制，但要抑制50%的粉红镰刀孢菌丝生长，则需要高达45%的CO_2浓度。高CO_2还可抑制胡萝卜欧氏杆菌等细菌的菌落生长。

如果环境中CO_2缺乏，即便在任何O_2浓度存在的情况下，上述真菌都不会生长。低O_2和高CO_2共同处理对有些真菌抑制的协同增效结果也不明显。例如，低O_2对核盘菌生长的抑制不会因CO_2浓度的提高而增强。

3. 气调对采后病害的影响

气调对采后病害抑制的间接影响表现在延缓产品的成熟衰老，维持体内抗病性等方面，如抑制呼吸强度，减少乙烯的生成和作用，保持硬度和抗病性等。气调贮藏中常用的2.5%O_2浓度可通过提高寄主抗性来间接地减少腐烂的发生。因为，大多数的病原真菌在这样的条件下均可以生长。同样，5%的CO_2也可通过抑制产品呼吸来减轻病害的发生，但该浓度CO_2对病原真菌的生长几乎没有影响。试验表明，在0.75%的O_2浓度下贮藏的“橘苹”苹果比在1.0%或5%的O_2下的具有更致密的组织结构，青霉病和褐腐病的发生率也较低；1%的低O_2浓度可以明显减少0℃下猕猴桃灰霉病的发生，也可以延迟果实的软化，减少乙烯的释放量；10%～20%或更高的CO_2可显著减少草莓由灰葡萄孢引起的灰霉病和匍枝根霉引起的软腐病。

（三）钙

果实中的钙含量与病原物引起的采后病害密切相关。增加果实中的钙（calcium application）能够明显减少采后病害的发生。例如，采后钙处理可减轻苹果的青霉病、桃果实的褐腐病、马铃薯块茎的细菌性软腐病等多种采后病害。采前钙处理也可降低苹果的皮孔腐烂、葡萄的灰霉病等病害。

1. 钙对病原物的影响

钙通过直接抑制真菌孢子的萌发和菌丝生长，或者间接影响胞外酶的活力，从而降低由病原菌引起的果实腐烂。体外条件下，随着氯化钙浓度的增加扩展青霉和灰葡萄孢孢子的萌发和芽管的伸长被抑制；钙能抑制90%以上的扩展青霉胞外果胶酶的活性。

2. 对寄主的影响

钙可以加固细胞壁，增强果实对病原物侵染的抵抗力。胞间层主要是由诸如果胶酸之类的多糖组成，它是维持果实硬度最重要的结构成分。果胶由多聚半乳糖醛酸链和鼠李聚糖残基组成，多聚半乳糖醛酸链上的束状构型为钙离子的进入提供了结合部位。而果胶酸之间或果胶酸与其他多糖之间形成的钙桥可阻止一些胞外酶接近细胞壁。钙还能稳定细胞膜的结构，从而使寄主组织细胞对病原物更具抵抗力。用钙处理能显著降低番茄和苹果果实的ACC氧化酶（ACO）的活性，减少乙烯释放量，延缓果实衰老。

3. 钙的使用方法

采前喷钙常用的药物有$Ca(NO_3)_2$、$CaCl_2$、$Ca_3(PO_4)_2$，喷雾时间或早或晚。苹果在花后第4～5周的细胞分裂旺盛期喷施更有利于钙的吸收。另外，要增加果实中的钙水平，采前钙处理最好能喷到果实的表皮，临近采收的果实表面积较大，所以晚喷（采前1～2周）效果也较好。

采后浸钙一般选用的药物是$CaCl_2$，处理浓度通常在2%～12%，溶液中通常加入少量的吐温-80，处理时间1～2min。目前常用的采后钙处理法有普通浸钙法、真空渗透浸钙法及压力渗透浸钙法。三种方法对增加果实中的钙含量具有不同的效果。其中，真空渗透法是使钙进入果实中最有效的方法。例如，在任何$CaCl_2$浓度下浸泡2min对苹果的青霉病没有明显影响，但真空浸钙则可使腐烂显著减少；12%的$CaCl_2$浸泡可以使苹果青霉病腐烂面积减少30%以上，若采用真空浸钙，4%就可达到同样的效果。此外，采后钙处理如与气调、热处理和生物防治等措施结合还具有协同效应。

（四）生长调节剂

生长调节剂（growth regulators）可通过延缓成熟和衰老进程及维持果蔬的自身抗病性来间接地抑制采后病害的发生。许多生长调节剂均可对果蔬的生理代谢产生影响，其中GA_3和2,4-D是对采后病害影响较大的两类化合物。例如，在柑橘贮藏前使用2,4-D处理就会推迟果梗的衰老，从而有效地抑制了柑橘茎端腐的发生，2,4-D采前处理也具有类似的效果；用GA_3处理可以延迟因衰老出现的柑橘果皮软化，提高了果实对指状青霉和意大利青霉侵染的抵抗能力；贮藏前用50mg/L或100mg/L的GA_3，或200mg/L的2,4-D浸泡柠檬可以防止果皮中抗菌物质柠檬醛的流失，从而提高果实的抗病性；生长期间喷施GA_3可以显著地减少由互隔交链孢引起的柿黑斑病；在莴苣采前几小时用GA_3处理可以通过延迟叶片的黄化来减轻由核盘菌引起的腐烂和细菌性软腐病的发生；采后GA_3处理还可以明显地延缓芹菜幼叶和叶柄的黄化，减少了由核盘菌、灰葡萄孢和胡萝卜欧氏杆菌引起的腐烂；采前在田间喷施GA_3可以维持芹菜体内的真菌抑制物质异紫花前胡内酯的含量。

二、物理控制措施

（一）紫外线照射

紫外线照射（ultraviolet illumination）通常分为短波紫外线（UV-C，波长190～280 nm）、中波紫外线（UV-B，波长280～320nm）和长波紫外线（UV-A，波长320～390nm）照射。自20世纪80年代起普通的紫外灯所发射的UV-C（波长254nm）就开始被用来控制果蔬的采后腐烂。低剂量（<1Gy）UV-C辐照可以减轻柑橘、葡萄、芒果、苹果、桃、草莓、番茄、甜椒、洋葱、甘薯、胡萝卜等多种果蔬的采后病害，延长货架期。UV-C的处理效果受果蔬种类、品种、成熟度、病原物种类、剂量、辐照后贮藏温度等诸多因素的影响。例如，0.5kJ/m^2可有效控制猕猴桃的灰霉病；但要有效控制柠檬的绿霉病，则需要5.0kJ/m^2的剂量；而控制苹果黑斑病所需要的照射剂量则为7.5kJ/m^2。

1. UV-C 对病原物的影响

UV-C属于非电离辐照，仅能穿透寄主表面的数层细胞。因此，UV-C可对生长在寄主表面的微生物具有直接的抑制或杀灭作用。例如，UV-C处理葡萄柚果实24h时，指状青霉孢子萌发、芽管伸长以及产孢能力均受到明显抑制。UV-C可破坏微生物的DNA结构，干扰细胞的分裂，导致蛋白质变性，引起膜的透性增大，导致膜内离子、氨基酸和碳水化合物的外渗。UV-C损伤微生物的DNA仅仅需要0.25～8.0kJ/m^2，因此UV-C一直被用于直接杀菌和诱变处理。由于大部分的微生物不能对UV-C造成的损伤进行修复，进而导致自身死亡。但是有些微生物，如细菌和酵母，在经受UV-C照射后依然能够存活，因为这些微生物中存在着光修复机能。

2. UV-C 对寄主抗性的诱导

UV-C可通过诱导寄主的抗性反应来抵御病原物对寄主的侵染。因此，只要在合适的波长和辐照剂量范围内，UV-C就可活化与抗病相关的苯丙烷类代谢途径，合成病程相关蛋白，促进植保素的产生。例如，UV-C处理可以提高葡萄、柑橘和葡萄柚果实中的POD和PAL活性，正是由于这些酶活性的升高，寄主体内才能进一步合成木质素和酚类化合物等抗菌物质；UV-C还明显诱导了葡萄柚果皮中几丁质酶和β-1,3-葡聚糖酶活性的增加；UV-C可促进胡萝卜组织6-甲氧嘧呤、甜橙果皮二甲氧基香豆素等植保素的合成；UV-C还可抑制番茄果实的PG酶活性。

3. UV-C 与其他方法的结合

UV-C对采后病害的控制效果还远不及化学杀菌剂，但将UV-C与其他防腐方法结合便具有协同效应。例如，UV-C与拮抗酵母 *Debaryomyces hansenii* 结合处理，可有效地抑制由果生链核盘菌引起的桃褐腐病，指状青霉引起的柑橘青霉病，以及匐枝根霉引起的番茄和甘薯的软腐病；热水和UV-C结合，可有效控制由灰葡萄孢和果生链核盘菌引起的草莓和甜樱桃的灰霉病和褐腐病。

（二）热处理

大部分果蔬可以忍受45～55℃热水5～10min的处理。热处理（heat treatment）就是在35～55℃下采用热水或热蒸汽处理果蔬，以杀死或抑制病原菌的活动，从而达到防腐目的的一种方法，处理时间可从几秒到几小时不等。热处理可分为短时和长时两种，前者是在44～55℃热水中浸泡几分钟至1h，后者是在38～46℃下处理12h至4d。

1. 热处理对病原物的影响

热处理可以明显降低真菌的存活力，甚至将其致死。热对真菌的影响作用主要包括：使菌体蛋白质变性、类脂分解、代谢紊乱、损伤或积累有害的代谢中间产物等方面。不同真菌对高温的敏感程度存在明显差异。对于特定的真菌而言，孢子的钝化程度主要取决于处理的温度和时间。例如，灰葡萄孢和果生链核盘菌孢子在45℃下，要达到相同的孢子灭活效果，所需时间分别为16min和5min。病原菌的含水量可明显地影响热的传导。比较干湿两种指状青霉的分生孢子在70℃下处理30min的结果，90%的湿孢子被致死，而干孢子的致死率仅为10%。若再用存活下来的干孢子对柑橘果实进行接种，症状出现的时间则被推迟了近 24h。发芽的真菌孢子比未发芽的孢子对热的反应更敏感，例如，42℃对休眠的互隔交链孢孢子无影响，但这一温度却能使大部分发芽的孢子失去活性。4min 处理时间发芽根霉孢囊孢子的半致死温度（LD_{50}）为 39℃，而休眠孢子则为 49℃。

2. 热处理对病害的控制及机理

由于热仅作用于果蔬表皮或表皮以下的数层细胞，即可以杀死或钝化表面大多数的病原物，又可以对寄主的生理代谢造成一定的影响。已有报道表明，热水浸泡或喷淋处理可有效减轻柑橘、芒果、鳄梨、苹果、葡萄、甜瓜、番茄、甜椒等多种果蔬的采后病害。例如，在 56～62℃热水中浸泡 10～30s 可以有效降低柑橘的采后病害；采用 48～64℃热水喷淋芒果，减轻了由互隔交链孢引起的芒果黑斑病。

热处理还会通过增强寄主的抗性而抑制腐烂，其直接的证据来源于对经过热处理的梨进行损伤接种时发现，病斑直径的扩展被明显抑制。热处理诱导果蔬皮层细胞中的防御机制来抑制病原菌的生长。例如，56～62℃热处理延缓了柑橘果实果皮中柠檬醛等抗菌物质含量的下降速度，并诱导形成木质素和 7-羟基-6-甲氧基香豆素等抗菌物质，提高一些抗病酶的活性，从而增加对青霉病的抗性。柠檬果实经 36℃热处理后，柠檬醛含量增加，果实腐烂率显著减小。葡萄柚果实采后用 62℃热水处理可诱导几丁质酶和 β-1,3-葡聚糖酶的积累，抑制了青霉病的发生。番茄采后用 38℃热空气处理 2d 可诱导果实 POD 活性的上升，并显著降低果实的发病率。此外，热处理还可使猕猴桃、苹果、梨和芒果果实中 PAL 的活性提高，促进木质素和酚类物质的合成。热处理的这些作用可能与其改变了产品的基因表达模式，以及影响了蛋白质的合成有关。

3. 热处理与杀菌剂的结合

热与杀菌剂结合处理被认为是一种颇为有效的防腐方法，一方面可以降低热处理的温度，缩短处理的时间；另一方面可以减少杀菌剂的使用浓度，促进杀菌剂在产品伤口部位的渗透，增强其作用的效果。例如，用 52℃的噻苯唑、苯莱特、克菌丹和氯硝胺处理核果类果实，可使浸泡处理的时间由单独加热的 15min 缩短为 0.5min；加热的戴挫霉对柑橘青霉病的控制效果要显著优于常温处理者；加热的乙醇和 SO_2 对柠檬绿霉病的控制效果也明显优于热水、乙醇和 SO_2 单独处理。

三、化学控制措施

化学控制措施以使用公认安全药物（generally recognized as safe，GRAS）和天然化合物（natural chemical compounds）为代表。GRAS 是指使用后表现安全、对人和动物无任何毒副作用的一类化合物，如醋酸、石灰、氯、过氧化氢、糖类似物等。而天然化合物则是从动植物和微生物中提取的一类具有抑菌或杀菌功能的化合物，如乙醛、乙醇、植物精油等，从中草药中提取的一些抗菌成分也属此范畴。这类化合物对采后病害的控制机理重点体现在直接抑菌方面。

（一）醋酸

醋酸是动植物产生的一种常见的中间代谢产物，2.0～5.0mg/L 的低浓度醋酸蒸气能有效防止真菌所引起的果实腐烂。例如，醋酸熏蒸可有效抑制灰葡萄孢和扩展青霉的孢子萌发；醋酸熏蒸可减少损伤接种苹果的灰霉病和青霉病；醋酸熏蒸还可有效控制梨、葡萄、猕猴桃和番茄的灰霉病。相对湿度越高，真菌孢子对醋酸也就最敏感，例如，在低湿度时醋酸熏蒸只能部分杀死的孢子，高湿度下（95%～100%）孢子则可被完全致死。

（二）石灰

石灰或碳酸盐和重碳酸盐是传统的防腐剂，也是当前食品工业中广泛采用的添加剂。石灰可用于采后病害的防治，例如，用重碳酸盐浸泡柑橘，能够明显降低果实绿霉病的发病率。石灰在防腐中的作用主要表现为直接抑菌。例如，重碳酸钠可明显抑制甜瓜采后主要病原物互隔交链孢、镰刀菌和匐枝根霉的菌丝生长，用含 2%重碳酸钠的蜡液涂抹甜瓜可明显减少果实的采后腐烂；重碳酸钾还可对甜椒互隔交链孢和灰葡萄孢的孢子萌发，芽管伸长和菌丝生长产生抑制。

（三）乙醇

乙醇只有稀释到一定浓度才具有杀菌作用，50%～75%的乙醇杀菌作用最强，低于 50%其杀菌效力明显降低。乙醇的杀菌和抑菌作用主要是由于其具有脱水能力，使菌体蛋白质脱水而变性。乙醇处理可在一定程度上减轻桃果实的褐腐病和软腐病；10%～20%的乙醇还能有效降低柑橘、桃和油桃的采后腐烂；乙醇加热后防病的效果会更好。

（四）乙醛

乙醛是植物的次生代谢产物，也是果实所释放的一种香气成分，其在果实成熟过程中逐渐积累，并对果实的成熟和衰老进程起着非常重要的影响。近年来研究发现，外源乙醛处理能抑制果蔬乙烯合成，延缓后熟衰老和软化，改善品质，减少腐烂。采用 0.25%～1%乙醛熏蒸可以抑制草莓和木莓灰霉病和软腐病的发生；采用 0.5%乙醛熏蒸 24h 可以减轻由灰葡萄孢、匐枝根霉和黑曲霉引起的葡萄腐烂；3%乙醛处理 4h 可有效减少马铃薯块茎细菌性软腐病的发生；乙醛熏蒸还可减轻草莓、苹果、桃等果实的腐烂。乙醛处理具有操作简便，成本低廉，对人体无毒，化学污染小，可改善产品品质等优点。因此，可考虑与冷藏或气调贮藏结合达到防腐保鲜的目的。

四、生物控制措施

（一）生物防治（biological control）

生物防治是根据微生物间的相生相克原理，利用或引进一种无害微生物以控制有害微生物，从而达到控制病害的目的。被利用的无害微生物常被定义为拮抗菌（antagonist）。与采前生物防治所不同的是：采后生物防治的环境条件可被有效控制，例如，可以通过调节贮藏温度和相对湿度来满足拮抗菌生存的需要；采后拮抗菌处理能更有效作用于果蔬伤口，因此比田间处理更容易；由于生物防治的费用普遍较高，因此在采后使用中会更经济。

1. 拮抗菌的种类

人们已经从土壤、果蔬和叶片表面分离到几十种拮抗菌，主要为细菌和酵母菌。很多拮抗菌已经进行了半商业化的试验，有的还被商品化应用，有些拮抗菌与其他采后处理措施共同作用还取得了满意的防腐效果。

1）拮抗细菌

能在采后果蔬上应用的拮抗细菌较多，其中以芽孢杆菌（*Bacillus* sp.）及假单胞杆菌（*Pseudomonas* sp.）最为常见。例如，枯草芽孢杆菌（*Bacillus subtilis*）可抑制桃果实的褐腐病，芒果的炭疽菌，荔枝的疫霉病，厚皮甜瓜的黑斑病、白霉病、粉霉病和软腐病等多种采后病害。洋葱假单胞菌（*Pseudomonas cepacia*）和丁香假单胞菌（*Pseudomonas syringae*）可有效控制苹果以及柑橘的青霉病和绿霉病。

2）拮抗真菌

以哈茨木霉（*Trichoderma harzianum*）、绿色木霉（*Trichoderma viride*）和出芽短梗霉（*Aureobasidium pullulans*）为主，可用于控制苹果青霉病、柑橘绿霉病、草莓灰霉病、芒果炭疽病等采后病害。

3）拮抗酵母菌

酵母菌被广泛应用于食品酿造工业，所以更易被消费者所接受。拮抗酵母对柑橘、苹果、葡萄、桃、油桃、芒果、草莓、番茄等主要采后病害的控制均有成功的报道，主要包括罗伦隐球酵母（*Cryptococcus laurentii*）、季也门假丝酵母菌（*Candida gulliermondii*）、季也门毕赤酵母（*Pichia guilliermondii*）和无名假丝酵母菌（*Candida famata*）等多种。由于拮抗酵母具有较强的抗逆能力，其产生的胞外多糖给其以竞争存活的优势，能利用果实表面的养分迅速扩增，对化学农药具有较强的忍耐性，因此具有广阔的开发潜力。

2. 拮抗菌的作用机理

拮抗菌作用的机理包括多个方面，虽然一种机理可能占主要地位，但最后达到的病害控制效果则是多种机理共同作用的结果。

1）抗生作用

通过产生抗菌素对病原菌进行抑制是人们最早发现的一种机理，大部分拮抗细菌的作用机制是产生抗菌素。例如，枯草芽孢杆菌 B-3 的拮抗物质为伊枯草菌素（iturin）；洋葱假单胞菌 LT-4-12W 的拮抗物质是吡咯菌素（pyrrolonitrin）；丁香假单胞菌 ESC-10 和 ESC-11 的拮抗物质是丁香霉素 E（syringomycin E）。

2）营养与空间竞争

在果蔬伤口表面的拮抗菌和病菌孢子会同时抢占伤口处的营养，以营养与空间竞争为机理的拮抗菌能够尽快消耗伤口营养，并在相当短的时间内大量繁殖，占领空间，使得病原菌得不到足够的营养与空间，从而抑制病害的发生。已报道的众多酵母菌和类酵母菌，其营养与空间竞争作用占有主要地位。例如，将季也门假丝酵母菌接种到桃的伤口上，在有病原菌存在时该拮抗酵母的数量一天内可以猛增200多倍。

3）寄生作用

寄生作用是人们早已发现的普遍存在于自然界的一种现象。例如，哈茨木霉可通过直接寄生或产生抗菌素作用于病原物；季也门毕赤酵母US-7可在灰葡萄孢菌丝上附着，在附着点溶解菌丝细胞壁；无名假丝酵母菌可以在病原菌菌丝上定植，并促使菌丝裂解。

4）诱导抗性

拮抗菌对寄主的抗性诱导主要表现在三个方面：促进次生代谢物的大量产生，如无名假丝酵母可诱导柑橘产生植保素和7-羟基-6-甲氧基香豆素等抗性物质；促进细胞变化，如 *Candina saitoana* 在苹果伤口上可以诱导寄主细胞变形，产生乳突结构，抑制病原菌的入侵；提高抗性酶的活性，如出芽短梗霉可以显著提高苹果几丁质酶、β-1,3-葡聚糖酶和过氧化物酶的活性。

（二）诱导抗性

诱导抗性（induced resistance）是指利用化学、物理或生物的方法预先处理，通过提高果蔬自身的抗病性来有效减轻或控制采后病害，其中多以化学处理为主，可以诱导产品产生抗性反应的化合物统称为诱抗剂（chemical elicitors）。

1. 诱抗剂的种类

诱抗剂不仅种类较多、具有较高的安全性，而且可在采前和采后期间方便使用。主要包括：水杨酸（salicylic acid，SA）、2,6-二氯异烟酸（2,6-dichlorlisonicotic acid，DCINA，INA）、活化酯（acibenzolar-S-methyl，ASM，BTH）、康壮素（harpin）、壳聚糖（chitosan）、可溶性硅（soluble silicon）、茉莉酸（jasmonate acid，JA）及茉莉酸甲酯（jasmonate methyl ester，MeJA）等。这些诱抗剂对苹果、梨、柑橘、桃、甜樱桃、葡萄、猕猴桃、甜瓜、芒果、草莓、番茄和马铃薯等主要采后病害的控制均表现有效。其中一些诱抗剂对病原物没有明显的抑制作用，可直接诱导果蔬产生抗性，如水杨酸和BTH，而另一些则具有抑菌和诱抗的双重作用，如可溶性硅和壳聚糖。有些诱抗剂可诱导果蔬的系统获得抗病性（systemic acquired resistance，SAR），而有些只能诱导局部抗性（local resistance）。

2. 诱抗剂的作用机理

诱抗剂处理能增强表皮结构。例如，经BTH和harpin采前处理的甜瓜果实表皮角质层明显增厚，细胞间隙填充了大量的木质素、木栓质和胼胝质，细胞排列更为紧密，细胞壁也较厚。诱抗剂处理可活化苯丙烷代谢，包括诱导编码PAL、4CL、CHS、CHI、PPO和POD等防卫基因的表达，增加PAL、4CL、PPO和POD等防卫酶的活性，促进总酚、类黄酮和木质素的积累。诱抗剂处理还能诱导编码PRs基因的表达，提高几丁质酶和β-1,3-葡聚糖酶的活性。一般认为，诱抗剂处理可通过SA介导的SAR途径，以积累的H_2O_2作为的第二信号，诱导苯丙烷代谢相关基因或病程相关蛋白的表达，增强苯丙烷代谢能力并产生抵御病原物侵染的物质，从而使果蔬表现出普遍的系统抗性，增强产品对多种病原物侵染和不良逆境胁迫的抵抗能力。

参考文献

高必达，陈捷. 2006. 生理植物病理学［M］. 北京：科学出版社.

罗云波. 2010. 果蔬采后生理与生物技术［M］. 北京：中国农业出版社.

戚佩坤. 1992. 果蔬贮运病害［M］. 北京：中国农业出版社.

饶景萍. 2009. 园艺产品贮运学［M］. 北京：科学出版社.

田世平，范青. 2000. 控制果蔬采后病害的生物技术［J］. 植物学通讯，17：211～217.

王金生. 1999. 分子植物病理学［M］. 北京：中国农业出版社.

张维一，毕阳. 1996. 果蔬采后病害与控制［M］. 北京：中国农业出版社.

张维一. 1993. 果蔬采后生理学［M］. 北京：中国农业出版社.

Apel K，Hirt H. 2004. Reactive oxygen species：Metabolism，oxidative stress，and signal transduction [J]. Annual Review of Plant Biology，55：373-399.

Barkai-Golan，R. 2001. Postharvest Diseases of Fruit and Vegetables：Development and Control [M]. Amsterdam：Elsevier Press.

Bi Y，Li YC，Ge YH. 2007. Induced resistance in postharvest fruits and vegetables by chemicals and its mechanism [J]. Stewart Postharvest Review，3：1-7.

Dennis，C. 1983. Postharvest Pathology of Fruit and Vegetables [M]. New York：Academic Press.

Ferreira RB，Monteiro S，Freitas R，et al. 2007. The role of plant defense proteins in fungal pathogenesis [J]. Molecular Plant Pathology，8：677-700.

Gross KC，Wang CY，Saltveit M. 2002. The Commercial Storage of Fruits，Vegetables，and Florist and Nursery Stocks [M]. Washington：USDA Handbook 66.

Janisiewicz WJ，Korsten L. 2002. Biological control of postharvest diseases of fruits [J]. Annual Review of Phytopathology，26：41-44.

Kays SJ，Paull RE. 2004. Postharvest Biology [M]. Althens：Exon Press.

Nicholson RL，Hammerschmidt R. 1992. Phenolic compounds and their role in disease resistance [J]. Annual Review of Phytopayhology，30：369-389.

Paliyath G，Murr DP，Handa AK，et al. 2008. Postharvest Biology and Technology of Fruit，Vegetables，and Flowers [M]. Ames：Wiley Blackwell Publishing.

Prusky D，Gullino ML. 2009. Postharvest Pathology [M]. Dordrecht，Heidelberg，London，New York：Springer Press.

Prusky D. 1996. Pathogen quiescence in postharvest diseases [J]. Annual Review of Phytopathology，34：413-434.

Snowdon AL. 1991. A Colour Atlas of Post-harvest Disease and Disorders of Fruits and Vegetables [M]. Vol. 2，Vegetables. London：Wolfe Scientific.

Snowdon，AL. 1990. A Colour Atlas of Post-Harvest Disease and Disorders of Fruits and Vegetables [M]. Vol. 1. General Introduction and Fruits. London：Wolfe Scientific.

Terry LA，Joyce DC. 2004. Elicitors of induced resistance in postharvest horticultural crops：a brief review [J]. Postharvest Biology and Technology，32：1-13.

Tian SP, Chan ZL. 2004. Potential of resistance in postharvest diseases control of fruits and vegetables [J]. Acta Phytopathologic Sinica, 34: 385-394.

Verhoeff K. 1974. Latent infection by fungi [J]. Annual Review of Phytopayhology, 12: 99-110.

Wills RBH, McGlasson WB, Graham D, et al. 2007. Postharvest-an Introduction to the Physiology and Handling of Fruit, Vegetables and Ornamentals [M]. 5th edition. Sydney: University of New South Wales Press Ltd.

第五章 仓库害虫及其防治

内容提要

本章主要介绍仓库害虫的概念、危害性、传播途径和危害方法；主要的仓库害虫及其生活习性；影响仓库害虫危害的因素及其防治方法。

教学目标

1. 掌握仓库害虫的概念、危害性、传播途径及危害方法。
2. 了解主要的仓库害虫及其生活习性。
3. 掌握影响仓库害虫危害的因素及其防治方法。

重要概念及名词

仓库害虫　初期性害虫　中间性害虫　后期性害虫　植物检疫　物理防治　机械防治　化学防治　生物防治

思考题

1. 什么是仓库害虫？简述其对仓储农产品的危害性。
2. 简述仓库害虫的传播途径。
3. 举例说明仓库害虫的危害方式。
4. 试述主要仓库害虫及其危害。
5. 试分析仓储环境和大田环境对害虫发生的影响特点。
6. 简述影响仓库害虫危害的因素。
7. 仓库害虫的防治方法有哪些？
8. 仓库害虫的化学防治技术有哪些内容？
9. 仓库害虫的生物防治方法有哪些？

第一节　仓库害虫

一、仓库害虫概念及其危害性

（一）仓库害虫的概念

仓库害虫（insect pests of stored products）是指生活在仓库、加工厂等场所，危害各种动植物性储藏物、货仓、厂房建筑、包装器材、仓储与运输工具及设备的害虫，也叫储藏物害虫，简称“仓虫”。动植物性的储藏物形式多种多样，如粮食、干果、坚果、中药材、中成药、竹木器材、书画文物等。其中有一大类群仓虫是在仓内危害贮藏粮食、油料、豆类、食品、饲料及加工成品和副产品，常称为储粮害虫。

（二）仓库害虫的危害性

仓库害虫危害是造成农产品贮藏期间损失的主要原因之一。仓虫危害后，不仅会造成产品的数量损失，而且还会严重的影响产品营养价值和加工品质。仓虫感染后会引起粮食发热霉变，微生物大量繁殖、产生毒素，使人、畜食用后中毒，甚至死亡。有些害虫也能分泌毒素，污染粮食。同时被害粮食中的虫尸、虫粪等排泄物和咬碎的残粮碎屑、虫丝、虫网等夹杂物的大量增加，会降低粮食中完善粒的比例。对于贮藏的种子来说，仓虫危害不仅造成数量减少，还会大大降低种子的活力和发芽力，甚至失去种用价值。据统计储粮害虫每年给储粮造成的损失是十分严重和普遍的，世界各国粮食因储粮害虫危害的损失平均约为10%。我国根据一些地区的调查认为在农村每年由于储粮害虫危害造成的损失为2%～5%，以全国粮食产量估算，每年损失达几百万吨。因此为确保农产品的安全储藏，必须对仓库害虫进行深入的认识，进而采取综合治理措施，以有效地控制其发生与危害。

二、仓库害虫的传播途径

仓库害虫的传播途径包括自然传播和人为传播两个方面。

（一）自然传播（natural dispersion）

1. 害虫活动传播

害虫通过自身的爬行或飞行，从一个地方传播到另一个地方。兼能在田间危害或以花蜜及腐败果实为食的仓虫，如麦蛾、米象、绿豆象等，由田间或仓外飞入仓内；另外在仓外砖石、腐木、旧包装材料及尘芥杂物中越冬成虫，翌年春天又返入仓内，如米象及锯谷盗。

2. 风力传播

有些害虫，如锯谷盗、书虱、螨类等，其体积小、重量轻，常栖息在碎屑、杂物中，极易随风飘扬，四处传播。

3. 动物活动传播

较小的害虫和螨类，常黏附在鸟类、鼠类等其他动物身体上，随这些动物的活动四处传播，如一只老鼠能携带螨类1000多头。

（二）人为传播（artificial dispersion）

1. 随收获产品传播

有些害虫可在田间产卵，卵孵化后幼虫即钻入粮食造成危害。随农产品的收获，这些害虫就从田间带到仓内。在农产品脱粒、整晒、装运、临时储存等收获及采后处理环节中，若无有效的预防措施，也易使新收获的产品感染害虫。

2. 贮运工具、包装物传播

装运农产品的汽车、火车、轮船等运输工具；仓库使用的筛子、扫帚、簸箕、垫席、篷布等仓储器材及包装用的纸箱、麻袋、面袋等包装物上，常有一些仓库害虫，若未经清扫、杀虫或杀虫不彻底，就容易使这些害虫传播到无虫的产品上。

3. 随产品加工传播

加工厂若缺乏有效的防虫设施，则机器的各种缝隙、残存碎屑和粉末就能为害虫的滋生提供良好条件。如在粮油加工厂中，害虫种类多，密度也大。当加工粮食时，这些害虫就传播到成品粮中。

4. 随产品贸易传播

在农产品贸易过程中，存在于产品中的害虫就从一个国家传播到另一个国家，或者从一个地区传播到另一个地区，这是仓库储粮害虫人为传播的重要途径。

5. 随仓库工作人员传播

仓库工作人员在检查粮情时，衣服、鞋袜和检查工具上往往会有害虫，当工作人员转移时，这些害虫就会从甲仓传播到乙仓。所以一般在检查粮情时，先查无虫粮，再查有虫粮。

6. 空仓传播

含有仓虫的粮食筛下物、粮脚或尘芥杂物未及时清除，或空仓杀虫不彻底，留有害虫，当无虫粮入仓后就会被感染，变为有虫粮。

三、仓库害虫危害方法

仓库害虫的危害方法可按取食粮粒的完整程度、取食方式、危害位置和场所4个方面进行分类。

（一）按取食粮粒完整程度分类

（1）危害完整粮粒。绿豆象、麦蛾、米象、谷蠹、拟谷盗及一般蛾类幼虫均能取食完整粮粒，这种取食完整粮粒的仓虫称为初期性害虫（primary pests）。

（2）危害损伤粮粒及碎屑粉末。锯谷盗、长头谷盗等可危害损伤粮粒及碎屑粉末。

这类害虫称为后期性害虫（secondary pests）。

（3）危害完整或已损伤的粮粒且取食粮食中的腐败尘芥杂物和虫尸、虫粪。黑菌虫、黄粉虫、螨类、皮蠹、蛛甲等属此类。

（4）取食粮食中尘芥杂物粉末。书虱等属此类。

后两类称为中间性害虫（fungus feeders and scavengers）。

（二）按取食方式分类

（1）蛀食类（borers）。米象、豆象、谷蠹、麦蛾等的幼虫在粮粒内蛀食，使粮粒仅剩空壳。

（2）剥食类（peeler）。印度谷螟、一点谷螟等的幼虫，喜食粮粒的胚部，再剥食外皮，内部则较少食害。

（3）侵食类（embezzler）。一般甲虫均自外面向内侵食粮粒，使被害粒呈不规则缺刻状。

（4）缀食类（webbing-feeder）。一般蛾类幼虫均喜吐丝将粮粒连缀成块，匿伏其中食害。

（三）按危害位置分类

（1）从上层或外表危害。蛾类因体软、形大、善飞，一般具有正趋光性，适于在粮食上层及外表活动及产卵，羽化后又易于飞出，故幼虫危害一般自粮食上层及外表而达下层及内部。

（2）从下层危害。甲虫类因体硬，善于行走，一般具负趋光性，粮食下层较黑暗易于隐匿，故危害一般自粮食下层而达上层。

（3）从外表危害。螨类体软而轻小，喜向外爬，故危害一般自粮食外表而达内部。

（四）按危害场所分类

（1）田间繁殖危害。这类害虫不能在仓内繁殖，必须依靠自然界的食物在田间繁殖，但幼虫可随寄主带入仓内完成发育，如豌豆象。

（2）兼在田间和仓内繁殖危害。绿豆象、米象、麦蛾等属于此类。

（3）仓内繁殖危害。大部分仓虫均可在仓内繁殖危害。

四、主要仓虫种类及生活习性

仓库害虫的种类很多，世界上已定名的有500多种。在我国发现有近200种，在仓储部门已发现危害商品的就有60多种。严重危害商品的达30多种。主要仓库害虫有玉米象、麦蛾、豆象类、拟谷盗类、谷蠹、卷螟类、腐嗜酪螨等。

（一）玉米象

玉米象（*Sitophilus zeamais* Motschulsky）属鞘翅目（Coleoptera），象虫科

(Curculionidae)，是重要的仓库害虫，其形态特征如图 5-1 所示。

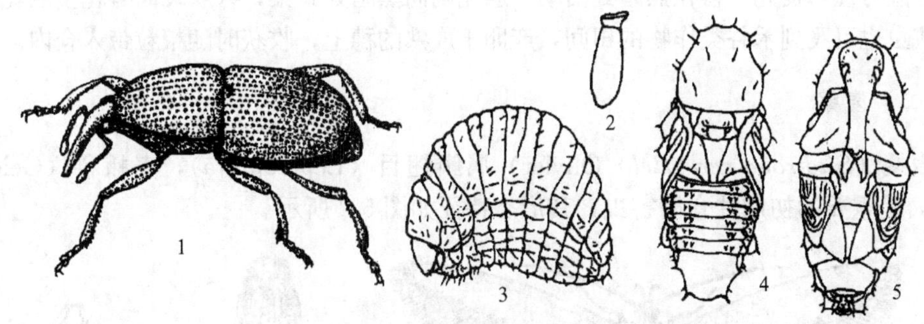

图 5-1　玉米象（洪晓月，2007）
1. 成虫；2. 卵；3. 幼虫；4. 蛹背面观；5. 蛹腹面观

1. 分布与危害

玉米象是中国储粮的第一大害虫，也是世界性的重要储粮害虫。成虫蛀害稻谷、大米、小麦、玉米、高粱、大麦、黑麦、荞麦、花生仁、豆类、干果、通心粉、面粉、面包等，其中以小麦、玉米、糙米及高粱受害最重。幼虫只危害禾谷类种子。主要危害贮存 2～3 年的陈粮，成虫啃食，幼虫蛀食谷粒，是一种最主要的初期性害虫。在适宜的条件下，受害粮食的重量损失在 3 个月内达 11.25%，6 个月内增到 35.12%。贮粮被玉米象咬食而造成许多碎粒及粉屑，易引起后期性害虫的发生，且能使粮食发热及水分增高，引起粮食发霉变质。此外玉米象也能飞到田间危害。

2. 生活史与习性

1）生活史

玉米象年均发生 1～7 代。一般北方寒冷地区每年发生 1～2 代；中原地区每年发生 3～4 代，南方温暖地区每年发生 4～5 代；亚热带每年发生 6～7 代。主要以成虫在仓内黑暗潮湿的缝隙、垫席下、仓外砖石下、垃圾中、松土内及树皮缝中越冬，少数以幼虫在粮粒内越冬。当初冬天气逐渐变冷，气温下降到 15℃以下时，成虫即进入越冬。次年气温转暖又回到粮堆内。一般卵期3～16d，幼虫期 13～28d，前蛹期 1～2d，蛹期 4～12d，成虫寿命为 54～311d。一般完成一代需时 21～58d。在 27℃及 80%的相对湿度下每完成一代需时 27d。

2）主要习性

玉米象成虫多在仓中粮堆内活动，大多分布在上层，中、下层很少。成虫羽化后 1～2d 便在晚上交尾，交尾后平均经过 5d 即开始产卵。雌成虫产卵时先在粮粒一端用口器咬成与喙状部等长的卵窝，然后在窝内产卵 1 粒，并分泌黏液封闭窝口。每只雌虫每天产卵 3 粒，最多 10 粒。一生平均产卵 50 粒，最多可达 570 粒。产卵一般集中在上层离粮面 7cm 以内。幼虫孵化后即在粮粒内蛀食，并逐渐深入内部。幼虫共 4 龄，在 27℃及 69%±3%的相对湿度下，1～4 龄期分别为 3.6d、4.7d、4.8d 及 5d。被害粮粒一般蛀成空壳。幼虫老熟后即在粮粒内化为前蛹，前蛹再蜕皮一次化为蛹。成虫羽化后在粒内停留约 5d 后才蛀孔外出。成虫也蛀粮粒，善于爬行并有向上爬的习性。成虫还有假死性，趋温及趋湿习性，畏光，喜在黑暗处活动，遇光则向黑暗处聚集；喜欢飞向有花蜜的花中活动。成虫也可飞到禾谷类作物的田间，产卵于成熟的穗上，收获时随粮粒带入仓内。

（二）麦蛾

麦蛾（*Sitotroga cereallela* Olivier）属鳞翅目（Lepidoptera），麦蛾科（Gelechiidae），是重要的初期性仓储害虫，其形态特征如图 5-2 所示。

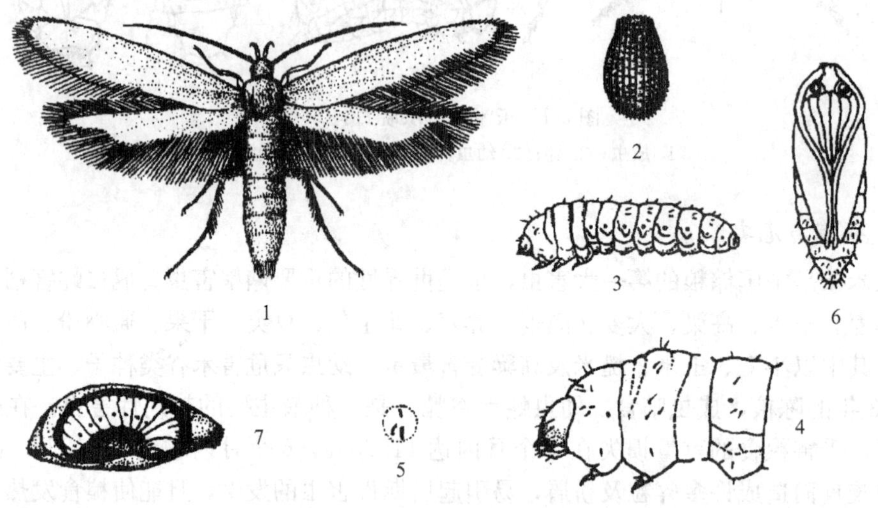

图 5-2　麦蛾（洪晓月，2007）

1. 成虫；2. 卵；3. 幼虫；4. 幼虫头部、前胸中部 9 腹部第 4 节侧面观；5. 幼虫第 6 腹节左腹足趾钩；6. 蛹；7. 被害状

1. 分布与危害

麦蛾为世界性害虫。原产墨西哥，现已分布全世界。国内除新疆、西藏等，各地均有发生。幼虫多在大麦、小麦、大米、稻谷、高粱、玉米、裸麦、荞麦以及禾本科杂草种子里食害，被害粮粒大部分蛀孔，以小麦、稻谷受害最重，其次为玉米及高粱。受害的稻麦种子的重量损失达 56%～75%，并严重影响种子的发芽力。此虫在仓内及田间都能繁殖危害，是一种严重的初期性贮粮害虫。

2. 生活史与习性

1）生活史

麦蛾在黑龙江年发生 2 代，华北约发生 3 代，在关中 4～5 代，浙江 6 代，江西及湖南 6～7 代；在仓内适宜的条件下每年最多可发生 10～12 代。以老熟幼虫、极少数以蛹及初龄幼虫在粮粒内越冬，到次年春暖化蛹。在华北越冬幼虫于次年 4 月下旬至 5 月上旬化蛹，5 月中、下旬羽化为第 1 代成虫。第 1 代成虫的一小部分仍在仓内粮堆表层产卵繁殖，大部分飞到田间麦穗上产卵繁殖，卵孵化为幼虫后，即蛀入麦粒内食害，老熟后即在粒内化蛹，于 6 月上旬随同收获的麦粒带进仓内，在仓内羽化为第 2 代成虫。第 2 代成虫的小部分飞到田间禾本科作物或杂草上产卵繁殖，大部分在仓内麦堆内产卵繁殖，于7月下旬到8月上旬羽化为第3代成虫。第3代成虫的一部分在仓内产卵繁殖和越冬，一部分飞到田间在玉米、水稻等禾本科作物的穗上产卵，孵出的幼虫蛀入谷粒，收获时又随同谷粒带进仓内越冬。

2）主要习性

成虫交尾和交卵多在清晨和黄昏进行，卵多产在小麦种子的腹沟内或稻谷的护颖内，散产或集产。在仓内卵多产在粮堆表层，主要集中在表层20cm以内，约占总卵数的88%，在表层7cm以内的卵占55.8%。每只雌蛾一生可产卵63～124粒，平均86.7粒。幼虫孵化后，多从籽粒胚部蛀入，也有从胚乳部蛀入的，被害谷粒大部分被蛀空。幼虫老熟后，先在谷粒上对着胚乳的一端咬一圆形羽化孔，孔口仍留有薄膜，然后在粒内结成薄茧化蛹，羽化成虫后，从羽化孔外出。成虫的飞翔力弱。雌成虫寿命平均7.2d，雄成虫寿命平均5.5d。在30℃及70%相对湿度下，用面粉饲养，卵期平均3d；1龄幼虫期平均6d，2龄平均6d；3龄平均5d，4龄平均7d；蛹期平均5d；产卵前期1d；一代发育天数平均33d。

（三）豆象类

豆象类指属豆象科和长角豆象科的仓虫。这类仓虫全世界已知30余种。国内已知豆象科的9种，长角豆象科的有1种。比较重要的种类有：豌豆象（*Bruchus pisorum* L.）属鞘翅目，象甲科；绿豆象（*Callosobruchus chinensis* L.）、蚕豆象（*Brachus rufimanus* Boheman）属鞘翅目（Coleoptera），豆象科（Bruchidae）。其形态特征见图5-3。

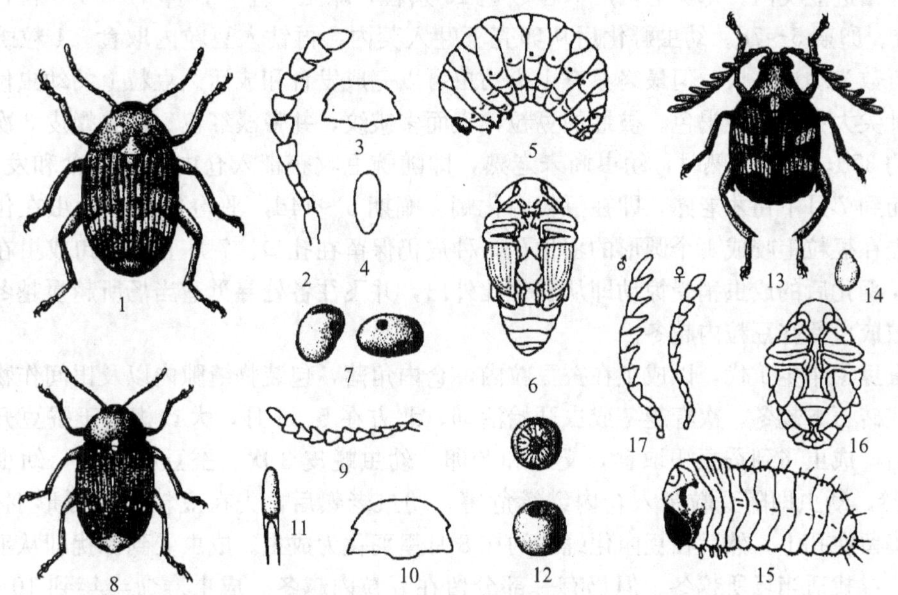

图5-3　蚕豆象、豌豆象和绿豆象（洪晓月，2007）

蚕豆象：1. 成虫；2. 成虫触角；3. 成虫前胸背板；4. 卵；5. 幼虫；6. 蛹；7. 蚕豆被害状

豌豆象：8. 成虫；9. 成虫触角；10. 成虫的脑背板；11. 卵；12. 豌豆被害状

绿豆象：13. 雄成虫；14. 卵；15. 幼虫；16. 蛹；17. 雌雄成虫触角

1. 分布与危害

豌豆象原产欧洲，现已分布全世界。国内除西藏、黑龙江、吉林、辽宁、新疆、广西、广东等省（区）外，各地都有发现。曾是国内检疫对象之一。在国内豌豆象只危害豌豆（据国外报道，其还危害紫花豌豆及东非野豌豆），为豌豆的严重毁灭性害虫。

蚕豆象原产欧洲，现已分布全世界。我国除西藏、黑龙江、吉林、辽宁、新疆、甘肃、宁夏、青海等省（区）外，均有分布。主要危害蚕豆。成虫仅危害蚕豆的花瓣、花粉、花蜜及叶片。幼虫在蚕豆种子内蛀食。被害虫粒内蛀成空洞，重量损失6%～15%，表皮变赤褐色，带有苦味，并影响发芽，使产量及质量均大受损失。

绿豆象分布遍及世界各地，我国除西藏、新疆、青海、宁夏等省（区）外，各地都有分布。幼虫危害各种豆类，尤以绿豆、小豆及豇豆危害最强，还能危害莲子。仓内和田间均能繁殖。

2. 生活史与习性

1）生活史

豌豆象年发生1代，以成虫在仓库缝隙、屋角屋顶、包装物内、豆粒内以及仓外的石块下，树皮下和屋旁杂物内越冬。在陕西关中地区成虫于4月上中旬飞到麦田、苜蓿田或油菜田里活动，到豌豆开花时又飞到豌豆田取食花粉和花蜜，并交尾产卵。越冬成虫的产卵盛期，在关中为5月中旬。卵散产于幼嫩豆荚表面，荚上常产有双重卵和少数的三重卵，但不少都是单产的卵。然而不管是双重卵还是三重卵，只有一个卵可以孵出幼虫并钻进豆荚内。每荚上可产卵粒数达10余粒，雌虫一生可产卵72～380粒，平均150粒。卵期5～7d。幼虫孵化后从卵壳下蛀入荚内，再钻入豆粒内取食。1粒豌豆有时虽有数头幼虫蛀入，但最终只有1头幼虫可以完成发育和成活。豆粒上的幼虫侵入孔只有针尖大小，稍带褐色。被蛀的豆粒，表面多皱纹，并带淡红色。幼虫蜕皮3次，幼虫期约37d。豌豆成熟时，幼虫尚未老熟，即随豌豆收获带入仓内继续取食和发育。6月下旬到7月下旬才老熟，即在豆粒内化蛹。蛹期6～14d，平均8.3d。幼虫在化蛹之前，先在豆粒上咬成1个圆形的羽化孔，种皮仍保留在孔口。7月上、中旬成虫在粒内羽化。羽化后的成虫稍受惊动即从羽化孔外出，并飞往各处寻觅适当场所越夏越冬，也有少数成虫留在豆粒内越冬。

蚕豆象年生1代，以成虫在蚕豆粒内，仓内角落，包装物缝隙内以及田间作物残株杂草或砖石下越冬。次春越冬成虫开始活动，北方在5、6月，大致相当于蚕豆开始开花前后，成虫飞到蚕豆田取食，交尾和产卵。幼虫蜕皮3次。蚕豆收获时，幼虫已有2、3龄，幼虫即随豆粒带入仓内继续危害。幼虫老熟后，先在豆粒上咬圆形羽化孔，豆皮仍留在孔上，然后在豆内化蛹，约在8月里羽化为成虫。成虫受到惊扰即从羽化孔爬出，寻找适当场所越冬。但仍有一部分留在豆粒内越冬。成虫寿命半年到10个月，卵期15～26d，幼虫期52～86d，蛹期4～9d，从卵发育到成虫90～100d。

绿豆象年约发生4～5代，如环境适宜或仓内繁殖，每年可发生11代。幼虫在豆粒内越冬，每完成一代需20～67d。越冬幼虫于次年春在豆粒内化蛹和羽化，成虫不久即从豆粒内外出。在仓内繁殖2～3代后，部分成虫飞到田内在新鲜豆荚上产卵。每荚上可产 4～5 粒。在田间繁殖 1～2 代后，幼虫又随收获物豆粒带回仓内继续繁殖危害，或者成虫直接飞回仓内危害，直到越冬。

2）主要习性

（1）豌豆象。成虫有假死习性，受惊即落地。产卵多在白天进行，多喜欢选择在落花 7d 后的嫩荚上产卵。成虫的飞翔能力较强，一般多靠近地面飞行。但有些可以飞到 21m 高度，飞行距离远到 4.38kg。成虫寿命一般可长达 10 个多月。

（2）蚕豆象。成虫取食豆叶，但必须取食花粉及花瓣以后才能发育成熟产卵。卵散产于豆荚的表面，每荚上 2～6 粒，最多达 44 粒。荚上多毛的品种着卵较少。每雌虫一生可产卵 35～40 粒。卵孵化为幼虫后，先蛀入豆荚内，然后蛀入豆粒内食害，粒上留有黑色小蛀孔，一般每粒豆内有虫 1～3 头，多的 6 头，最多可达 11 头，但能完成发育的最多不过 3～4 头。成虫飞翔力强，行动迅速，有假死性。成虫的抗寒力不及豌豆象。蚕豆象成虫的耐饥力极强，虽 4～5 个月不食，仍可存活。在南方有少数成虫在豆粒内可渡过两个冬季。

（3）绿豆象。成虫善飞翔，交尾后在仓内产卵于豆粒上，每粒豆上可产卵 3～5 粒，每雌虫一生可产 11～102 粒。幼虫孵化后即蛀入豆粒内危害。成虫吃豆叶，有假死性及趋光性。雌成虫寿命 4～25d，雄成虫 5～33d。

（四）拟谷盗类

拟谷盗类属鞘翅目（Coleoptera），拟步甲科（Tenebrionidae），主要有赤拟谷盗（*Tribolium castaneurn* Herbst）、杂拟谷盗（*Tribolium confusum* Jac. du Val）。其形态特征如图 5-4 所示。

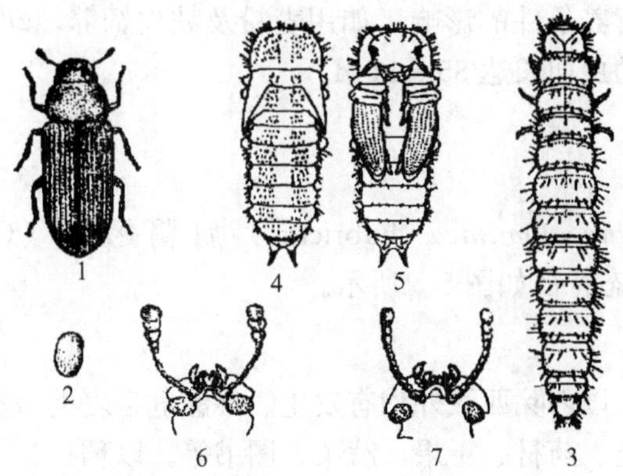

图 5-4　赤拟谷盗和杂拟谷盗（于江南，2003）

赤拟谷盗：1. 成虫；2. 卵；3. 幼虫；4. 蛹背面观；5. 蛹腹面观；6. 赤拟谷盗头部腹面观

杂拟谷盗：7. 杂拟谷盗头部腹面观

1. 分布与危害

赤拟谷盗分布全世界，我国各地均有发生。杂拟谷盗也分布全世界，国内仅甘肃、青海、宁夏、西藏未发生。

这两种害虫食性均很复杂。除危害原粮、成品粮外，还危害动植物中药材。粮食中以面粉受害最重，是面粉厂最重要的仓虫之一。成虫体上有臭腺能分泌臭液，大量发生时，常使粮食变质，产生腥臭味。特别是面粉被害严重时结成块状，变为淡黄色不能食用。

2. 生活史与习性

1）生活史

拟谷盗类一般每年发生4～5代，但在东北地区每年只发生1～2代，多以成虫群集在粮袋、囤席以及仓内各种缝隙中越冬。雄成虫寿命平均547d，雌成虫寿命平均226d。每雌虫每天可产卵2～13粒，产卵期可长达308d，平均5个半月。每雌虫一生可产卵最多达956粒，平均327粒。卵散产于粮粒表面，粮粒缝隙、碎屑或粉属中。卵外常附有黏液，致使粉末及碎屑附在卵上，因此，卵不易被发现。幼虫孵出后，即在面粉及碎屑内取食。幼虫一般6～7龄，最多可达12龄。幼虫老熟后即在粉屑中化蛹。一般卵期3～9d，幼虫期28～80d，蛹期4～14d，每完成一代需时32～108d。成虫性喜黑暗，常群集在粮堆下层、碎屑下面或缝隙内。成虫飞翔力不强，有假死性。

2）主要习性

拟谷盗类发育适宜温度为28～30℃，温度下降到18℃即不适于发育。它的最适温度为35℃，所以是一种喜温暖的害虫。在30℃及70%相对湿度下，用面粉饲养，从卵发育到成虫平均为2d。在最适温度35℃及100%的相对湿度下，用面粉饲养，卵期平均2.7d，幼虫期12d，蛹期4.5d，由卵发育到成虫羽化约需20d。各虫态在4.5℃下致死时间，成虫为420min，幼虫为600min，卵为840min，蛹为1200min。在0℃下经过一星期，各虫态均死亡。虫粮在0.5～5℃或2～3℃下贮藏1个月，各虫态均死亡。幼虫的发育速度受不同营养条件的影响，如用麦粉及麸皮饲养，幼虫发育期为22～36d；如用白面粉饲养，则幼虫期长达85～144d。

（五）谷蠹

谷蠹（*Rhizopertha dominica* Fabricius）属鞘翅目（Coleoptera），长蠹科（Bostrychidae）。其形态特征如图5-5所示。

1. 分布与危害

谷蠹分布全世界，国内除西藏外均有发生。谷蠹危害麦类、玉米、高粱，稻谷、豆类、豆饼、薯干、酚类、药材、干果、蔬菜、图书等。以稻谷、小麦受害最重，大量发生时常引起储粮发热，有利于后期害虫及螨类同时发生。

2. 生活史与习性

1）生活史

谷蠹1年发生2代，以成虫蛀入仓底及四周板内越冬。或在发热的粮粒中越冬。越冬成虫于翌年春暖花开时开始活动、交尾、产卵。卵单产或2～3粒粘连在蛀空的粮粒内或粮粒间。每雌虫一生平均可产200～500粒卵，每天产卵不超过10粒，卵的孵化串

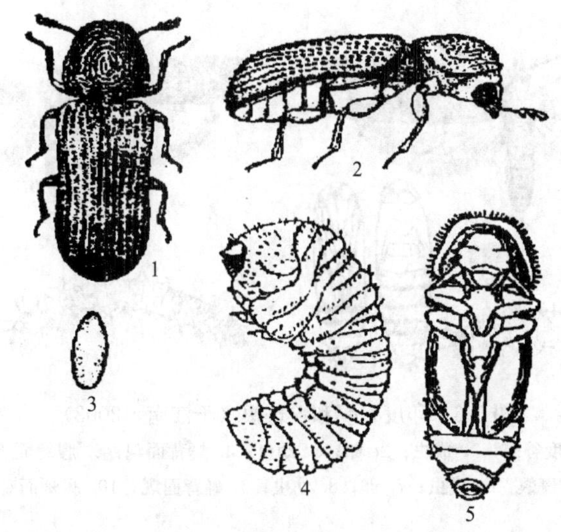

图 5-5 谷蠹（于江南，2003）

1. 成虫背面观；2. 成虫侧面观；3. 卵；4. 幼虫；5. 蛹腹面观

在 95%以上。幼虫孵出后性极活泼。爬行于粮粒间，并从谷粒胚部或破损处蛀入，直至发育为成虫才钻出；未蛀入谷粒的幼虫也能在粉屑及碎粮内生活，且能完成发育。谷蠹成虫寿命长、善飞，当粮温上升到 37℃以上时，成虫即爬出粮面飞行。此虫在粮堆内的分布，以中下层较多。

2）主要习性

谷蠹的耐热及耐干能力很强。其最高、最适和最低发育温度分别为 38℃、34℃及 22℃。在谷物含水量为 14%时，幼虫从卵发育为成虫所需温度范围为 18.2～39℃。在含水量只有 8%～10%的粮粒内（温度为 35～40℃）仍能正常发育。在小麦中发育的最低含水量为 9%。成虫在 18.3℃时产卵极慢，产卵所需最低含水量约为 8%。此虫抗寒力差，在 0.6～2.2℃下生存不超过 16d。

（六）卷螟类

卷螟类属鳞翅目（Lepidoptera），卷螟科（Phycitidae），主要有印度谷螟（*Plodia interpunctella* Hubner）和粉斑螟（*Epheseia cautdlla* Walker）。其形态特征如图 5-6 所示。

1. 分布与危害

印度谷螟分布全世界，国内各地均有分布。幼虫危害玉米、大米、小麦豆类、油菜籽、花生、干果、米麦制品、奶粉、糖果、香料、生药材、中成药丸和昆虫标本等。其中以禾谷类、豆类、油菜籽及谷粉被害严重。幼虫咬食粮粒胚部及表层并吐丝连缀粮粒成小团或长茧，藏在里面危害，或吐丝结网封闭粮面，并排出大量带臭味的粪便，造成污染，以致造成储粮的严重变质。

粉斑螟分布全世界，国内亦普遍发现。幼虫主要危害稻谷、大米、高粱、小麦、大

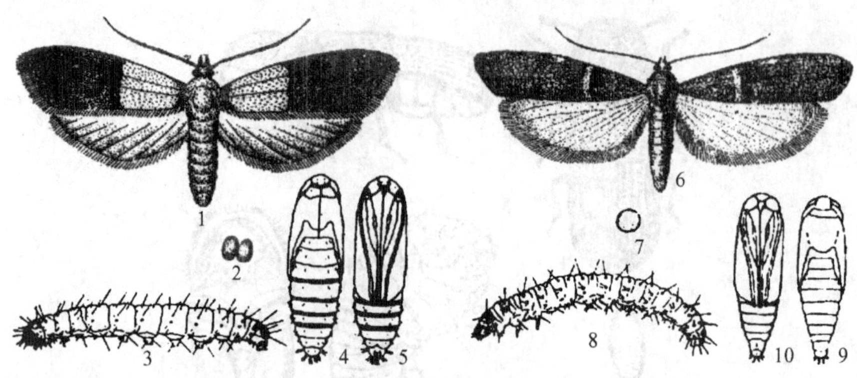

图 5-6　印度谷螟和粉斑螟（于江南，2003）

印度谷螟：1. 成虫；2. 卵；3. 幼虫；4. 蛹背面观；5. 腹蛹面观

粉斑螟：6. 成虫；7. 卵；8. 幼虫；9. 蛹背面观；10. 腹蛹面观

豆、花生和棉籽等，幼虫常吐丝把粮粒连缀成块，藏在里面危害，散装粮堆被害严重时，常见其在表层布成厚网。

2. 生活史与习性

1）生活史

印度谷螟在北方地区年发生 2 代，以幼虫在包装物、屋柱及板壁等缝隙中，少数在粮粒间越冬。越冬时幼虫喜吐丝结网群集。越冬幼虫翌年春化蛹。5 月中旬羽化为成虫。成虫羽化 3d 左右，开始交尾产卵。卵产在粮粒表面或包装品缝隙中，卵散产或聚产。每雌蛾一生可产卵 39～275 粒。初孵幼虫先蛀食粮粒柔软的胚部，再副食外皮，最喜吃玉米，常蛀入玉米胚部，潜伏其内危害。幼虫吐丝量特别大，喜在粮面吐丝结网，封住粮面或吐丝连缀粮粒成小团，幼虫老熟后即离开粮堆并爬向墙壁、梁柱、天花板、包装物等缝隙或背风角落吐丝结茧越冬或化蛹。少数在粮堆中吐丝连缀粮粒所成的小团中化蛹。

粉斑螟 1 年发生 4 代，以幼虫在包装用品、粮粒、板壁缝隙仓内阴暗处吐丝成网聚集一处越冬。翌春化蛹、羽化成虫，随后交尾产卵，吐丝连缀粕屑和粮粒做成长茧，潜伏在茧中危害。幼虫老熟后，在包装物上、仓库缝隙或粮食内做白色的强韧薄茧化蛹。越冬幼虫亦有群集做茧习性。

2）主要习性

印度谷螟生长的适宜温度为 24～30℃，在 27～30℃时完成 1 代约需 36d；在 21℃完成 1 代需 42～56d。幼虫如暴露在 48.8℃经过 6h 即死亡。

粉斑螟的抗寒力较弱，在 0℃时经过 1 周各虫态即全部冻死。幼虫在 0℃下 5d 即冻死，在－1℃下 1d 即冻死。在 20℃及 50％～70％相对湿度时，以小麦饲养，从卵发育到成虫约需 64d；在 25℃时需 41～45d。

（七）腐嗜酪螨

腐嗜酪螨（*Tyrophagus putrescentiae* Schrank）属蛛形纲（Arachnida），真螨目

（Acariformes），粉螨科（Acaridae）。

1. 分布与危害

腐嗜酪螨分布世界各地。国内各省市区都有发现。主要危害禾谷类种子、油籽类、豆类以及各种加工粮和加工制品等。还危害蛋干、鱼粉、椰干、香蕉干及真菌等。螨类专门蛀食粮粒胚部；危害谷粉时，使谷粉中感染有螨的皮及排泄物，因而变为淡褐色，并带有腥臭味。螨与人体皮肤接触后，还发生皮疹。

2. 生活史与习性

1）生活史

腐嗜酪螨在温度23℃，相对湿度85％时完成一代只需2～3周。主要以成螨或各虫期变成的休眠体在粮食表面，碎屑中及仓脚下越冬。在温度17～25℃时，禾谷类含水量13％～14％，每代需时为14～23d。平时在粮食表面活动，蛀食粮粒胚部，或由伤口侵入内部。被害物往往因虫尸聚集，及此螨排出水分而致发霉变质。在发生数量多时往往积成薄层，形如灰尘粉末。成螨及若螨喜食富含脂肪及蛋白质的食物，并喜在陈面粉中生活。该螨能借助风力、老鼠、昆虫以及人的衣服、鞋、袜和检查工具等的接触而传播。在温度过低或过干时，第一若螨就变成休眠体，休眠体的体壁硬，足及头大部分缩入体内，不食不动，以抵抗不良环境可达数月之久，一旦遇适宜环境即能脱皮恢复活动。

2）主要习性

腐嗜酪螨在6～30℃范围内能适应，以20～24℃最宜，在50℃时经15min即死。此螨喜湿怕干，在干燥的粮食内很少发生，在油籽类中含水分5.5％即能繁殖，最适宜的含水量大米为13.4％～14.25％，芝麻为5.6％～7.6％。抗高温弱，在45℃经过1h即死亡；但抗低温的能力很强，在4～5℃时需经过4个月才能死亡；在－1～0℃时，活动虫态可存活26d，卵可活85d；在－5℃时，活动虫态可活12d，卵为24d。

第二节　仓库害虫防治

一、影响仓库害虫的生态因子

仓库害虫的生活条件比较特殊。害虫侵入仓库之后，食物来源丰富，天敌较外界少，小气候比外界稳定，仓储产品干燥。仓库害虫在长期的生活过程中适应了这种特殊的生活环境，形成了不同的生活习性。影响仓虫发生的生态因子是多方面的，总的概括为四类：生物因子、气象因子、营养因子和人为因子。其中以气象因子中的温度、湿度以及营养因子和人为因子所产生的影响最大。

（一）生物因子

仓库害虫也有许多寄生性和捕食性的天敌，如食虫蝽象、寄生蜂等，这些天敌在一定程度上可抑制仓虫的发生。此外，各种天敌的粪便和仓虫的尸体，同样能沾污粮食，在维护农产品品质上，也有一定的影响。因此天敌对仓虫的作用是有限的。

（二）气象因子

1. 温度

仓库害虫是一种变温动物，温度的高低直接影响到害虫的发育，主要影响到害虫的发育速度、发育天数、害虫的世代数。

仓虫生命活动的主要温度范围如下：

(1) 有效温度区：这是适合一般昆虫正常地生长、发育和生殖的温度范围，又称为适温区，一般为15～35℃。其中最适温度区一般为25～32℃。在此范围内仓虫发育速度最快，繁殖能力最强。最适温度范围因仓虫种类而异，例如米象为29～32℃，谷蛾为32～35℃，印度谷螟为33～34℃等。

(2) 停育高温区：一般在45～48℃，在此温度范围内，害虫的新陈代谢速率急剧增快，生命活动反而降低，呈现热昏迷状态（又称夏眠）。这时虫体内只进行缺氧代谢，这种温度如持续过久仓虫就会死亡；但如果温度很快恢复到有效温度范围内，就可能继续活动。如赤拟谷盗成虫在46℃下4.9h致死。

(3) 致死高温区：一般在48～52℃，一般仓虫在此范围内，能在较短时间内致死。例如米象、谷象成虫在47.8～48.9℃时1h死亡，赤拟谷盗在50℃下1.2h死亡。

(4) 发育起点：是害虫可以开始生长发育的温度，一般在8～15℃。例如米象或麦蛾的发育起点为10～12℃。

(5) 停育低温区：一般为－4～8℃，虫种不同有所差异。此温度下，害虫新陈代谢的速度会变慢，生命活动也会降低，但不会完全失去它的生活力，进入冷昏迷状态（又称冬眠），如时间长久也会死亡。

(6) 致死低温区：一般在－4℃以下，有的害虫要到－10℃以下，一般不超过－15℃。以上所述温度对仓虫生命活动的影响是对大部分仓虫而言，也有例外。同时温度对仓虫的影响还与仓内湿度、温度变化速度，仓虫的生理状态及发育阶段有关。

2. 湿度

仓库害虫一般均喜潮湿，在空气湿度较高或农产品含水量较大，若温度适宜，均能促进仓虫繁殖。各种仓虫对湿度的要求有各自的特殊性，与温度一样也有各自的最适湿度、致死干燥点和致死湿度。如麦蛾须生活在含水量至少9%～10%的种子中，如含水量降至8%以下则不能生存。米象可忍耐到相对湿度60%，谷象可忍耐到50%，印度谷蛾为40%，谷蠹为30%。仓虫一般均喜潮湿，如空气湿度较高或贮种含水量较大，同时温度适宜，均能促进仓虫繁殖。一般仓虫适宜在种子含水量13%以上及空气湿度70%以上的条件下生活。在谷物含水量为8%的情况下，不易发生虫害。相比较而言，仓虫还是较耐干的，如谷斑皮蠹可在含水量为2%的食物中生活。

湿度可以直接影响仓虫个体发育的速度、活动力、死亡的速度和生殖力等，还可以通过影响食料、温度等因子进行间接影响。温度和湿度不是单独影响贮粮害虫，而是互相联系、互相制约、综合作用的，不但影响其生命活动，而且影响其分布范围等。

光对贮粮害虫有直接影响。光线的强弱有时也能影响仓虫的发育。拟谷盗蛹期在黑暗中饲育为7～12d，但在亮光下仅6～9d。一般仓虫都喜欢在黑暗环境中生活。

（三）营养因子

仓虫对食物的选择均有一定范围。单食性的豌豆象只食豌豆，蚕豆象只食蚕豆；多食性的印度谷螟、粉斑螟等能食多种禾谷、油籽、豆类及其他植物质；杂食性的皮蠹、螨类等能食各种植物物质。在多食性及杂食性仓虫中，又各有其最适宜的食物，如绿豆象最喜食绿豆，麦蛾最喜食小麦及稻谷，螨类最喜食粉类及油籽类等。许多仓虫耐饥力较强，其中大谷盗能耐饥2年，皮蠹类的能耐饥3～4年，谷斑皮蠹的休眠体能耐饥8年。这种习性有利于其传播和种的延续。

（四）人为因子

人类的经济活动对仓库害虫的发生、繁殖和消长有很大的影响。人类影响会产生两种完全相反的结果，即控制仓虫的发生和发展或助长害虫的传播和大量繁殖。国外输入的种子和粮食如不经严格的检疫与处理，容易传入国内造成新的仓虫种类的蔓延危害。国内种子和粮食的调运如不先经严格的检查和处理，也会造成国内地区性仓虫的蔓延传播。粮食品质差、含水量高，破损粒和杂质多，使仓虫易于繁殖。仓库不卫生，种子进仓前不彻底消毒和清扫，贮运工具不随时清理，仓库管理人员管理不严，防治不及时，有利于仓虫的大量繁殖。相反，在农产品的收获、加工、干燥、运输和贮藏等各个环节如能采取各种有效的措施，阻止害虫的传播感染，创造不利于害虫繁殖和发育的条件，就能控制害虫的发生和发展，减少不必要的损失。

二、仓库害虫防治方法

仓库害虫的防治目的就是最大限度地减少贮粮害虫所造成的损失，保证贮粮的安全、优质，使仓库生态系统中各个因子对贮粮有利而对害虫不利。实践证明，只有贯彻“预治为主，综合防治”的方针，采取综合措施才能达到控制贮粮害虫的目的。近年来化学农药残留、污染环境及害虫抗药性等问题日益严重，仓库害虫综合防治和储藏物的绿色安全储藏已越来越受到重视，部分生态调控措施已经被用于储藏物的绿色安全储藏。综合防治要从仓库生态系的整体来考虑害虫的防治问题，因势利导地利用仓储生态系统的自我调节机制，人为调控储粮生态系统生物和非生物因子，使其有利储粮的安全、低耗、高效和持久储藏，而不利仓储害虫生长发育，抑制害虫种群的发生和传播蔓延。综合上述各因素，以最终达到储藏物害虫管理和绿色安全储藏的目的，以保障储藏物的数量和质量不受损失和影响。

（一）植物检疫

仓虫多生活于储藏物中，极易随同其运输而传播。我国规定的进境检疫性仓虫有谷斑皮蠹、菜豆象、西豆象、鹰嘴豆象、灰豆象和大谷蠹等6种，对内检疫对象有谷象、豌豆象、蚕豆象等。为了杜绝国外危险性贮粮害虫的传入和国内害虫由“疫区”传入

“保护区”，要加强对贮粮检疫对象的有效检疫。且各地检疫部门应严格执行检疫措施，限制其继续蔓延。

（二）清洁卫生

加强仓库及粮食加工厂清洁卫生、入库粮食的清洁是对仓虫有效的预防措施，是最基本和最重要的措施。清洁卫生也就是对仓库害虫各种活动场所的经常清洁使之无藏身之地，从而防止其传播和危害，消灭传染源，防止蔓延危害，达到预防的目的。

1. 仓库结构

绝大多数仓库害虫由于有负趋光性，趋向仓库内孔洞、缝隙、杂物堆、尘埃垃圾堆、地下坑道、包装器材间隙等比较阴暗场所越冬和隐藏，因此，对粮食仓库、加工厂内的孔洞、储存物品的货场、缝隙应进行嵌补、粉刷，使害虫无栖息和越冬场所。同时仓库顶棚、门窗要具有防雨、雪、鼠的侵入的设施；地面、墙壁要求不漏气、能防潮。

2. 仓库、厂房清洁

（1）仓库、厂房及一切临时存放粮食的场所以及附属建筑物内积存的垃圾、尘灰、碎屑、蛛网、糠秕、地脚粮及外面的杂草、垃圾、污水等，都是仓虫栖息、隐藏的好地方，应彻底清除。对粮油仓库必须坚持空一仓、清一仓。

（2）加工厂的机器设备、各种管道需经常打扫、清洗，保持清洁，做到无尘埃、无积粉。

（3）包装材料（麻袋、面袋等），各种工具（木锨、隔仓板等），粮食清理运送机械（风车、净粮机等）以及运输工具，要经常保持清洁。

3. 仓库、厂房消毒

消毒是在清洁工作之后进行，因为有些害虫栖息在墙、柱、屋顶、器材、用具的极小缝隙内，不易发现，也不易清除，因此应以药剂或其他物理方法进行消毒杀虫，来弥补清洁工作的不足。

（1）空仓消毒。可用敌百虫、敌敌畏、辛硫磷等稀释喷洒。

（2）加工厂消毒。一般可结合机械检修，进行彻底清扫后，用熏蒸剂进行熏蒸。

（3）器材消毒。利用太阳暴晒并敲打器材，敲出害虫应及时处理；用50%敌敌畏乳油加水10倍喷在麻袋、席子等器材表面。也可采取蒸汽消毒和冷冻敲打。

（4）环境消毒。仓库、厂房四周打扫清洁后，冬天气温下降到13℃时或春天气温上升到10℃以上时，适时地采用药剂喷洒防虫带。

4. 隔离处理

（1）严格做到虫粮与无虫粮、湿粮与干粮、原粮与成品粮、成品粮与新粮及副产品、商品粮与贮备粮（或种子粮）等按不同粮质严格分开进行贮藏。

（2）及时在仓库或临时贮粮场所周围喷药建立防虫带，防止害虫感染。

（3）虫粮要及时处理。虫粮未处理之前应作好隔离工作，防止害虫蔓延。

（4）被感染的器材，用具应在专门场所进行处理，未处理前不能携入仓内使用。

（5）工作人员在检查粮食时，应先检查无虫粮再查有虫粮，查完一个仓房后，应将衣、帽、鞋、袜、及检查工具清理后，再查另一仓库。

（三）机械防治

机械防治就是利用各种机械（人力或动力）设备清除粮食中的杂质和粮粒外的仓虫，降低粮食温度和水分、恶化仓虫的生境条件，防止仓虫发生危害以及直接消灭粮粒外的仓虫的方法。当进行该项工作时，应在工作场地四周喷防护药带，以便阻止害虫逃散。清理出的虫灰，应立即焚毁或深埋。

1. 风车除虫

用风车可将比粮粒轻的害虫和尘杂清除，一般可达 80%的防虫效果。但对藏在谷粒内部的幼虫和蛹的防治效果仅有 34%。

2. 筛子除虫

常用的有溜筛、动振荡筛、净粮机等，利用害虫身体的大小与粮粒大小的差异，采用不同大小孔径的筛格除去粮食中的害虫。如用净粮机，其效果可达 90%左右。但此法不能除去籽粒内部的害虫，有时还损伤籽粒的表皮及胚部，影响种子发芽和易受害虫侵蚀。

3. 抗虫粮袋

近年来在国外试验用抗虫粮袋包装粮食防止害虫入侵和感染。抗虫粮袋是用聚乙烯、玻璃纸、铝箔、纤维质及黏胶剂为材料做成的多层粮袋，可阻止多种重要的贮粮害虫入侵。

（四）物理防治

1. 温湿度控制

仓虫生长发育与繁殖都需要合适的温湿度。一般仓库害虫的停育低温为 8～15℃，致死低温为－4～－1℃，储粮温度 15℃以下的粮仓称为低温仓，储粮温度 20℃以下的粮仓称为准低温仓，相反低温有利储粮保鲜，温度每降低 10℃，储粮的生化反应速度就减少一半；而 50℃高温度同样对昆虫有致死作用。许多仓虫在室内相对湿度低于 40%时不能正常生殖，粮食含水量在 8.5%～12.8%时生长发育受到抑制。因此，可以通过仓库温湿度控制，抑制害虫和微生物的生长，以达到安全储粮和保鲜的目的。

1）高温杀虫

一般仓库害虫生长发育较适宜的温度为 18～35℃。温度升高到 45～48℃时，绝大多数害虫即处于热眠状态。如果温度再升高到 48～52℃，经过一定的时间就会死亡。

（1）日光暴晒。除大米、花生仁豆类、粉类外，其余粮食都可暴晒。暴晒多在夏季高温季节进行。晒粮时先使地面晒热，然后铺上粮食，厚度不超过 3cm 为宜；经常翻动，粮温晒到 48℃以上并保持 2h，同时要检查害虫死亡情况。小麦、大麦等可于晒后趁热入仓，密闭贮藏，以收到杀死粮粒内和粮堆内各期害虫的效果。

（2）烘干杀虫。利用火力加温的机构设备如烘干机、烘干塔等处理感染了害虫的高水分粮食。但加工粮和种子粮不宜采用烘干杀虫。

(3) 套囤防治。这种方法主要针对豌豆象，在豌豆收获后两周内，豌豆含水量在14%左右时进行（超过15%时应晒后趁热入囤，每一个囤的豌豆不少于5000kg）。囤的高度与直径相等。小囤套在大囤之内，小囤底和四周应与大囤保持30cm的空隙，在空隙中填满和压实晒干无虫的麦糠或稻糠，再将豌豆装入囤内，面层铺上席子，上面再盖30cm厚的麦糠，密闭25～30d，当豆温上升到50℃左右时，即可杀死豆粒内的豆象。

(4) 开水处理。少量的蚕豆、豌豆可以开水烫豆，杀死豆粒内的豆象。具体方法是把新收的豆子晒2d，用大锅烧一大锅开水，把豆子盛在箩筐内再放入锅中，同时用棒搅拌，蚕豆烫30s，大粒豌豆（千粒重存100g以上）烫25s，小粒豆（千粒重在100g以下）烫20s。

(5) 蒸气杀虫法。常用双轨式蒸气灶利用高温蒸气处理仓储工具和包装器材中的害虫。

另外，可用红外线加温防治面粉厂或其他食品厂加工机器内的害虫，国外有试验用流动层加温法防治小麦中的害虫。

2) 低温杀虫

利用冬季寒冷的空气或由人工产生的冷气降低温度防治害虫的方法。其方法有机械通风、机械制冷、地下仓和在北方寒冷冬季在仓外薄摊冷冻和仓内冷冻。其中后面三种办法在我国北方应用较多。一般而论，仓库害虫生命活动的最低温度界限8～15℃，如果温度再低，其发育与繁殖就会停止。如果温度降到4～8℃时，害虫即进入冷眠，这种温度若持续很久，也可使害虫死亡。

2. 气调防治

昆虫与其他动物一样，需要通过呼吸作用完成新陈代谢，消耗氧气，排出二氧化碳。气调防治就是通过改变仓库内的气体组成和气压来控制储粮害虫、害螨及微生物的生长和发生，以保证储粮安全。据试验，当空气中的氧气下降到2%即可控制虫害。气调防治无残留，不污染环境，害虫不易产生抗性。

1) 密封防治

通过气密性好的薄膜等覆盖密封储粮，利用仓内粮食和昆虫、微生物本身的生命活动消耗仓内或容器中的氧气，排放二氧化碳，产生缺氧状态，使害虫窒息而死。

2) 真空防治

通过机械抽真空，达到杀虫的目的。试验表明在13.3kPa，22.5℃和37.5℃条件下分别处理96.0h和23.0h，可杀死99%印度谷螟的卵。在13.3kPa，22.5℃和37.5℃条件下分别处理98.1h和20.7h，可杀死99%赤拟谷盗的卵。同时还表明在温度为30℃，相对湿度55%，真空处理的气压为6.7kPa时，谷斑皮蠹、烟草甲、锯谷盗、赤拟谷盗、粉斑螟和印度谷螟达到99%的死亡率需要的处理时间分别为46、91、32、22、45和49h。

3) 脱氧防治

利用脱氧剂降低仓内或容器中的氧气，产生缺氧状态，使害虫窒息而死。脱氧杀虫在美国、日本及欧洲等发达国家的研究较早，早在1943年日本就开发铁化合物脱氧剂，用于干燥食物。我国自20世纪80年代以来，不断对脱氧剂进行研究开发。目前使用的主要是无机脱氧剂，如铁系脱氧剂、加氢催化剂型脱氧剂和亚硫酸盐系脱氧剂。

4）充氮或二氧化碳防治

低氧高二氧化碳或高氮气能够有效麻痹害虫，杀死害虫，抑制微生物的生长，同时降低粮食的自身新陈代谢，减少粮食的损耗。一般充二氧化碳密封储粮，粮温20℃条件下，开始时二氧化碳浓度70%以上处理10h，随后二氧化碳浓度维持在35%以上，即可有效防治多种储粮害虫。在仓内充氮气，只要把氧气降到4.5%以下，玉米象、谷蠹、锯谷盗、扁谷盗等大量或全部死亡。

近年随着害虫抗药性、农药残留及污染环境等问题日益突出以及随着人们生活水平的提高，对食品质量的需求越来越高，二氧化碳气调储粮方式越来越受到重视，成为储粮害虫生态调控的重要措施之一。澳大利亚现已建成仓容达30万t的二氧化碳气调仓。我国也分别在中储粮绵阳库、南京库、六安库、上海库以及中谷集团九江库建设了“二氧化碳绿色储粮技术”的新型粮仓。

但在气调防治过程中，低氧高二氮化碳或氮气，对人、畜生命也是危险的。在只含10%以下氧气的大气环境，人就会失去知觉，在10%～14%的氧气浓度下，多数人尚不致失去知觉，但将损害人的精神。当二氮化碳达到3%以上时，人会感到极不舒服，5%则感到呼吸困难或作呕，9%则5min就会失去知觉，如果在20%二氧化碳浓度的大气环境中停留20～30min就有死亡危险。因此，在气调防治过程中，务必注意安全，采取必要安全防护措施。

3. 辐照处理

利用放射性同位素Co^{60}产生的γ射线、电子加速器产生的高能电子或X射线杀虫保粮。其原理是利用具有强穿透力的γ射线、高能电子或X射线杀灭害虫（包括虫卵和粮食内部害虫），且不会污染环境和粮食。一般0.15～0.5kGy低剂量即可达到杀灭储粮害虫的目的。

4. 诱集监测和诱杀

利用储粮昆虫本身的一些行为习性，如负趋光性、栖身于隐蔽场所等习性，设计特殊的诱集装置，诱集监测储粮害虫种群数量动态和诱杀害虫。诱捕器可分为3种类型：空间诱捕器（如熟胶诱捕器）、表面诱捕器（如波纹纸诱捕器）和粮堆诱捕器（如粮食探管诱捕器）。相反，有些仓储害虫种类有正趋光性，如蛾类，鞘翅目的长角扁谷盗、烟草甲和药材甲等，可以利用这一生物习性，应用灯光，特别是黑光灯诱集监测储粮害虫种群数量动态和诱杀害虫。

（五）化学防治

尽管储粮害虫的防治措施多种多样，但更多的依赖于化学防治。目前储粮害虫的化学防治药剂主要为保护剂和熏蒸剂。

1. 保护剂

储粮保护剂也称为储粮防护剂，是一类残效期较长的杀虫剂。作为一类具有生物活性的物质，通常对害虫有生物活性的药剂对人或高等动物也具有活性（少数特异性杀虫剂除外）。再加上保护剂直接与粮食接触，而粮食是供人们日常消费的。因此作为理想的储粮保护剂应具备以下特点：高效低毒，不影响粮食的食用品质和营养价值，不影响种子粮的种用品质，防治费用低廉，使用方法简单，容易操作。

自从20世纪50年代第一个防护剂品种马拉硫磷（防虫磷）问世以来，有机磷类、除虫菊酯类和氨基甲酸酯类防护剂得到了广泛应用，并取得了显著的防治效果。实践表明，防护剂具有一次施药后能较长时期保护储粮的优点。目前获准用于储粮的有机磷类防护剂主要有防虫磷、杀虫松（杀螟硫磷）、甲基嘧啶硫磷等，拟除虫菊酯类的防护剂主要有氯菊酯、苯醚菊酯和高效低毒的生物苄呋菊酯以及具有高杀虫活性的溴氰菊酯等。

在现有的防护剂中，科学选择两种或两种以上防护剂混合复配施用可取得较好防治效果。通过改进施药方式，特别是运用载体、微胶囊化等缓释技术实现释放时间可控、释放空间可控和释放浓度可控，有利于提高药效、延长防护时间和减少残毒。目前获准用于储粮防护剂的复配防护剂有保粮安、凯安保、保粮磷和谷虫净等。

1）防虫磷

我国自1981年推广防虫磷作为储粮害虫防护剂以来，已应用于全国各地粮库，进行整仓储粮防护、粮堆表面防护、空仓消毒。因其性能好、毒性低、使用安全而受到广泛欢迎。防虫磷具有触杀、胃毒作用，杀虫谱较广，作用较快，用药量一般为10～30mg/L。

防虫磷对锯谷盗、谷斑皮蠹、烟草甲、麦蛾、长角扁谷盗、玉米象、绿豆象防治效果好，对赤拟谷盗、杂拟谷盗、谷象、米象、白腹皮蠹成虫和锈赤扁谷盗防治效果较好。防虫磷对高温和高水分粮敏感，易分解，在粮食中经加工蒸煮后残留仅剩加工前药剂残留量的5%以下。防虫磷残留卫生标准为8mg/L，对粮食品质和种子种用品质无不良影响。

2）保粮安

保粮安是在防虫磷中加入一定量溴氰菊酯配制而成，其主要成分为防虫磷69.3%、溴氰菊酯0.7%、增效醚7%，其余为乳化剂及溶剂。保粮安兼有防虫磷和溴氰菊酯两种药剂的优点，增强了对谷蠹的防治效果。一般使用剂量为10～20mg/L。可作为各种原粮、油料和种子粮的保护剂。

保粮安中溴氰菊酯对谷蠹药效好，对锈赤扁谷盗、烟草甲、麦蛾、绿豆象、粉斑螟、锯谷盗、谷斑皮蠹和赤拟谷盗效果较好，但对玉米象、杂拟谷盗药效较差。而防虫磷正好弥补了这一弱点，起到了较好的防护效果。保粮安对粮质和种用品质无不良影响。粮食经处理，加工蒸煮后仅残留原含量10%左右的溴氰菊酯，食用安全。溴氰菊酯残留卫生标准为0.5mg/L。

3）保粮磷

保粮磷是利用1%杀螟松和0.01%溴氰菊酯通过微胶囊化技术制备的新型微胶囊谷

物保护剂。保粮磷主要用于小麦、玉米、稻谷等原粮及种子粮的防虫。使用时将保粮磷按1：2500倍的比例拌合于粮食中，既可以整仓拌合，也可以按粮表层30～50cm拌合再结合熏蒸防治害虫。

保粮磷杀虫谱广，可防治多种储粮害虫，如玉米象、赤拟谷盗、谷蠹、锯谷盗、麦蛾、书虱等。它对磷化氢、马拉硫磷有较高抗性的赤拟谷盗、谷蠹具有很好的防治效果。同时保粮磷药效高，用药量少，施用量大大低于目前使用的其他保护剂的常规用量。使用浓度为4mg/L，低毒，使用安全，符合国家卫生标准。由于采用了微胶囊化技术，杀虫剂缓慢释放，克服了有机磷农药易分解的缺点，防虫有效期达1年以上。

4）凯安保

凯安保是2.5%溴氰菊酯加10倍（25%）增效醚及乳化剂和溶剂配制而成。2.5%凯安保乳油用于防治储粮害虫，具有残效期长、高效广谱、对使用者安全、对储粮品质无不良影响等特点。其中增效醚可使溴氰菊酯的杀虫活性提高一倍。

凯安保的推荐用量为0.5mg/L（即0.5g溴氰菊酯/t粮食），此剂量可保护储粮9～12个月免受谷蠹、玉米象、麦蛾等绝大多数储粮害虫危害。使用中多采用机械喷雾法。

5）虫螨磷

虫螨磷是国际首选的一种谷物保护剂，其化学名称为甲基嘧啶（硫）磷，防治储粮害虫的常用剂量一般为5mg/L。虫螨磷是一种高效低毒的谷物保护剂，杀虫效果好，并能有效地防治储粮螨类；它对人和其他哺乳动物的毒性很低，例如对大白鼠的毒性口服LD_{50}为2050mg/kg。原粮中允许残留为10mg/L，因此原粮拌药后不会影响到加工。

2. 熏蒸剂

熏蒸剂具有渗透性强、杀虫效率高、易于通风散失等特点。当储粮害虫发生数量多时，熏蒸剂对于储粮害虫的防治十分有效。我国使用熏蒸剂始于20世纪50年代初期，药剂种类主要有氯化苦、溴甲烷和氢氰酸等。20世纪60年代开始使用磷化氢和溴甲烷。由于磷化氢在成本、药效、施用方法、残留毒性以及安全防护等方面具有独特的优点，已成为生产中使用量较大的熏蒸剂，但近年来储粮害虫对磷化氢的抗性有增强的趋势。溴甲烷由于对环境的破坏作用而逐渐被禁用。目前研究表明硫酰氟和氧硫化碳在储粮害虫化学防治中具有较好的防治效果和广阔的发展前景。以下简要介绍常用熏蒸剂的特点、应用及现状。

1）磷化氢

磷化氢是目前应用最多的熏蒸剂。磷化氢微溶于冷水，磷化氢在水中的溶解度为0.2mL/100mL（25℃），如此微小的溶解量为用磷化铝水解法发生磷化氢气体奠定了基础。磷化铝吸收空气中的水分（湿气）后产生有毒的磷化氢（PH_3）气体。每片磷化铝片约3g（磷化铝的含量为56%），吸湿完全反应后，可产生1g磷化氢气体。

磷化氢熏蒸法的有效、正确使用是减缓抗性产生的有效途径。良好的密封条件，适当的低剂量，较长的作用时间以达到相应的浓度与时间乘积值是实现储粮害虫100%消灭的关键。为此，磷化氢的熏蒸方法也相应得到许多改进，从最早的常规熏蒸，发展到低剂量间歇重复熏蒸（采用待卵、蛹发育羽化后加以杀灭的方法，无需采用高剂量磷化氢杀灭非敏感性的卵、蛹），再发展到缓释熏蒸（将磷化铝用塑料膜包裹，使磷化铝与空气中水蒸气的接触受阻，磷化氢气体缓慢释放，有效地延长熏蒸时间，获得较高浓度与时间乘积值），以及最近采用的环流熏蒸技术（为使磷化氢实现空间均匀的分布以解决深层粮食的杀虫问题，采用小功率风机辅助气流扩散技术）。

但必须注意，磷化铝是一种剧毒熏蒸剂，其产生的剧毒磷化氢，渗透力特别强，在农户安全储粮中不推荐使用。若无其他药剂，必须使用磷化铝熏蒸时，一定要注意安全！

2）硫酰氟

硫酰氟具有沸点低、不燃烧、渗透力强、杀虫速度快、散气时间短、杀虫谱广、对人的毒性较低、对熏蒸物安全等特点。1957 年美国道（Dow）公司将其发展成商品，名为 Vikane。1979 年我国农业部立项，多家科研单位协作发展成为商品，农药登记注册商品名为熏灭净。

硫酰氟药效显著。对赤拟谷盗、黑皮蠹、烟草甲、谷象、麦蛾、天牛等数十种害虫均有良好的防治效果。经农业部植物检疫所等 30 余家单位对 30 余种害虫进行药效试验一致表明，用药量在 20～60g/m^3，密闭熏蒸 2～3d，杀虫效果均能达到 100%。尤其是对昆虫胚后发育期虫态，杀虫时间比溴甲烷短，用药量较溴甲烷低，散气时间比溴甲烷快。

3）氧硫化碳

氧硫化碳是由氧、硫、碳三种原子组成的化合物，它的分子结构式为 O＝C＝S，是一种无色、无臭、无味的化学物质。

氧硫化碳可以有效地杀死玉米象、黑皮蠹、谷蠹、锯谷盗、赤拟谷盗和书虱类等害虫。氧硫化碳低剂量、长时间密闭可获得较好的杀虫效果。氧硫化碳不同储粮的发芽率的影响存在差异，研究表明，水稻种子对氧硫化碳的耐药力大于玉米和小麦，用 50g/m^3 的氧硫化碳处理小麦种子，种子发芽率降低了一半，氧硫化碳的使用剂量达到 250g/m^3，玉米种子的发芽率降低一半，而对于水稻种子而言，氧硫化碳的使用剂量高达 500g/m^3，其发芽率降低也不足 10%。同时氧硫化碳易分解，在水中分解为二氧化碳和硫化氢，燃烧时分解为一氧化碳和硫，不污染环境，且对昆虫、线虫和真菌等都具有很好的防治效果。

4）溴甲烷

溴甲烷又称溴代甲烷或甲基溴，是一种无色无味的液体。它具有强烈的熏蒸作用，能高效、广谱地杀灭各种有害生物。溴甲烷具有广泛杀灭昆虫、线虫、真菌的特性，是一种应用范围广、对农业生产和国民经济影响较为深远的熏蒸剂。商品溴甲烷一般压缩成液体装在钢瓶中，采取仓外施药方法，将胶管从仓外引进仓内，能在常温下快速渗透至物品深处，渗透性强，而且在熏蒸后毒气消散得快，沸点低，不容易被物品大量吸收，可用于低温处理。植物对溴甲烷耐药性强，可安全用于植物、面粉、新鲜水果、花卉、乳制品的熏蒸。推荐用药量 30～40g/m^3，熏蒸 24～48h。但由于溴甲烷对大气中的臭氧层有破坏作用，1992 年，溴甲烷被列入《关于消耗臭氧层蒙特利尔协定书》修正案的受控物质名单，溴甲烷将由限制使用逐渐到禁止使用。

（六）生物防治

随着许多化学药剂导致害虫产生抗药性或对人类健康有害等新问题不断出现，迫使人们研究开发新型、安全、低毒的防治方法。生物防治在农林害虫防治中表现出了很多优点。多数生物杀虫剂活性成分复杂，作用位点多，害虫不易产生抗药性，再加上人们环保意识不断提高的驱动，生物防治越来越受到青睐。目前仓库害虫的生物防治主要包括捕食性和寄生性天敌昆虫及螨类防治及细菌、真菌、病毒和原生动物等病原体防治储粮害虫。

1. 昆虫信息素与引诱剂的应用

用于害虫防治较多的昆虫信息素主要是性信息素和聚集信息素。利用昆虫信息素在昆虫间的相互作用，可用于监测和调查虫情、防治害虫、降低虫口密度。

首先昆虫信息素与引诱剂可用于监测害虫发生的情况，预测害虫发生和种群增长趋势。利用害虫的信息素引诱同种害虫，再结合诱捕器将其收集，可诱捕各时期的害虫，了解其发生的世代；根据捕到的害虫数量，及时准确地测知害虫发生期、发生量、发生范围和消长情况，为防治害虫提供可靠的依据；指导农民适时用药，可有效减少化学防治次数，提高化防效果和减少防治次数；对未发生虫害区，可对虫情进行预测预报。同时昆虫信息素与引诱剂还可通过以下方法：

（1）迷向法：通过释放大量信息素，干扰昆虫交配和通讯，减少害虫交配机会，降低下一代害虫的发生数量率。

（2）大量诱捕法：密集诱捕昆虫，降低下一代害虫的发生数量。

（3）诱杀法：结合杀虫剂、病毒等，大量诱捕并杀死害虫。

（4）与其他防治措施组合（昆虫病毒、原生动物、不育剂）等方法进行害虫防治。另外，因昆虫信息素的专一性和敏感性，在海关检疫过程中，可利用其快速检测物品中是否有外来生物。几十种检疫性昆虫信息素已经应用在全国各港口，截至 2007 年 10 月，已截获疫情 10 万余次，可以有效的帮助截获疫情。该方法在检疫过程中发挥着越来越重要的作用。

需要注意的是，在防治中如果用的是聚集信息素，则诱集或诱杀的对象是包括幼虫在内的所有活动虫态，对生活在粮粒内部的虫态无效。如果用的是雌性信息素，只能引诱到雄虫，这种情况下，雄虫数量减少了，残存的雄虫个体还可多次交配，继续繁殖或危害。加上信息素具有高度的专一性，只能作用于某一种害虫。所以这种方法只能在一定程度上控制害虫的虫口密度，而不能达到彻底消灭的目的。如果环境条件仍适于残存害虫的快速繁衍，仅靠信息素技术防治害虫的后期效果显然较差。

2. 天敌昆虫的利用

1）捕食性昆虫与螨类

在自然环境中，储藏物害虫常常遭受鸟类、啮齿动物、蛛形纲动物及其他昆虫的捕食。目前研究较多的主要是一些半翅目的昆虫和个别捕食性螨类。

Jay 首次报道了黄色花蝽对几种储粮甲虫实验种群的抑制效果，发现黄色花蝽可抑制花生仁中赤拟谷盗的种群增长，并减少了花生的被害率；还可抑制玉米中锯谷盗的种群增长。其后又有人证实了该虫对储藏器材中的害虫有明显的抑制效果。目前已知黄色花蝽可以捕食烟草甲等 15 种储粮害虫。它最喜捕食锯谷盗、赤拟谷盗、烟草甲和印度谷螟的幼虫。当赤拟谷盗各虫态都存在时，黄色花蝽多半集中捕食不能运动的卵和蛹，它只攻击少数幼虫和更少的成虫。仓双环猎蝽也是一种半翅目的捕食性昆虫。它的成虫对于赤拟谷盗、锯谷盗及长角扁谷盗等的繁殖具有一定控制的能力。有人曾用花生饲养赤拟谷盗 5 对，并加入 3 对仓双环猎蝽，100d 后赤拟谷盗的数量即减少了 90%，花生被害率只有 2.65%；对照中赤拟谷盗的数量增加了 5.1 倍，花生被害率则高达 31.34%。又在 5 对锯谷盗中加入 1 对猎蝽，经过 111d 后，锯谷盗全部被消灭，而对照中锯谷盗的数量却增加了 14 倍。与黄色花蝽一样，仓双环猎蝽仅能够捕食在粮粒外部生活的害虫，但对藏在粮粒内部的幼虫及蛹则无法捕食。如猎蝽能捕食在粮粒外生活的谷蠹成虫、玉米象成虫及麦蛾成虫，但不能捕食藏在粒内的三种害虫的幼虫和蛹。此外，猎蝽由于个体较大，不易钻入粮堆内部捕食害虫，猎蝽成虫在小麦堆内只能下钻 1cm，其低龄若虫在小麦堆内及谷粉中只能钻 2～3cm。总之，仓双环猎蝽仍不失为有效的防治储粮害虫的生物防治剂。它的捕食能力极强，捕食范围广，成虫寿命又长，可以用在货栈、空仓及加工厂等处捕杀害虫。

储粮中的一些捕食性螨类对抑制害虫的种群也起到一定的作用。普通肉食螨就是一种很有价值的捕食性螨类，在储粮中它常常和一些粉螨如粗脚粉螨、腐食酪螨、害嗜鳞螨及家食甜螨等一起发生，并以捕食这些粉螨为生。在捷克和奥地利都进行过普通肉食螨防治粉螨的研究，有人将该螨释放到空仓和粮食水分高于 14%粮仓内，发现可明显抑制粉螨的种群增长。在释放有普通肉食螨的空仓内，粉螨的数量只有 20 头/m^2；而用甲基嘧啶硫磷处理的空仓中，粉螨的数量为 140 头/m^2；而对照空仓中粉螨的数量为 170 头/m^2。捕食螨和粉螨的推荐比例为 1∶(10～100)，这取决于粮食水分，如果是高水分粮粉螨的发育很快，应以较高的比例释放。最好是在 4～6 月份，在粉螨还没有大发生之前释放捕食螨。在没有害虫的储粮中可以 100kg 粮食 1 头捕食螨的比例释放。处理结束后，螨类的死亡个体和碎片可通过机械清理除去。

2）寄生性昆虫与螨类

对于寄生性天敌防治储粮害虫的效果，较系统的研究始于 20 世纪 20 年代。最早大规模释放寄生蜂防治储粮害虫是在 20 世纪 40 年代，当时在巴林和巴西向发生粉斑螟的可可仓库内释放了 2 万多头麦蛾茧蜂。此后，世界各国利用寄生性天敌防治储粮害虫的研究从未间断过，到了 20 世纪 90 年代，对生物防治的研究更加深入细致，许多天敌的防治性能在实验室内和实际应用中得到了广泛的研究。目前发现可寄生储粮害虫的寄生蜂约有 30 种，主要属于金小蜂科、赤眼蜂科、茧蜂科和肿腿蜂科等。其中有 5 种可寄生蛀食性甲虫的卵；13 种可寄生蛀食性甲虫的幼虫；5 种可寄生蛀食性甲虫的蛹；4 种可寄生蛀食性蛾类的幼虫；1 种可寄生外部取食甲虫的卵；9 种可寄生外部取食甲虫的幼虫；6 种可寄生外部取食蛾类的幼虫；2 种可寄生外部取食蛾类的蛹。其中麦蛾茧蜂是较常见的一种蛾类寄生蜂，在我国也有广泛的分布。它属于外寄生，即附着在寄主体表发育。雌性成虫在找到寄主幼虫以后，不仅可在寄主体表产卵，而且还可以刺破寄主的表皮吸取其体液。麦蛾茧蜂可蜇死二龄以后的蛾类幼虫，寄生于三龄以后的幼虫，对吐丝结网、结茧的幼虫及袋中的幼虫均能寄生。

一些寄生性螨类也表现出防治储粮害虫的显著作用，其中有希望的种类之一是虱状蒲螨。有关研究表明，该螨可造成大眼锯谷盗卵、幼虫和蛹100%的死亡率，成虫97%的死亡率；赤拟谷盗、烟草甲低龄幼虫100%的死亡率；粉斑螟、印度谷螟的卵、低龄幼虫和成虫91%～100%的死亡率。该螨的一些生物学特性很适合作为储粮害虫的生物防治剂，它的生活周期很短（4～7d）；雌虫可产生成熟的后代，并且95%为雌虫；种群易于培养，便于与同步防治；种群世界性分布，容易得到。但该螨会咬人并可引起皮炎，不过在实际应用中可能不会成为问题，因为它在缺乏寄主后10d内便会死掉。

以虫治虫在储粮上应用时会面临以下几个问题：天敌个体通常较大，粮堆中捕食或寄生只能对表面或表层害虫起作用，不能捕及粮堆深处或粮粒内的害虫；储粮管理通常要求无虫或基本无虫，天敌昆虫也存在活虫、虫尸及代谢物等卫生问题。储粮环境不同于农林的开放生态环境，蒸杀虫、低温储粮措施等不利于天敌的自我生存活动。

3. 昆虫病原体的利用

昆虫病原体是指可以导致昆虫生理异常的致病微生物，也称病原微生物。自从1835年Basside Lodi最早在死蚕身上发现一种寄生真菌之后，人们陆续发现了各种病原微生物引起的昆虫疾病。人们开始从病变的昆虫体内分离、培养病原体，并用它们防治有害昆虫。

1）细菌的利用

在众多的昆虫致病细菌中，最成功用来防治害虫的细菌之一是苏云金杆菌（*Bacillus thuringiensis*，Bt）。1911年Berliner首先从德国的一个面粉仓库害虫地中海粉螟分离到苏云金杆菌，并开始用于鳞翅目害虫的防治。目前全世界至少已有20种Bt的商品制剂。

防治储粮害虫的Bt制剂的剂型主要是可湿性粉剂、液剂和粉剂。Bt的粉剂和可湿性粉剂已在美国粮仓中得到了应用，对防治蛾类害虫非常有效。这两种剂型都可减少小麦中印度谷螟的种群50%～60%；在大麦中超过80%。液剂可以与粮食拌和，或仅在粮堆表面10cm拌和即可达到防治害虫的效果。在通常条件下，可保持一年杀虫活力无显著降低，也不会因磷化氢、溴甲烷等熏蒸剂的熏蒸而降低毒力。

但关于储粮鳞翅目害虫对Bt的抗性问题已有报道。研究发现印度谷螟的野生品系对Bt产生了抗性，抗性发展很快，而且当没有选择压力时抗性水平仍保持稳定。同时在美国还发现经一个储藏季节后，印度谷螟和粉斑螟便产生了抗性。抗性问题的出现将影响Bt作为防治储粮蛾类害虫的主要手段，解决抗性问题的途径是正确地使用和筛选新的菌种。

另一种新的防治储粮害虫的细菌是一种冰核活性（Ice-nucleating activity）细菌，即丁香假单胞杆菌（*Pseudomonas syringae*），它可以提高昆虫体液的冰点温度。自从

20世纪70年代丁香假单胞杆菌被分离出来以后，人们开始测定它作为生物防治剂的应用价值。储粮昆虫的体液一般在−15～−10℃仍保持液态，许多昆虫的体液冰点可达−20℃。据报道使用10mg/kg剂量的冰核细菌处理，可使害虫的冰点温度提高5～10℃。在稍低于0℃的温度下，使用丁香假单胞杆菌处理8种储粮害虫，其死亡率有明显增加。在生产中，利用冰核活性细菌提高昆虫体液的冰点温度，在粮温比较低的情况下冻杀越冬储粮害虫，从而达到大幅度降低越冬虫口密度或完全冻死储粮害虫的目的。这对于我国北方低温储粮区具有值得探索的意义。

其他一些微生物也表现出冰核活性，如一种镰刀菌（*Fusarium avenaceum*）可使锈赤扁谷盗的过冷却点温度从−17℃提高到6℃。

2）真菌的利用

自然条件下也有许多感染害虫的致病真菌。当真菌感染寄主后，其芽孢便会萌发，通过化学和物理作用穿过表皮达到血液中，最后可导致昆虫的死亡。

虽然人们已经发现了很多昆虫的致病真菌，但利用它们防治储粮害虫的研究却很有限。白僵菌（*Beauveria bassianah*）和绿僵菌（*Metarhizium anisopliae*）是研究和利用最多的真菌，它们对昆虫有很强的致病能力，已知寄生的昆虫种类都在200种以上。许多国家都已有这两种真菌的商业制剂，用于防治农业害虫。

Searleh和Doberski对白僵菌抑制锯谷盗的作用进行了研究，发现环境湿度是一个关键因素。在低于100%RH的条件下，锯谷盗感染很小，在粮食安全水分的储藏条件下，白僵菌不可能控制锯谷盗的数量。但在低温条件下，该菌确实表现出很强的抑制能力，当将白僵菌的分生孢子与粮食混合后，锯谷盗子代幼虫和蛹的数量可减少91%以上。白僵菌和绿僵菌对昆虫的抑制作用存在差异。研究发现白僵菌和绿僵菌对玉米象和大豆象有不同程度的抑制作用，在实验条件下白僵菌优于绿僵菌。而另一项研究表明白僵菌防治谷蠹、米象和赤拟谷盗的效果也比绿僵菌、莱氏蛾霉菌（*Nomuraea rileyi*）及蜡蚧轮枝孢（*Verticillium lecanii*）要好。在伊拉克一个非谷物的储粮仓库内，以30万个/m^{3}白僵菌的分生孢子的剂量处理，结果使粉斑螟的死亡率达到96%。同一种真菌不同菌株间的活性存在着很大的差异。Adane等分离到一个白僵菌的菌株，很低的剂量对玉米象就有很强的抑制作用，但Moino等所用的61个白僵菌菌株对玉米象只有很微弱的活性，因此菌株的筛选显得非常重要。

对利用真菌防治储粮害虫仍有不同的观点。主要是由于真菌发挥其活性要求较高的湿度条件，但通常的储藏环境要求干燥，所以真菌防治储粮害虫会影响储粮的稳定性。

3）病毒的利用

截至1980年，世界上已记载了800多种寄生昆虫和螨类的病毒，1200多种病毒病。在储粮中感染害虫的重要病毒大多属于杆状病毒（*Baculoviruses*）。大多数杆状病毒可在寄主细胞内形成蛋白质结晶状的包涵体，病毒颗粒被包埋于其中，统称为包涵体病毒。包涵体病毒包括核型多角体病毒（NPV）、颗粒体病毒（GV）、质型多角体病毒（CPV）和昆虫痘病毒（FPV），前3种类型的病毒所引起的昆虫疾病，占已知昆虫病毒病的一半以上。

昆虫感染病毒后，包涵体在碱性的中肠内被溶解，释放出病毒颗粒，中肠细胞被感染，接着是全身组织感染。几天内昆虫便停止取食，随着病毒颗粒渗透到全身，中肠开始萎缩，昆虫肢体分解，通常在4～21d内死亡。多数杆状病毒可通过母体传给子代。

目前已经发现并分离出的储粮害虫病毒，主要有印度谷螟颗粒体病毒（PGV）、粉斑螟颗粒体病毒（CGV）和粉斑螟核型多角体病毒（NPV）。其中研究较多的是PGV，Cox等用PGV液剂或粉剂以1.875mg/kg的剂量混合处理谷物或在表面处理，可有效地防治储藏玉米和小麦中的印度谷螟。并发现PGV和马拉硫磷混合使用有增效作用，防治杏仁中的印度谷螟的效果比单独使用二者之一都要好。对小麦或玉米在粮堆上层10cm范围内处理几乎和整仓拌和同样有效。

4）原生动物的利用

原生动物是由原生质组成的单核或多核的单细胞生物，其构造极为简单。其单细胞具有运动、摄食、消化和排泄等功能。在储粮昆虫中广泛发现的是簇虫、球虫和微孢子虫。原生动物通常通过消化系统或母子传递而进入寄主体内，它们能使害虫产生慢性病变而增加死亡率，降低生育力和种群增长。簇虫和球虫寄生在昆虫的脂肪体、马氏管和肠道内。微孢子虫主要发现于昆虫的脂肪体内，并通过昆虫之间的口器接触或卵期传播。

拟谷盗阿德林球虫（*Adelina tribolii*）是一种脂肪体寄生虫，可感染褐拟谷盗、杂拟谷盗和赤拟谷盗，并可以引起杂拟谷盗实验种群和自然种群的流行病。

真簇虫（*Eugregarines*）被认为是有潜力的昆虫病原体。一种真簇虫（*Ascogregarina bostrichidorum*）已从坦桑尼亚的大谷蠹体内分离得到，但样本种群中只有大约2%的大谷蠹被感染。

新簇虫（*Neogregarines*）自然发生在鳞翅目、鞘翅目和直翅目昆虫中，如拟谷盗粉囊簇虫（*Farinocystis tribolli*）也是从大谷蠹体内分离得到的，它可以感染拟谷盗和扁谷盗等种类，在室内培养的条件下可以缓慢减少拟谷盗的数量。双孢马特簇虫（*Mattesia dispora*）被发现可寄生于一些鞘翅目和鳞翅目的昆虫，包括蜡螟（*Galleria mellonella*）、地中海粉螟、印度谷螟、长角扁谷盗和锈赤扁谷盗等。由于它有很广泛的寄生范围，被认为是很有开发潜力的生物杀虫剂。

多数原生动物可以影响昆虫的发育和繁殖能力，对人也比较安全，而且作用持久。但它们的缺点是对害虫的控制作用比较缓慢。目前，国际利用原生动物防治储粮害虫的研究焦点集中在利用信息素与原生动物孢子结合以引诱昆虫，并使其感染，然后将被感染的昆虫放回到栖息场所而传染同种的其他昆虫。

参考文献

白旭光，曾实，常共宇．2006．储粮害虫生物防治技术研究与应用进展［J］．河南工业大学学报（自然科学版），27（1）：82～85．

洪晓月，丁锦华．2007．农业昆虫学（第二版）［M］．北京：中国农业出版社．

李云瑞．2006．农业昆虫学［M］．北京：高等教育出版社．
陶士强．2003．农药在储粮害虫化学防治中的应用现状［J］．现代农药，2（6）：34～36．
于江南．2003．新疆农业昆虫学［M］．乌鲁木齐：新疆科学技术出版社．
赵英杰，王殿轩，郭超，等．2006．储粮害虫生物防治技术研究现状与应用思考［J］．河南工业大学学报（自然科学版），27（5）：68～72．

第六章 农产品贮藏技术

内容提要

本章介绍了低温贮藏、气调贮藏、通风贮藏、传统贮藏、生物技术保鲜、生理活性调节剂保鲜等农产品保鲜技术，重点阐述了贮藏中的硬件设施要求及其配套的共性技术要点。

教学目标

1. 掌握农产品的主要贮藏方法及其硬件设施条件。
2. 掌握农产品各贮藏方法的贮藏技术要点。

重要概念及名词

低温贮藏　气调贮藏　通风贮藏　生物技术保鲜　生理活性调节剂保鲜　制冷剂　载冷剂

思考题

1. 简述机械冷库的冷却方式及其特点。
2. 常用的制冷剂有哪些？各有何优缺点？
3. 常用的载冷剂有哪些？各有何优缺点？
4. 如何科学计算冷库的冷负荷？
5. 机械冷藏库的隔热处理包括哪些方面？
6. 如何科学的使用与管理冷库？
7. 气调保鲜库的特点及特有设施有哪些？
8. 气调保鲜库的气调系统包括哪些方面？有哪些气调方式？
9. 如何科学使用与管理气调贮藏库？
10. 简述大帐贮藏的技术要点和注意事项。
11. 举例说明目前利用生物技术进行农产品贮藏保鲜的方法，并说明其保鲜机理。
12. 举例说明利用生物活性调节剂进行农产品贮藏保鲜的应用情况。

第一节　低温贮藏

低温贮藏（cryopreservation）是指在具有良好隔热性能的库房中借助机械冷凝系统的作用，将库内的热传递到库外，使库内的温度降低并保持在有利于水果和蔬菜长期贮藏的范围内的农产品保鲜贮藏方法。低温贮藏的优点主要是可以使库内温度终年维持在贮藏产品所需要的温度而不受外界环境条件的影响，冷库内的温度、相对湿度和通风都可以控制调节，冷库是一种永久性建筑，建造成本相对较高，因此冷库在建立之前应对库址的选择、库房的设计、冷凝系统的选择和安装，库房的容量都应经过专业的论证和设计，同时也要注意到将来的发展。尽管冷库有许多优越性，但是水果和蔬菜都是活的有机体，冷藏的寿命仍然是有限的。

冷库的建设和管理是低温贮藏的核心内容。冷库除了有良好、牢固的库房框架建筑外，还应有隔热和防潮层。隔热层起隔绝库内外热的传递作用，保证冷库内的适宜低温。隔热材料应选择导热系数小、无臭味、不易吸潮、重量轻且价格低廉易得为宜。设计人员应根据冷库所处地区的实际情况和具体条件设计合理的隔热层厚度，以保证冷库有效而经济运转。防潮层是冷库结构中另一重要组成部分，缺少防潮层时，冷热空气在隔热层中相遇，达到露点即会凝结成水滴，隔热材料受潮后，隔热性能降低。一般可以在隔热层两面加防潮层，也可只做外防潮层。常用沥青、油毡、塑料涂层、塑料薄膜或金属板做成的防潮层，这样冷库使用寿命可以得到延长。制冷系统是冷库最重要的设备，制冷系统的大小应根据冷库容量大小和所需制冷量选择，即蒸发器、压缩机和冷凝器等与冷库所需排除的热量相匹配，以满足降温需要。

一、制冷原理

（一）制冷系统

制冷系统（refrigeration system）是指完成冷库制冷需求的所有设备设施构成，由制冷剂和4大机件，即压缩机，冷凝器，膨胀阀，蒸发器组成，此外还包括多个控制器件，控制器件通常包括以下几种部件：

制冷剂控制器：膨胀阀、毛细管等。

制冷剂回路控制器：四通阀、单向阀、复式阀、电磁阀。

制冷剂压力控制器：压力开闭器、输出压力调节阀、压力控制器。

电机保护器：过电流继电器、热动过电流继电器、温度继电器。

温度调节器：温度位式调节器、温度比例调节器。

湿度调节器：湿度位式调节器。

除霜控制器：除霜温度开关、除霜时间继电器、各种温度开关。

冷却水控制：断水继电器、水量调节阀、水泵等。

报警控制：超温报警、超湿报警、欠压报警及火警报警、烟雾报警等。

其他控制：室内风机调速控制器、室外风机调速控制器等。

制冷系统的制冷工作过程如图 6-1 所示，压缩机的作用是把压力较低的制冷剂蒸气压缩成压力较高的蒸气，使蒸气的体积减小，压力升高。压缩机吸入从蒸发器出来的较低压力的制冷剂蒸气，使之压力升高后送入冷凝器，在冷凝器中冷凝成压力较高的液体，经节流阀节流后，成为压力较低的液体后，送入蒸发器，在蒸发器中吸热蒸发而成为压力较低的蒸气，再送入压缩机的入口，从而完成制冷循环。

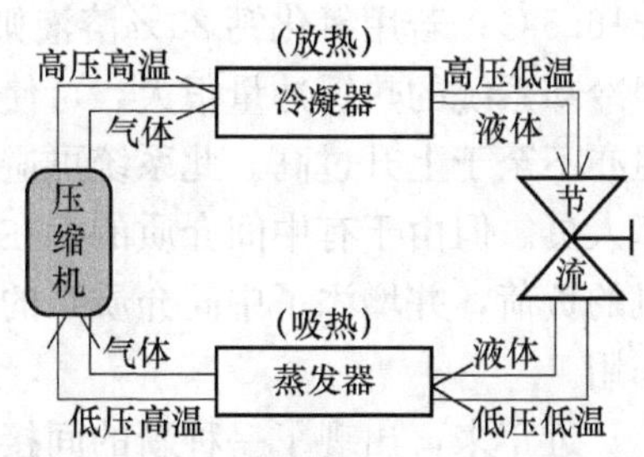

图 6-1 单级制冷制冷系统原理图

在制冷系统中，蒸发器、冷凝器、压缩机和节流阀是制冷系统中必不可少的 4 大件，这当中蒸发器是输送冷量的设备。制冷剂在其中吸收被冷却物体的热量实现制冷。压缩机是核心，起着吸入、压缩、输送制冷剂蒸气的作用。冷凝器是放出热量的设备，将蒸发器中吸收的热量连同压缩机功所转化的热量一起传递给冷却介质带走。节流阀对制冷剂起节流降压作用、同时控制和调节流入蒸发器中制冷剂液体的数量，并将系统分为高压侧和低压侧两大部分。实际制冷系统中，除上述 4 大件之外，常常有一些辅助设备，如电磁阀、分配器、干燥器、集热器、易熔塞、压力控制器等部件，它们是为了提高运行的经济性，可靠性和安全性而设置的。

（二）冷却方式

机械冷藏库的降温是靠蒸发器中制冷剂气化来完成的，蒸发器在冷库中的安装方法对冷库性能的影响很大，根据蒸发器在冷库中的安装方法把冷却方式分为 3 种。

1. 直接冷却（direct cooling）

把蒸发器直接装置于冷库中，制冷剂气化时可直接吸收库内的热量，将库内空气冷却。蒸发器用盘形管组成，装成壁管组或天棚管组均可。直接蒸发系统冷却迅速，库温低，例如以氨直接蒸发可将库温降低到－23℃。该系统宜采用氨、氟利昂为制冷剂，也有使用一氯甲烷的。

直接冷却系统的主要缺点是：整机系统的热缓冲量低，贮藏库内的温度变化也就比较大；因蒸发盘管与室内空气直接接触，温差大，蒸发器不断地结霜，要经常除霜，不然将会影响蒸发器的冷却效果，制冷系统的效率下降，库内湿度也下降，库内温度不均匀，接近蒸发器处温度较低，远处则较高。此外，如果制冷剂在蒸发管或阀门处泄漏，会在库内累积而直接危害果实。

2. 间接冷却（indirect cooling）

制冷系统的蒸发器不直接安装在贮藏库内，而是用来冷却中间介质（如盐水、氯化钙等，即载冷剂），再将冷却介质引入安装在库内的冷却管组，不断循环而降低库内温度。

间接冷却系统也可以达到很低的温度，如果用普通食盐20%的溶液，可降温至－16.5℃；若用氯化钙20%溶液则可降温至－23℃。这种方式的冷却速度比较慢，但因冷却系统的热缓冲量很大，可使库温波动大为降低，甚至在短时期停电的情况下，库温亦不至于上升过高。此系统可避免有毒及有臭味的制冷剂在库内泄漏而损害果实和入库人员。但由于有中间介质的存在，必须要求制冷剂在较低温度下蒸发，从而加重压缩机的负荷，并增添了中间介质泵的电力消耗，另外，食盐和氯化钙溶液对金属都有腐蚀作用。

近年来，出现了一种新的间接冷却方式，利用这种冷却方式的冷库，库房结构由双层墙壁和天花板构成，冷却蒸发系统和冷空气的对流在夹层墙壁和天花板内进行。这样，冷库内墙壁和天花板的表面可均匀冷却，库内热交换面积扩大、温度分布均匀，同时库内能维持较高的相对湿度。另外，夹层空气的流通不与库内环境联系，避免了冷凝蒸发管的除霜麻烦。但这种冷藏库造价高，目前使用尚不普遍。

3. 鼓风冷却

为保证库内各部分的温度均匀，大型机械冷藏库内的蒸发器上多有强制空气循环装置，即用鼓风机将蒸发器冷却的空气通过装设在贮藏室顶部的通风道送到贮藏库的各部位，冷空气在自然降温过程中吸收热量，再经库下方回到蒸发器重新冷却，如此循环降低库温。

鼓风冷却系统在库内造成空气对流循环，冷却迅速，库内温、湿度较为均匀一致。但如不注意空气湿度的调节，会加快果蔬失水。

果蔬的贮藏适宜温度，低者（如苹果和梨）在0℃上下；高者（如香蕉）在12～13℃。冬季在寒冷地区，想使冷库保持在所需要的温度，往往需要加热。采用鼓风冷却系统的冷库，在空气冷却器（室）加装电热设备即可满足此要求，而其他两个系统则需要另加一套加热装置。

（三）制冷剂

制冷剂（refrigeration agent）又称制冷工质，是在制冷系统中不断循环并通过其本身的状态变化以实现制冷的工作物质，它在低温下吸取被冷却物体的热能，然后在较高温度下转移给冷却水或空气。常用的制冷剂有氟利昂（饱和碳氢化合物的氟、氯、溴衍生物），共沸混合工质（由两种氟利昂按一定比例混合而成的共沸溶液）、碳氢化合物（丙烷、乙烯等）、氨等；在气体压缩式制冷机中，使用气体制冷剂，如空气、氢气、氦气等，这些气体在制冷循环中始终为气态；在吸收式制冷机中，使用由吸收剂和制冷剂组成的二元溶液作为工质，如氨和水、溴化银和水等；蒸气喷射式制冷机用水作为制冷剂。

早期的制冷剂如橡胶馏化物、二乙醚（乙基醚）、甲基乙醚（R-E170）、氨水、二氧化碳（R744）、氨（R717）、甲基胺（R630）、乙基胺（R631）、甲基酸盐（R611）、氯甲烷（R40）、氯乙烷（R160）、溴乙烷（R160B1）、四氯化碳（R10）、异丁烷（R600a）、三氯乙烷（R1120）、二氯甲烷（R30）等，几乎多数是可燃的或有毒的，或两者兼而有之，而且有些还有很强的腐蚀性和不稳定性，或有些压力过高，经常发生安全事故。因此人们又相继开发出新的制冷剂。

1926年，托马斯·米奇尼（Thomas Midgely）开发了首台CFC（氯氟碳）机器，于1931年开始商业生产并很快进入家用，之后一系列卤代烃制冷剂相继出现，杜邦公司将其命名为氟利昂（Freon）。这些新型介质性能优良、无毒、不燃，能适应不同的温度区域，显著地改善了制冷机的性能，其中几种制冷剂应用很普遍，包括CFC-11、CFC-12、CFC-113、CFC-114和HCFC-22。到20世纪50年代，开始使用共沸制冷剂，60年代开始使用非共沸制冷剂。

不过到20世纪70年代，随着对臭氧层变薄的关注，发现CFC族物质要承担部分责任，这导致了1987年蒙特利尔议定书的通过，议定书要求淘汰CFC和HCFC族（即氢氯氟烃族），新的解决方案是开发HFC族（即氢氟碳族）作为主要制冷剂，HCFC族作为过渡方案继续使用并将逐渐淘汰。根据《中国逐步淘汰消耗臭氧层物质国家方案》，至2010年1月1日我国已经完全停止使用CFCs。在2002年已停止生产CFC12空调，2009年之后在汽车空调上只允许使用回收的CFCs。由于目前我国仅签署了《京都议定书》（Kyoto Protocol，又译《京都协议书》、《京都条约》，全称《联合国气候变化框架公约的京都议定书》），是《联合国气候变化框架公约》（United Nations Framework Convention on Climate Change，UNFCCC的补充条款）的伦敦修正案，所以尚未对HCFCs的淘汰作出承诺。

1. 制冷剂的基本要求

制冷剂的主要技术指标有饱和蒸气压强、比热、黏度、导热系数、表面张力等。优良的制冷剂具备以下特征。

1）具有优良的热力学特性

为了能在给定的温度区域内运行时有较高的循环效率，要求制冷剂临界温度高于冷凝温度、与冷凝温度对应的饱和压力不要太高、标准沸点较低、流体比热容小、绝热指数低、单位容积制热量较大等。

2）具有优良的热物理性能

要求制冷剂具有较高的传热系数、较低的黏度及较小的密度。

3）具有良好的化学稳定性

要求制冷剂在高温下具有良好的化学稳定性，保证在最高工作温度下工质不发生分解，并与润滑油有良好互溶性。

4）安全性

要求制冷剂应无毒、无刺激性、无燃烧性及爆炸性和良好的电气绝缘性。

5）环保

要求制冷剂的臭氧消耗潜能值（ODP）与全球变暖潜能值（GWP）尽可能小，以减小对大气臭氧层的破坏及引起全球气候变暖。

2. 常用制冷剂及其特性

常用制冷剂有氨、氟利昂-12、氟利昂-22等，新型的制冷剂有R134A、R404A、R410A等。

1）氨（代号：R717）

氨是目前使用最为广泛的一种中压中温制冷剂。氨的凝固温度为－77.7℃，标准蒸发温度为－33.3℃，在常温下冷凝压力一般为1.1～1.3MPa，即使当夏季冷却水温高达30℃时也绝不可能超过1.5MPa。氨的单位标准容积制冷量大约为2.17kJ/m^3。

氨有很好的吸水性，即使在低温下水也不会从氨液中析出而冻结，故系统内不会发生“冰塞”现象。氨对钢铁不起腐蚀作用，但氨液中含有水分后，对铜及铜合金有腐蚀作用，且使蒸发温度稍许提高。因此，氨制冷装置中不能使用铜及铜合金材料，并规定氨中含水量不应超过0.2%。

氨的相对密度和黏度小，放热系数高，价格便宜，易于获得。但是，氨有较强的毒性和可燃性。若以容积计，当空气中氨的含量达到0.5%～0.6%时，人在其中停留0.5h即可中毒，达到11%～13%时即可点燃，达到16%时遇明火就会爆炸。因此，氨制冷机房必须注意通风排气，并需经常排除系统中的空气及其他不凝性气体。

总而言之，氨易于获得、价格低廉、压力适中、单位制冷量大、放热系数高、几乎不溶解于油、流动阻力小，泄漏时易发现等都是其作为制冷剂的优点，其缺点是有刺激性臭味、有毒，可以燃烧和爆炸，对铜及铜合金有腐蚀作用。

2）氟利昂-12（代号：R12）

R12为烷烃的卤代物，学名二氟二氯甲烷，分子式为CF_2Cl_2。它是我国中小型制冷装置中使用较为广泛的中压中温制冷剂。R12的标准蒸发温度为－29.8℃，冷凝压力一般为0.78～0.98MPa，凝固温度为－155℃，单位容积标准制冷量约为1.20kJ/m^3。

R12是一种无色、透明、没有气味，几乎无毒性、不燃烧、不爆炸，很安全的制冷剂。只有在空气中容积浓度超过80%时才会使人窒息。但与明火接触或温度达400℃以上时，则分解出对人体有害的气体。

R12能与任意比例的润滑油互溶且能溶解各种有机物，但其吸水性极弱。因此，在小型氟利昂制冷装置中不设分油器，而装设干燥器。同时规定R12中含水量不得大于0.0025%，系统中不能用一般天然橡胶作密封垫片，而应采用丁腈橡胶或氯乙醇等人造橡胶。否则，会造成密封垫片的膨胀引起制冷剂的泄漏。

3）氟利昂-22（代号：R22）

R22也是烷烃的卤代物，学名二氟一氯甲烷，分子式为$CHClF_2$，标准蒸发温度约为－41℃，凝固温度约为－160℃，冷凝压力同氨相似，单位容积标准制冷量约为1900kJ/m^3。

R22的许多性质与R12相似，但化学稳定性不如R12，毒性也比R12稍大。但是，R22的单位容积制冷量却比R12大的多，接近于氨。当要求－70～－40℃的低温时，利用R22比R12适宜，故目前R22被广泛应用于－60～－40℃的双级压缩或空调制冷系统中。

4）四氟乙烷（代号：R134A）

R134A同样是烷烃的卤代物，学名1,1,1,2-四氟乙烷，分子式为CH_2FCF_3，相对分子质量102.03，沸点－26.26℃，凝固点－96.6°C，临界温度101.1℃，临界压力

4067kPa，饱和液体密度25℃下为1.207g/cm³，液体比热25℃下为1.51kJ/(kg·℃)，沸点下蒸发潜能215kJ/kg，溶解度（水中，25℃）为0.15%，临界密度为0.512g/cm³，破坏臭氧潜能值（ozone depression potential，ODP，表示大气中氯氟碳化物质对臭氧破坏的相对能力，以R11为1.0，ODP值越小，制冷剂的环境特性越好。根据目前的水平，认为ODP值小于或等于0.05的制冷剂是可以接受的）为0，全球变暖系数值（global warming potentials，GWP，即全球变暖的速度，设定CO_2的GWP值100年为1，CH_3Cl的GWP值100年为13，表明CH_3Cl的增温潜力值是CO_2的13倍）为0.29。

R134A作为R12的替代制冷剂，它的许多特性与R12很相像。R134A的毒性非常低，在空气中不可燃，安全类别为A1，是很安全的制冷剂。R134A的化学稳定性很好，不过由于其溶水性比R22高，所以对制冷系统不利，即使有少量水分存在，在润滑油等的作用下，将会产生酸、二氧化碳或一氧化碳，将对金属产生腐蚀作用，或产生“镀铜”作用，所以R134A对系统的干燥和清洁要求更高。R134A对钢、铁、铜、铝等金属未发现有相互化学反应的现象，仅对锌有轻微的作用。

R134A是目前国际公认的替代CFC-12的主要制冷剂之一，常用于车用空调，商业和工业用制冷系统，以及作为发泡剂用于硬塑料保温材料生产，也可以用来配置其他混合制冷剂，如R404A和R407C等。

5）R404A制冷剂

R404A是一种不含氯的非共沸混合制冷剂（五氟乙烷/三氟乙烷/四氟乙烷混合物），常温常压下为无色气体，通常是被压缩的液化气体贮存于钢瓶内，其ODP为0，因此R404A是不破坏大气臭氧层的环保制冷剂，主要用于替代R22和R502，具有清洁、低毒、不燃、制冷效果好等特点，大量用于中低温冷冻系统。

6）R410A制冷剂

在常温常压下，R410A是一种不含氯的氟代烷非共沸混合制冷剂，主要有氢、氟和碳元素组成，无色气体，贮存在钢瓶内是被压缩的液化气体。其ODP为0，因此R410A是不破坏大气臭氧层的环保制冷剂，也主要用于替代R22和R502，具有清洁、低毒、不燃、制冷效果好等特点，大量用于家用空调、小型商用空调、户式中央空调等。

7）混合共沸制冷剂

目前尚不公开配方，用在复叠式制冷机中，在空气冷凝的前提下，蒸发温度可以达到−150℃左右。

（四）载冷剂

以间接冷却方式工作的制冷装置中，将被冷却物体的热量传给正在蒸发的制冷剂的介质称为载冷剂（secondary refrigerant），又称蓄冷剂。载冷剂通常为液体，在传送热量过程中一般不发生相变，但也有些载冷剂为气体，或者液固混合物，如二元冰等。常用的载冷剂有水、盐水、乙二醇或丙二醇溶液、二氯甲烷和三氯乙烯，LM冰河冷媒等。载冷剂一般不包括一氟二氯甲烷，它通常作为制冷剂，只有在直接制冷时，才使用制冷剂作为载冷剂。

选择载冷剂需考虑以下各点：①冻结温度低，必须低于制冷的操作温度；②传热系数大，即热导率和热容要大，而黏度要小；③性质稳定，腐蚀性小；④安全无毒、价格低廉。

由于直接冷却方式需用大量的制冷剂，制冷剂一般对环境的友好程度低，如氟利昂，氨气等，因此间接制冷是节能环保的一种方式。

1. 水

适用于制冷温度在0℃以上的场合，如空气调节设备等。

2. 盐水

即氯化钙或氯化钠的水溶液，可用于盐水制冰机和间接冷却的冷藏装置，或冷却袋装食品。盐水的凝固温度随浓度而变，当溶液浓度为 29.9％时，氯化钙盐水的最低凝固温度为－55℃；当溶液浓度为 23.1％时，氯化钠盐水的最低凝固温度为－21.2℃。使用时按溶液的凝固温度比制冷机的蒸发温度低 5℃左右为准来选定盐水的浓度。氯化钙和氯化钠价格较低，但对设备腐蚀性很大。

3. 丙二醇和乙二醇

丙二醇和乙二醇性质稳定，与水混溶，其溶液的凝固温度随浓度而变，通常用它们的水溶液作为载冷剂，适用的温度范围为 0～20℃。虽然乙二醇或丙二醇溶液的凝固点低，可达－50℃，但是低温下溶液的黏度上升非常迅速，因此，一般具有工业应用价值的温度为－20℃以上。其水溶液也有腐蚀性。

4. 二氯甲烷和三氯乙烯

通常用二氯甲烷和三氯乙烯的液体作为载冷剂。二氯甲烷的凝固温度为－97℃，适用温度范围为－90～－50℃。但是无论是二氯甲烷，还是三氯乙烯都具有以下明显的缺点：液体挥发性高，沸点低，因此损失很重，需要补充的量非常多；含氯元素，而氯元素非常活泼，容易脱落形成盐酸及盐酸盐，造成设备腐蚀；溶水性低，因此低温下容易造成管道及设备的冰堵、爆管等损害；传热系数低，有机物的传热系数均较低。目前针对此类有机物载冷剂，市场上通常选择替代品。

5. LM 冰河冷媒

LM 冰河冷媒性质稳定，在－80℃～150℃温度范围内可以根据所需要的温度加水调试相应的温度，且不腐蚀设备，载冷能力强，用量省，是比较理想的一种载冷剂。

（五）冷负荷计算

借助于机械的制冷工作强制控制库内温度是冷库的基本特征，为了保证冷库房间和物体低于周围环境温度所需供应的冷量，称为冷负荷（cooling load）。冷库在进行建造之前，就需要对冷库的冷负荷进行科学的计算，以保证日后冷库的正常运行和产品的正常贮藏。

影响冷库冷负荷的因素较多，主要包括围护结构耗冷量、产品耗冷量（产品入库时的含热量以及呼吸热）、通风换气耗热量、操作热量等。

1. 围护结构耗冷量 Q_1

围护结构耗冷量是指由于冷库内外的温差导致的通过冷库建筑 6 个面而传递热量，所以冷库公称容积（关系到围护结构面积）、护围材料、围护结构传热系数、内外温差等都会影响到围护结构的耗冷量。

1）冷藏库公称体积 G

冷库的公称体积要根据常年需要贮藏产品的种类和量来决定，计算公式：

$$G = \frac{\sum V_1 \rho_s \eta}{1000}$$

式中：G——冷库计算吨位（t）；

η——冷藏间的体积利用系数；

V_1——冷藏间的公称体积（m^3）；

ρ_s——食品的计算密度（kg/m^3）。

2）围护结构传热系数 K

由于冷库的各个围护结构可能不一样，因此在计算围护结构的传热系数时，需要分别计算冷库的外墙、内墙、屋顶和地坪的传热系数。

例如，某冷藏库设计库容量 240t，分为两个冷藏间，每间吨位 120t，冷库围护结构传热系数计算如表 6-1 所示。

表 6-1　某冷库围护结构传热系数计算

外　墙				
序　号	结构层（由外到内）	厚度 δ/m	导热系数 λ/[W/(m·℃)]	热阻 $R=\delta/\lambda$/[(m²·℃)/W]
1	1∶2.5 水泥砂浆抹面	0.02	0.93	0.0215
2	1∶2.5 水泥砂浆抹面	0.02	0.93	0.0215
3	1∶3 水泥砂浆抹面	0.03	0.93	0.0323
4	混合砂浆砌砖墙	0.37	0.814	0.455
5	硬质聚氨酯	0.15	0.031	4.8387
6	墙体表面空气热阻		$a_w=23$ $a_n=12$	$R_w=0.044$ $R_n=0.083$
7	总热阻 $\sum R$			5.496
8	传热系数 $K=1/\sum R$			0.182

地　坪				
序　号	结构层（由外到内）	厚度 δ/m	导热系数 λ/[W/(m·℃)]	热阻 $R=\delta/\lambda$/[(m²·℃)/W]
1	200 号钢筋混凝土层	0.08	1.5468	0.0517
2	1∶3 水泥砂浆	0.02	0.93	0.0215
3	一毡二油防水层	0.005		0.0351
4	软木层	0.2	0.698	2.865

续表

地坪				
序　号	结构层（由外到内）	厚度 δ/m	导热系数 λ/[W/(m·℃)]	热阻 $R=\delta/\lambda$/[(m^2·℃)/W]
5	二毡三油隔汽层	0.01		0.056
6	1∶2.5水泥砂浆	0.02	0.93	0.0215
7	混凝土预制板	0.05	1.5119	0.033
8	粗砂垫层	0.45	0.5815	0.774
9	表面空气热阻		$a_n=12$	$R_n=0.083$
10	总热阻 $\sum R$			3.9408
11	传热系数 $K=1/\sum R$			0.254

屋顶				
序　号	结构层（由外到内）	厚度 δ/m	导热系数 λ/[W/(m·℃)]	热阻 $R=\delta/\lambda$/[(m^2·℃)/W]
1	预制混凝土板	0.04	1.5119	0.0265
2	空气间层	0.2		0.269
3	二毡三油防水层	0.01		0.056
4	1∶3水泥砂浆找平层	0.02	0.93	0.0215
5	钢筋混凝土空心板	0.25	1.5468	0.162
6	1∶3水泥砂浆抹面	0.02	0.93	0.0215
7	硬质聚氨酯	0.15	0.031	4.8387
8	表面空气热阻		$a_w=23$ $a_n=12$	$R_w=0.044$ $R_n=0.083$
9	总热阻 $\sum R$			5.5222
10	传热系数 $K=1/\sum R$			0.181

内墙				
序　号	结构层（由外到内）	厚度 δ/m	导热系数 λ/[W/(m·℃)]	热阻 $R=\delta/\lambda$/[(m^2·℃)/W]
1	水泥砂浆	0.02	0.93	0.0215
2	混合砂浆砌砖墙	0.12	0.814	0.1474
3	水泥砂浆	0.02	0.93	0.0215
4	硬质聚氨酯	0.1	0.031	3.226
5	水泥砂浆	0.03	0.93	0.0323
6	表面空气热阻		$a_w=23$ $a_n=29$	$R_w=0.035$ $R_n=0.035$
7	总热阻 $\sum R$			3.5187
8	传热系数 $K=1/\sum R$			0.284

3）围护结构耗冷量计算

根据围护结构传热面积计算耗冷量。计算公式为

$$Q_1 = K \cdot A \cdot a \cdot (t_w - t_n)$$

式中：Q_1——围护结构耗冷量；

a——温差修正系数；

K——传热系数；

A——传热面积；

t_w-t_n——室内外温差。

上例中，两个冷藏间分别为 No. 1 和 No. 2，表 6-2 和表 6-3 所示是其耗冷量的计算。

表 6-2　传热面积 A 的计算

计算部位	长度/m	高度/m	面积/m^2	计算部位	长度/m	高度/m	面积/m^2
No. 1				No. 2			
东墙	15.8	5.7	90.06	东墙	15.8	5.7	90.06
西墙	15.8	5.7	90.06	西墙	15.8	5.7	90.06
南墙	8.4	5.7	47.88	南墙	8.4	5.7	47.88
北墙	8.4	5.7	47.88	北墙	8.4	5.7	47.88
屋顶、地坪	15.8	8.4	132.72	屋顶、地坪	15.8	8.4	132.72

表 6-3　各库房围护结构传热量 Q_1 的计算

计算部位	计算公式：$Q_1=K\cdot A\cdot a\cdot (t_w-t_n)$	Q_1/W	冷藏间合计
No. 1			
东墙			
西墙	0.182×90.06×1.05×（32+18）	860.52	
南墙	0.182×47.88×1.05×（32+18）	457.49	
北墙	0.182×47.88×1.05×（32+18）	457.49	
屋顶	0.181×132.72×1.2×（32+18）	1441.34	
地坪	0.254×132.72×0.6×（2+18）	404.53	3621.37
No. 2			
东墙	0.182×90.06×1.05×（32+18）	860.52	
西墙			
南墙	0.182×47.88×1.05×（32+18）	457.49	
北墙	0.182×47.88×1.05×（32+18）	457.49	
屋顶	0.181×132.72×1.2×（32+18）	1441.34	
地坪	0.254×132.72×0.6×（2+18）	404.53	3621.37

2. 贮藏产品冷加工耗冷量 Q_2

在单位时间内食品传给库房内空气的热量一般以食品冷加工或储藏前后的比焓差，或生鲜果蔬呼吸热的平均值为计算基础，其计算公式为

$$Q_2=Q_{2a}+Q_{2b}+Q_{2c}+Q_{2d}$$

式中：Q_{2a}——食品加工或储藏时放出的热量（W）；

Q_{2b}——包装材料或运载工具耗冷量（W）；

Q_{2c}——产品冷却时的呼吸热量（W）；

Q_{2d}——产品贮藏时的呼吸热量（W）。

如果贮藏是没有呼吸特征的产品，如畜禽肉、冷冻浓缩汁等，公式可简化为

$$Q_2 = Q_{2a} + Q_{2b}$$

1）Q_{2a}

根据《冷库设计规范》，基地贮藏库产品的每日入贮量不超过库容量的8%，周转库冻结物冷藏间的每间每日进货量应该按库容量的5%计算。Q_{2a}计算公式为

$$Q_{2a} = \frac{m(h_1 - h_2)}{3.6 \cdot t}$$

式中：Q_{2a}——食品加工或储藏时放出的热量（W）；

m——冷间的每日进货质量（kg）；

h_1——货物入冷间开始温度时的比焓（kJ/kg，可查表）；

h_2——货物在冷间终止降温时的比焓（kJ/kg，可查表）；

t——冷加工时间（h，对于要求快速降温产品，一般为24h）。

食品冷加工前后的焓值差可以查阅相关的工具书或表。

2）Q_{2b}

包装材料或运载工具耗冷量计算公式为

$$Q_{2b} = \frac{mb(t_1 - t_2)c_b}{3.6 \cdot t}$$

式中：Q_{2b}——包装材料或运载工具耗冷量（W）；

m——冷间的每日进货质量（kg）；

b——包装材料或运载工具占货物的比例；

c——包装材料或运载工具的比焓（kJ/kg，可查表）；

t_1——包装材料或运载工具入库温度（℃）；

t_2——包装材料或运载工具贮藏后温度（℃）；

t——冷加工时间（h）。

3）Q_{2c}

贮藏产品的呼吸热比较复杂，受贮藏产品的种类、状态、成熟度、环境温度，商品化处理等影响。不同的农产品呼吸强度是不一样的，可以通过测定产品单位时间内通过呼吸作用而释放的CO_2的量或消耗的O_2的量来表示。农产品的呼吸代谢可以简单地用下式表示：

$$C_6H_{12}O_6 + 6H_2O + 6O_2 + 酶 \longrightarrow 6CO_2 + 12H_2O + 38ATP + Q$$

每1mol葡萄糖完全氧化将产生6mol的CO_2，并释放2815.83kJ能量，即由于呼吸作用每释放1g CO_2，将产生10.67kJ热能，如果每1kg产品每1h呼出1mg CO_2，那么每1t产品每天就可以释放256.35kJ的能量（称为呼吸公制热单位常数），所以通过测定产品的呼吸代谢就可以计算呼吸热了。

如果以mg/(kg·h)为产品呼吸强度的单位，那么Q_{2c}的计算公式为

$$Q_{2c}=256.35mRa$$

式中：Q_{2c}——物品冷却时释放的呼吸热量（W）；

256.35——呼吸公制热单位常数（kJ）；

m——每日进货质量（kg）；

Ra——产品冷却时的呼吸强度［mg/(kg·h)］。

4）Q_{2d}

当进行冷库贮藏保鲜操作时，由于通常要求产品分批入库，所以冷库中既有部分刚入库的产品，也有部分已经达到贮藏温度的先期入库的产品，Q_{2d} 就是指这部分先期入库产品释放的呼吸热，其计算公式同 Q_{2c}。

3. 库内通风换气热量 Q_3 的计算

计算公式为

$$Q_3=Q_{3a}+Q_{3b}=\frac{1}{3.6}\times\left[\frac{(h_w-h_n)nV_n\rho_n}{24}+30n_r\rho_n(h_w-h_n)\right]$$

式中：Q_{3a}——冷间换气热流量；

Q_{3b}——操作人员需要的新鲜空气热量（W）；

h_w——室外空气焓（kJ/kg）；

h_n——室内空气焓（kJ/kg）；

n——换气次数一般取 3 次；

V_n——冷间净容积（m^3）；

ρ_n——冷藏间空气密度（kg/m^3）；

24——24h；

30——每个操作人员每小时需要的新鲜空气量（m^3/h）；

n_r——操作人员数量。

注：换气热量只适用于储存有呼吸的货物的冷藏间；有操作人员长期停留的冷间应计算新鲜空气的热量 Q_{3b}，其余冷间可不计。

冷藏间、冻结间不用通风换气，且工作人员不长期停留，所以不计通风换气热量和操作人员需要的新鲜空气热流量。高温库通风换气一般设计通风次数 3 次，工作人员为 2 人，但不长期停留。

4. 电动机运转热量 Q_4 的计算

计算式为

$$Q_4=1000\sum P\xi\rho$$

式中：P——电动机的额定功率（kW）；

ξ——热转化系数电动机在冷间内取 1，在外取 0.75；

ρ——电动机运转时间系数，对冷风机配用的电动机取 1，对冷间内其他设备配用的电动机可按实际情况取值，一般按操作 8h 算，则 $\rho=8/24=0.33$；

1000——1kW 换算成 W 的数值。

一般冷藏间采用光滑顶排管，故无电动机运转热量 Q_4。

5. 操作热量 Q_5 的计算

操作热量是指由于贮藏工作的需要带来的热传递，如照明、开门等。计算公式为

$$Q_5=Q_{5a}+Q_{5b}+Q_{5c}=q_d\cdot F+\frac{1}{3.6}\times\frac{V\cdot n(h_w-h_n)\cdot M\cdot \rho_n}{24}+\frac{3}{24}n_r\cdot q_r(\mathrm{W})$$

式中：Q_5——操作热量（W）；

Q_{5a}——照明热量（W）；

Q_{5b}——开门热量（W）；

Q_{5c}——操作人员热量（W）；

q_d——每 1m² 地板面积照明热量，冷藏间可取 1.8～2.3W/m²，操作人员长时间停留的加工间、包装间等可取 5.8W/m²；

F——冷间地板面积（m²）；

1/3.6——1kJ/h 换算成 W 的数值；

V——冷间内公称容积（m³）；

n——每日开门换气次数；

h_n、h_w——冷间内、外空气的含热量（kJ/kg）；

M——空气幕修正系数（如设有空气幕时，则取 0.5，不设空气幕时，则取 1）；

ρ_n——冷间空气密度（kg/m³，可查）；

24——每日小时数（h）；

3/24——每日操作时间系数（一般按每日操作 3h 计）；

n_r——操作人员数（可按冷间内公称容积每 250m³ 设置 1 人）；

q_r——每个操作人员产生的热量（W/人，冷间设计温度高于或等于－5℃时，取 280W/人；冷间设计温度低于－5℃时，取 410W/人）。

计算时应注意：①计算 Q_{5a} 时，当每间的冷藏门超过两樘时，应按两樘门的开门热量计算；②高温库、冻结间不计算 Q_5。

6. 总耗冷量 Q_q 的计算

库房冷却设备负荷计算公式为

$$Q_L=Q_2+PQ_2+Q_3+Q_4+Q_5$$

式中：P——负荷系数，冷藏间 $P=1$，冻结间 $P=1.3$，高温间 $P=1.3$。

二、冷库选址

根据冷库功能，可将冷库分为生产型、分配型和零售型冷库。生产型冷库多选址在产品生产基地附近，用于产地农产品的贮藏保鲜，分配性冷库多选址在大中型批发市场和货运周转站或港口附近，用于农产品流通中的短期周转性贮藏，零售型冷库多选址在小型批发市场或集贸市场或大中型超市附近，用于农产品在销售点的贮藏。

冷库选址非常重要，不仅涉及产品贮藏能否正常进行，还影响到产品的出库销售，

更关系到冷库的运行成本。因此在冷库的选址上，存在着几种观点或学派，即成本学派、市场学派和行为学派。

成本学派的核心是根据商品最低销售成本目标，来确定商业设施位置所在的最优区位。市场学派强调在商品经济竞争激烈的市场条件下，将实现商品的市场价值作为企业首要的经营目标。要求企业的所选址区位，能够足以凸现其在市场的竞争中的优化位置。行为学派则强调人地因素的分析。对企业所处位置与企业经营行为、即对地与人之间关联因素的影响程度进行综合分析。认为一个科学、合理的选址区域，能使企业在经营中达到低成本、高利润的绩效和比较大的市场份额。

在实际生产上，冷库库址的选择多偏重于一些具体的技术条件，诸如：不宜建在居住区集中的地区、在夏季最小频率风向的上风侧、有良好的卫生条件、有可靠的水源和电源、地势较高和地质条件良好的地方等，而对区域位置的考虑则要遵循以下原则。

（一）最小距离原则

应使这个区域的冷库离开所服务冷藏产品生产地或销售地的距离最小。最小距离包括两方面：冷藏产品从上级来源地到冷库的距离和冷藏产品从冷库运出到下一个站的距离。这是一个综合数值，是一个加权平均值。对于生产型冷库，重点要考虑与生产基地的关系，一般要求离基地中心位置距离最近，以保证产品能及时得以冷藏。

（二）最大辐射原则

生产型冷库的最大辐射原则主要考虑的是原料生产区域，以最大限度辐射冷藏产品生产基地范围，考虑产品销售服务的辐射范围较少，即重点考虑对上游的辐射。

分配性冷库是一种流通服务型冷库，是农产品冷链物流中的一个节点，因此其最大辐射不仅包括对货物来源范围的辐射，而且也包括对货物流向区域的辐射，也就是既要考虑对上游的辐射，也要考虑对下游的辐射。冷库所服务的货主是在不断变化的，所服务的地区也在不断变化之中，一个理想的冷库区域位置，应该能够随着不断的变化而相应地、持续不断地吸引新的货主。能够做到这一点，就说明这个区域位置具有很强的业务吸引力，或者是具有最大的辐射能力。

零售型冷库的选址主要考虑产品流向区域即下游的辐射。

在具体进行冷库区域位置可行性研究时，要对一个较大地区总的经济、交通、食品加工业和消费者的状况做一个全面的了解、分析和前景预测。对于港口、车站、机场、高速公路网络、城市道路网和交通枢纽、物流基地等应该有详细了解。

总之，对于冷库库址的选择，要先行确定冷库的区域位置，然后才能在这个区域中选择一个冷库的合适位置。区域位置是综合了技术和经济两方面的因素。如果冷库的区域位置选择失当，那么在其中建造的冷库建设得再好，制冷性能再好，冷库也发挥不出效益。一个具有较好区域位置的冷库，在今后的营业中能够在市场竞争中取得较好的经济效益，并且能够在一个较长的时期内，获得可持续的发展。

三、冷库建筑基础

冷库的本质是一种可以人为控制和保持稳定低温的产品贮藏场所，所以冷库的主体是一种特殊建筑，并配有制冷系统、冷却系统、电控系统和辅助系统，保温保湿是其基本要求，也是区别一般民用建筑的地方。

（一）冷库的容量和尺寸

冷库的贮藏能力设计，要根据贮藏产品的常年需贮量或流通量、经济效益等综合因素进行决定，也是进行冷库容量和尺寸设计的前体。

冷藏库的大小要根据贮藏产品的数量和产品在库内的安排方式而定。设计时首先要确定贮藏的容量。容量需要考虑贮藏产品在库内堆码所必须占据的体积、行间过道、堆码与墙壁之间的空间、堆与天花板之间的空间，以及包装之间的空隙等。确定容量后，在进行冷库高度设计，如果过高，没有机械操作，产品堆码和取出都不方便，管理也有困难。冷藏间的堆货高度，人工堆装一般为2.6～3.6m，机械堆装一般为5.0～6.5m，同时要考虑到货堆与房顶和地面的距离，单层冷库贮藏间净高一般为5.4～7.0m，多层冷库的冷藏间层高一般为4.8m左右。有了冷库高度，结合库容量，就可以推算冷库面积，有了面积，再结合地形、地貌、建筑成本等因素确立冷库的长和宽。一般讲正方形在建筑上最经济，但过宽，在建筑设计和材料上会增加麻烦，而且库房过宽，库内必须有支柱以承受屋顶的质量，这不仅增加建筑材料，也影响库内的安排和操作。机械冷藏库通常采用的宽度很少超过12m。设计冷藏库时，也要考虑到其他必要的附属设施（如工作间、包装整理间、工具存放间等）的位置。

（二）冷库分类与结构

冷库的分类方法很多，不同的分类显示冷库不同的特性。目前，冷库的分类的方法主要从冷库的结构形式、温度、使用性质、冷加工功能、容量、贮藏的商品等方面进行分类。

1. 按冷库结构形式分类

1）土建冷库

冷库主体结构为钢筋混凝土框架结构或混合结构，常常用于大容量或大吨位的冷库。土建冷库的热惰性比较大，库温比较稳定。土建冷库具有坚固、隔热性好、造价低、建设周期长等特点。

2）装配式冷库

装配式冷库库体的主体结构（柱、梁、屋顶）都采用轻钢结构，其围护结构的墙体使用预制的复合隔热板组而成。隔热材料采用硬质聚氨酯泡沫塑料和硬质聚苯乙烯泡沫塑料等。此类冷库还可称为组合式冷库、拼装式冷库、装配式活动冷库。此类还细分为：玻璃钢装配式冷库、玻璃钢活动冷库、不锈钢活动冷库、彩钢装配式活动冷库等。

3）夹套式冷库

在常规冷库的围护结构内增加一个内夹套结构，夹套内装设冷却设备，冷风在夹套内循环制冷，即构成夹套式冷库。夹套式冷库的库温均匀，食品干耗小，外界环境对库内干扰小，夹套内空气流动阻力小，气流组织均匀，造价比常规冷库高。

4）覆土冷库

洞体多采用拱形结构，一般为砖石砌墙，并覆盖一定厚度的土层作为隔热层，具有施工简单、就地取材、造价低、坚固耐用等特点。

5）气调冷库

气调冷库主要用于要求对新鲜果蔬、农作物种子和花卉作较长期贮存，与上述冷库不同的是气调冷库除了要控制库内的温度、湿度外，同时要考虑气调冷库内的植物的呼吸作用，还要对库内的 O_2、CO_2、N_2 和乙烯含量进行调控，抑制果蔬等植物的呼吸及新陈代谢，使之处于冬眠状态，以达到长期贮存的目的。其相关内容将在下一节详细阐述。

2. 按使用性质分类

1）生产性冷库

生产型冷库主要建在食品产地附近、货源较集中的地区和渔业基地，通常是作为鱼类加工厂、肉类加工厂、禽蛋加工厂、蔬菜加工厂、各类食品加工厂等企业的一个重要组成部分。这类冷库配有相应的屠宰车间、理鱼间、整理间，设有较大的冷却、冻结能力和一定的冷藏容量，食品在此进行冷加工后经过短期储存即运往销售地区，直接出口或运至分配性冷藏库作长期的储藏。

2）分配性冷库

分配型冷库主要建在大中城市、人口较多的工矿区和水陆交通枢纽，专门储藏经过冷加工的食品，以供调节淡旺季节、提供外贸出口和作长期储备之用。它的特点是冷藏容量大并考虑多品种食品的储藏，其冻结能力较小，仅用于长距离调入冻结食品在运输过程中软化部分的再冻及当地小批量生鲜食品的冻结。

3）零售性冷库

零售性冷库一般建在工矿企业或城市大型副食品店、菜场内，供临时储存零售食品之用，其特点是库容量小、储存期短，其库温则随使用要求不同而异。在库体结构上，大多采用装配式组合冷库。

3. 按规模大小分类

1）大型冷库

冷库冷藏容量在10000t以上，生产性冷库的冻结能力在120～160t/d，分配性冷库的冻结能力在40～80t/d。

2）中型冷库

冷库冷藏容量在1000～10000t，生产性冷库的冻结能力在40～120t/d，分配性冷库的冻结能力在20～60t/d。

3）小型冷库（小冷库）

冷库的冻结能力在1000t以下，生产性冷库的冻结能力在20～40t/d，分配性冷库的冻结能力在20t/d以下。

4. 按冷库制冷设备选用工质分类

1）氨冷库

冷库制冷系统使用氨作为制冷剂及其配套制冷系统。

2）氟利昂冷库

冷库制冷系统使用氟利昂作为制冷剂及其配套制冷系统。

5. 按冷库温度分类

1）高温冷库

用于冷却物冷藏，库房温度－2～10℃。

2）低温冷库

用于冻结物冷藏，库房温度－30～－10℃。

3）超低温冷库

库房温度－60℃。

4）变温库

库房温度可调。

多数冷库尤其是大中型冷库常被分隔各个工作区域，有冷加工间、预冷间、冻结间、冷藏间、制冰间、穿堂、站台、电梯间等主体功能区。此外还包括冷库操作间、机房、动力车间、配电房、锅炉房、化验室、水泵房、仓库、水处理等辅助功能区。

（三）冷库隔热系统

由于机械冷藏库的库温多低于外界气温，不可避免会发生外界通过围护结构向库内的传热，成为冷库耗冷量的一个组成部分。减少这部分耗冷量，不仅可以节省制冷装置的设备费用和经常的运转费用，更重要的是得以确保果蔬保鲜的“低温、少波动”的工艺要求，还可降低果蔬的干耗。合理设计与建造隔热层是机械冷藏库建造的关键环节之一。

1. 机械冷藏库保温层保温材料与保温设计

1）稻壳

稻壳属松散隔热材料，价格低廉，来源较广。干燥的稻壳具有良好的隔热性能，20世纪70～80年代国内冷库的外墙、屋顶阁楼层及冷藏间的隔热内墙大多数以稻壳做隔热材料。但稻壳的吸湿性较强，易受虫蛀，久而沉陷较大，所以使用中必须做好防潮、防蛀和及时检查补充或更换等工作。目前正日趋淘汰。

2）软木板

软木板是良好的块状隔热材料，具有热导率小、抗压强度高等优点。但因产量少，价格较高，施工不便，故在冷库中一般用于楼地面隔热层、冻结间内隔墙、结构构件

“冷桥”部位处理以及冻融循环频繁部位处理。软木板是采用栓皮栎树皮制作，由于重量不同、密度不同、碳化程度不同以及颗粒大小级配不同，各地生产的碳化软木板的质量有较大的差异，选用时必须注意。

3）膨胀珍珠岩

膨胀珍珠岩是一种白色多孔的粒状物料，可以用来直接填充于冷库外墙夹层或屋顶阁楼层，也可以用胶结剂胶结成各种形状的制品，如水泥膨胀珍珠岩或沥青膨胀珍珠岩制块。这种材料的热导率较小，做成制块抗压强度高。但膨胀珍珠岩具有很大的吸水性，且吸水速度快，会引起不良的后果，作为冷库隔热材料应慎重使用。

4）聚苯乙烯泡沫塑料

聚苯乙烯塑料具有质轻、隔热性能好、耐低温等优点。但其吸水性大，并有冷缩现象，施工时需用黏结剂剪贴。如用石油沥青粘贴，沥青温度必须严格控制，温度过低粘不牢，温度过高会使泡沫塑料熔化。用于冷库隔热的聚苯乙烯泡沫塑料，还要求制品具有自熄性能，以符合消防的阻燃要求。

5）硬质聚氨酯泡沫塑料冷库板

硬质聚氨酯泡沫塑料冷库板是一种可以现场发泡的隔热材料，具有气泡小、密度小、质轻、强度高、隔热效果好、成形工艺比较简单等特点，在国内已被广泛应用于冷库等工程。它既可预制成形，又可现场喷涂或灌注，可使保温层整体无缝隙密封，不存在“冷桥”跑冷现象，是一种目前推广使用且很有发展前途的隔热材料。这种材料同样要求具有阻燃性能，其氧指数指标按规定不得小于26。

6）酚醛树脂发泡材料

酚醛泡沫材料属高分子有机硬质铝箔泡沫产品，是由热固性酚醛树脂发泡而成，它具有轻质、防火、遇明火不燃烧、无烟、无毒、无滴落，使用温度范围广（－196～200℃）低温环境下不收缩、不脆化，是暖通制冷工程理想的绝热材料，由于酚醛泡沫闭孔率高，则导热系数低，隔热性能好，并具有抗水性和水蒸气渗透性，是理想的保温节能材料。由于酚醛具有苯环结构，所以尺寸稳定，变化率＜1％。且化学成分稳定，防腐抗老化，特别是能耐有机溶液、强酸、弱碱腐蚀，是国际上公认的建筑行列中最有发展前途的一种新型保温材料。

2. 冷库保温层的设计与建筑

设计机械冷藏库的隔热层时，首先应合理确定冷库的传热热阻。据理论分析和实践检验，当库温要求为0℃时，在夏季室外计算温度为30～33℃的地区，要求冷库外墙传热热阻为2.58；在夏季室外计算温度为33～36℃的地区，要求冷库外墙传热热阻为3；屋面要求的最小传热热阻可按上述要求乘以1.15。当围护结构构造方案和选用的隔热材料种类确定后，即可计算出隔热层所需厚度。

围护结构隔热材料的厚度应按下式计算：

$$d=\lambda\left[R_0-\left(\frac{1}{\alpha_w}+\frac{d_1}{\lambda_2}+\frac{d_2}{\lambda_2}+\cdots+\frac{d_n}{\lambda_n}+\frac{1}{\alpha_n}\right)\right]$$

式中：d——隔热材料的厚度（m）；

λ——隔热材料的热导率［W/(m·℃)］；

R_0——围护结构总热阻［$(m^2 \cdot ℃)/W$］；

α_w——围护结构外表面传热系数［$W/(m^2 \cdot ℃)$］；

α_n——围护结构内表面传热系数［$W/(m^2 \cdot ℃)$］；

d_1，d_2，…，d_n——围护结构除隔热层外各层材料的厚度（m）；

λ_1，λ_2，…，λ_n——围护结构除隔热层外各层材料的热导率［$W/(m \cdot ℃)$］。

在实际工作中，冷库设计时采用的λ应按照下式计算：

$$\lambda = \lambda' \cdot b$$

式中：λ——设计采用的热导率［$W/(m \cdot ℃)$］；

λ'——正常条件下测定的热导率［$W/(m^2 \cdot ℃)$］；

b——热导率的修正系数。

而导热率的修正系数 b 可查阅表 6-4。

表 6-4　隔热材料热导率的修正系数 b 值

序　号	材料名称	b	序　号	材料名称	b
1	聚氨酯泡沫塑料	1.4	8	泡沫混凝土	1.3
2	聚苯乙烯泡沫塑料	1.3	9	加气混凝土	1.3
3	XPS 隔热材料	1.4	10	岩棉	1.8
4	膨胀珍珠层	1.7	11	软木	1.2
5	沥青膨胀珍珠岩	1.2	12	炉渣	1.6
6	水泥膨胀珍珠岩	1.3	13	稻壳	1.7
7	水玻璃膨胀珍珠岩	1.3			

注：泡沫混凝土、加气混凝土、水泥膨胀珍珠岩及水玻璃膨胀珍珠岩的修正系数，为经过烘干的块状材料用沥青等不含水黏结材料贴铺、砌筑时的数值。

围护结构的总热阻 R_0 可参照《冷库设计规范》（GB 50072—2010）附录 B 进行确定。

保温材料的选择原则是，在达到保温性能和设计要求的情况下，力争因地制宜，就地取材。隔热层的施工方法一般有 3 种。

1）施工时采用夹层墙或直接敷设方案

建造两层墙，两层墙中间留有装填隔热材料的空间。该法可用于松散形保温材料，如稻壳、珍珠岩、蛭石等，也可用于块状的隔热材料如聚苯乙烯泡沫板等。我国目前建造的冷藏库大多采用该法。该法的最大优点是造价低，取材方便；但墙体所占面积大，库房有效利用面积相对较小。

2）采用预制隔热嵌板方案

预制隔热嵌板的两面是镀锌铁（钢）板或铝合金板，中间夹着一层隔热材料，隔热材料大多采用 8cm 硬质聚氨酯或 10cm 厚的聚苯乙烯塑料板。这些库板都具有相应的隔气层、隔热层和围护层的功效，并且具有一定的强度，可以满足贮量小于 50t 的机械冷藏库的强度要求；但是当库体体积大时，则需要安装起承重和加强作用的钢架结构。通过一定的连接构件和密封材料（一般采用发泡聚氨酯），利用这种预制隔热板即可建成组装式冷库。

采用预制隔热嵌板方法建造的冷库除具有良好的隔热性能外，还具有良好的隔汽防潮性能。此法施工简单，速度快，维修容易，但造价较高。

3）采用现场喷涂聚氨酯方案

使用移动式喷涂机，将异氰酸酯和聚醚两种材料同时喷涂于墙面、屋顶和地面上，不需其他黏接材料即起化学反应而发泡，形成所需要厚度的、完整的无缝隔热层。这种隔热层能起到隔热和防潮的双重作用，同时又具有良好的保温性能，施工速度较快；但此法造价高，而且在建库过程中产生有毒气体，对人健康有害，重者危及生命。

（四）冷库隔汽防潮

由于库内温度低，空气中的含湿量低，围护结构两侧出现水蒸气分压力差，水蒸气分子将从分压力高的外侧通过围护结构向分压力低的内侧扩散渗透，这种现象叫蒸气渗透。当外界空气中的水蒸气不断渗入围护结构的隔热层中，并在当低于空气露点温度的某温区时，水蒸气即凝结为水珠或冰，造成隔热材料受潮、隔热性能下降，当受潮严重时，会造成隔热材料变质失效，缩短冷库的使用寿命。因此，在设计机械冷藏库时，应进行传热计算并核准隔热层的凝水区，合理设计与建造隔汽层是机械冷藏库建造的另一关键环节。

1. 围墙结构各层材料的合理布置

在围护结构设计中，各种材料层的布置对围护结构湿度状况的影响很大，在相同的材料、相同的室内外湿度条件下，由于材料层次布置的不同将可能出现两种截然不同的结果。

2. 隔热防潮层的合理设置

在具体结构方案中，往往不能完全靠材料层的位置解决凝结现象，未来消除或减轻围护结构内部的凝结现象和蒸气渗透量，必须增设隔汽层，隔汽层在围护结构中应布置在隔热结构的高压温侧，且应使高压侧蒸气渗透阻值大于隔热材料低压侧蒸气渗透阻值和，对隔热材料来说，使水蒸气难进易出。

隔热层的设置，有单面隔汽和双面隔汽两种做法，单面隔汽是在隔汽层的高压侧设隔汽层，是目前冷库库房外围护结构普遍采用的做法。双面隔汽是在隔热层的两侧均设置隔汽层，该做法多用于北方寒冷底漆的高温库，也可用于多用途变库温波动较大的相邻库房之间的内隔墙中。采用这种做法要求所用隔热材料尽可能干燥。否则隔热材料中的水汽会凝结在隔热层中不宜出去，使隔热材料受潮。

机械冷藏库常用隔汽防潮材料石油沥青的防水性能好，又有一定的弹性、抗低温、防潮性能稳定等特点，若与油毡结合使用，能达到良好的防潮效果；但需要加热，施工麻烦，并需要考虑其他材料的耐热性能。塑料薄膜的透气性好和吸水性低、机械强度大、柔软性好、施工简便、费用低廉；但耐老化、耐低温性能差。冷库的防潮施工时，沥青用加热法直接加热敷设、塑料薄膜直接用黏合剂黏合即可。总的来说，冷库设计隔汽防潮层应注意：砌砖外墙外侧应做水泥砂浆抹面；外墙体防潮层应与地面、顶盖防潮层良好地搭接；所有防潮层敷设时均应顾及冷库其他隔热防潮层的连续性。另外，预制隔热嵌板建造的冷库可以不必另设防潮层，即可起到防潮的作用。

（五）围护结构

冷库围护结构主要有三大功能：机械支撑功能、隔热功能、隔湿功能，所以围护结构应满足以下一些要求。

1. 房顶隔热与阁楼隔热

库房屋面上应设置通风间层及隔热层，库房顶层隔热层采用块状隔热材料时，不宜再做阁楼层，用作铺设松散隔热材料的阁楼，设计应符合下列规定。

（1）阁楼楼面不应留有缝隙，若采用预制构件时其构件之间的缝隙必须填实。

（2）松散隔热材料的设计采用厚度应比计算厚度增加 50%。

（3）阁楼柱应自阁楼楼面起包 1.2m 高度的块状隔热材料，其厚度应使其热阻不小于 1.38m^2・℃/W，其外侧应设置隔汽层，隔汽层外面不应再抹灰。

2. 冷桥

仅库房下列部位易形成冷桥。由于承重结构需要连续，使隔热层断开的部位，如墙体、楼面与梁、板、柱的连接处，门洞和设备管道穿墙楼板四周部位，门洞外面局部地面和楼面，这些部位容易行车工冷桥，应尽量避免冷桥的形成。凡存在冷桥的部位，均应采取适当增铺隔热层的构造措施，以减少其部位的热交换，避免结露或结霜。

3. 带水作业应注意的问题

严禁采用含水粘结材料粘结块状隔热材料。带水作业的冷间应有保护墙面、楼面和地面的防水措施，冷间建筑的地下室或地面架空层应防止地下水和地表水的浸入，并应设排水设施，冰库的围护墙和柱应有防止冰块冲撞的保护设施，库房屋面排水宜设置外天沟和墙外明装雨水管，多层冷库库房外墙与檐口及穿堂与库房连接部分的变形缝部位应做好防漏水的构造处理。

4. 安全要求

外墙与阁楼楼面均采用松散可燃隔热材料时，其相交处应设防火带。抗震设防烈度 6 度及 6 度以上地震区冷库结构设计应符合现行国家标准《建筑抗震设计规范》(GB 50011—2010) 的要求。

四、冷库的使用与管理

冷库结构复杂，技术性强，冷库的使用、维修、管理，必须严格按照科学办事，认真执行国家颁布的有关标准和法规，做到安全、卫生、低消耗。企业必须按有关规定配备受过专门教育和培训，具有冷藏、加工、制冷、电器、卫检等专业知识、生产经验和组织能力的各级管理人员和技术人员，有一定数量的技师、助理工程师、工程师、高级工程师负责冷库的生产、技术、管理、科研工作。冷库工作人员要注意个人卫生，定期进行身体健康检查，发现有传染病者应及时调换工作。

冷库的使用与管理涉及多个方面，包括货物进出管理、贮藏期货物管理、冷库使用与维护、安全生产管理、经营管理等。

（一）冷库货物进出管理

货物入贮安排必须符合冷库的冷负荷设计，入库进度安排方面，生产库一次不超过贮藏吨位的8%，切忌货物进出频繁，周转库不超过贮藏吨位的5%。

产品入库时，要严格管理冷库门，商品出入库时，要随时关门（注意门外留人），防止跑冷。产品在库内要合理摆放，防止散堆，库内货位堆垛要求：距冻结物冷藏间顶棚0.2m，距冷却物冷藏间顶棚0.3m，距顶排管下侧0.3m，距顶排管横侧0.2m，距无排管的墙0.2m，距墙排管外侧0.4m，距冷风机周围1.5m，距风道底面0.2m。货物堆放还要留有合理的走道，便于库内操作、车辆通过、设备检修，保证安全。如客人货物应有详细档案，货物包装上有明显的标识。

产品出库时，也要尽可能减少出库操作次数，减少跑冷，一般遵循产品先入库先出库的原则，并要定期盘点。

（二）贮藏期货物管理

贮藏期货物的管理以防止产品腐烂、品质劣变为核心，主要是合理的检查制度、通风换气、温度监控、湿度监控等，对于变温贮藏的产品，要适时进行变温控制。相关内容在本科已经做了详细的介绍，在此不赘述。

（三）冷库的科学使用与管理

冷库的使用，应按设计要求，充分发挥冻结、冷藏能力，确保安全生产和产品质量，养护好冷库建筑结构。库房管理要设专门小组，责任落实到人，每一个库门，每一件设备工具，都要有人负责。

冷库是用隔热材料建成的，具有怕水、怕潮、怕热气、怕跑冷的特性，要把好冰、霜、水、门、灯五关。库内排管和冷风机要及时扫霜、冲霜，以提高制冷效能。冲霜时必须按规程操作，冻结间至少要做到清一次库，冲一次霜。冷风机水盘内和库内不得有积水。

空库时，冻结间和冻结物冷藏间应保持在－5℃以下，防止冻融循环。冷却物冷藏间应保持在零点温度以下，避免库内滴水受潮。没有地坪防冻措施的冷却物冷藏间，其库温不得低于0℃，以免冻臌。

保护地坪（楼板），防止冻臌和损坏，不得把商品直接散铺在地坪上或垫上席子等冻结；拆肉垛不得采用倒垛的方法；脱钩和脱盘不准在地坪上摔击，以免砸坏地坪，破坏隔热层。

冷库地下自然通风道应保持畅通，不得积水、有霜，不得堵塞，北方地区要做到冬堵春开。采用机械通风或地下油管加热等设备，要指定专人负责，定期检查，根据要求，及时开启通风机、加热器等装置。

库房周围和库内外走廊、汽车和火车月台、电梯等场所，必须设专职人员经常清扫，保持卫生。库内使用的易锈金属工具、木质工具和运输工具、垫木、冻盘等设备，要勤洗、勤擦、定期消毒，防止发霉、生锈。库内商品出清后，要进行彻底清扫、消毒、堵塞鼠洞，消灭霉菌。

冷库中的制冷设备和制冷剂具有高压、易爆、含毒的特性，冷库工作人员要树立高度的责任感，认真贯彻预防为主的方针，定期进行安全检查。每年旺季生产之前，要进行一次重点安全检查，查制度，查各种设备的技术状况，查劳动保护用品和安全设施的配置情况。要加强冷库制冷设备和其他设备的管理，提高设备完好率，确保安全生产。冷库的机房要建立岗位责任制度、交接班制度、安全生产制度、设备维护保养制度和班组定额管理制度等各项标准。根据设备的特性和实际操作经验，制定本厂切实可行的技术规程，报主管部门备查，并严格执行。

（四）冷库维护检修

冷库必须认真执行有关的维护检修制度。冷库维护检修工作要列入领导议事日程，配备专人负责。要将冷库的定期检修和日常维护相结合，以日常维护为主，切实把建筑结构、机器设备等维护好，使其经常处于良好的工作状态。

为掌握建筑结构和机器设备的技术性能状况，便于管理和维修，要按标准建立完善的技术档案。

要定期对冷库屋面和其他各项建筑结构进行检查。屋面漏水，油毡层臌起、裂缝，保护层损坏，屋面排水不畅，落水管损坏或堵塞，库内外排水管道渗水，墙面或地面裂缝、破损、粉面脱落，冷库门损坏等，应及时修复。

1. 制冷系统故障与原因

制冷系统发生了故障，很难直接看到故障的部位发生在哪里，也不可能将制冷系统的部件一一分解和解剖，只能从外表检查，找出运行中的反常现象，进行综合分析。在检查中一般都通过看、听、摸来了解系统的运行状态。当系统的运行压力和温度超出正常范围时，除了室内、外环境温度恶化外，否则必存在问题，这是判断故障根源的重要依据。

1）制冷系统压力和温度的检测

制冷系统在运行时可分高、低压两部分。高压段从压缩机的排气口至节流阀前，这一段称为蒸发压力。压缩机的吸气口压力称为吸气压力，吸气压力接近于蒸发压力，两者之差就是管路的流动阻力。压力损失一般限制在0.018MPa以下，而这通常在压缩机的排、吸气口检测，即通常称为压缩机的吸、排气压力。检测制冷系统的吸、排气压力，可以知道制冷系统的蒸发温度与冷凝温度，以此获得制冷系统的运行状况。

制冷系统中的温度涉及面较广，有蒸发温度、吸气温度、冷凝温度、排气温度等。对制冷系统的运行影响最大的是蒸发温度和冷凝温度。

蒸发温度是指液体制冷剂在蒸发器内沸腾气化的温度。当检修后的制冷机组在调试时，若蒸发温度不在设计温度范围，应对检测压缩机的吸气压力，通过调节膨胀阀来调节蒸发温度，因为无法直接检测，只有通过检测对应的蒸发压力而获得其蒸发温度。

冷凝温度是制冷剂的过热蒸气在冷凝器内放热后凝结为液体时的温度。冷凝温度也不能直接检测，只有通过检测其对应的冷凝压力，再通过查阅制冷剂热力性质表而获得。冷凝温度高，其冷凝压力相对升高，它们互相对应。冷凝温度超高，机组负荷重，电动机超载，于运行不利，其制冷量相应下降，耗功率上升，应尽量避免。

2）吸气压力变化制冷系统的影响

制冷系统运行时，其吸气压力与蒸发温度及其制冷剂的流量有着密切关系。对于用膨胀阀的系统而言，吸气压力与膨胀阀的开启度、制冷剂充注量、压缩机的冷效率以及负荷大小有关。用毛细管的系统，吸气压力与冷凝压力、制冷量，压缩机制冷效率以及负荷大小有关。为此在检查制冷系统时，应在吸气管上装压力表。检测吸气压力对故障分析有重要作用。

吸气压力低，其原因有制冷量不足、冷负荷量小、膨胀阀开启小、冷凝压力低（指用毛细管系统），以及过滤器不畅通。吸气压力高，说明可能制冷剂过多、制冷负荷大、膨胀阀开启度大、冷凝压力高（毛细管系统）以及压缩机效率差等。

3）排气（冷凝）压力变化对制冷系统的影响

制冷系统运行时，其排气压力与冷凝温度相对应，而冷凝温度与其冷却介质的流量和温度、制冷剂流入量、冷负荷量等有关。在检查制冷系统时，应在排气管处装一只排气压力表，检测排气压力，作为分析故障资料。

排气压力高，有可能是冷却介质的流量小或冷却介质温度高、制冷剂充注量过多、冷负荷大及膨胀开启大等原因；排气压力低，其原因有压缩机效率低、制冷剂量不足、冷负荷小、膨胀阀开度小，过滤器不畅通，包括膨胀阀过滤网以及冷却介质温度低等。

4）吸气温度与排气温度的关系

系统的排气温度与吸气温度关系很密切。吸气温度升高，排气温度也相对升高，反之则低。搞清它们的关系，就能很好的掌握和控制系统，使制冷系统运行得更好。

5）压缩冷凝机组有关温度变化对制冷系统的影响

机组部件有关温度都有正常的温度范围，超出这个范围就属不正常的状态，其原因可能是故障，也可能是调整不正确，但都要仔细分析原因，并及时处理。这些温度点难以用温度计测量，有经验的人可用手感来估计，然后判断是否正常。

夏季情况下，压缩机的排气温度比较高，不能用手触摸。按国家标准规定，R22 的制冷系统的排气温度应该不会超过 150℃，超过属不正常状况。排气温度超高原因，是压缩机的吸气温度超高，或是冷凝温度超高所造成，必须引起注意。排气温度过低，手摸排气管不烫手，这说明吸气温度特别低，压缩机可能湿行程运行或系统工质相当少的运行状态。压缩机湿行程容易损坏阀结构；制冷剂特少情况运行，会影响电动机的绕组散热，加速绝缘材料的老化。

全封闭往复活塞压缩机机壳外表的温度场可分两部分：上机壳温度，受吸入蒸气的影响，温度比较低，处在微热或稍凉范围，估计在 30℃左右，在吸气管的周围局部机壳表面有结露水的可能；下机壳温度，由电动机的发热量和被冷冻油带出的摩擦热量产生，主要由蒸气带出机壳。

机壳温度过高的影响及原因：机壳表面温度超过正常范围，主要是制冷系统的吸气温度过高（高于 15℃）。过高的热蒸气进入压缩机，吸收机壳内热量后，使蒸气的温度更高，从而使机壳的温度上升。过热蒸气的温度上升很高，机壳的温度也升得很高，对油的冷却不利，这会影响运动零件的润滑，加速磨损，严重者使轴承抱轴（咬死）。另外还会引起排气温度上升。

机壳温度过低的影响及原因：机壳表面温度低于正常范围，其原因是吸气温度太低（低于15℃）。它对冷冻油和电动机绕组的冷却都有利，但制冷量有所下降。当吸气温度特别低时，会使大半只机壳结露，就有液击的危险，这是对压缩机的致命打击，应特别注意。同时冷冻油内溶解大量的制冷剂，不利于运动零件的润滑。

冷凝器的温度在正常情况下，前半部散热管很热，且其温度有缓慢下降的趋势。后半部散热管的热感程度与前半部相比有较大的降低，这是由于后半部管内制冷剂已逐步液化，已达到冷凝温度和过冷温度。当不正常情况产生时，一种是前半部不太热，后半部接近常温（环境温度），其原因是压缩机吸进蒸气制冷剂时或制冷剂量不足；另一种是整个冷凝管都很热，其原因是制冷剂量过多或通风量小，或环境温度高。

壳管式冷凝器的壳体的正常情况下，是上半部比较热，下半部是温热，如果整个壳体都不太热或都很热就属于不正常，不太热是因为制冷剂量不够，过热是因为冷却水量不足或散热效果差（水管内结垢）。套管式冷凝器套管外表过热，是因为冷却水量太小或散热效果差，如果整个套管外表面不太热，是制冷剂量不足所致。

正常情况下，贮液器的温度在吸气管处用手摸感觉很凉，并结有露水，液体管温度为温热。如果液体管比较热，则是冷凝器散热差，冷凝温度高或制冷剂流量过多所致。

过滤器温度基本情况与输液管相同，但过滤器温度可能出现发凉的不正常现象，是因为过滤网孔被污泥阻塞，使过滤器不畅通，当制冷剂流过滤网时，发生了节流现象，即有一部分液体汽化吸热，使过滤器发凉，严重的会结露。

吸气管的温度在正常情况下，触摸或感觉较凉，并结有露水，但如果过冷、露水太多，以致使机壳大面积结露，原因是制冷剂流量过大，液体不能在蒸发器内全部汽化，有液体回流现象，并导致压缩机有可能湿行程运行，严重时就会产生液击，阀片受到威胁。如果吸气管不凉、不结露、机壳很热，则是因为制冷剂流量太小或制冷剂量不足，其后果是使排气温度上升，制冷量下降。

6）蒸发机组的有关温度变化对制冷系统的影响

热力膨胀阀的外表温度（包括电子膨胀阀）在正常情况下，膨胀阀的下半部阀身很凉，并有露水，制冷剂流动声音很沉闷。如果阀体比较冷，表面露水较多，甚至结霜，制冷剂的流动声较大（气体流动）就属于不正常现象，其原因是过滤网堵塞不通，或者动力盒内制冷剂泄漏，阀孔关闭不通。

毛细管温度在正常情况下，发凉并结有露水，有液体流动声音。如果表面很凉，也结露，但流动声音较响，是气体流动，属于不正常，其原因是制冷剂不足；如果表面不凉、不结露，听不到流动声音，也属于不正常，其原因是滤网堵塞或毛细管堵塞。

蒸发器的外表面温度很冷，其凝露水珠不断地滴下来，进出风温度较大，通常Δt可在12～14℃属于正常。如果蒸发器表面不太凉，露水不多，或不结露，可听到制冷剂流动声音很响，进出风温差小属于不正常，其原因是制冷剂量不足，或膨胀阀开启度小。

7）环境温度的影响

环境温度对室外机组的影响比较明显。按国家标准规定，室外机组的正常运行温度为 35℃以下的气温。当环境温度在 35～43℃，空调机组可以运行，但不能保证其铭牌所标制冷量，且冷凝温度、压力、排气温度都相当高。机组处于满负荷运行，若这时室内机热量较大，电控保护器就有可能动作，切断电源，停止运行。当室外气温超过 43℃，空调机组就处在超负荷运行，会导致电控保护装置的动作，切断电源，停止运行。

2. 制冷剂不足

1）原因

不管是氟机还是氨机，制冷剂不足时经常遇到的问题，引起制冷剂不足的原因可能有以下几方面：

（1）新装系统没有按要求充注制冷剂。

（2）系统气密性不好，制冷剂泄漏。

（3）操作维修不当，引起制冷剂外泄等。

当发现系统制冷剂不足时，应对整个系统进行严格认真的检查而排除故障，按规定补充制冷剂，使其恢复正常运行。

2）判定方法

制冷剂不足可通过以下几个方面进行判定：

（1）由于制冷剂不足，压缩机的吸气压力和排气压力均比正常值低。

（2）制冷量下降，制冷效果不佳，库温下降缓慢或者不降。

（3）热力膨胀阀不结霜或很少结霜。

（4）蒸发器很少结霜或者不结霜。

（5）压缩机没有在额定的负荷下运转，机组轻负荷甚至空转，电流低于额定电流。

第二节　气调贮藏

一、气调贮藏的原理

气调贮藏（controlled atmosphere，CA），是在冷藏保鲜的基础上，增加气体成分调节，通过对贮藏环境中温度、湿度、二氧化碳、氧气浓度和乙烯浓度等条件的控制，抑制果蔬呼吸作用，延缓其新陈代谢过程，更好地保持果蔬新鲜度和商品性，延长果蔬贮藏期和销售货架期。

大部分农产品采收之后，都还进行着正常的呼吸代谢，尤其水果、蔬菜、花卉等园艺产品，从空气中吸取氧气，分解消耗自身的营养物质，释放二氧化碳、水和热量。由于呼吸消耗的主要营养物质是糖，因此呼吸反应主要是糖的氧化反应：

$$C_6H_{12}O_6 + 6O_2 \longrightarrow 6CO_2 + 6H_2O + 2722138(\text{kJ})$$

由于呼吸要消耗果蔬采摘后自身的营养物质，所以延长果蔬贮藏期的关键是降低呼吸速率。正常大气中氧含量为 20.19%，二氧化碳含量为 0.03%，而气调贮藏则是在改变贮藏环境的气体成分，通常是降低氧的含量至 2%～5%，提高二氧化碳的含量到

0～5%，这样的贮藏环境对果蔬采摘后生理有着显著的影响：低氧含量能够有效地降低呼吸强度，抑制微生物生长，并在一定程度上减少水分蒸发；适当高浓度的二氧化碳可以减缓呼吸作用，对呼吸跃变型果蔬有推迟呼吸跃变启动的效应，达到延缓果蔬的后熟和衰老。乙烯是一种果蔬催熟剂，能激发呼吸强度上升，加快果蔬成熟进程，控制或减少乙烯浓度对推迟果蔬后熟是十分有利的。降低温度也可以降低果蔬呼吸速率，并可抑制蒸发作用和微生物的生长，而对某些冷害敏感的果蔬来说，即使其贮藏温度处于最低的安全温度，其呼吸速率仍然很高。实践表明：采用气调贮藏法才能有效地抑制果蔬的呼吸作用，延缓衰老（成熟和老化）及有关的生理学和生物化学变化，达到延长果蔬贮藏保鲜的目的。

二、气调贮藏工艺条件

气调贮藏保鲜的工艺条件是指保证贮藏物质的质量最好、贮藏期最长的最佳库内气体成分。正确地利用气调贮藏保鲜技术就可以延缓果蔬衰老、保持水果的硬度、保持蔬菜的绿色、减轻或缓解果蔬的某些生理失调、控制果蔬虫害的发生。

根据果蔬产品对气调贮藏的适应性差异，可将新鲜园艺产品可分为三类：①优良，如苹果、猕猴桃、香蕉、草莓、蒜薹、绿叶菜类等；②对气调贮藏反应不明显，如葡萄、柑橘、土豆、萝卜等；③介于两者之间，如核果类等。只有对气调反应良好和一般的新鲜园艺产品才有进行气调贮藏的必要和潜力。

除了果蔬产品本身对气调贮藏的适应性差异外，合理的贮藏工艺条件必不可少，若工艺条件不合理，即使反应优良的农产品品种也不会得到好的贮藏效果，如过低的 O_2 浓度会引起马铃薯黑心症状；O_2 分压低于 1%时，由于发酵作用会使果蔬失去原有的风味，这些都称为 CA 伤害，由此可见确定果蔬气调贮藏保鲜工艺条件是气调贮藏成功与否的关键。不同品种的果蔬对气体成分的要求不同。部分果蔬气调贮藏保鲜的工艺条件见表 6-5。

表 6-5　部分果蔬气调贮藏保鲜的工艺条件

果蔬名称	贮藏温度/℃	相对湿度/%	O_2 含量/%	CO_2 含量/%	贮藏期/d
苹果	0	90～95	3	2～3	150
梨	0	85～95	4～5	3～4	100
樱桃	0～2	90～95	1～3	10	28
桃	−1～0	90～95	2	2～3	42
李子	0	90～95	3	3	14～42
柑橘	3～5	87～90	15	0	21～42
哈密瓜	3～4	80	3	1	120
香蕉	13～14	95	4～5	5～8	21～28
胡萝卜	1	85～90	3	5～7	300
花椒菜	0	92～95	2～3	0～3	40～60
芹菜	1	95	3	5～7	90
黄瓜	14	90～93	5	5	15～20

续表

果蔬名称	贮藏温度/℃	相对湿度/%	O_2 含量/%	CO_2 含量/%	贮藏期/d
马铃薯	3	85～90	3～5	2～3	240
生菜	1	95	3	5～7	10
香菜	1	95	3	5～7	90
西红柿	12	90	4～8	0～4	60
蒜薹	0	85～90	3～5	2～5	30～40
菜花	0	95	2～4	8	60～90

三、气调库的特点及特有设施

气调贮藏库是在机械冷藏库的基础上发展起来的，所以它包含了机械冷藏库的特性和要求（如隔热、隔湿）外，还有自己的特点和要求，包括气密、安全调压、具有观察窗等。

（一）气密性

气密性是气调库建筑结构区别于普通果蔬冷库的一个最重要的特点。普通冷库对气密性几乎没有特殊要求，而气调库对于气密性来说至关重要。这是因为要在气调库内形成要求的气体成分，并在果蔬贮藏期间较长时间地维持设定的指标，减免库内外气体的渗气交换，气调库就必须具有良好的气密性。

气调库的气密性在满足气调贮藏条件的前提下，并非越高越好。由于气调库围护结构的表面积很大，还要安装气密门，和通过各种制冷、气调、水电管线等，加上建筑物沉降、温度波动引起压力差等因素，很难达到绝对的气密，而且也没有必要达到绝对的气密。以果蔬气调贮藏为例，由于果蔬的呼吸作用会消耗库内的 O_2，使 O_2 浓度持续降低，这时如果库房绝对气密，就必须及时注入新鲜空气来维持贮藏所需要的 O_2 浓度，防止果蔬进行无氧呼吸。所以在实际操作中，只要果蔬的耗氧量大于或等于围护结构的渗入氧量，即可认为气密程度符合要求。

要满足气调冷库的气密性要求，取决于三个环节的工作：气密性设计、气密性材料与配套设备的选择、施工质量。

气密性的设计方面，由于各国气调库设计水平、施工质量、使用方式等的不同，国际上还没有气调库气密性的统一标准，常用的气密性指标是半压降时间（半压降时间是指库内压力下降到限度压力一半时所用的时间），也有人用一定时间（如 0.5h）后库内剩余压力作为指标。各国常用标准见表 6-6。

表 6-6 几个国家常用的气密标准

国 家	气 密 标 准
意大利	限度压力 300Pa，半压降时间≥30min，为现有最高标准
	对于超低氧气调库，要求限度压力 250Pa，30min 后压力≥110Pa
美国	库内 O_2 浓度在 3%以上，限度压力 250Pa，半压降时间应≥20min
	库内 O_2 浓度小于 1.5%，限度压力 250Pa，半压降时间应≥30min

续表

国家	气密标准
英国	库内 O_2 浓度大于 2.5%，限度压力 200Pa，降至 130Pa 的时间应≥7min
	库内 O_2 浓度小于 2%，限度压力 200Pa，降至 130Pa 的时间应≥10min
法国	限度压力 100Pa，30min 后压力≥35Pa，为气密性好
	在 10～35Pa 为气密性合格，低于 10Pa 为气密性不合格
俄罗斯	限度压力 200Pa，半压降时间应≥10min
中国	限度压力 100Pa，半压降时间应≥10min

气密性设计实践中，一般认为气密性能指标应从建库的实际情况出发，根据所贮物品的品种及气调贮藏工艺来确定，指标过低，不能满足所贮物品的要求，追求过高标准只能增加气调库建造难度、管理技术难度、增加投资和管理费用。气密性主要是靠围护结构的处理来实现的，也就是说气调库围护结构处理的好坏，直接关系到气调库的成功与否。所以气调库围护结构处理是关键。气密性设置应确保在每个气调冷藏间的围护结构中的连续性和完整性。

气调库气密材料的选择应满足以下要求：①有良好的气密性；②耐腐蚀；③无异味；④机械强度应能满足因温度波动等引起结构基层应变的要求；⑤便于施工；⑥具有抗老化、抗微生物侵蚀性。

施工方面，不同类型的气调库要求与注意事项也不同。

土建气调库一般多采用造价较低的砖混结构。首先，地坪绝热层既要保证其隔热性能、隔气性能、铺设工艺等，还应考虑果蔬堆码方式对地坪抗压强度的要求，保证地坪在使用过程中不会下沉、破坏气密层和库体。可采用 100mm 厚硬质聚氨酯保温库板，分层施工，每层 50mm，错缝搭接，两层间用热沥青粘接。气密层和隔气防水层应有良好的隔气性能，同时还应具备一定的强度，耐腐蚀、易施工、有一定的延展性等，如沥青油毡、玻璃纤维等。其次，外墙和隔墙墙角可采用圆弧过渡，内涂聚氨酯涂膜气密层，库内屋面采用现浇钢筋混凝土屋面，内涂聚氨酯气密层和分层硬质聚氨酯保温层。穿堂可采用双层结构，二层为技术走廊，便于制冷系统管理及气调控制系统管理安装，并设有观察窗，可以观察到各库内冷风机和加湿设备运行情况。对于由砖混结构的土建库而建造的气调库，如出现大面积的突起或脱落，往往是由于维护结构表面不干燥引起，在施工前，一定要注意维护结构的干燥性。

装配式气调库因施工周期短，气密处理易实现等优点，是目前最广泛采用的气调库类型。装配式气调库围护结构的库板主要有硬质聚氨酯泡沫塑料夹芯板和聚苯乙烯泡沫塑料夹芯板。聚氨酯夹芯板更有利于保证气密性能和安全。夹芯板的厚度、长度、面材、芯材及板材的抗拉、抗压、抗弯强度等，均应满足装配式气调库设计、计算和现行有关标准的要求。夹芯板与夹芯板之间的连接一般采用“插入”、“嵌入式”、“偏心钩锁”等连接方式，但还是不能满足气调库的要求，必须特殊的气密处理，可采用“湿”法连接，接缝现场压注发泡，以保证接缝质量，图 6-2 和图 6-3 是常用的气密处理方式。用于装配式气调库的夹芯板尽可能选用单块面积大的保温板，尤其是顶板，以减少接缝，同时还尽可能减少在夹芯板上穿孔、吊装、固定等作业。顶板的吊装应精心处理，既要满足气调库静态下的要求，同时充分考虑到气调库运行过程中各种因素造成的应力集中对库体气密性和库体建筑的影响。装配式气调库的地坪也通常为土建结构，绝热、隔气防潮层作法与土建库相同。所有穿过夹芯板的管，各种吊杆、电线、控制测点等，不但要保证其隔热性能还要保证其气密性能。气密层是围护结构保证其气密性的屏障。在库内所有夹板接缝和穿板管线处都要设置一层气密层，内设增强材料。气密层必须精心施工，尤其是地坪气密层与墙体气密层交接处，更应慎重、精心处理，否则一旦出现问题，弥补将极为困难。气密层要求隔气性能好，无刺激气味，无危害，易于施工，固化后有弹性，长期不霉变。装配式气调库必须选用专为气调库而设计的观察窗、气调门，要求密封良好，操作方便。气调门宜采用单扇平移门。总之，要建造一座良好的装配式气调库，除各系统密切配合、规范设计外，还应制定严格的操作施工工艺，选择专业施工队伍，有专门技术人员现场督导，注意关键部位处理，才能建造成高质量气调库。

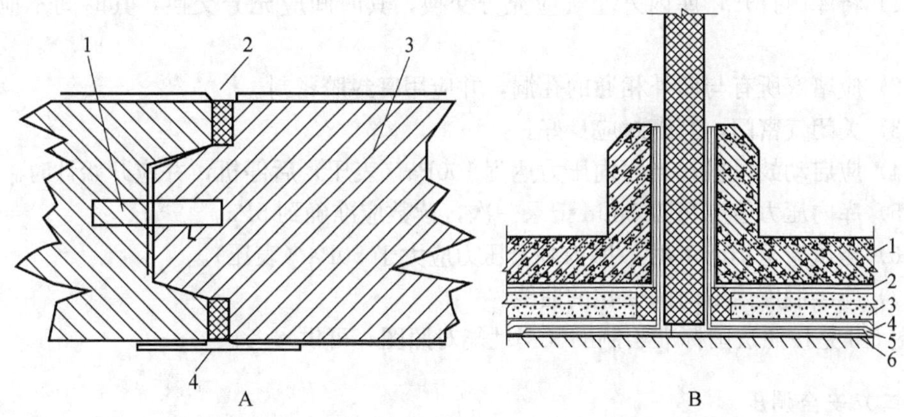

图 6-2　装配式气调库嵌入式夹芯板的连接方法（A）和地坪气密性示意图（B）（林锋，2000）

A：1. 嵌入板；2. 现场发泡气密材料；3. 隔热层；4. 内侧接缝处气密层（胶＋无纺布）

B：1. 层面；2、4. 气密层；3. 隔热层；5. 防潮层；6. 基础板

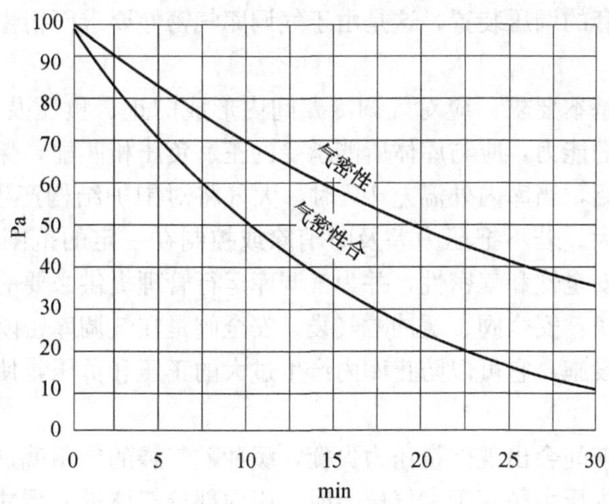

图 6-3　气密性能对照曲线

气调库施工质量验收的一个重要方面是气密性试验。目前广泛应用的是压力测试法。其测试方法简便，测试仪器简单，结果直观等优点。压力测试法又有正压法和负压法之分，通常采用正压法，以避免采用负压法测试导致气密层脱落。迄今，国际上对气调库气密性测试还未形成统一的标准，我国目前也没有发布气调库气密测试的国家标准。但采用正压测试法，统计“半降压时间”，是国外常用的气密性试验标准和结果的表示方式。所谓半降压时间，是指从计时起，试验压力下降到起始压力的一半时所需要的时间。世界各国现有的气密标准中，最高的要求是：试验压力为 294Pa（30mmH_2O），半压降时间等于或超过 30min 为合格，否则为不合格，此标准只有意大利等少数国家的部分厂商采用。意大利 FCE 公司近几年在我国安装的组合式气调库的气密实验合格范围为：库内加压至 294Pa 经 30min 库内压力降至不低于 43.1Pa 为合格。

在我国的生产实践中，气密性实验方法和基本步骤如下：

（1）将库门打开，库内外空气应充分交换，其时间应充分交换，其时间不应小于 24h。

（2）应堵塞所有与库外相通的孔洞，并应用密封胶密封。

（3）关闭气密门，其密封应良好。

（4）应启动鼓风机，当库内压力达到 100Pa（表压）后停机，并应开始计时。

（5）库内压力值应每隔 1min 记录一次，读数应准确到 5Pa。

（6）当试验至 10min 时，库内剩余压力应大于 50Pa（表压）。

（7）应绘制库内随时间变化的曲线。

图 6-3 是按照法国标准绘制的气密性能对照图，可供参考。

（二）安全调压

在气调库建筑结构设计中还必须考虑气调库的安全性。由于气调库是一种密闭式冷库，当库内温度降低时，其气体压力也随之降低，库内外两侧就形成了气压差，这个气压差极有可能对库体安全造成危害，尤其是气密系统，所以气调冷藏库必须具备安全调压的性能和与此配套的调压装置，这是由于气调库气密性要求而衍生出来的特点——安全调压。

对调压装置的基本要求：应对气调冷藏间内形成的正、负压及时进行压力平衡调节；气体平衡调节的能力，应与库体所能承受的正、负压相匹配，保证库体不受破坏。

据有关资料介绍，当库内外温差 1℃时，大气将对围护结构产生 40Pa 的压力，温差越大压力差也越大。若不把压力差及时消除或控制在一定的范围内，将会使库体损坏。为保证气调库安全性和气密性，并为气调库运行管理提供必要的方便条件，气调库应设置压力平衡系统：安全阀、缓冲贮气袋。安全阀是在气调库密闭后，保证库内外压力平衡的特有安全设施，它可以防止库内产生过大的正压和负压，使围护结构及其气密层免遭破坏。

气调库在运行期间会出现微量压力失衡，缓冲贮气袋的作用就是消除或缓解这种微量压力失衡。当库内压力稍高于大气压力时，库内部分气体进入缓冲贮气袋，当库内压力稍低于大气压时，缓冲贮气袋内的气体便自动补入气调间。贮气袋是把库内压力的微量变化，转换成贮气袋内气体体积的变化，使库内外的压差减小或接近于零，消除和缓解压差对围护结构的作用力。缓冲贮气袋是由气密性好且具有一定抗拉强度的柔性材料制成。

(三) 气调冷藏门与观察窗

利用气调库进行农产品贮藏，由于气体调节和气密性要求，人不可能随便进入库房进行产品检查或其他作业，气调库在设计上是采用观察窗的方式来解决，观察窗可以设置安装在气调冷藏门门扇上。

气调冷藏门应符合下列要求：满足隔热保温的要求；面层材料应满足气密性要求，并应连续无缝包装；门扇周边与门框接合部应设置保证门闭合时气密的密封条；门扇关闭时，应设有使密封条与门框贴紧的机械装置；门窗构造应尽量避免冷桥；门框与墙体连接部位必须确保气密层的连续性。

观察窗在正常使用中不得结露，以免影响观察；设于气调冷藏门门扇上的观察窗，其尺寸位置应满足观察、取样和进入维修的需要，不宜过大；气调冷藏门门扇上的观察窗，气密要求与门扇相同；气调冷藏间货物顶部观察窗位置的设置，应能观察到顶部货物表面和设备运行情况，且照明观察灯的设置位置应与其相匹配。

四、气调系统

要使气调库达到所要求的气体成分并保持相对稳定，除了要有符合要求的气密性库体外，还要有相应气体调节设备、管道、阀门所组成的系统，即气调系统。整个气调系统包括脱氧机或制氮系统、二氧化碳脱除系统、乙烯脱除系统、温度、湿度及气体成分自动检测控制系统。

(一) 制氮系统

利用制氮机可产生纯度95%～98%的氮气，置换（稀释）气调库中的气体，降低库内氧气浓度，在小型气调库内也可以用于排除过量的二氧化碳、乙烯或其他气体。

制氮机大体上经历了催化燃烧制氮、碳分子筛吸附制氮、中空纤维膜分离制氮以及真空变压吸附脱氧制氮（vacuum pressure swing adsorption，VPSA/VSA）的发展过程。目前普遍采用碳分子筛、中空纤维膜分离制氮及 VSA 制氮。

1. 碳分子筛吸附制氮机

碳分子筛（carbon molecular sieves，CMS）制氮是采用变压吸附原理制氮，由于氧分子与氮分子的动力学直径不同，氧分子的扩散速度比氮分子快数百倍。而吸附量与压力成正比，利用氧、氮短时间内吸附量差异甚大的特点，由程序控制器按特定的时间程序在两个塔之间进行快速切换，结合加压氧吸附、减压氧解吸的过程，将氧从空气中分离出来。碳分子筛制氮机具有制氮纯度高（可达到99.9%）、设备简单、价格低的优势，但设备中阀门多，切换频繁，每年每只阀门需开关20万～40万次，设备噪声大。因此碳分子筛吸附制氮机中的阀门质量要求很高，否则会影响设备的可靠性。

2. 中空纤维膜分离制氮机

膜分离制氮是利用氧气与氮气透过中空纤维膜壁的速度差异特点，将氧气从空气中分离出来。中空纤维膜（hollow fiber membrane）制氮机是目前气调贮藏使用最广泛的设备，由配套的空压机、储气罐、膜制氮机组成。制氮机的核心部件是中空纤维膜组。它由上万根乃至数十万根直径在50～500μm的中空纤维并列成束，两端浸固环氧树脂，形成膜滤芯，放入一外壳内。当压缩空气通过空心纤维时，由于氧、水蒸气透过膜的速率快，形成富氧排到大气中，而大部分氮气由于透过膜的速率慢，而留在膜内，形成较高纯度的氮气，其纯度可利用纯度控制阀调节，纯度越高，流量越小。空压机的供气压力一般在1.0～1.2MPa，含油量低于5μL/L。制氮机本身有三级过滤系统，经过过滤后的压缩空气要求含油量低于0.01μL/L，灰尘颗粒小于0.01μm。

膜分离制氮具有以下特点：

（1）设备简单、占地少、易安装。

（2）只需开动空压机即可得到富氮空气。

（3）浓度可在95%～99%调节，使用灵活，能快速启动停车。

（4）安全可靠，分离器无运动部件，可连续稳定工作。

（5）分离过程无相变、无压力损失、能耗低。

（6）易小型化。

（7）成本费用低。

3. 真空变压吸附脱氧制氮机

利用固体吸附剂对气体组分吸附的明显选择性和扩散性的差异，通过气源在接近常压下做周期性、在不同的吸附器中循环变化，其解吸（或再生）采用真空抽吸的方式来实现气体的分离过程。VPSA制氧技术特点是低压吸附真空解吸，即在穿透大气压（风压）的条件下，利用VPSA专用分子筛与干燥剂形成的混合床层选择性吸附空气中的氮气、二氧化碳和水等杂质，氧在床层末端聚积并收集，在抽真空的条件下对吸附饱和状态的分子筛床层进行解吸，从而循环制得纯度较高的氧气（90%～95%），如图6-4所示，其过程分三个步骤：

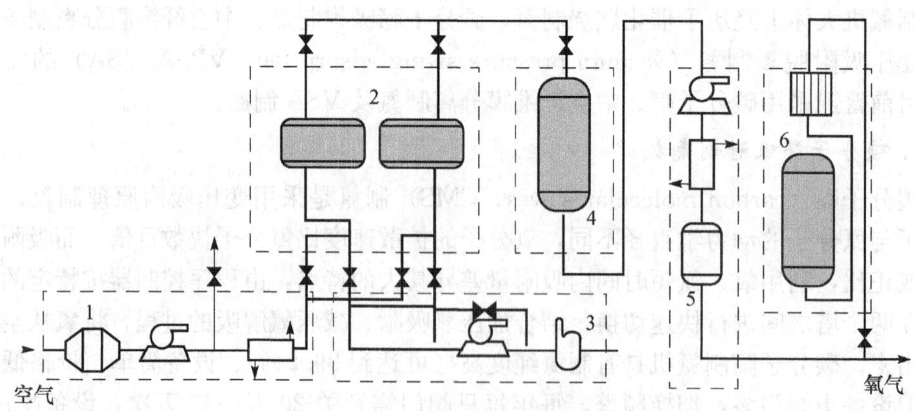

图6-4　VPSA制氮工艺流程图

1. 空气压缩单元；2. 空气分离单元；3. 排空单元；4. 氧气缓冲罐；5. 氧气压缩单元；6. 备用系统

净化：环境空气在进入一个鼓风机系统（无油鼓风机）前将会被净化以除去粉尘。

吸附：经过预处理的空气进入装有沸石分子筛的吸附塔。沸石分子筛在去除空气中的水分和二氧化碳后，吸附氮气，剩下的氧气从吸附塔中流出。该吸附过程将在沸石分子筛的吸附能力饱和前停止。

解吸：饱和的沸石分子筛通过减压达到再生的目的（即释放被吸附气体-水分、二氧化碳和氮气）。这个步骤通过一个简单的压力释放系统（PSA）或利用真空泵（VPSA/VSA）来实现，废气自动放空。

VPSA 制氮具有以下特点：

（1）低压（0.8bar）运行，比同性能的 PSA 及膜制氮机节能 80%左右。

（2）降氧效果提高 30%以上，可将气调库内氧气含量控制在 1%以下，甚至可以达到 0.3%。

（3）维护成本低，稳定可靠，设备中的主要活性炭吸附模块寿命长达 2～3 年。

（4）与库体止漏系统配合更有效防止气调库气体泄漏。

（5）气调库气体内循环，更有效的节约运行成本。

4. 脱氧机

脱氧机是用于快速降低气调库氧含量的一种降氧设备，是目前最为先进的气调库降氧设备，适用于单间库较大的气调库。其工作原理与 VSA 制氮机有相似之处，都是采用了真空解析，但由于脱氧机动力源采用压力低于 24kPa 的风机进行循环脱氧，再使用真空泵解析活化，并且其取气方式不同于 VSA 制氮机，后者采用的是开放式取气而脱氧机采用了效率更高的半封闭取气模式，所以脱氧机并不等同于 VSA 制氮机。

脱氧机设备没有明确的产氮气量的指标，而只标明能适应多大的库容。由于运行时真空度接近－0.1MPa，不但要求真空泵要有很高的技术水平，对整个机器系统，包括阀门等部件的密封性要求也很高，设备比中空纤维膜制氮机要大，价格也较贵。

脱氧机电机采用变频调速技术，具有较大节能性是其优点，但要经常更换昂贵的专用真空泵用油，整个运行费用也不低。由于在闭式循环中，脱去了部分氧气，抽出的库气比排入的体积要大一些，容易使气调库形成负压，对库房气密要求较严。

（二）二氧化碳脱除系统

水果在气调贮藏过程中，一般要求 CO_2 的浓度控制在 1%～5%。水果的呼吸作用将提高库内 CO_2 的浓度，满足气调贮藏的需要，但过高 CO_2 的浓度将导致产品高 CO_2 伤害，并产生一系列不良症状，最终腐烂变质。所以气调贮藏库必须具有 CO_2 脱除功能，将库内多余的 CO_2 脱除掉，是其浓度平衡在气调参数要求的最佳范围内。

通常的 CO_2 脱除机（又称洗涤器）大体上有 4 种脱除方式：消石灰脱除装置、水清除装置、活性炭清除装置、硅橡胶膜清除装置。

现在国内外生产的 CO_2 脱除机，均采用活性炭作为吸附剂，活性炭是用木质果壳或煤为原料，经干馏炭化、活化等工艺，具有非常发达的微孔。活性炭清除装置是利用活性炭较强的吸附力，对 CO_2 进行吸附。含高 CO_2 的库内气体用风机抽入活性炭罐内吸附，经过数分钟吸附饱和后，再用新鲜空气脱附再生，脱附的 CO_2 气体送入大气中。

如此循环，直到库内 CO_2 的浓度达到贮藏要求范围内。

现代的 CO_2 脱除机，用可编程序控制器对吸附和再生进行自动控制。如果脱除机有两个活性炭罐，可使两者的吸附和再生交替进行。活性炭吸附 CO_2 的量是温度的函数，并与 CO_2 的浓度成正比。通常以 0℃、3%的 CO_2 浓度为标准，用其在 24h 内的吸附量作为主要经济技术指标。

CO_2 脱除机的选型，必须满足整个气调库脱除 CO_2 的要求，在气调库为0～2℃温度条件下，多数水果 CO_2 的释放量为 3～10mg/(kg・h)，一座 1000t 库 24h CO_2 释放量为 72～240kg，可按最大 CO_2 释放量来选择机型。二氧化碳脱除机一般采用电控气动三通阀来控制活性炭罐程序的切换，需要配用小型空压机作气动源，机上装有保护及运行定时控制装置，并装有计算机控制接口，可对整个气调库的各气调间实现自动连续巡回脱除作业。为此，跟制冷调节站相似，气调库也安装有气调调节站，调节站分为进气和回气两个自动或手动阀门组，自动阀门采用电控气动阀来控制 CO_2 脱除机的进回气；手动阀用来控制制氮机的进排气。大中型气调库的输送管道较长，一般采用 UPVC 塑料管粘接，口径在 70～110mm，安装 CO_2 脱除机时，输气管道应向气调库倾斜 1°～3°，以防冷凝水流回脱除机，污染活性炭，降低性能，甚至失效。脱除机在长期的工作过程中，气动阀要动作几十万次，压缩空气应保证是清洁的。

（三）乙烯脱除系统

乙烯（C_2H_4）是果品本身新陈代谢的产物，外部环境中烟囱排放的烟雾，汽车尾气，某些工厂的废气中也含有一定数量的乙烯。它是一种能促进水果呼吸，加快成熟衰老的植物激素。部分果蔬对乙烯非常敏感，如猕猴桃、香蕉、苹果、番茄等。在对乙烯敏感的水果贮藏中，应将乙烯去除，将乙烯浓度脱至阈值以下，一般达 0.02mg/L 的水平，以保证良好的贮藏效果；对乙烯不敏感的果品，气调贮藏不必安装乙烯脱除装置。所以，果蔬贮藏中既要设法抑制乙烯产生，又要消除贮藏库内乙烯积累。

目前普遍采用且相对有效的方法为高锰酸钾化学除乙烯法和空气氧化去除法。

化学除乙烯法是在清洗装置中充填乙烯吸收剂，常用的乙烯吸收剂是将饱和高锰酸钾溶液吸附在碎砖块、蛭石或沸石分子筛等多孔材料上，乙烯与高锰酸钾接触，因氧化而被清除。该方法简单，费用极低，由高锰酸钾、多孔性材料做载体，制成的一次性使用复合材料，可放入库内，包装箱或闭路循环系统中，将乙烯脱除。但该方法除乙烯效率低，且高锰酸钾为强氧化剂，会灼伤皮肤。

随着气调技术的发展，又研制出了基于高温催化原理的高效除乙烯装置。乙烯在 250℃的高温中与催化剂的作用下能生成二氧化碳和水。氧化反应是在一个从外到里能形成 15～250℃温度梯度的电热装置内进行的。它能使除乙烯装置的进、出口温度不高于 15℃，而装置中心的氧化温度可达 250℃。同样，这种新型乙烯脱除装置一般也采用闭环系统。与高锰酸钾去除法相比其投资费用高，但具有以下明显优点：

首先，除乙烯效率高，可除去库内气体中所含乙烯量的 99%，可将贮藏间内乙烯浓度控制在 1～5μL/L。

其次，减少水果霉变，在去除乙烯同时，能对库内气体进行高温杀菌消毒。

再次，一机多用，去除乙烯同时，还能除掉水果释放的芳香气体，减轻这些气体对水果产生催熟作用的不良影响。

目前较为先进的臭氧除乙烯技术，该技术正逐步取代高温催化型乙烯机，这种除乙烯技术最大的优势是在低温状态下工作，不会引起库温的波动，同时耗电低，是高温催化型乙烯机能耗的1/10，具有高效低耗的特点。

（四）自动检测控制系统

气调库内检测控制系统的主要作用为：对气调库内的温度、湿度、O_2、CO_2 气体进行实时检查测量和显示，以确定是否符合气调技术指标要求，并进行自动（人工）调节，使之处于最佳气调参数状态。例如当 CO_2 超标，就应打开这间库的出回气阀门，开启 CO_2 脱除机脱除 CO_2，直至库内 CO_2 达到设定值。在自动化程度较高的现代气调库中，一般采用自动检测控制设备，它由（温度、湿度、O_2、CO_2）传感器、控制器、计算机及取样管、阀等组成，整个系统全部由一台中央控制计算机实现远距离实时监控，一台计算机可控制30间左右的气调间，每间气调间都可以按果品的品种设定各自的气调参数，并进行自动巡回检测，每间库，每天至少要采样检测6次以上。由于采用较大容量的采样泵，气样的输送距离可达100m。这种高自动化检测控制系统既可以获取各个分库内的 O_2、CO_2、温度、湿度数据，显示运行曲线，自动打印记录和启动或关闭各系统，同时还能根据库内物料情况随时改变控制参数。中央控制计算机采用Windows界面，使用操作人员可以方便直观地获取各方面的信息。下面对主要的检测设备进行简要介绍。

1. 奥氏（ORSAT）气体分析仪

可用于 O_2 和 CO_2 浓度的检测。其检测原理是：取一定量（体积）的被测气体，用两种不同的液态吸收剂分别吸收其中的 O_2 和 CO_2，根据气体量（体积）的变化，求出被测气体中 O_2 和 CO_2 的浓度。奥氏仪是一种原始型手工检测仪，需携带笨重易碎各种液瓶、量筒和多种试剂，操作麻烦，精度受人为影响较大，现在已很少采用。

2. 氧电极氧气测试仪

氧电极的工作原理是基于极谱电极原理（polarographic electrode）。由一定浓度电解质溶液中的电流-电压曲线证实，在$-0.8\sim-0.5$V时，电流与氧的浓度成正比。氧电极传感器以铂为阴极（氧检定极），阳极为铅或银，聚四氟乙烯薄膜将阴极端与电解质隔开。氧的渗透量与薄膜内外的气体分压成正比。此传感器亦称氧电池，是一种电化学扩散限制型金属电池。这种传感器制成的氧气测试仪，分辨率高达0.1%，测试精度为0.2%。整个反应过程为：阳极 $Ag^+ + Cl^- \longrightarrow AgCl + 2e$；阴极 $O_2 + 2H_2O + 4e \longrightarrow 4OH^-$。根据法拉第定律：流过溶解氧分析仪电极的电流和氧分压成正比，在温度不变的情况下电流和氧浓度之间呈线性关系。

3. 红外二氧化碳测试仪

由于 CO_2 分子的高度对称性，在两种拉伸振动间产生耦合作用，结果使得拉伸振动在特定波长上可发生强烈的红外吸收。当一定强度的红外光通过一定浓度的待测混合气体时，入射强度与透过后的剩余强度差与 CO_2 浓度有一定关系。基于此原理制成 CO_2 传感器称为 CO_2 红外传感器。用这种传感器生产的 CO_2 测试仪，分辨率可达 0.1%，测试精度可达 0.2%。

4. 乙烯测试仪

乙烯的测定通常选用气相色谱仪，气调贮藏库中乙烯的测定精度要求达到 0.01μL/L，只能选择性能良好的气相色谱仪，并与温控器、载气源、辅助气源、信号放大器、积分器及记录仪合成一个分析系统，才能完成气体分析，并得到直观的图像数据。气相色谱用的检测器多达几十种，气调库使用气相色谱仪常采用氢焰离子化检测器。气样用注射器采集并注入色谱仪中的气化室中。所得到的色谱图必须和已知的纯样品的色谱图相比较后才能得到精确的结果，气相色谱仪是一种精密的分析仪器，应由专业人员操作。

（五）制冷系统

气调库的制冷系统与普通冷库的制冷系统基本相同。但气调库制冷系统具有更高的可靠性，更高的自动化程度，并在果蔬气调贮藏中长时间维持所要求的库内温度。一般采用氨制冷系统或氟利昂单级压缩直接膨胀供液制冷系统。

（六）加湿系统

与普通果蔬冷库相比，由于气调贮藏果蔬的贮藏期长，果蔬水分蒸发较高，为抑制果蔬水分蒸发，降低贮藏环境与贮藏果蔬之间的水蒸气分压差，要求气调库贮藏环境中具有最佳的相对湿度，这对于减少果蔬的干耗和保持果蔬的鲜脆有着重要意义。一般库内相对湿度最好能保持在 90%～95%。

常用的气调库加湿方法有：地面充水加湿、冷风机底盘注水、喷雾加湿、离心雾化加湿、超声雾化加湿。

五、气调运行管理

气调库的贮藏是在冷藏的基础上人为创造特定环境气体成分，以提高农产品贮藏效果。冷藏加气调是农产品贮藏的双控指标，更能有效地抑制产品呼吸、减少水分蒸发、延缓生理代谢、推迟后熟衰老进程和防止腐败变质，从而减少贮藏损失，延长保鲜期，使产品更长久地保持新鲜和优质的食用品质。只有冷藏加上气调保鲜才能最大限度的延长产品生理生命，实现反季节销售经济价值的最大化。

气调库不仅在贮藏条件、库房结构和设备配置等方面不同于普通冷藏库，对运行管理方面也要严格得多，不单表现在贮藏阶段，而且还涉及果蔬采后处理的全过程，运行管理的任一环节如果出现差错，都会影响气调贮藏的整体优势和最终效果。运行管理工作的优劣直接关系到果蔬的贮藏质量，还关系到库房建筑结构和人身安全。搞好气调库的运行管理，关键在于管理和操作人员的素质。气调库的管理人员必须具有良好的专业技术素质、高度的责任心及组织管理才干和从事经营的能力。

（一）贮藏期的货物管理

用于气调贮藏的产品必须是品质优良的原料，只有优质的产品才适宜于气调长期贮藏，并且还要尽量避免产品的破损、擦伤。擦伤和其他机械损伤不仅影响产品的外观，而且也使贮藏产品的腐烂极大的增加。在同一贮藏间内应贮存相同品种、相同成熟度的果蔬。决不允许将不同种类、不同品种的果蔬混放在同一贮藏间内，以免释放的乙烯及其他有害气体，相互影响贮藏品质。果蔬入库时不宜一次装载完毕，因果蔬释放的田间热和呼吸热，加上冷库门长时间开放引入外界的大量热量会使库温在很长时间降不下来，影响贮藏效果。因此要求分批入库，每次入库量不应超过库容总量的20%，库温上升不应超过3℃。对已经通过预冷处理的果蔬，可以酌情增加每次的入库数量。以苹果入库为例，如果贮藏室的温度达到7℃时，即应停止入库，待温度降低后再继续入库。入库时机房应正常运转，送冷降温。为此，需注意产品入库前的预冷和气调库的提前降温。

产品从入库到出库的管理，要注意以下问题。

1. 温度

在入库前5～7d开机梯度降温，开始降温产生库负压过大，这时门上的活动小观察窗留有缝隙，这样能避免降温产生负压过大给库体结构带来破坏，把库温稳定保持在0℃左右时才能把库门关严，为贮藏做好准备。

产品及时入库后，除了需梯度降温贮藏的产品外，应尽快降低产品温度降至最佳贮藏温度。达到最佳贮藏温度后，应注意保证制冷系统的正常运转，使库温维持在较小的温度范围内，防止出现大的波动，如有出现较大的波动，应及时检查制冷设备及其相关的配套设施，使库温尽快回到最佳贮藏温度。

2. 相对湿度

相对湿度管理的重点是保证加湿器的正常运转及其监测系统。贮藏实践表明，加湿器在入库一周之后打开为宜，开动过早会增加鲜果霉烂数量，启动过晚则会导致水果失水，影响贮藏效果，开启程度和每天开机时间的长短，则视监测结果而定，一般以保证贮藏产品没有明显的失水同时又不致引起染菌发霉为宜。

3. 气体成分

气体成分管理的重点是库内O_2和CO_2含量的控制。当果蔬入库结束、库温基本稳定之后，应迅速降低O_2浓度，库内O_2降至5%时，再利用水果自身的呼吸作用继续降低库内O_2含量，同时提高CO_2浓度，直到达到适宜的O_2、CO_2比例，而后即靠CO_2脱除器和补O_2的办法，使库内O_2和CO_2稳定在适宜范围之内，直到贮藏结束。

4. 贮藏期产品质量监测

从降氧结束到出库前的整个时期，称为气调状态的稳定期。这个阶段的主要任务是维持库内贮藏参数的在基本稳定，包括温湿度和气体成分；主要目标是使所贮果蔬长期保持最佳气调贮藏状态。这个阶段需要定期对果蔬的外部感官性状、失重、果肉硬度、可溶性固形物含量、染菌霉变等项指标进行测试，并随时对测定结果进行分析，以指导下一步的贮藏。每间气调库（间）都应有样品果蔬箱，放在库门或技术走廊观察窗门能看见和伸手可拿的地方，一般半个月抽样检查一次。在每年春季，库外气温上升时，果蔬也到了气调贮藏的后期，抽样检查的时间间隔应适当缩短。由于观察窗门处的隔热效果较差，样品果蔬的贮藏质量比库内大批果蔬的质量稍差，样品没有问题，库内大批果蔬一般就不会有问题。需要特别指出，整个贮期必须严格监视果蔬的冻、病害的发生。

为维持库内贮藏参数的稳定，该阶段必须管理好制冷设备、加湿设备、气调设备及管道阀门，各种控制设备；气调库的密封性，气调袋、平衡安全阀也都应保持良好状态。建立气调库的使用管理制度，设备和系统的操作规程就显得十分必要。操作人员应经常巡视设备和库房，检查和了解设备的运行情况和库内贮藏参数的变化情况，作好设备的运转记录和温湿度、气体成分的记录，绘成图表，这样可以直观地了解库内贮藏参数的变化情况，及时发现和纠正设备的各种异常状态。制冷机、各种配套的空压机的润滑油、各种过滤器、阀门管道的密封部位，电动机的启动和保护装置、传感器、仪表及各水封部位都是应重点检查的地方。各种易损易耗的零部件应按设备使用说明书的规定，定期检查更换。

5. 出库

由于气调贮藏库在进行产品贮藏时，不宜多次开启门窗，进行货物的进出操作，所以气调贮藏的产品宜采用整出的出库方式。出库前 3d 应解除气调，采取自然换气的方法，使气调间的气体恢复到空气成分，但仍要维持气调间的温湿度，操作人员才能入库作业。产品出库后，应随机取样进行货架期的观察和监测。质量监测要在比较稳定的温湿度下进行，这样才能排除外界因素的影响，在同等条件下比较出不同贮藏期和不同品种之间货架期的差别。没有恒温恒湿条件，在常温下也可以做，但可比性较差。

部分气调贮藏的果蔬产品，迅速升温下解除气调可能会增加褐变率，尤其是在高温季节里，对于此种类型的产品，出库要提前 3d 进行缓慢升温解除气调。

（二）气调库的设备管理

在果蔬入库之前和贮藏过程中必须经常对所有设备进行全面检查和试车，掌握设备运行状况，保证气调库正常运转。

1. 制冷设备

制冷设备包括制冷机、冷却塔、水泵、循环水池、出入库管道等皆应定期检查和维修，如润滑系统、制冷工质、压力表、感测温元件、压力继电器、电控元件、冷却水系统等皆须经常检查，并使之处于完好状态。

2. 气调设备

气调设备包括气体调节系统、气体监控系统和加湿系统的所有设备、管道、电机、阀门、过滤器、压力表等都应经常检查维修，保证各部件清洁、灵敏、完好。

3. 管道

应对所有设备与库体之间连接的管道、接头的泄漏情况、隔热管道的保温情况、阀门阀杆、上下水管、压力平衡管等进行检查，使之密封良好、内部畅通无阻、管件开关灵活。

4. 试车

在完成上述检查、检修之后，即应开机进行联动试车，待确认各系统皆能正常运转后，即可将其保持在准运行状态，以便随时开机运行。

5. 封库前的设备管理工作

当产品入库后封库前，还需要完成以下工作：

（1）给水封安全阀注水，将安全阀的水封柱高调节到较为合适的压力。

（2）校正好遥测温度、湿度以及气体成分分析的仪器。

（3）检查照明设备。

（4）给所有进出库房的水管道（如冲霜、加湿、溢流排水等）的水封注水。

（三）气调库及设备的年检大修

气调库及设备经一个贮季后（一般都在半年以上），必须进行年检大修，管理人员应制定出详细的检修计划。气密破损的部位在修复后应重新进行气密性试验。各种机器设备、管道阀门、控制仪器仪表、电气部件等均应按说明书的要求进行年检大修。经试运转后，应恢复到原有的性能，为下一贮季做好准备。

（四）气调库安全管理

库体安全管理除防水、防冻、防火之外，重点是防止温变效应。在库体进行降温试运期间绝对不允许关门封库，因为过早封库，库内温压骤降，必然增大内外压差，当这种压差达到一定限度之后将会导致库体崩裂，使贮藏无法进行。正确的做法是当库温稳定在额定范围之后再封库门，进行正常的气调操作。

人身安全管理是指出入气调库的安全操作。入库人员须两人以上随行，佩戴呼吸器，门外需留人看守，并随时注意库内人员的动向，库内人员的行动需在库外人员的视野范围内，如遇紧急情况，库外人员立即报警，并保证在佩戴好呼吸器的前提下，入库迅速将库内人员转移到安全地带，并根据情况作必要的抢救。

六、薄膜封闭贮藏

薄膜封闭贮藏农产品，具有自发性气调贮藏的效应。所谓自发气调贮藏（modification atmosphere，MA）是指将果蔬密封在具有特定透气性能的塑料薄膜（或带有硅窗的薄膜）制成的袋或帐中，利用果蔬自身的呼吸作用和塑料薄膜的透气性能，在一定的温度条件下，自行调节密闭环境中的 O_2 和 CO_2 的含量，使之符合气调贮藏的要求，从而延长果蔬贮藏期的贮藏方式。随着塑料薄膜工业的发展，能满足农产品自发性气调贮藏需求的各种性能塑料薄膜不断问世，其成本低廉，操作简单，愈来愈受到人们的重视。

（一）薄膜的性能和选择

在自发性气调贮藏中，贮藏环境的气体组成一方面受产品的呼吸代谢调控，另一方面受薄膜的透气性调控，所以了解薄膜的透气性规律，是自动调节封闭容器内气体组成的前提条件。

气体通过薄膜的渗透作用遵守费克-亨利定律，即某种气体在单位时间内通过薄膜的渗透量（渗透速度）与膜的面积成正比，与厚度成反比，与膜两侧气体的分压差成正比，而且混合气体中各种气体的渗透方向和速度是彼此独立的，互不干扰。它的大小决定于材料本身的理化特性，与膜的面积、厚度和分压差无关，但一般随温度升高而增大。在一定的温度下，各种聚合膜对某一气体的渗透系数是恒定的，它表示某种材料对某种气体的渗透能力的大小。贮藏产品在呼吸过程所需要的 O_2 可从薄膜缓慢透入，而释放出的 CO_2 则可自动地从薄膜扩散出去，这就为农产品的密封贮藏提供了有利的条件。从理论上讲，经过一定的时间自发气调过程，薄膜帐（袋）内就能自动地调节和维持一定的气体组成。

用于气调贮藏的薄膜主要有两类：塑料薄膜和硅橡胶薄膜。

1. 塑料薄膜的性能与选择

自发气调贮藏所用的塑料薄膜要求具备以下性能：无毒，符合有关食品卫生要求；抗撕裂性能好；易热封，耐老化；价格便宜，透明度高，适宜的透气和透水性能。目前生产中所用的塑料薄膜主要是聚乙烯和聚氯乙烯等。近年来，聚氯乙烯膜在农产品自发性气调生产中的应用逐渐增多，聚氯乙烯膜具有如下优点：

（1）氯乙烯膜表面极性分子多，透湿性能好，同聚乙烯膜相比，同样条件下不易结露。

（2）聚氯乙烯膜能透析排除有害代谢产物如醇、醛、乙烯等。

（3）气调稳定，保绿效果好。

（4）韧性大，低温下柔软，不易破损。

（5）透明度高，可任意调色，使之接近产品自然色，易于被市场接受。

经多年实践已证明，目前聚氯乙烯膜是自发气调贮藏的理想材料。但聚氯乙烯膜价格较高，主要适用于长期贮藏或具有较高商品价值的产品。一般用做小型包装袋的塑料薄膜厚度在 0.02～0.06mm，用做大帐的，薄膜厚度在0.06～0.15mm。

近年来，专用性薄膜和许多功能性保鲜膜逐渐被开发应用。专用性薄膜是指根据贮藏产品的特点而量身定做的塑料保鲜膜。多功能保鲜膜除了改善透气、透湿性外，还被赋予了许多其他功能，例如：在薄膜上涂布脂肪酸酯或掺入表面活性剂制成的具有防雾、防结露作用的保鲜膜；在配方中混入泡沸石为母体的无机抗菌剂而制成的抗菌性薄膜；混入陶瓷泡沸石和活性炭等以及吸收乙烯等对保鲜有害气体的薄膜；混入远红外线放射体的保鲜膜等。

2. 硅橡胶膜的性能和选择

1963 年法国国家科研中心植物生理研究实验室的 Marcellin 等采用硅橡胶膜镶嵌在塑料薄膜袋或帐上，构成硅橡胶窗，比单纯用塑料薄膜更能准确的维持袋或帐内 O_2 和 CO_2 浓度。

硅橡胶为二甲基聚硅氧烷，由取代基的硅氧烷单体聚合而成。硅橡胶膜则是在衬布上涂布硅橡胶的织物。由于硅氧键相连形成柔软易弯曲的长链，长链之间以弱的电性松散地交联在一起，这种结构使硅橡胶具有以下特点：

（1）硅橡胶膜的透气率比塑料膜的透气率大200～300倍。

（2）硅橡胶膜具有较大的二氧化碳和氧的透气比，对CO_2的透过率是O_2的5～6倍，是N_2的12倍。

目前，用于果蔬贮藏的硅橡胶膜有织物涂层（布基）膜和压延膜两种。织物涂层膜透气率稍小，但强度高，不易撕裂，且易与塑料薄膜热合。压延膜透气率虽大，但强度低，易撕裂，且不能与塑料薄膜热合，粘接比较困难。因此，从整体性能考虑，应优先选用性能优良的织物涂层硅膜制作硅窗。

在薄膜袋（帐）体上镶嵌硅窗时，要求膜厚度为0.05～0.1mm，一般采用直接热合法进行黏合。热合条件主要包括温度、压力和时间等3个方面。热合温度与薄膜的厚度有关。薄膜厚，热合温度高；薄膜薄，热合温度低。多数情况下，热合温度降低，影响封口处薄膜的强度，甚至会造成破裂。

（二）薄膜包装气调

1. 薄膜包装气调法的特点

薄膜包装气调法是指将贮藏原料装在由薄膜制作的密封袋中，然后放入包装箱内堆码或摆在货架上于贮藏库内贮藏。单个薄膜包装的货物装入量一般在5～30kg，因种类品种不同而不同。薄膜包装贮藏具有技术简单易行、使用方便、成本低，对贮藏设施适应性强等特点。如果设计合理、管理得力，可以取得良好的气调贮藏效果，应用范围比气调库更广泛。因而薄膜包装贮藏是目前我国果蔬保鲜膜的主要应用方式，在应用水平上居于世界前列。薄膜包装可以用于长期贮藏，但更适于中短期贮藏和运输过程及货架期的贮藏保鲜。

2. 管理要点

在应用薄膜气调贮藏时，首先要考虑贮藏产品的贮藏特性，看是否适应薄膜气调贮藏，选定适合的薄膜，然后制定贮藏方案，确定适宜的装量及管理方法，尽可能考虑结合其他的贮藏保鲜技术，如冷藏、辐照、防腐保鲜剂的配套使用等。

1）严格按照薄膜包装的设计条件进行贮藏

不同原料薄膜包装贮藏的技术体系，都是根据特定品种的要求，在特定的设计贮藏温度下确定的。因此考虑贮藏产品是否适应薄膜包装贮藏，要根据贮藏环境、产品生理特性来选择薄膜材料，不是任何产品都可用一种自发气调包装薄膜。

2）包装袋容量的确定

必须根据产品品种、贮藏条件等来确定袋装容量。不同的原料间的生理代谢、呼吸强度差异明显，那么装量和气体扩散的表面积比例也要求不一样的。此外还应考虑贮藏条件的影响。前面阐述了薄膜在不同温度下的气体渗透性能是不一样的，因此每个包装袋的包装量也会做相应的调整。

3）贮藏温度

每一种膜包装均有其特定的贮藏条件，尤其是特定的温度，不可随意调整薄膜包装内产品的装量及贮运温度，否则，容易出现低 O_2、高 CO_2 伤害，以及袋内结露，造成较大损失。对于土窑洞、通风库一类的变温贮藏设施中使用的小包装，应当在贮藏设计阶段采取措施，一般应以最高贮藏温度作为设计条件。

4）结露

包装袋内结露原因是贮藏产品水分的蒸发，加上温度下降导致，因此应避免在温度未平衡的时候进行产品包装和密封。

5）薄膜包装的气体管理

应根据不同产品及不同包装薄膜常利用以下方法：

（1）调气。定期放风，一般用 0.06～0.08mm 厚的聚乙烯薄膜作封闭袋，100cm×75cm 的袋子可装蒜薹 15～20kg，或芹菜 12.5kg。这种方式容器小，装量少，一批 100t 的总贮量需分装 6000～8000 个袋子，要想逐袋都精细地进行调气是不可能的，只能采用取样测量整批放风的管理方法。通常是每 300～500 袋为一批，设若干代表袋（2%～5%），定期检测各代表袋内的气体组成并计算平均值。当达到规定的 O_2 或 CO_2 极限，整批袋子都打开袋口放风，换入新鲜空气，再扎口封闭。如此往复，O_2 和 CO_2 在一个较大幅度内变动。目前生产中蒜薹贮藏即采取定期放气的方法。

（2）不调气。采用 0.02～0.05mm 厚的薄膜或微孔薄膜（人工打微孔）进行贮藏时，可利用专用薄膜自身的选择性透气特性，贮期内不开袋调气，可维持袋内较平稳的气体指标，不致达到有害的程度。

（3）硅窗袋自动调气。利用硅橡胶膜镶嵌在薄膜包装袋构成一定面积硅橡胶窗，一般透二氧化碳率比透氧率高 3～4 倍。能根据不同贮藏产品对气体的适应性而维持一个适宜、稳定的气体指标。硅窗袋在苹果、蒜薹气调冷藏上获得了成功应用。

6）定期取样检查

是薄膜包装气调贮藏管理过程中的重要环节。对于同期入贮、同品种规格的薄膜小包装袋，应抽取其中 3～5 个，在袋上设置取样孔，置于便于取样的位置，每间隔一段时间即对袋内气体进行取样分析，发现异常，应及时采取补救措施，通风放气或提前出库。

（三）薄膜气调帐贮藏

将装盛水果、蔬菜的容器按一定方式堆叠在垫板上，成一个大垛，将整个大垛放在袋内，扎口封闭形成一个封闭的贮藏环境，借助于贮藏产品的呼吸和薄膜帐的透气调节，使帐内形成气体调节的贮藏环境，这种方法称为薄膜气调帐贮藏。与气调库相比，薄膜气调帐贮藏，方法简单，易操作，初期投资少，运行费用低，常用于长期贮藏的水果蔬菜。

1. 气调帐的类型与特点

1）塑料薄膜大帐

塑料薄膜大帐贮藏是由塑料薄膜围成的大帐作为贮藏空间的贮藏方式。大帐上设有调气孔，产品贮藏期间可以通过调气孔对气体状态进行调整。

2）硅窗气调帐

硅窗气调帐是指将硅橡胶薄膜镶嵌到塑料大帐上的气调帐。一般情况下，硅橡胶薄膜面积较塑料薄膜面积小的多，所以称为硅窗气调帐。

3）硅窗薄膜集装袋

1963年首先由法国研究成功。用0.15～0.18mm厚的聚乙烯薄膜做成方底的封闭袋，将装盛水果、蔬菜的容器按一定方式堆叠在垫板上，成一个大垛，将整个大垛放在袋内，扎口封闭。法国生产上应用有两种规格的硅窗薄膜集装封闭袋，其中CA-500型底边为1.3m×1.3m，高2.7m，可装果实500～800kg，因产品种类和贮藏温度而异；CA-1000型底边同上，高4.5m，装量1000～1400kg。薄膜封闭袋上装嵌有一定面积的硅橡胶气体交换窗。这种封闭的集装袋，可用铲车搬运并在冷藏库内码叠起来。由于有硅橡胶气体交换窗，可以进行自动调气，不必再由人工调节。

2. 气调帐结构形式与规格

薄膜气调帐通常有两种不同的结构型式，即尖顶气调帐和平顶气调帐。尖顶气调帐主要用于果蔬产品的堆藏，平顶气调帐主要用于箱（筐）装果蔬产品的贮藏。

1）尖顶气调帐

尖顶气调帐需要制作相应的帐架作为薄膜帐体的内支撑。同时，还要采取必要的围挡措施，以无异味的杨、柳木条，竹板制作为宜，以约束帐内的贮物，不至于使薄膜帐体产生大的变形。其特点：可防止帐内薄膜上的结露形成的水珠滴至果蔬上；适宜于果堆散堆贮藏，而散堆贮藏既有利于帐内气体组成的均匀性，又具有良好的散热效果，且能取得最大占空比，降氧速度快；对于硬度较小的果蔬，如果堆藏时，帐高不宜过大；建造复杂；适宜长期贮藏的果蔬。

2）平顶气调帐

平顶气调帐主要用于箱（筐）装果蔬的贮藏，一般以箱（筐）垛作为内支撑，外置塑料薄膜。其特点：制作简单，不需采用专门的帐架；只适于筐（箱）装的果蔬，因此，降氧缓慢，而且由于筐（箱）的隔离作用，帐内气体的均匀性和散热性不及散堆贮藏方式；帐内结露水滴直接滴到箱上；使用方便，出入帐都无需倒箱（筐）；适于果蔬的中短期贮藏。

3）气调帐规格尺寸的确定原则

气调帐的规格，应当根据所贮果蔬品种的特点及贮藏设施的具体情况来确定。气调帐的规格直接影响到贮藏设施的空间利用率，适当增大单帐容量，可提高贮藏设施的利用率，减少调气工作量。但单帐容量过大，会造成帐内温度和气体成分不均匀等问题。从运输角度考虑，气调帐的容量小一些更加灵活，一般单帐容量在5000kg以下为宜。气调帐的具体规格可以根据需要确定，但从贮藏管理角度考虑，提倡采用定型系列化气调帐，便于规范化管理与操作。

气调帐结构尺寸，主要根据帐内的散热效果和贮藏设施的情况。立方体气调帐的散热效果最差，气调帐中的长、宽、高三个尺寸中的某一个越小，则越有利于散热，但如果气调帐形状太扁，不利于贮藏设施的空间利用。所以在气调帐设计时，往往限定大帐的宽度，然后通过调整长度改变大帐的容量。果蔬的呼吸强度越大，大帐的限定宽度值应当越小。气调帐的高度则主要依据大帐的稳定性和果蔬或其包装的承压能力等因素来确定。当采用箱（筐）贮放或散堆硬度较大果蔬时，可适当增加气调帐高度；对于硬度较小的果实，如番茄的贮藏，不宜超过 0.5m，欲加大单帐贮量，可制作多层帐架进行贮藏。

3. 气调帐的贮藏管理

1）入贮

气调帐贮藏农产品的入贮包括三个环节：立帐、入帐、封帐。

（1）立帐。指帐架在贮藏设施内组合并定位的过程。为了入帐及调节管理方便，一般会在设有硅窗的一面应留出 1m 左右的工作主通道，其余各面与其他帐体或墙壁之间应留出 60～80cm 的间隙。在对库位进行整体规划的基础上，应从距离库门最远处开始，立好一个或几个，待入帐、封帐完成以后再立。立账时首先平整地面，将裁好的帐底料在地面上铺好，然后将骨架在底料上组装好，在骨架四角与底料接触处垫几层塑料薄膜或纸板之类的缓冲物，以防底料被扎破，破坏气调帐的气密性，之后再将准备好的衬垫物铺在帐底，即可入帐了。

（2）入帐。指原料入贮的过程。当产品入尖顶气调帐时，应当在帐架的四周加围挡物，以保证产品不随意滚动。如果原料装箱后入平顶气调帐，只需整齐堆码，并保证帐内散热和气体流通，不易倒塌即可。

（3）封帐。指将气调帐两部分接合封闭的过程。封帐之前，应首先检查帐体的气密性，然后将帐扣在入帐完毕的帐架之上，采用热合、卷边、挖槽后密封等方式连接气调帐底部与帐底料。最后将大帐上的所有袖口扎紧，使调气孔、取样孔等全部处于关闭状态。

2）管理

在产品从入贮到出帐的整个过程，气调帐的贮藏管理应注意以下一些问题。

（1）入帐时要严把原料质量关，防止虫、伤、残、次产品入帐。同时注意轻拿轻放，避免碰伤，严禁整筐货物从高处翻倒。对于固定面积硅窗帐和塑料大帐贮藏，在入帐时要严格按气调帐的设计贮量入贮，过量或不足对贮藏都是不利的。对可调硅窗帐，贮量不必严格控制，而是应当充分利用帐内的贮藏空间。

（2）降 O_2 过程中，做好气调帐气密性检查工作，以确保降氧过程顺利进行。有条件的可人为强制降 O_2，利用制氮机与塑料帐两端相连，可充入 N_2，快速降 O_2。

（3）气调帐进入稳定维持过程，帐内 O_2 浓度降到设定指标时，通过对硅窗和气孔的调节及采用消石灰作为 O_2 吸收剂，实现对 O_2 和 CO_2 的双指标控制。要定期更换消石灰，防止 O_2 过高。

（4）气体调节过程中一定要有专人管理、勤测气、记录，以确保帐内气体指标符合要求，防止出现气体伤害或者气体指标达不到而造成贮藏果蔬的损失。

（5）由于气调帐内的气体组成一旦破坏，重建十分困难，因此最好一次出帐销售。

总之，自发气调贮藏具有节能、设备投资低、出库灵活、便于管理等特点，所以国内外的相关研究与应用均较多，已被广泛用于果蔬的贮藏保鲜，目前在许多发达国家，新鲜果蔬的薄膜小包装已像其他日常食品的包装一样普及。近年来，薄膜包装贮藏在我国也取得了较大的发展，许多果蔬专用保鲜膜投入使用，并取得良好的社会和经济效益。如用于苹果、梨、葡萄、柑橘、香蕉等水果及番茄、青椒、蒜薹等蔬菜的薄膜小包装贮藏，都得到了不同程度的发展和应用，一些自发气调包装贮藏的效果可接近或达到气调库的贮藏保鲜效果。实践表明，这种贮藏方式适合于我国目前的国情，也符合果蔬贮藏保鲜的发展方向，应得到大力的开发与推广。

第三节　传统贮藏

一、通风库贮藏

通风库是利用空气对流的原理，引入外界的冷空气而达到调节贮藏环境的温度、湿度和气体组成，以提高产品贮藏效果的贮藏方法。

通风库具有良好的隔热保温性能，设置较完善而灵活的通风系统，利用昼夜温差，通过导气设备，将库外低温空气导入库内，再将库内热空气、乙烯等不良气体通过排气设备排出库外，从而保持产品较为适宜的贮藏环境。但是，由于通风库是依靠自然温度冷却贮藏，因此，受气温限制较大，尤其是在贮藏初期和后期，库温较高，难以控制，影响贮藏效果，后经过改良，利用电风扇、鼓风机、加冰或机械制冷等方法加速降低库温，再应用相应的保鲜袋、防腐保鲜剂处理，用于苹果、梨、大白菜等果蔬贮藏保鲜，其保鲜效果几乎可以达到普通商业冷库的效果，但库体与设备投资可节省 60%，节能（电）90%。因此，即使在一些发达国家，尤其是自然冷源比较丰富的地区，出于节省能源和经济效益的考虑，通风库贮藏形式依然有应用。

（一）库址选择和库形设计

1. 库址的选择

从区域考虑，库址的选择应依据当地资源状况、经济状况、能源及水源状况、交通运输状况、区域环境状况等综合考虑，除了满足机械冷藏库、气调贮藏库址选择的要求外，有丰富的自然冷源必不可少。

从具体建库地点考虑，通风贮藏库宜建筑在地势高燥，通风良好，没有空气污染，交通较为方便的地方。通风库的方向要根据当地最低气温和风向而定。在北方以南北长为宜，这样可以减小冬季寒风的直接袭击面，避免库温过低；在南方则采用东西长，以减少阳光东晒及西晒的照射面，加大迎风面。

大中型库选址时，要对库址的地形、地质、洪水位、地下水位等情况进行认真调查和必要的勘探分析。库址要有良好的地质条件，多层冷库的地耐力应大于 $15t/m^2$。库址处的地下水位要低，库址的标高要高出附近河流最高洪水位 0.5m，以便生产废水、地面雨水等自流排放。

2. 通风库的结构和建造

通风库的类型多样，根据库体位于地面的上下位置，划分为地上、半地下、全地下式三种；根据空气流动又可分为自然通风库和强制通风库两种。

传统自然通风库主要是依靠檐窗、天窗、门、侧旁气孔通风换气，换风量小，降温速度慢，库体隔热层薄，库温昼夜波动大，因此，人们对通风库进行了改造，改良式通风库设计要点是：

1）地势

在地下水位允许的情况下，一般选采用地下或半地下式建筑。当库内地面深至地下4～4.5m时，不仅造价低，而且蓄冷隔热效果好。

2）走向

库体南北走向，北或东开门，以减少高温季节出入库时热空气进入，以及减少太阳辐射。

3）几何尺寸

库内较佳的长宽比为3∶1，小型库高度宜3.5～4.5m，以利于通风和提高利用率。

4）保温

地面裸露部分（包括库顶）增设一定厚度的保温层，其隔热热阻应大于1.52，一般以膨胀珍珠岩为典型经济隔热材料（即导热系数与价格乘积最小）。有条件的地区可建造夹套库，标准夹套库为主体库的四周、上下均与周围土层有通风口，或形象地说大库中悬浮小库。或建造改良式夹套库即主体库的四周、下部有通风道。墙体、库顶均可以采用膨胀珍珠岩、稻壳、麦糠为保温层，或墙体培土保温蓄冷。若以土为保温层，热阻要达到1.52，根据经验值推算其土层厚约1m。根据土壤传热理论计算，9月份库顶最高气温传入土层深度为1.62m，因此库顶覆土需大于1.8m。

5）通风

安装轴流排风机（扇）强制通风。通常从门进风，在门相对的库壁距地2～3m高处设排风机。全地下库可另设风道，但最小截面积为0.8～1.0m^2。根据经验在我国北方地区，每1h的通风量为库体积的15～20倍最佳，用优化方法计算，采用大烟（风）囱通风时，最小直径1.63m，最大高度为6m。采用风机通风时，通风的方式有排风、鼓风及卧式送风，其中以轴流式排风效果最佳，降温速度最快，通常温度滞后仅0.5h。

通风系统以风流程划分有直通式、走廊式、夹套式、分道式、接力式等。直通式用于普通单体库；走廊式用于“非”字形库群，或大库小贮藏室；夹套式和分道式既可用于单体库，又适用于库群，特点是秋季能有效地切断地热，有利库体快速降温，整体通风效果好，库温均匀。冬季利用分道（盖板、调节门关闭）通风，既避免保鲜产品遭受冻害，又进一步冷却周围土层和围护结构温度，达到充分蓄冷的目的，使冬季通风蓄冷与贮藏产品同期进行。有条件时还可以在夹套、分道内贮冰，延缓春季库温回升。

（二）使用管理要点

1. 消毒

准备工作库房及设施消毒处理通常用医用来苏儿（或40%福尔马林1000倍液）喷洒，或硫磺熏蒸处理均可。硫磺用锯末等助燃物品点燃，用量10～15g/m^3，洒完药剂及硫磺点燃后密封库房2～3d，消毒期间原则上人不得进入库内，特别是熏硫对人的呼吸道有较强的刺激和腐蚀作用。库房消毒后启动风扇通风1～2个晚上方可使用。做好设施维修检查和贮藏用物品准备，如保鲜袋、保鲜剂及地面托盘、棉门帘等。利用夜间低温通风降温，将库房预冷。

2. 温、湿度管理

温度是通风库管理的技术核心，而且不同的果蔬要求不同的贮藏温度。由于改良式通风库均有强制通风设施，所以可根据库外气温来适当调节库温。如北方苹果贮藏库在温度高于−1℃时，只要库外气温低于库内温度，就立即启动排风扇通风，引入冷空气降低库温。在我国北方地区，库温降至0℃的时间，改良库比普通库提前25d，维持0℃库温的时间可为110～120d。

南方柑橘通风库在果实入贮前期的温度管理似北方苹果通风库，在不使柑橘产生冷害的温度条件下，发汗后，夜间充分利用自然低温通风降温。根据库温情况，调节楔形送风管道的出口截面，以调节出风量。初期库房一次夜间通风降温幅度可达3.5℃，果温可降低4.5℃，而传统库（未改造库）只能降温0.8℃，果温降低1.0℃。若在进风口加设湿帘装置，既可提高通风降温效果，又可改善库内湿度，使相对湿度稳定在85%左右。

贮藏中期温度管理：北方苹果库应注意冻害并重视土层和围护结构蓄冷，当外界气温低于−8℃时可间歇通风，或改排风方式为送风，或白天通风。夹套、分道式通风库应利用通风系统优势加强蓄冷。南方柑橘库通风注意防止冷害，同时加强土层和围护结构蓄冷，还要注意温、湿度调节。

贮藏后期库房管理重点是保冷降温，白天注意挂好棉门帘，关闭门窗（通气孔），严格保冷，防止库内外空气交流，库房作业尽可能安排在气温偏低的早、晚进行。另外，寒流时（若气温低于库温），立即启动风扇通风降温。有条件地区可辅以简易机械制冷，柑橘自然通风库在四川等南方地区，3月份以后库温回升快，果实腐烂率增加，若能辅以小型机械制冷降温，对减少贮藏后期腐烂，防止水肿病十分有利。

二、其他传统贮藏方式

其他传统贮藏主要包括堆藏、沟藏（埋藏）、窖（穴、窑）藏等简易贮藏方式，是劳动人民在长期生产实践中发明创造出来的贮藏方式。这类贮藏设施投资少，结构简单，并且经过改造、完善后具有良好的利用价值，在我国当前的果品蔬菜贮藏中，尤其在广大农村地区，仍然占有不可忽视的地位。

这些传统贮藏没有行之有效的控温手段，只能选择一种比较适宜的环境、温度和时期进行贮藏。贮期管理的主要工作为覆盖物的调节，通风量的调节以及产品检查。入贮初期贮藏堆或窖顶少盖或不盖干草、泥土等覆盖物，充分通风，以迅速除去入贮产品的田间热，使温度降下来。随气温下降，逐渐加覆盖层，以利保温。窖藏的通风，在入贮初期可把风口全打开，充分利用夜间低温来降温；以后随季节推移，灵活控制风口的数量、打开程度、日夜通风时间，以维持适宜温度并使窖内换气。此外，还常按气温和季节变化在简易贮藏设施侧面设风障或阴障，以辅助保温或降温。例如，在贮藏初期，可在南面设阴障挡住直射阳光，以利降温；而进入严冬后，可将同一阴障移到北侧作为风障。对于人员可以进出的贮藏设施，还应经常检查贮藏产品的质量，发现腐烂严重时，应及时处理或终止贮藏。

在我国西北的黄土高原地区，可以对传统的窑窖加以改进，完善其通风降温功能，创立了独具特色的土窑洞贮藏方式。在我国东北地区有丰富的冬季冷资源，可以利用起来建成冰窖用于农产品的贮藏。

第四节　生物技术保鲜

目前，控制果蔬采后病害的最有效手段是冷藏结合化学杀菌剂处理，但由于化学杀菌剂残留危害人类健康及植物病原菌对化学杀菌剂产生抗药性，迫切需要研究无害高效防腐保鲜剂产品及技术，以取代化学杀菌剂的大量使用。因此，寻找安全无毒的生物保鲜技术，用于取代化学保鲜方法已成为人们关注的热点，并已在可研、产品开发和生产应用等方面取得了丰硕的成果。

生物保鲜技术的原理是多方面的，包括隔离产品与空气的接触、延缓氧化作用、抑菌或杀菌、调节果蔬生理代谢、改良果蔬产品贮藏特性等。

一、涂膜保鲜

涂膜是指通过浸渍、涂刷、喷洒而覆盖在果蔬表面的一层薄膜，是为了防止气体、水气和溶质的渗透而提供的一层选择性保护膜，可以减少失水，降低干耗；适当抑制呼吸，减缓果蔬衰老；使果蔬呈现诱人的光泽，改善外观，提高商品外观质量。发达国家特别重视这项技术的研究和开发，现已大量用于苹果、梨、柑橘、杏子、油桃、柠檬、油梨、西番莲、芜菁、胡萝卜、甘薯、黄瓜、甘蓝、南瓜、马铃薯、番茄、辣椒和茄子等产品。

（一）涂膜剂的种类和成分

涂膜的成膜物质可以是多糖、蛋白质或脂质等。多糖类涂膜剂一般属亲水性聚合物，阻湿性通常较小（即透湿性较大），某些透湿性大的多糖薄膜往往透氧性较小，主要用于对氧气敏感的无生命食品，使之不被氧化。蛋白质类涂膜剂阻湿性也较低，但有一定的阻氧性，很少用于新鲜果蔬。脂类涂膜剂的极性较低，它们的主要功能通常是阻止失水；但通过适当调节，脂类涂膜剂具有一定的透氧性和透二氧化碳性，可防止缺氧和高二氧化碳伤害。因此，目前新鲜果蔬涂膜主要选用以脂质化合物为主要成分的脂类涂膜剂。

脂类涂膜剂包括蜡膜涂膜剂、天然树脂膜涂膜剂和油脂膜涂膜剂等。蜡质有矿物蜡（石蜡）、动物蜡（蜂蜡）和植物蜡（巴西棕榈蜡）等，蜡的阻湿性大大高于多数其他脂质或非脂质薄膜，尤其是石蜡和蜂蜡。石蜡和蜂蜡涂层的良好阻湿性与它们的分子组成有关，石蜡是一种高分子质量的白蜡，是脂族石油的最终产物，是由各种长链饱和碳氢化合物组成的混合物。蜂蜡是由蜜蜂腹部的蜡腺分泌出来的蜡，为灰黄色固体，主要成分是棕榈酸蜂酯和蜡酸的混合物，由71%的疏水长链酯化合物、15%的长链碳氢化合物、8%的长链脂肪酸及6%的未知成分组成。石蜡不含极性基团，而蜂蜡的极性基团含量又相对较少，这无疑是它们具有良好阻湿性的原因所在。巴西棕榈蜡是由巴西棕榈叶加工所得到的蜡，为黄绿色固体，其主要成分是棕榈酸蜂酯和蜡酸。蜡还具有较高的阻止苹果酸根离子迁移的能力，其中石蜡和巴西棕榈蜡的阻止性最好，蜂蜡稍次。这使蜡涂层在保持果蔬表面的防腐剂浓度方面起着重要作用。防止易腐果蔬失水的蜡质除石蜡、蜂蜡、巴西棕榈蜡外，还有小烛树蜡和米糠蜡等。天然树脂为天然存在的水溶性的羧酸、精油及其他物质的混合物，多含在各种树木之中。天然树脂中，醇溶性虫胶成膜性好，干燥快，有光泽，在空气中稳定，适合作为涂膜保鲜剂使用。虫胶又称紫草茸，是由虫胶树上的紫胶虫吸食消化树汁后，分泌液在树上凝结干燥而成。呈紫红色，经精制后成淡黄棕色。主要成分是光桐酸酯类物质，不溶于水，溶于乙醇和碱性溶液。

油脂具有油腻性，主要成分是脂肪酸的甘油酯，不溶于水。以上几个类型的涂膜剂是以动植物蜡、石蜡、天然树脂、油酯类为造膜成分。这些物质都不溶于水，需借助溶剂、乳化剂或机械力的作用，才能制成溶液或水乳液。近几年来，含有聚乙烯、合成树脂、乳化剂和润湿剂的配方逐渐普遍起来。在使用水溶性的涂膜剂时，可加入少量合适的润湿剂以促进其在果蔬表面均匀分布。此外，当需要一种稳定的油，水乳浊液涂膜时，可加入乳化剂。以此类涂膜剂为载体加入防腐剂可抑制微生物的入侵。

（二）涂膜处理方法及设备

涂膜处理方法最初是把石蜡、松脂和虫胶等加热熔化，果蔬在其中瞬时地浸渍。还有一种方法是把石蜡等混合物溶于有机溶剂中，以喷雾的方式涂膜。因后者有发生火灾的危险，所以现在广泛采用水溶性蜡，如采用表面活性剂吗啉使巴西棕榈蜡乳化，再加上水和油酸的悬浊液来使用等。水溶性蜡的制法和混合比例因生产的公司而异，使用效果也有差别。

涂膜处理方法有浸涂法、刷涂法、喷涂法和起泡法。浸涂法最简便，即将涂膜剂配制成适当浓度的溶液，将产品浸入，蘸上一层薄薄的涂料后，取出晾干即成。因为浸涂会在果蔬表面留下较多的涂膜剂，这个方法不常用。刷涂法即用细软毛刷蘸上涂膜剂溶液或粉末，然后将产品置于刷子之间辗转擦刷，使产品上涂一层薄薄的涂料膜。涂刷应当保证刷子和产品之间有一个最小的有效速度，以免损伤果蔬。喷涂法是在经过清洗、干燥的产品外边喷上一层均匀而极薄的涂膜剂。喷涂法较费涂膜剂，但可以通过收集盘回收喷涂产品周围的涂膜剂。起泡法是将一个泡沫发生器装在一个适当的刷头上，并用液态涂膜剂喷向果蔬形成泡沫，当水分蒸发后在果蔬外表留下很薄一层涂膜剂。涂膜后通常随着刷拂，使涂层一致并有光泽，有时必须吹热风使表面的涂膜剂快干及固定。目前世界上新型的涂膜机（喷蜡机），大多数由清洗、擦吸干燥、喷涂、低温干燥、分级和包装等部分联合组成。

（三）涂膜应注意的问题

涂膜处理过程中必须注意：一是涂层的厚度应视果蔬的种类和品种而异，过薄起不到保护层的作用；过厚则会引起缺氧呼吸，甚至导致腐烂。二是为了防止病菌引起的腐烂可加入杀菌剂等以增效。大量涂膜处理时应该使用机械连续作业；但机械作业时，往往会对果蔬造成机械伤害，在贮藏后期腐烂率会增高。另外，涂膜不是对所有果蔬保鲜都有利，如山药涂蜡就不能得到抗生理病害和病理病害的好处。

二、天然提取物运用于果蔬保鲜

近年，以天然植物提取物代替化学合成物质作为果蔬保鲜剂成为研究热点。用于果蔬保鲜的天然植物种类很多，仅中草药就有 5000 余种，主要包括一些香辛和富含黄酮类物质的植物。例如大蒜提取物能抑制灰霉菌孢子萌发和菌丝生长。蒋继志等研究表明，大蒜、韭菜水提物及丁香、大黄水煎剂较高浓度时对立枯丝核菌和胶胞炭疽菌有较强的抑制作用，浓度较低时则无明显影响或有轻微的促进病菌生长的作用；连翘水煎剂的多种浓度对胶胞炭疽菌有强抑制作用，对立枯丝核菌无明显影响。陈皮、肉桂、丁香、五倍子、艾叶、辛夷、姜黄、川芎、虎仗和蜂胶等中草药提取物对果蔬致腐真菌扩展青霉和黑曲霉的抑制作用，其中丁香提取物抗菌活性较强，对扩展青霉和黑曲霉的 MIC 分别为 25%和 50%。马齿苋中含有丰富的黄酮类物质，刘绍军等研究其提取物对灰葡萄孢霉、黑曲霉和毛霉均有明显的抑制作用，最低抑菌浓度不超过 80mL/L，用 100mL/L 马齿苋提取物处理贮藏期番茄，抑菌防霉效果明显。

多糖类物质是近年来研究较多的一类天然提取物，其种类繁多，广泛存在于动物、植物、微生物（细菌和真菌）中，它们又可分为胞外和胞内多糖。其中研究较多的是植物多糖和微生物多糖，如茁霉多糖、NPS 多糖、黄原胶、壳聚糖、魔芋胶等。

壳聚糖是从虾、蟹、昆虫等节肢动物的外壳及真菌、藻类等低等植物细胞壁中得到的甲壳素，经酸化所得的含氮多糖类物质，具有良好的成膜性，隔离产品与空气的接触，可起到微气调的作用，抑制果蔬的呼吸，并且该膜可将食品与空气隔离，延缓氧化；壳聚糖还具有良好的抑菌作用，它对腐败菌、致病菌均有一定的抑制作用；壳聚糖分子中的羟基与氨基可结合多种重金属离子形成稳定的螯合物，例如铁、铜等金属离子与其结合可以延缓脂肪的氧化酸败；壳聚糖无味、无毒无害，在果蔬贮藏保鲜上应用越来越广泛。

三、利用生物酶保鲜

生物酶保鲜主要是制造一种有利于果蔬保鲜的环境，根据果蔬表面微生物特性而筛选的对其有抑制作用的酶类，几丁质酶、β-1,3-葡聚糖酶是研究较多的果蔬产品生物保鲜酶。β-1,3-葡聚糖酶和几丁质酶是重要的水解酶，能促使植物抵抗真菌和细菌的侵害，几丁质酶和 β-1,3-葡聚糖酶具有协同作用。

（一）利用 β-1,3-葡聚糖酶保鲜

β-1,3-葡聚糖酶（EC 3.2.1.39）属于 PR-2 系类抗病害蛋白，是植物抗真菌病的重要抗性物质之一能够直接水解 β-1,3-葡聚糖和几丁质，这二者均是真菌细胞壁的重要结

构成分，从而使细胞内含物外溢，导致病原菌死亡。β-1,3-葡聚糖酶不但能够抑制真菌的生长，而且还可以释放真菌细胞壁的诱导物，间接促进寄主体内植保素的积累增加抗病能力。研究表明：β-1,3-葡聚糖酶对苹果、梨、香蕉的采后抗病有显著的效果，能有效抵御真菌造成的采后腐烂，能在采后贮藏期发挥保鲜的作用。

（二）利用几丁质酶保鲜

几丁质酶（chitinase Ec. 3. 2. 1. 14）广泛存在于各种植物、动物及微生物细胞和组织中，在真菌分裂增殖过程中起着水解细胞壁的作用，植物产生的几丁质酶则可以通过水解病原菌的细胞壁，降解其几丁质含量，因而在植物抗真菌病害中起着重要的作用。

杨合同等人通过对 60 株木霉菌进行平皿实验研究表明：几丁质酶是防治植物真菌性病原菌的主要机制之一，它能降解真菌的细胞壁。Z. Tabaeizadeh 等人研究发现几丁酶能有效地抵御番茄枯萎病病原菌的侵袭。研究表明：几丁质酶可用于番茄、苹果、大豆等果蔬的采后贮藏保鲜，能显著抑制真菌生长。

（三）利用葡聚糖酶和几丁质酶协同保鲜

β-1,3-葡聚糖酶和几丁质酶是两种重要的细胞壁水解酶，在植物抗病过程中存在着相关性，在抑制真菌生长过程中二者具有协同的抗真菌作用。Mauch F. 等人从豌豆荚中分离了几丁质酶和 β-1,3-葡聚糖酶，经过体外抑菌实验表明：在这两种酶共同处理 18 种真菌时，有 15 种真菌受到抑制，而当用几丁质酶和 β-1,3-葡聚糖酶分别单独处理时，仅有一种菌受到抑制。所以几丁质酶和 β-1,3-葡聚糖酶协同作用比单种酶抑菌能力更强，它们对菌的抑制作用不是一种简单的累加，而是一种互补的协同增效作用。Zhulong Chan 等人在对苹果汁和苹果伤口处进行实验时，选用了两种酵母和三种真菌，观察其交互作用，结果显示采用此种生物防治时，同时提取出了很高活性的几丁质酶和 β-1,3-葡聚糖酶，有效地使用在苹果的抗病害方面。

在实践中，利用几丁质酶和 β-1,3-葡聚糖酶进行香蕉、甜菜、苹果、西红柿等采后抗病害方面，已表现出良好的应用前景。

四、应用拮抗菌保鲜

就是利用微生物之间的相互拮抗作用，用一种安全无害的微生物来抑制另一种致病微生物的保鲜技术。国内外研究者近年来研究发现了一些具有发展潜力的果蔬保鲜拮抗菌：酵母菌（如汉逊德巴利酵母、假丝酵母、隐球酵母、红酵母、丝孢酵母、柠檬形克勒克酵母、膜醭毕赤酵母等）；细菌（如芽孢杆菌、假单胞杆菌、放线菌等）；霉菌（如木霉、青霉等）。

拮抗菌的保鲜机理还不十分清楚，概括起来包括以下几个方面。

（一）分泌抗菌物质

有些拮抗菌能产生抑制病原菌的抗菌物质。这些抗菌物质一般在低浓度下就能对病原菌的生长和代谢产生抑制。能够产生抗菌素的拮抗菌主要是细菌，如枯草芽孢杆菌能分泌一种伊枯草菌素，某些假单胞菌能产生吡咯烷酮类抗菌素等，对多种重要水果的病原菌有拮抗作用。一种细菌有可能产生多种抗菌素，一种抗菌素也可由多种细菌产生，人们从枯草芽孢杆菌的不同菌株中分离到的抗菌素就多达几十种，这些抗菌素结构各异，可以是简单分子，也可以是复杂化合物。

（二）重寄生作用

重寄生作用是指拮抗菌以吸附生长、缠绕、侵入、消解等形式抑制病原菌，以达到抑菌的效果。比如部分拮抗酵母能在病原菌菌丝上附着定植，并分泌几丁质酶和β-1，3-葡聚糖酶促使菌丝细胞壁溶解。一般认为，病原菌细胞壁溶解可能与拮抗菌产生的葡聚糖酶和几丁质酶有关。但是在拮抗菌果蔬生物保鲜中，重寄生作用被认为不是主要的保鲜因素，因为重寄生作用比较缓慢，并且重寄生性拮抗菌的存活和增殖需要以一定量病原菌的存在为基础，而果蔬保鲜是要尽可能多地排除和消灭病原菌。

（三）营养和空间竞争

在拮抗菌果蔬生物保鲜中，营养和空间竞争尤为重要。果蔬采后病原菌侵染的途径一般有两种：皮孔、气孔等自然孔口和伤口，而在采后贮运过程中以后者为主要途径。拮抗菌通过与病原菌竞争果蔬表面的营养物质及侵染位点，利用伤口营养大量繁殖，尽可能快地消耗伤口营养，并占领全部空间，使得病原菌得不到适合的营养与空间条件，从而降低果蔬表面病原菌数量，抑制病害的发生。据报道，众多酵母菌和类酵母菌主要以此作为生物保鲜基础。

（四）诱导果蔬抗性

在一些特定条件下，可诱导果蔬产品抗性，提高其抗病能力，生物诱导是其中一种。果蔬产品生物诱导抗病因子主要有拮抗菌、病原菌、菌体分泌物、蛋白质等。植物在遭到病原物或非病原物诱导时，常常通过木质素、胼胝体和羟脯氨酸糖的沉积、植物抗菌素的积累、蛋白质酶抑制剂和溶菌酶（几丁质酶和脱乙酰几丁质酶等）的合成来增强细胞壁的抗性，这些过程涉及苯丙氨酸解氨酶（PAL）、过氧化酶（POD）、多酚氧化酶（PPO）与超氧化物歧化酶（SOD）等酶的活性。拮抗菌诱导植物抗性在G-细菌如假单胞菌和真菌已有很多研究报道，芽孢杆菌诱导植物抗性作用的报道相对较少，但已经证明诱导植物抗性也是其重要的生防机制之一。Lppolito等人研究发现出芽短梗霉（*Aureobasidium pullulans*）对苹果的β-1，3-葡聚糖酶、几丁酶和过氧化物酶有明显的诱导作用，范青等人研究发现拮抗菌季也蒙假丝酵母（*Candida guilliermondii*）和膜醭毕赤酵母（*Pichia membranaefaciens*）可刺激桃果实伤口几丁酶和β-1，3-葡聚糖酶的产生。拮抗效果与拮抗菌、病原菌和植物有关，植物与拮抗菌、病原菌之间的作用涉及分子识别、信号传导和基因表达等一系列过程。诱导果蔬抗性的保鲜机理比较复杂，目前尚不十分清楚。

对于大多数拮抗菌来说，与病原菌在营养和空间上的竞争是最主要的，而有些拮抗菌能产生抗菌物质，有些具有对病原菌的重寄生作用，其保鲜机理往往是多个层面上的。

国外拮抗菌用于果蔬采后保鲜的研究始于20世纪80年代中期，主要是从苹果、柑橘、梨、桃等水果上筛选拮抗菌，它们对水果采后主要病害具有明显的拮抗作用。很多拮抗菌已经进行了半商业化的实验，有的拮抗菌已经处于商品化应用阶段。目前，国外拮抗菌保鲜的研究热点集中在鲜切果蔬沙门氏菌、李斯特菌等病原菌的防治上。国内在这方面的研究起步比较晚，运用拮抗菌来进行果蔬采后保鲜的研究主要开始于2000年以后，研究领域主要集中在柑橘、苹果、葡萄等大宗水果的拮抗菌生物保鲜方面，其中柑橘生物保鲜方面的研究成为热点。

不过从应用的角度，拮抗菌生物保鲜还存在较多问题，首先是拮抗菌制剂的稳定性有待提高，拮抗菌制剂的效果与拮抗菌制剂的制备工艺、使用方法、环境卫生和园艺产品的生理状况等有着密切的关系，其多因素影响特性导致其使用效果不稳定；其次是拮抗菌的抗菌谱较窄，目前筛选的拮抗菌往往只对某类或某几类病原菌有拮抗作用，在广谱性抗菌谱的拮抗菌制剂研制工作方面，需要进一步的加强，筛选出具有更广抗菌谱的拮抗菌，或者运用分子生物学手段改造拮抗菌，使之具备更广的抗菌谱，或者通过多种拮抗菌协同作用和与其他保鲜剂协同使用以增加其抑菌作用；第三，基础研究亟待加强。由于拮抗菌生物保鲜的理论研究不够深入，对采后果蔬表面微生物群落组成、种群动态及其与病原菌的关系研究以及拮抗菌作用机制研究等尚不够深入，因而不能为高效、广谱的拮抗菌筛选、定向培育、改造及科学施用等提供依据。

五、利用微生物菌体次生代谢产物保鲜

多种微生物菌种发酵时的次生代谢产物中，含有抗菌素，具有很好的抑菌作用，可用于农产品的防腐保鲜。如枯草芽孢杆菌（*Bacillus stsubtilis*）分泌伊枯草菌素（iturin），洋葱假单胞杆菌（*Pseudomonas cepacia*）产生吡咯烷酮类抗菌素，木霉（*Trichoderma* spp.）产生吡喃酮（pyrone）等。

能够产生抗菌素的微生物主要是细菌，同一种细菌可以产生多种抗菌素，而且一种抗菌素也可由多种细菌产生。细菌素（Bactericin）主要成分是蛋白质、多肽、核苷酸、生物碱类。产生细菌素的细菌主要有：枯草芽孢杆菌、土壤放射杆菌（*Agrobacterium radiobacter*）、丁香假单胞菌（*Pseudomonas syringae*）、密执安棒形杆菌（*Clavibacter michiganensis*）、菊欧氏杆菌（*Chrysanthemum Euclidean coli*）、甘蓝黑腐黄单胞菌（*Xanthomonas campestris* pv.）等。自1945年Johnson等人报道枯草芽孢杆菌产生拮抗物质以来，人们已从枯草芽孢杆菌的不同菌株中分离出几十种抗菌物质，这些抗菌物质分子结构从简单到复杂，包括从杆菌肽（bacitracin）、大环脂（cycleopetite）到类似噬菌体颗粒等不同成分组成的物质，也有一部分低分子质量抗菌素、蛋白性抗菌物质。芽孢杆菌（*Bacillus* spp.）产生的肽类抗生素，肽链多呈闭合环状，几乎没有游离的氨基和羧基，能忍受蛋白酶的作用，但也有对蛋白酶敏感的，多数抗菌肽拮抗细菌，少数拮抗真菌，且拮抗真菌活性不强，抗菌谱窄，不能同时抑制多种丝状真菌。

一些真菌亦能产生抗菌素，如木霉菌通过产生木霉素（trichodermin）、胶霉素（gliotoxin）、绿木霉素（viridin）、抗菌肽（peptide antibiotic）等来抑制植物病原真菌。

六、利用基因工程技术进行果蔬保鲜

基因工程技术保鲜是将果蔬完熟基因、衰老调控基因、抗病基因、抗褐变基因和抗冷基因进行转导研究，从基因工程角度解决产品的贮藏保鲜问题。该技术是利用果蔬的遗传基因特性的改变，改善贮藏特性，延缓果蔬衰老，进行保鲜。目前，基因工程主要通过调节乙烯生物合成相关酶的含量或活性来阻断或减少果蔬中乙烯的产生，最终达到延缓果蔬成熟与衰老的目的，以及通过控制细胞壁降解酶的活性，以及延缓水果在后期成熟过程中的软化，来达到保鲜的目的。

乙烯生物合成的基因工程调控主要包括两个策略：一是抑制乙烯合成关键酶（如ACC合成酶和ACC氧化酶）基因和乙烯信号传递元件相关基因的表达；二是过量表达降解乙烯合成前体的酶（如ACC脱氨酶和SAM水解酶）基因。乙烯生物合成基因工程在果蔬保鲜中具有良好的应用前景，少数耐贮藏转基因果蔬已经实现商品化生产。

（一）利用ACC合成酶和ACC氧化酶基因工程技术保鲜

Oeller等人将ACC合成酶反义基因导入番茄，所得转基因番茄的乙烯合成严重受阻（乙烯含量减少99.5%），绿熟果实在大气中或植株上可保存120d，不出现呼吸高峰，只产生枯黄色，不变红，不变软，不产生香气，而当用外源乙烯处理后，果实可正常成熟软化。罗云波等人将反义ACC合成酶基因转入“丽春”番茄，得到了乙烯释放量仅占未转化对照果10%的转基因番茄。对照果转红15d后，基因果方呈绿黄色，不出现呼吸高峰。

ACC氧化酶是一类黄烷酮-3-羟化酶，催化乙烯生物合成的最后一步反应，也是乙烯合成的限速酶。Hamilton等人应用反义RNA技术将ACC氧化酶反义基因转入番茄，获得转基因植株的ACC氧化酶活性和乙烯合成能力均受到抑制，果实在室温下的抗过度成熟和抗皱缩能力大大增强。Pan等人获得的转反义ACC氧化酶基因番茄的乙烯生成量比未转化对照组下降了90%，转色期采收后3个星期果实才变红，并且变红之后也不像正常果实那样很快成熟，而是在室温下可继续耐贮藏130d，而对照组仅7d就变红，并迅速成熟软化。Xiong AS. 等人通过RNA干扰技术（RNAi）促使番茄ACC氧化酶基因沉默，所获得的转基因番茄最长货架期可达120d，并且总可溶性糖、氨基酸等的含量接近于未转化番茄。SilvaJA将苹果ACC氧化酶反义基因转入甜瓜，发现未转化对照果中乙烯浓度在开花期后25d剧增，果肉中叶绿素含量在成熟过程中锐减，并迅速软化，而转化果中乙烯浓度则一直较低，开花期后40d仍能保持较高的果实硬度和较高的叶绿素含量。

（二）利用ACC脱氨酶基因基因工程技术保鲜

ACC脱氨酶最早在土壤微生物中发现，催化ACC分解为2-丁酮酸和氨。在杆菌、根瘤菌以及某些酵母、丝状真菌中均有发现，但是至今尚未在植物体内发现。Kell等人从假单胞杆菌中克隆到了ACC脱氨酶基因，并在CaMV35启动子指导下使ACC脱氨酶基因在番茄中表达，所得转基因番茄在成熟过程中乙烯产量被抑制了90%～97%，室温下果实的软化进程明显减慢，采后4个月仍不变软，而未转化果实仅能存放2周。宋俊岐等发现转ACC脱氨酶基因番茄的乙烯合成降低了80%，果实在离体条件下能保鲜75d左右。

（三）利用SAM水解酶基因工程技术保鲜

SAM水解酶催化SAM的分解，使之不能向下合成ACC，也可以切断乙烯生物合成途径，从而达到贮藏保鲜的目的。编码SAM水解酶的基因也未在植物体内发现，人们从大肠杆菌噬菌体T3、沙雷氏菌（*Serratia marcescens*）噬菌体Ⅳ以及克雷伯氏菌噬菌体K11中分别分离得到了SAM水解酶基因。Good X等以E8启动子指导SAM水解酶基因在番茄体内表达，所得转基因果实采摘后乙烯释放量下降了80%，可贮藏3个月左右。

（四）利用细胞壁降解酶相关酶基因工程技术保鲜

果实软化及货架寿命与细胞壁降解酶的活性，尤其与多聚半乳糖醛酸酶和纤维素酶的活性密切相关，也受果胶降解酶活性的影响。将多聚半乳糖醛酸酶（PG酶）基因的反义基因导入番茄，可使PG酶基因不能编码正常的PG酶，显著抑制了番茄果实的成熟变软。Calgene公司1989年获得了PG基因及其使用的专利，并于1988年开始进行转基因番茄大田试验。美国联邦食品和药物管理局于1994年5月18日正式批准上市。

第五节　生理活性调节剂保鲜

生理活性调节剂是指对植物生长发育具有显著调节功能的微量物质，包括内源性和外源性两类，其中内源性的称为植物激素，而将人工合成的具有对生长发育具有显著调节功能的非植物激素类称为生长调节剂。按生理活性调节剂的性质和使用量的不同，可以促进生根、发芽、早熟、落花、落果、形成无子果实、消灭杂草等，也可以抑制生根、发芽、抽薹、成熟，防止落花、落果等。这些植物生理活性调节剂在农产品贮藏保鲜方面的应用主要有以下几个方面。

一、抑制离层形成，防止落粒、落蒂

具有这方面功能的有2,4-D（2,4-二氯苯氧基乙酸）、2,4,5-三氯苯氧基乙酸、萘乙酸（NAA）和萘乙酸甲酯等。2,4-D纯品为白色粉末，粗制品为黄灰色，有特殊刺激性气味，难溶于热水和酒精。实践证明2,4-D处理能有效防止柑橘果蒂脱落，具有很好的保鲜效果。另外，2,4-D还能抑制葡萄的脱粒和大白菜的脱帮等。

二、抑制发芽和抽薹

抑芽丹（MH）具有抑制农产品发芽抽薹的生理功能，可用来防止洋葱、马铃薯和

甜菜的发芽，防止夏播甘蓝、结球白菜和胡萝卜的抽薹等。洋葱和马铃薯的发芽是决定它们贮藏期限的重要因素，所以用 MH 抑制发芽进行常温贮藏时，对延长贮藏期限效果很好。不过需要注意的是 MH 本来具有神经性痉挛毒性，必须加以注意。除了 MH 以外，氯苯胺灵（CIPC）和四氯硝基苯（TCNB）等对抑制马铃薯的发芽也有效，可用熏蒸法等在收获后或发芽前对其进行处理。

三、抑制叶绿素降解，防止黄化

苄基腺嘌呤（BA）具有抑制老化的生理功能，处理叶菜类时，能抑制其呼吸和代谢，对保持绿色和品质效果明显。比如采前用 50mg/L 赤霉素（GA_3）喷施芹菜植株，可以减缓叶绿素的降解，保持维生素 C 含量，贮期延长，商品率大大提高。研究表明：用 0.002%苄基腺嘌呤溶液，处理叶类蔬菜，能够抑制呼吸和代谢，有效地保持叶菜的品质；在收获前用这一浓度的 BA 溶液喷洒青花菜，可明显抑制其收获后的呼吸作用；用一定浓度的 BA 溶液喷洒收获前的结球莴苣，采后在低温贮藏时，与未喷药的相比并无多大差别；但在转入 20℃时，未处理的开始变黄，而经过处理的仍保持绿色。这种保鲜剂适用于芹菜、莴苣、甘蓝、青花菜、大白菜等叶菜类和菜豆角、青椒、黄瓜等。其作用是抑制呼吸代谢，抑制叶绿素降解，延缓细胞老化，保持组织内较高的蛋白质水平。这种保鲜作用在常温下贮藏效果更为明显。

四、推迟成熟

有一类生长调节剂具有降低产品呼吸强度，推迟呼吸高峰的到来及延迟色泽的变化，从而具有推迟产品成熟和衰老的作用，如β-吲哚乙酸（IAA）可抑制香蕉和洋梨的后熟，呋喃甲基氨基嘌呤可抑制苹果和番茄的后熟；赤霉素（GA_3）可抑制番茄和香蕉的后熟。

1-甲基环丙烯（1-methylcyc lopropene，1-MCP）是一环丙烯类化合物，是近年来发现的一种新型乙烯受体抑制剂，能不可逆地作用于乙烯受体，从而阻断与乙烯的正常结合，抑制其所诱导的与果实后熟相关的一系列生理生化反应。1-MCP 在常温下以气体状态存在，无异味，沸点为 10℃，在液体状态下不稳定。1-MCP 和乙烯均可吸引乙烯受体中金属离子的电子，并与之配对，但两者的结合呈竞争性。在正常情况下，乙烯与体内受体中的金属原子相结合，引起受体结构改变，随后又从受体上脱落下来，乙烯受体即激活。而 1-MCP 是一种高应变分子，靠自身双键与受体金属结合后，它所具有的高应变力及较强的受体抑制效应可使 1-MCP 与受体位点牢固结合，并长期封锁受体而不发生解离从而可防止其与乙烯的结合，即 1-MCP 与乙烯受体的结合为非可逆性结合，从而阻断乙烯的信号转导，抑制乙烯生理效应的发挥，具有显著的延迟果蔬产品成熟和衰老的特性。目前，1-MCP 已广泛的用于多种呼吸跃变型果蔬产品的贮藏保鲜，具有显著的延长贮藏期和提高贮藏效果。

五、防止生理病害

果蔬采后部分生理性病害可通过贮藏前处理得以控制，比如使用虎皮灵（乙氧基喹啉)、二苯胺（DPA）可防止苹果虎皮病；烧明矾（可由铝钾矾或铝铵矾加热脱结晶水制得）可抑制多酚氧化酶活性，防止果蔬褐变或表皮变色，尤其对防止水果机械伤变色效果更佳。在收获前对树莓喷 $CaCl_2$ 能抑制其收获后贮藏中的软化，收获后用 $CaCl_2$ 或 $CaSO_4$ 浸泡苹果可抑制生理病害（内腐病）的发生，采前喷钙可减少苹果苦痘病的发生。

第六节　物理保鲜

利用近代物理技术，如电离辐射、电场处理、磁场处理和臭氧处理等，来处理农产品以延长贮藏期限和提高保鲜效果的贮藏处理方法，统称为物理贮藏。

一、辐射处理

辐射处理也称电离辐射，是指用 γ 射线、X 射线和电子束等带点和不带电的高能射线处理果蔬产品，杀死其表面的病原微生物，并通过使产品机体生长发育、新陈代谢以及生命活动受到干扰，来延长果蔬贮藏效果的处理方法。电离辐射可抑制水果的成熟、衰老和蔬菜的发芽，抑制微生物导致的腐烂及减少害虫滋生，从而延长产品的贮藏寿命。目前各国主要是应用 ^{60}Co 或 ^{137}Cs 作为射线源，^{60}Co 的能量比 ^{137}Cs 的大，所用剂量低，照射时间也较短，所以常用的是 ^{60}Co 发射的 γ 射线。γ 射线是一种穿透能力很强的射线，当其透过生物机体时，会使机体中的水和其他物质发生电离作用，产生游离基或离子，从而影响机体的新陈代谢，但照射剂量过大时会杀死细胞。一般用于水果和蔬菜的是低辐射剂量处理，对产品感官特性和风味的影响不大。辐射剂量不同时所起的作用也不相同。

低剂量：1kGy 以下，影响植物代谢，抑制块茎、鳞茎类蔬菜发芽，杀死寄生虫。

中剂量：1～10kGy，抑制植物代谢，延长水果和蔬菜的贮藏期，控制真菌活动，杀死沙门氏菌。

高剂量：10kGy 以上，彻底杀菌。

电离辐射对水果和蔬菜具有以下的影响。

（一）干扰基础代谢过程，延缓成熟和衰老

Akamine 等报道，1000Gy 左右的剂量可以推迟番木瓜呼吸高峰的出现，延缓成熟和延长贮藏寿命，750Gy 以下的剂量对推迟呼吸高峰的影响不大。当番木瓜 25% 的表皮呈现黄色时，辐射处理则不能延缓呼吸高峰的出现。绿熟至 1/4 成熟的番木瓜用 1000Gy 以上的剂量照射时，导致表皮烫伤和延迟着色。Sreenivasan 等对 5 个品种香蕉的辐射进行了研究，发现 γ 射线的剂量超过 500Gy 会使香蕉受到不良的影响。

Sreenivasan 等报道，γ 射线照射过的番石榴，在常温下可延迟 3～5d 成熟，人参果辐射后在 26.6℃左右贮藏，可以延迟 3～5d 成熟，在 10℃下贮藏可延迟 15d 成熟。Upadhya 等报道，鲜菠萝可以忍受 500Gy 的剂量，并有显著延长贮藏寿命的效果。

（二）影响果蔬产品品质

研究表明，当用600Gy照射Carabao芒果，在26.6℃保存13d后，β-胡萝卜素的含量没有明显的变化，可溶性固形物和蔗糖的增加都比对照要慢，不溶于酒精的固形物、可滴定酸和转化糖的减少也较慢。当辐射剂量达到2000Gy时，会增加芒果中多酚氧化酶的活性，使芒果的组织变黑。用750～1000Gy的γ射线照射番木瓜，对其感官品质没有不良影响，但经过照射的番木瓜长期贮藏后会产生一种花的芳香；用330～1000Gy剂量照射的番木瓜，在12.7～26.6℃下贮藏都会产生芳香味；用250～1000Gy剂量照射时，对番木瓜的维生素C含量没有明显的影响，当辐射剂量达到5000Gy时，对维生素A原也没有明显的影响。辐射加速了果胶的水解，导致果胶酸的增加，因此照射后的番木瓜立即轻度软化，但是3～4d后果胶质又会恢复到原来的水平，番木瓜的硬度又会恢复。

（三）减少病虫害

一定剂量的辐照可杀灭果蔬害虫。用1200Gy剂量的γ射线照射芒果，在8.8℃下贮藏3周后，芒果种子内的象鼻虫全部死亡。用600Gy和900Gy剂量照射芒果，在8.8℃下贮藏5周后象鼻虫才全部死亡。210Gy剂量的γ射线照射可以消灭番木瓜中的果蝇。滁县地区农科所（1977）观察到，1680Gy的剂量对砀山梨钻心虫不能致死，但可使其处于休眠状态，不再危害果实。广西、陕西、河南等地报道，用504～672Gy γ射线照射板栗可杀死害虫。

用热水浸洗芒果后，用1050Gy剂量照射果实，可减少炭疽病对芒果的危害。番木瓜热水处理后，用750～1000Gy剂量照射，对减轻炭疽病的发病也有较好的效果。用2000Gy或2000Gy以上的剂量照射草莓，可以减少腐烂。法国的各种梨用1500～2000Gy的剂量照射，可消灭大部分病原微生物。但也有相反的报道，鲜板栗辐射后有增加腐烂的趋势，而且剂量越高，腐烂越严重。

二、电磁场处理

生物体都是天然的生物蓄电池，虽然在整体上处于电荷平衡状态，但各个局部则带有不同质和量的电荷。因此，在电磁力的作用下，必然要发生种种理化变化，进而改变组织器官的生理功能和代谢机制。

（一）高压电场处理

将果蔬放入或通过由两块平行金属极板组成的高压电场中，调节夹在极板上的电压，使极板间产生所需剂量的场强，这种处理依靠电场的直接作用和高压放电形成的离子空气和臭氧（O_3）的作用，产生处理效应。

高压电场包括高压交流和高压直流两种，就保鲜效果而言，直流处理比交流处理好，所以现在大部分以高压直流静电场为主。根据毕世春等对金帅苹果进行高压电场处理常温保鲜发现，高压直流处理果比对照果叶绿素含量高，果内淀粉分解变慢、失水率降低、呼吸强度变小、峰值降低。李里特等以电场强度 150kV/m、时间 60min/d 或 60min/4d 处理番茄果实，比对照呼吸高峰推迟 14d 出现，且有效地保持了番茄的硬度，延长了贮藏期。

（二）磁场处理

将果蔬产品放置或经过一个电磁线圈，通过不断改变磁场方向（S、N 极交替变换）或控制磁场强度和产品移动速度，使产品受到一定剂量的磁力线切割处理，称为磁场处理。果蔬产品在磁力线中运动，应用电磁测量的方法，可以在果蔬组织内检测到电磁场的现象，并在组织生理上产生变化。据日本公开特许公报介绍，水分含量较多的水果如蜜柑、苹果等，经磁场处理可以提高生物活力，增强抗病能力。

三、离子空气和臭氧处理

通过高压电场放电可以形成离子空气和臭氧，通过不同方式高压放电（空气放电）可得到不同组分的放电生成气，有臭氧（O_3）、空气负离子（I^-）、空气正离子（I^+）等。研究表明臭氧以及臭氧和空气负离子的组合具有延缓果蔬成熟与衰老，提高保鲜效果，I^+ 对贮藏保鲜作用甚微，有时甚至起促进成熟衰老的作用，所以生产上应用的主要是 O_3 以及 O_3 和 I^- 组合。

（一）负离子的保鲜作用

从生物蓄电池角度看，果蔬采后所发生的一系列生理生化变化，可以认为是电荷不断积累和工作的过程。在贮藏中要减少有机质消耗，就必须减少或中止这个过程。负离子的作用在于中和果蔬内积累的正电荷，降低植物电势，抑制代谢酶的活性和电子传递系统，减缓营养物质的转化，从而降低果蔬的呼吸强度。

（二）臭氧的防腐保鲜作用

自 1840 年被命名确定后，人们对其特性、原理及应用等进行了大量研究。20 世纪 80 年代以来，美国、日本、欧洲等发达国家已将臭氧广泛应用于食品的贮藏保鲜。近年来随着对环境保护和食品安全的重视，臭氧在食品的贮藏保鲜及加工中的应用受到各国重视并得到迅速发展。

臭氧的保鲜机理在于臭氧具有极强的氧化能力，具有消毒杀菌，降解环境有害气体(乙烯、乙醇、乙醛等)，抑制细胞内氧化酶，调节果蔬的生理代谢，降低果蔬的呼吸作用等功能，从而达到提高果蔬保鲜效果和延长贮藏保鲜期的目的。

人们先后对柑橘、苹果、山楂、杏、葡萄、慈梨、番茄、大白菜等多种果蔬进行了臭氧处理防腐保鲜的试验研究，结果表明：不同种类、品种的果蔬可能对臭氧处理的反应不同，就供试的绝大多数果蔬而言，研究报道均有一定的防腐保鲜效果，但臭氧适宜浓度的选择，受多种因素的影响，并且对果蔬的防腐保鲜效果至关重要，而目前的试验报道多数是按处理时间而讲的，由于不同厂家生产的空气放电保鲜机技术参数不同，所以在相同处理时间内产生的臭氧就不一定相同，因此今后的研究重点应放在各种果蔬种类、品种的适宜处理剂量、处理效果主要受哪些因素的影响、伤害阈值浓度大小等方面。

参考文献

邓泽华，冯雯桦．2001．气调库的气密性设计［J］．低温与特气，19（2）：36～39．

高红岩，张紫健，等．2010．果蔬气调库制冷系统节能设计［J］．节能，333（4）：25～28．

蒋志刚，励建荣，等．2001．辐照技术在果蔬保鲜中的应用研究进展［J］．食品与机械，81（1）：6～8．

宋吉泽．2006．气调库贮藏管理［J］．中国果蔬，5：49．

王曙文，代永刚，等．2008．国内外果蔬生物保鲜技术的研究进展［J］．农产品加工学刊，157（12）：110～113．

王庆生，徐维，等．2009．气调冷藏库设计规范（SBJ 16—2009）．中华人民共和国商务部．

熊涛，乐易林．2004．生物保鲜技术的研究进展［J］．食品与发酵工业，30（2）：111～114．

徐维，余锡阁，等．冷库设计规范（GB 50072—2001）．国家质量技术监督局，中华人民共和国建设部．

Beuchat．1997．Comparison of chemical treatment stokill salmonella on alfalfa seeds destined for sprout s production［J］．J．Food Microbial，34：329-333．

Beuchat．1996．Pathogenic microorganisms associated with fresh produce［J］．Food Protect，159：204-216．

Roller S．1995．The quest for natural antimicrobials as novel means of food preservation；status report on a European research project［J］．International Biodeterioration and Biodegradation，1995，36（3-4）：333-345．

Scannell AG，RossRP，et al．2000．An effective lacticin biopreservative in fresh pork sausage［J］．J Food Port，63（3）：370-375．

第七章 农产品运输

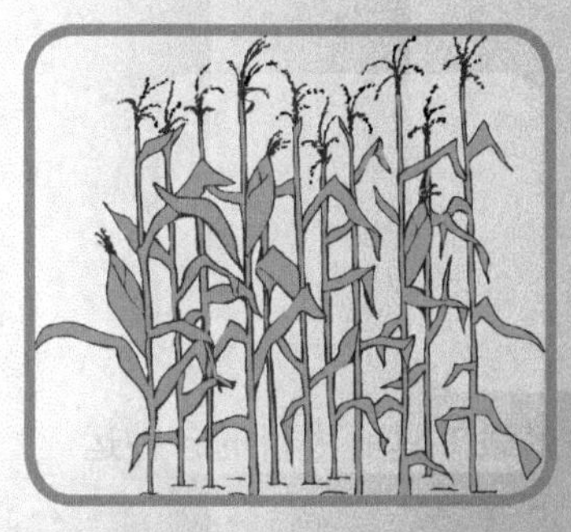

内容提要

本章主要介绍农产品运输方式及运输工具，以及运输过程中环境条件对农产品品质的影响。

教学目标

1. 了解并掌握农产品的主要运输方式、运输工具及其各自的特点。

2. 掌握运输中的振动、温度、湿度、气体等环境条件对农产品品质的影响。

3. 了解低温运输过程中车辆热负荷的计算及装载量、装载方式的确定。

4. 掌握冷链的组成及实现冷链的条件。

重要概念及名词

农产品运输　农产品联运　集装箱　预冷　升温运输　保温运输　低温运输　农产品冷链物流

思考题

1. 农产品运输的方式有哪些？各自有何特点？

2. 振动对农产品有哪些伤害？有什么措施可以减轻这些伤害？

3. 在运输环境中空气成分对农产品质量有哪些影响？

4. 在低温运输过程中，如何确定运输方式？

5. 低温运输前预冷的意义有哪些？

6. 装载的方法及注意事项有哪些？

7. 不同品种的农产品混装主要遵循的原则有哪些？

8. 农产品冷链物流由哪些环节组成？

9. 实现农产品冷链物流的条件有哪些？

农产品运输是指借助于运输工具，实现农产品在空间上的位置转移。由于农产品生产受气候、土壤等因素的影响，具有较强的地域性，农产品收获后，除少部分就地供应外，大量产品需要转运到人口集中的城市、工矿区和贸易集中地销售。通过农产品运输，在生产者与消费者之间架起了桥梁，便于实现异地销售，是农产品流通过程中必不可少的重要环节。

据2010年国家发改委的有关文件显示，在我国估计有90%以上的农产品需要经过长、短途运输后才能提供销售。农产品中特别是果蔬类产品在运输过程中质量受运输方式、运输工具及环境条件等因素的影响很大，若管理不善或稍有疏忽，就会造成极大的霉烂损失；粮食类也会因散包、泄漏或受潮霉变等而损失。因此，搞好农产品的运输，对于保持农产品质量，减少损失具有重要作用。

第一节 运输方式及工具

一、各种运输方式及其特点

农产品运输方式是指选用不同的路线，使用不同的设备和运载工具所进行的各种运输的总称。目前在我国农产品运输的主要运输方式可以分为以下5类。

（一）铁路运输

铁路运输的显著特点是运输量大，速度快，效率高，受季节变化影响小，运输振动少，虽然中间环节多，机动性、适应性差，但目前仍然是农产品运输的主要方式，适用于大宗农产品如粮食、棉花、耐储水果以及活牛、猪、羊等的中长距离运输。运输成本略高于水运干线，为汽车平均成本的1/5左右，为0.1～0.2元/(t・km)。

（二）公路运输

公路运输是我国最重要和最普通的中短途运输方式，虽然具有运载量小、耗能大、运输效率低，道路不平时振动大，产品易损伤等缺点，但公路运输具有较强的灵活性和适应性，且无须货物分装即可直接送往销售地，还可到达没有铁路的偏远地区，极大地扩展了运输辐射半径，这是其他运输方式所不具备的优势，这对农产品运输尤为重要。最适合于时效性很强的水果、蔬菜、鲜活水产品、花卉等的中短距离运输。运输成本较高，一般在0.4～1.5元/(t・km)。

（三）水路运输

水路运输包括河运和海运，水路运输的优点是行驶平稳，由振动引起的损伤少、运量大、运费低廉。但水路运输因受自然条件的制约，限制在水网地带及沿海，而且，在我国内河水路运输的中转环节往往较多，等待时间长，运输速度慢，影响果蔬产品的质量。因此在我国水运适合于承担时效不强的粮食、棉花等大宗农产品的长距离运输。而海上运输在国外发展速度很快，多以外置式冷藏集装箱及冷藏船为运输工具。这为果蔬运输中的保鲜提供了便利。因此，果蔬的国际贸易，主要是靠海上冷藏运输的。海运是最便宜的运输方式，运费一般在 0.05～0.1 元/(t・km)。

（四）航空运输

航空运输速度快、运输距离远、时间短、保质好、货物破损率小，但费用高、运量少。航空运输平均送达速度比铁路快 6～7 倍，比水运快 29 倍，而且克服了由于振动引起的损伤，因此空运特别适合于一些时效性极强的特殊农产品、鲜活产品、贵重产品或要求时间紧的产品。班机和包机是航空运输的两种基本形式。前者有固定的航线、班期与起运和到达时间，适于小量农产品运输。后者则适用于批次货量大的货物运输。运费一般和重量及体积有关，4～6 元/(t・km)。

（五）联运

由两种及其以上的交通工具相互衔接、转运而共同完成的运输过程称为复合运输，我国习惯上称之为多式联运。农产品联运是指农产品从产地到目的地的运输全过程使用同一运输凭证，采用两种及两种以上不同的运输工具相互衔接的运输过程。如铁路、公路联运，水陆联运，江海联运等。国外普遍采用的联运方式是：将集装箱装在火车的平板上或轮船内，到达终点站或港口时，将集装箱卸下来，装车后，进行短距离的公路运输，直达目的地。联运可以充分利用各种运输工具的优点，克服交通不便，促进各种运输方式的协作，简化托运手续，缩短运输时间，节省运费。

如表 7-1 所示为各种运输方式的比较。

表 7-1　各种运输方式的比较（屠康，2006）

运输方式	运输量	运　价	速　度	连续性	灵活性
铁路	2	2	3	1	3
河运	3	3	5	5	4
海运	1	1	4	4	5
公路	4	4	2	2	1
航空	5	5	1	3	2

注：表中各种运输方式的性能以“1”为最好，“5”为最差。

二、运输工具

正确选择农产品的运输工具对于合理地、科学地确定农产品的运输方式有着重要意义。各种不同的运输工具有着各自的特点，组织农产品运输，要根据气候条件、路程远近及状况、运量大小、农产品的性能以及市场需要的缓急情况，选择适当的运输工具。

下面介绍几种目前常见的农产品运输工具。

（一）公路运输工具

公路运输使用的运输工具包括汽车、拖拉机、人力拖车等，汽车有普通汽车或厢式汽车、通风车、隔热车、冷藏车等。

1. 普通卡车及厢式货车

在我国新鲜果蔬的运输中，普通卡车是最重要的运输工具。卡车中转和装卸次数少，节省时间和劳动力，由于容量小，收购和销售速度较快。普通卡车车厢内没有控温设备，受外界气温的影响大，故普通汽车运输的农产品质量很难保障，长途运输更是如此。

2. 通风车

用于短途运送易腐农产品的车辆。装有能严实关闭的进气孔和排气孔，并有强制通风装置或类似的机械装置。通风系统可以在运输过程中排除农产品（果蔬类）释放的过多水汽、二氧化碳、乙烯和其他气体，保证产品不受有害气体的伤害；同时可以散失热量，帮助调节车内温度。

3. 隔热车

隔热车是一种保温运输车辆，它通过车体良好的隔热性起到保温作用，来减少车内外的热量交换，以保证货物在运输期间的温度波动不超过允许的范围。它仅具有隔热的车体，车内无任何制冷和加温设备，隔热保温厢体一般由聚氨酯材料、玻璃钢、彩钢板、不锈钢等材料构成，在农产品运输的过程中，主要依靠隔热性能良好的车体保温作用来防止周围环境温度过高或过低对农产品造成的伤害。这种车辆适于蔬菜、水果等的中短距离运输。

4. 冷藏车

冷藏车是用来运输冷冻或保鲜货物的封闭式厢式运输车，车内有制冷或控温设备，常用于运输冷冻食品（冷冻车）、奶制品（奶品运输车）、蔬菜水果（鲜货运输车）等。冷藏车可分为机械制冷、液氮或干冰制冷、蓄冷板制冷等多种。

1）机械制冷汽车

通常用于远距离运输，它的蒸发器通常安装在车厢的前端，采用强制通风方式。冷风贴着车厢顶部向后流动，从两侧及车厢后部流向车厢底面，沿底面间隙返回车厢前端。这种通风方式使整个运输货物都被冷空气包围着，外界传入车厢的热流直接被冷风吸收，不会影响农产品的温度。同时为了更好的排除果蔬类农产品在运输过程中产生的呼吸热，需要在货堆内外留有一定间隙，以利于空气流通。机械制冷冷藏车的优点是车内温度比较均匀稳定，温度可调范围广，运输成本低。缺点是结构复杂，易出故障，噪音大，大型车冷却速度慢，时间长，需融霜。

2）液氨或干冰制冷汽车

液氮制冷冷藏车主要由液氮罐、喷嘴及控温系统组成。需降温时，液氮从喷嘴喷出吸热汽化，达到降温的目的。因氮气是一种惰性气体，在长途运输果蔬时，不但可降低其呼吸水平，还可防止产品被氧化。液氨制冷具有降温快、能较好保持食品质量的优点；但成本高，中途补给困难。

用干冰制冷时，先使空气与干冰换热，然后借助通风机使冷却后的空气在车厢内循环，吸热升华后的CO_2，由排气管排出车外。干冰制冷具有设备简单、投资少、无噪声等优点；但降温速度慢，车厢内温度不均匀，成本高。

3）蓄冷板制冷

蓄冷板内充有低温共晶溶液，使蓄冷板内共晶溶液冻结的过程就是蓄冷过程。将蓄冷板安装在车厢内，外界传入车厢的热量被共晶溶液吸收，共晶溶液由固态转变成液态。常用的低温共晶溶液有乙二醇、丙三醇的水溶液及氯化钙、氯化钠的水溶液。不同类型的共晶溶液有不同的共晶点，在选择共晶溶液的类型时，要注意共晶点应比车厢规定的温度低2～3℃。

蓄冷的方法通常有两种：一是借助于装在冷藏车内部的制冷机组，停车时借助外部电源驱动制冷机组使制冷板蓄冷；二是蓄冷板中装有制冷剂盘管，只要把蓄冷板上的管接头与制冷系统连接起来，就可以进行蓄冷。蓄冷板汽车的蓄冷时间一般为8～12h，特殊的冷藏汽车可达2～3d。

蓄冷板冷藏车具有的优点是：成本低，费用少，无噪声，故障少，但冷却速度慢，蓄冷能力有限，影响载货量。

（二）铁路运输工具

我国铁路用于农产品运输的运输工具主要有普通篷车、通风隔热车及冷藏车。

1. 普通篷车

在我国农产品运输中，普通有篷货车仍为重要的运输工具。车厢内没有温度调节控制设备，受自然气温的影响大，适于粮食、棉花、耐储蔬菜、耐储水果的长距离运输。

2. 通风隔热车

通风隔热车车体本身没有制冷和加热设备，依靠车体的隔热性能起到保温作用。在春、秋两季具有较好的使用效果；当外界的低温适宜时适当引入，起到维持适宜运输温度的作用，同时良好的通风有助于果蔬类农产品呼吸时产生的有害气体的排出。通常采用该方式时，果蔬需经过预冷后装车保温运输。目前我国南方的果菜北运常常采用这种方式。我国出口俄罗斯的四川柑橘曾采用该方式取得成功。这种车辆适于大宗蔬菜、水果等的长距离运输。

3. 冷藏车

冷藏车的特点是：车体隔热、气密性好，车内有冷却装置，在温热季节能在车内保持比外界气温低的温度。冷藏车在寒季还可以用于不加冷保温的运送或加温运送，在车内保持比外界气温高的温度。这种车辆最适于时效性强的水果、蔬菜、水产品的保鲜长距离运输。目前我国的冷藏车有加冰冷藏车、机械冷藏车和冷冻板车。

1）加冰冷藏车

加冰冷藏车通过向车厢内添加冰块或冰盐混合物作为冷源，利用车体的隔热层降低与外界的热交换，使运输产品保持较恒定的温度。在运输中，由铁路沿线的加冰点补充所消耗的冰源。按冷却器在车上安装的位置的不同，加冰冷藏车分为车端式和车顶式两种，如图7-1所示。车端式加冰冷藏车冰箱在车厢两端，在自然循环的条件下，空气循环较差，车厢内温度分布不均匀，但加装机械通风装置后，可克服温度不均匀的缺点。车顶式加冰冷藏车的空气循环好，车内温度均匀，但重心较高。车顶式加冰冷藏车的每个冰箱载冰或冰盐 1t，车厢壁有良好的隔热材料。外温 35℃时，车内可维持－7～8℃的低温。为适应严寒季节运输的需要，在车内设有煤炉作加热用。我国现有的加冰冷藏车全部为车顶式，主要有 B11、B8 及 B6 三种型号。

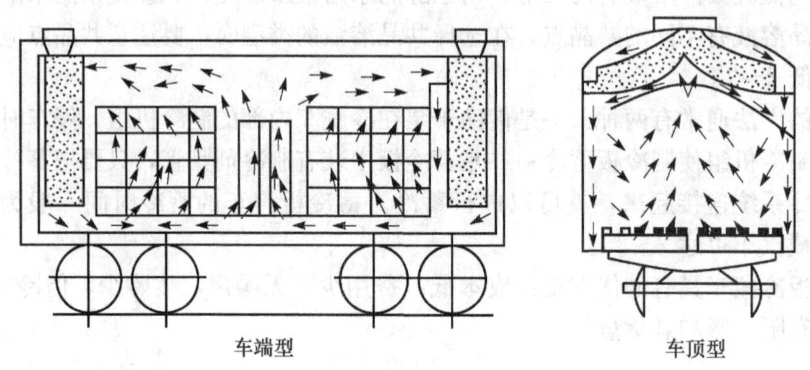

图 7-1　加冰冷藏车（张子德，2006）

2）机械冷藏车

机械冷藏车又称机保车，为装有机械制冷机的冷藏车，并有加热装置，当外界温度偏低时可加热用，为多用途车。其结构如图 7-2 所示。我国现有的机械冷藏车按供电及制冷方式分为 3 类，共 5 个型号。

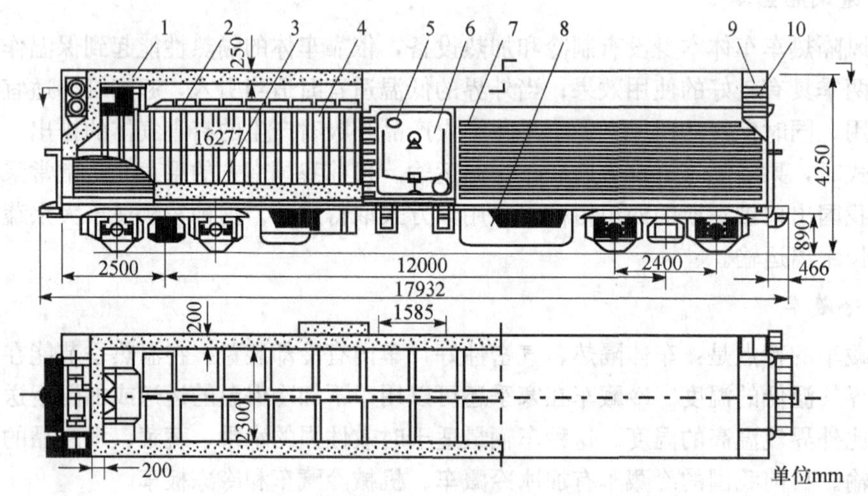

图 7-2　铁路机械冷藏车典型结构（屠康，2006）

1. 制冷机组；2. 车顶通风风道；3. 地板离水格棚；4. 垂直气流格墙；5. 车门排气口；6. 车门；7. 车门温度计；8. 独立柴油发电机；9. 制冷机组外壳；10. 冷凝器通风格棚

（1）集中供电、集中制冷。由单独的发电车供电、单独制冷车采用氨压缩机制冷，用冷却的盐水对各货物车进行间接供冷，主要型号为：①B16 型：每列由 20 辆保温货车及柴油发电车、制冷车、乘务员车各一辆，共 23 辆组成，货车单车载重 30t，列车载重 600t，车内设计温度为－10～15℃；②B17 型：由一辆带乘务室的柴油发电车、一辆制冷车及 10 辆保温货车组成，单车载重 40t，列车载重 400t，设计温度－15～12℃。

(2) 集中供电，每辆货车分别制冷。主要型号为：①B19 型：列车由一辆发电乘务车及 4 辆货车组成，单车载重 40t，列车载重 160t，设计温度－18～15℃；②B20 型：有一辆发电车和 8 辆货车，单车载重 40t，列车载重 320t，设计温度－18～15℃。

(3) 分别发电、分别制冷。如 B18 型。这种机械冷藏车为多功能型，编组使用时可集中供电，单节使用时，则可由每节车厢自已发电，灵活性很好。B18 型单车载重 40t，设计温度－18～12℃。

3) 冷冻板冷藏车

冷冻板冷藏车是一种低共晶溶液制冷的冷藏车。冷板安装在车棚下，并具有温度调节设施，在车外 30℃的条件下，采用－18.5℃的冷板能使车内温度达到－10～6℃。冷板冷藏车的充冷是通过地面充冷站进行的，一次充冷时间约 12h，充冷后可制冷 120h。若外温低于 30℃，充冷后的制冷时间可达 140h。车内两端的顶部各装有两台风机，开动风机加速空气循环，使果蔬迅速冷却到要求的温度。

(三) 集装箱

集装箱 (container) 是指海、陆、空不同运输方式进行联运时用以装运货物的一种容器。它具有足够的强度，可长期反复使用；为便于商品运送而专门设计的，在一种或多种运输方式下运输时，无需中途换装；具有快速装卸和搬运的装置，特别是从一种运输方式转移到另一种运输方式时。

1. 干货集装箱

干货集装箱可用来运输无需控制温度的农产品。通常为封闭式，在一端或侧面设有箱门。

2. 保温集装箱

保温集装箱是为了运输需要冷藏或保温的货物。所有箱壁都采用导热率低的材料隔热而制成的。

1) 冷藏集装箱

冷藏集装箱是以运输冷冻食品为主，能保持一定温度的保温集装箱。它专为运输如鱼、肉、新鲜水果、蔬菜等食品而特殊设计的。目前国际上采用的冷藏集装箱基本上分两种：一种是集装箱内带有冷冻机的叫机械式冷藏集装箱；另一种箱内没有冷冻机而只有隔热结构，即在集装箱端壁上设有进气孔和出气孔，箱子装在舱中，由船舶的冷冻装置供应冷气，这种叫做离合式冷藏集装箱（又称外置式或夹箍式冷藏集装箱）。

2) 隔热集装箱

隔热集装箱是为载运水果、蔬菜等货物，防止温度上升过大，以保持货物鲜度而具有充分隔热结构的集装箱。通常用干冰作制冷剂，保温时间为 72h 左右。

3）通风集装箱

通风集装箱是为装运水果、蔬菜等不需要冷冻而具有呼吸作用的货物，在端壁和侧壁上设有通风孔的集装箱，如将通风口关闭，同样可以作为杂货集装箱使用。

3. 罐式集装箱

罐式集装箱是专用以装运液体货物的集装箱。这种集装箱有单罐和多罐数种，罐体四角由支柱、撑杆构成整体框架。前者由于侧壁强度较大，故一般装载麦芽等相对密度较大的散货，后者则用于装载相对密度较小的谷物。

4. 散货集装箱

散货集装箱是一种装载颗粒状、粉状货物的集装箱，有玻璃钢制和钢制两种。散货集装箱顶部的装货口应设水密性良好的盖，以防雨水侵入箱内。

国际集装箱和冷藏集装箱的规格见表 7-2 和表 7-3。

表 7-2　国际集装箱的外部大小规格及总重量（国际标准化技术委员会，1970）

系　列	箱　型	长/mm	宽/mm	高/mm	最大总重量/kg
Ⅰ	1A	12191	2438	2438	30480
	1AA	12191	2438	2591	30480
	1B	9125	2438	2438	25400
	1C	6058	2438	2438	20320
	1D	2991	2438	2438	10160
	1E	1968	2438	2438	7100
	1F	1450	2438	2438	5080
Ⅱ	2A	2920	2300	2100	7110
	2B	2400	2100	2100	7110
	2C	1450	2100	2100	7110
Ⅲ	3A	2650	2100	2400	5080
	3B	1312	2100	2400	5080
	3C	1312	2100	2400	2540

表 7-3　国际冷藏集装箱的规格（刘兴华，2006）

项　目	20 英尺冷藏集装箱（20RF）	40 英尺冷藏集装箱（40RF）	40 英尺加高冷藏集装箱（40HCRF）
箱外部/mm	长 6058 宽 2438 高 2438	长 12116 宽 2438 高 2512	长 12116 宽 2438 高 2638
箱内部/mm	长 5477 宽 2251 高 2099	长 12000 宽 2251 高 2173	长 12000 宽 2251 高 2447
门/mm	宽 2289 高 2135	宽 2289 高 2209	宽 2289 高 2512
内容积/m^3	25.9	58.7	66.1
自重/kg	2520	4220	4820
最大装载量/kg	17800	22360	21560
最大总重量/kg	20320	26580	26380

注：1 英尺＝0.3048m。

第二节　运输条件

农产品运输可被看作是在特殊环境下的短期贮藏。运输中的温度、湿度、气体等环境条件对农产品品质的影响与贮藏时的情况基本类似。然而，贮藏是在相对静止的状态下进行的，而运输过程是在动态环境下进行的，其环境条件变化幅度较大，应当重点考虑运输环境的特点及其对农产品的影响。运输环境条件的调节是减少或避免农产品破损、腐烂变质的重要环节，所以在运输中要考虑以下因素。

一、振动

振动是农产品运输时应考虑的基本环境条件因素。由于振动可造成农产品的机械伤害和生理伤害，影响其贮藏性和抗病性。因此，运输途中必须避免或减少振动。

人们常以振动强度来表示振动的强弱，振动强度即振动时所产生的加速度大小，可用加速度 g 表示（$g=9.8\text{m/s}^2$），达到 $1g$ 的振动为 1 级。可分为 1 级、2 级、3 级、4 级等。据日本中村等的研究，$1g$ 以上的振动加速度可直接造成果蔬类农产品的物理损伤，$1g$ 以下的振动也可能造成间接损伤。

值得注意的是，由于振动的物理特征是以振幅和频率来描述的，即使振动强度相同，由于振幅与振动周期不同，对产品的影响也会不同。

（一）与振动强度有关的因素

振动强度受运输方式、运输工具的类型、车速及路面状况、行驶速度、装载状况等因素的影响。

1. 运输方式

一般海路运输的振动强度最小，铁路运输的振动强度小于公路运输。水路运输时万吨级在行驶中的振动强度一般为 $0.10\sim0.15g$。铁路运输中，货车的振动强度通常都小于 1 级，其垂直振动在 $0.1\sim0.6g$。而路况不好的情况下，公路运输的振动强度可能大于 3 级。铁路货车与卡车在振荡上的比较见表 7-4。

表 7-4　铁路货车与卡车在振动上的比较（朱昌锋，2009）

运输工具	状　态		振动强度/级		
			上下方向	左右方向	前后方向
铁路货车	30～40km/h 行进中	铁轨上	0.1～0.4	0.1～0.2	0.1～0.2
		铁轨处	0.2～0.6		
卡　车	20～40km/h 行进中	良好路况	0.4～0.7	0.1～0.2	0.1～0.2
		较差路况	1.3～2.1	0.4～1.0	0.5～1.5

2. 车辆状况

日本的樽谷（1975）研究了卡车的轮胎数与车体垂直振动强度的关系，认为轮胎数少，车体小、自重轻的车，振动强度高。车轮胎内压力高时，振动大。在同一车厢中，后部的振动强度高于前部，上方的振动强度高于下方。公路汽车运输的振动强度与汽车的轮胎数和轮胎压力有关。

3. 车速及路面状况

一般而言，铁路及高速公路比较平滑，因而运输的振动很少超过 $1g$。而且在铁路及高速公路上，行车速度与振动关系不大。在不好的路面上行车时，则车速越快，振动越大。因此，道路状况是运输中振动大小的决定因素。

4. 装载状况

空车或装货少的车厢振动强度高。同时如果货物码垛不合理、不稳固时，包装与包装之间的二次甚至多次碰撞，常会产生更强的振动。

（二）振动的危害

单纯的振动对农产品的危害并不大，中马等（1970）试验表明，高达 $45g$ 的加速度才会造成单个苹果的跌伤。因此，在不考虑其他因素时，通常运输中的加速度不至于造成果蔬的损伤。但是，实际上 $1g$ 以上的振动加速度就足以引起果蔬的损伤，这是因为货车车厢的振动常激发包装和包装内产品的各种运动，这些因素的叠加效应常可在一般的振动强度下形成对某些果蔬个体造成损伤的冲击（表 7-5）。

表 7-5　新鲜果蔬产品对振动损伤的抵抗性（绪方邦安，1977）

类　型	产品种类	能忍耐运输振动加速度的临界点/g
对碰撞及摩擦受力强	柿、柑橘类、西红柿（未熟果）、根菜类、甜椒等	3.0
对碰撞耐受力弱	苹果、西红柿（成熟果）	2.5
不耐摩擦	梨、茄子、黄瓜、结球类蔬菜	2.0
对碰撞与摩擦耐受力都弱	桃、草莓、西瓜	1.0
脱粒	葡萄	1.0

由振动导致的对果品的作用力包括摩擦、碰撞、冲击、静载、挤压等。这些作用力形成的机械损伤通常表现为两类。一类是由于冲击引起的损伤，这类损伤以塑性变形为主，通常表现为果品的现时损伤。另一类是由于振动加速度反复作用而产生的低应力疲劳损伤，这类损伤通常会导致果品组织结构发生变化，继而导致果品的延时损伤。

在运输过程中果品表面接触部位承受反复的挤压、冲击、摩擦等作用，形成不规则的平浅型环状损伤，同时经外部的反复作用，细胞壁的强度和细胞间的连接力发生破坏和变化，产生塑性或脆性损伤并使果品有软化趋势。即使运输后未显示现有损伤，放置后由于果胶的加速降解等原因，也要出现延迟损伤。而冲击、碰撞使果品在接触部位瞬间受到较大的作用力，此力在瞬间又因回弹而消失。果品的变形经历了弹性变形、塑性变形过程。弹性变形未引起现时损伤，而塑性变形产生细胞破裂、变形、错位或果肉变软引起现时损伤；碰撞时力的变化速率加剧了细胞微观结构的变化，使其迅速损伤变褐；同时碰撞力向深处传递以吸收碰撞能量，使果皮下组织较深处亦产生损伤。

运输振动对果蔬造成机械损伤的同时也会导致其生理失常，它们最终导致果蔬品质的下降，甚至腐烂变质。机械损伤可以造成病源微生物的入侵，继而导致果品的腐烂变质；外伤果品在运输过程中因损伤而褐变，因褐变而加速呼吸作用，从而又加速损伤的发展；即使在未造成外伤的振动强度下，也会引起果品呼吸加强，膜透性增加以及使果品产生过多的催熟剂，导致果品的品质下降。

（三）减轻振动的措施

一切有机械传动系统的运输工具都不可能避免产生振动，所以人们更关注于如何在运输过程中减轻振动的方法，如增加汽车的轮胎宽度、轮胎数，降低轮胎气压，控制车速，选择路面质量好的路线进行运输，合理地对货物堆码和装载等。除此之外，研究也表明对果蔬实施各种缓冲包装是解决它们运输振动损伤的一种有效途径。

专用的缓冲包装是运输中保护产品的一种有力手段。缓冲包装的设计，即根据设定的运输力学环境条件和产品的生物力学特性，选择合适的缓冲材料，并设计合理的包装厚度。

1. 泡沫塑料

泡沫塑料是内部有无数气泡的塑料，具有代表性的有聚乙烯泡沫塑料，聚苯乙烯泡沫塑料和泡沫氨基甲酸乙酯泡沫塑料。

2. 聚氯乙烯托盘（小包装）

用热成型法把硬质聚氯乙烯（PVC）制成的容器，具有重量轻、有韧性、装饰性好等优点。常作为鸡蛋、草莓的容器使用。

3. 充气塑料薄膜

在两片塑料薄膜之间，充入空气热封后，就成了充气塑料薄膜，材料主要使用聚乙烯薄膜。这种薄膜，重量轻，有良好的防湿性和抗霉菌性，也不产生尘埃。由于高度利用了空气的弹性，因此，缓冲效果良好。

4. 纸浆模制容器

纸浆模制容器是把纯纸浆和旧纸按一定比例掺混到一块制成的，吸湿性、通气性良好，具有能对照水果、蔬菜的色彩要求着色的特点，作为桃、苹果的包装使用。特别是因吸湿性、通气性良好，已成为贮藏苹果不可缺少的容器。另外，还用于鸡蛋的包装。

5. 瓦楞纸

瓦楞纸由衬纸和形成波状的芯材（沟形）贴合而成。芯材根据每 30cm 内的楞数及楞高，分为 A（34 楞）、B（50 楞）、C（40 楞）和 D（90 楞）等 4 类。瓦楞纸除用作外包装材料使用之外，还可以作为支持、固定包装物品的材料使用。

二、温度

与农产品在贮藏时一样，运输温度对农产品品质也同样具有重要影响，因此温度也是运输中最受关注的环境条件之一。在运输过程中，采用适宜的温度对保持果蔬类农产品的新鲜度和品质以及降低运输损耗十分重要。

（一）运输温度的确定

从理论上来讲，最理想的运输温度与最适贮藏温度应该保持一致。但实际上果蔬的最适冷藏温度是为长期贮藏而确定的，而在现代运输条件下，果蔬的陆地运输时间很少超过 10d。因此，果蔬运输只相当于短期贮藏，没有必要套用长期贮藏的温度指标。而且有研究表明在较短的运输时间内，略高于最适冷藏温度的运输温度对果蔬品质的影响不大，同时采取略高的温度，在运输经济性上则具有十分明显的好处，如采用保温车代替制冷车，可减少能源消耗，降低冷藏车的造价等。

根据里田等的研究，芦菜采收后，在 0℃，相对湿度 90%～95%下可保存 60d，平均呼吸热为 79.5kJ/(t・h)；而在 4.4℃时，呼吸热为 117.2kJ/(t・h)。在 4.4℃下贮藏 40d 的消耗与 0℃下贮藏 60d 的消耗是相等的，如果以呼吸消耗来换算贮藏期的话，那么，可以认为在 4.4℃下运输 1d 的质量下降（不考虑其他因素）只相当于 0℃下运输 1.5d 的质量下降。再有，苹果在 4℃下运输 1d 的呼吸消耗只相当于 0℃的最适冷藏温度下 1.86d 的消耗，即使运输期长达 15d 也只是使整个一年的冷藏寿命缩短 13d。这些研究结果表明，由于运输时间的相对短暂，略高于最适冷藏温度的运输温度对果蔬品质的影响不大。

另一方面，最适运输温度的确定，还应考虑运输时间的长短。根据国际制冷学会规定，一般果蔬的运输温度要等于或略高于贮藏温度，且对一些新鲜果蔬的运输和装载温度提出了建议（表 7-6 和表 7-7），要求运输时间超过 6d 的果蔬，要与低温贮藏的适温相同。

表 7-6 国际制冷学会推荐的新鲜蔬菜的运输（国际制冷学会，1974）

蔬菜种类	1～2d 的运输温度/℃	2～3d 的运输温度/℃	蔬菜种类	1～2d 的运输温度/℃	2～3d 的运输温度/℃
芦笋	0～5	0～2	菜豆	5～8	未推荐
花椰菜	0～8	0～4	食荚豌豆	0～5	未推荐
甘蓝	0～10	0～6	南瓜	0～5	未推荐
薹菜	0～8	0～4	番茄（未熟）	10～15	10～13
莴苣	0～6	0～2	番茄（成熟）	4～8	未推荐
菠菜	0～5	未推荐	胡萝卜	0～8	0～5
辣椒	7～10	7～8	洋葱	－1～20	－1～13
黄瓜	10～15	10～13	马铃薯	5～10	5～20

表 7-7　国际制冷学会推荐的新鲜果品运输与装载温度（国际制冷学会，1974）

水果种类	2～3d 的运输温度		5～6d 的运输温度	
	最高装载温度/℃	建议运输温度/℃	最高装载温度/℃	建议运输温度/℃
杏	3	0～3	3	0～2
香蕉（大密舍）	≥12	12～13	≥12	12～13
香蕉	≥15	15～18	≥15	15～16
樱桃	4	0～4	建议运输≤3d	
板栗①	20	0～20	20	0～20
甜橙	10	2～10	10	2～10
柑橘	8	2～8	8	2～8
柠檬	12～15	8～15	12～15	8～15
葡萄	8	0～8	6	0～6
桃	7	0～7	8	0～3
梨②	5	0～5	3	0～3
菠萝	≥10	10～11	≥10	10～11
草莓	8	−1～2	建议运输≤3d	
李	7	0～7	3	0～3

① 我国板栗运输≤4℃。
② 我国鸭梨在 5℃时可能发生冷害。

（二）运输中温度的控制

在我国目前农产品的运输有常温运输及冷藏运输两类。

1. 常温运输

在常温运输中，不论何种运输工具，其货箱和产品温度都会受到外界气温的影响，特别是在盛夏或严冬时，这种影响更为突出。如果只能采用常温运输时，对于卡车要采取遮阳和防雨措施，尽量减少外界环境对果蔬的影响。同时货物堆码方式也对农产品运输有着重要影响。当外界温度较高时，果蔬类农产品装箱和堆码不要紧密，否则果蔬产生的呼吸热及环境热量不易散发，导致温度很容易升高。一旦果蔬温度升高，就易使产品大量腐败。而在严寒季节，果蔬紧密堆垛促使呼吸热的积累，则有利于运输防寒。

2. 低温运输

在低温运输中，由于增加了制冷设备，所以可以相对保证运输工具内果蔬的温度，需要注意堆码方式不要太紧密，否则冷气循环不好，造成车厢上下部位的温差较大。同时有研究表明，没有预冷的果蔬，在运输的大部分时间中，产品温度都比要求温度高。可见，要达到好的运输质量，在长途运输中，预冷是非常重要的。

3. 灵活调节

针对不同类型果蔬产品采用不同的运输温度，防止在运输中受冻受热。原产于寒温地区的苹果、梨、葡萄、猕猴桃、桃、莴苣、芦笋等农产品适宜贮运温度在 0℃左右，而原产于热带和亚热带地区的农产品有些对低温不敏感，如荔枝、柑橘、石榴等，最适温度为 2～5℃；有些对低温敏感，应在较高温度下运输，如香蕉运输适温为 12～14℃，番茄（绿熟）、辣椒、黄瓜等运输温度为10℃左右，低于10℃就会导致冷害发生；而洋葱、大蒜、马铃薯、胡萝卜等对高温相对不敏感的果蔬可在常温运输；易腐果蔬最好采用冷藏运输，如果没有条件则需有通风、遮阳等条件，否则运输不得超过4h。寒区冬季运输蔬菜、水果等应有草帘、棉被等防冻覆盖物。

4. 防止运输中温度波动

要尽量维持在运输过程中的恒定适温，防止温度波动。运输过程中温度波动频繁或过大都会对保持产品质量不利。生鲜果蔬的呼吸作用涉及多种酶的反应，在生理温度范围内，这些反应的速度随着温度的升高以指数规律增大，并可以用温度系数 Q_{10} 来表示。Q_{10} 在0～10℃范围内较高，最高可达7；而温度在10℃以上时可降到2～3。所以在较低温度下，温度每波动1℃，对果蔬造成的品质下降要比较高温度下严重。

总之，不论使用何种运输工具，都要尽量调节温度，使达到或接近果蔬的适宜贮运温度，以保证其质量和安全。

三、湿度

适宜的相对湿度条件可以使果蔬类农产品在运输过程中保持较好的新鲜度和品质。而环境中的湿度如过高，则会使水分凝结在果蔬类农产品的表面，引起霉菌生长，导致腐败变质，同时包装纸箱吸潮后抗压强度下降，有可能使果蔬受伤；如果环境中的湿度过低，空气过干，则会使果蔬类农产品极易蒸腾失水而发生萎蔫和皱缩，同时导致组织软化，品质下降。

在实践中，运输过程中适宜相对湿度的选择可根据果蔬的种类及运输时间来选择。例如，在低温运输条件下，由于车厢的密封和产品堆积的高度密集，运输环境中的相对湿度常在很短的时间内即达到95%～100%，并在运输期间一直保持这种状态，如果运输时间相对较短，这样的高湿度不会影响果蔬的品质和腐烂率。当运输环境中的空气相对湿度在80%～95%时，对大多数果蔬的贮藏和运输是适宜的，而芹菜等鲜嫩蔬菜所需的相对湿度为90%～95%，洋葱、大蒜要求相对湿度为65%～75%，瓜类为70%～85%。

另外在装载时，要注意码垛方式，不要堆积过密，不要损坏果蔬包装，以保持果蔬包装内的湿度。此外，为防止包装纸箱吸潮后抗压强度下降，有可能使果蔬受到损伤，可采用在纸箱的周围开透气孔，在纸箱中用聚乙烯薄膜铺垫，用隔水纸箱等方法有效防止纸箱吸潮；用塑料箱等包装材料运输时，可在箱外罩塑料薄膜以防止产品失水。

四、空气成分

在运输过程中，如果车厢内氧浓度过高的话，极易引起农产品的腐败变质。这包括由于好氧性细菌、霉菌等微生物生长引起的农产品腐败，以及由有氧呼吸作用、脂肪氧化、色素退色、非酶褐变等化学变化引起的农产品变质。另外，CO_2 是农产品和微生物等呼吸生成的低活性气体，如果在贮运时，适当降低 O_2 浓度（2%～5%），提高

CO_2 浓度（5%～10%），可以大幅度降低果蔬及微生物的呼吸作用，抑制催熟激素乙烯的生成，减少病害的发生，延缓果蔬的衰老。在应用气调运输工具如气调集装箱、气调冷藏车进行农产品运输时，常利用低 O_2、高 CO_2 控制运输农产品的生理代谢，保持运输产品的质量。

而在常温运输中因通风透气状况好，环境中气体成分变化不大；在低温运输中，由于车厢体的密闭，运输环境中可有 CO_2 的积累，振动也会使乙烯和 CO_2 浓度进一步增高。但如果运输时间较短，这些气体积累到伤害浓度的可能性不大；如果运输时间较长，则应注意要加强运输过程中的通风和换气，勿使有害气体积累产生伤害作用。在使用干冰直接冷却的冷藏运输系统中，CO_2 浓度自然会很高，可达到 20%～90%（大久保，1969），易使农产品产生 CO_2 中毒而导致生理疾病的危险。所以，果蔬运输所用的干冰冷却一般为间接冷却。但在控制的情况下，干冰直接制冷同时还可提供气调运输所需的 CO_2 源。

第三节　低温运输技术

温度是影响所有鲜活农产品储藏、运输的关键性因素。鲜活农产品在低温下运输能够起到抑制微生物的生长，减缓呼吸作用，达到延长保存期的目的。低温运输过程一般由冷藏运输设备来完成。冷藏运输设备是指本身能造成并维持一定的低温环境，运输冷藏货物的设施及装置。主要包括冷藏汽车、铁路冷藏车、冷藏船和冷藏集装箱等。不同种类的农产品都有自己适宜的贮藏温度要求，因此在冷藏运输中必须进行控温运输，在车内温度应保持与所运输易腐农产品的最佳贮藏温度一致，各处温度分布要均匀，并尽量避免温度波动。如果不可避免出现了温度波动，也应当控制波动幅度和减少波动持续时间。

为了达到控温运输的目的，在隔热良好的运载工具中设置降温和加温装置，使产品在整个运输过程中处于最佳温度状态。夏季外界气温高于规定温度时，利用制冷装置降温；冬季外界温度低于运输规定温度时，利用升温设施加温。

一、车辆热负荷计算

要维持运输货物温度的稳定，就必须使车辆-货物系统在规定的温度范围内维持热量的平衡。因此，必须首先知道系统的各项热量的收支状况，才能根据热负荷的平衡状况，在运输中采取相应的加温、保温或制冷措施，确保运输温度不超出容许的范围。运输中车辆-货物系统可能的热负荷主要有以下各项：

（1）通过车厢隔热结构传入或传出的热量：

$$Q_{出入} = W\Delta\theta t$$

（2）货物放出或吸收的热量：

$$Q_{货} = M_{货}\,C_{货}\,\Delta\theta_{货}$$

（3）车体放出或吸收的热量：

$$Q_{车} = M_{车}\,C_{车}\,\Delta\theta_{车}$$

(4) 通风引起的热量变化：

$$Q_{风} \approx V_{风}(0.31\Delta\theta)$$

(5) 果蔬的呼吸热：

$$Q_{呼} = M_{货}\, q_{呼}\, t$$

(6) 车厢厢体各处缝隙泄漏传入车厢的热量：

$$Q_{缝} = (0.1 \sim 0.2)Q_{出入}$$

(7) 运输途中开门时传入的热量：

$$Q_{开} = n'Q_{出入}$$

因此，车辆的总热负荷方程为

$$Q_{总} = Q_{出入} + Q_{货} + Q_{车} + Q_{风} + Q_{呼} + Q_{缝} + Q_{开}$$

式中：W——车辆的传热模量，kJ/(h·℃)，当 $t_{外} > t_{内}$ 及 $t_{外} < t_{内}$ 时，W 分别为车厢传热系数 K 与传热面积 F 的积的 1.25 及 0.95 倍；

$\Delta\theta$——车外温－车内温（℃）；

$M_{货}$、$M_{车}$——货物及车厢的重量（kg）；

$C_{货}$、$C_{车}$——货物及车厢的比热 [kJ/(kg·℃)]；

$\Delta\theta_{车}$——车体初温－车体终温（℃）；

$\Delta\theta_{货}$——货物初温－货物终温（℃）；

$V_{风}$——通风量（m^3/h）；

$q_{呼}$——呼吸热 [kJ/(kg·h)]；

t——运输时间（h）；

n'——开门频度系数，运输途中不开门时，n' 取 0.25；开门 6 次以下，$n'=0.5$；7～12 次，$n'=0.75$；12 次以上，$n'=1.0$。

在实际运输作业中，式中各项热负荷的值有正有负，需按实际情况处理。另外，可根据运输中的实际条件作简化计算。例如，车厢已预冷到规定的温度，运输途中不通风，则此时的热平衡方程可简化为

$$Q_{总} = Q_{出入} + Q_{货} + Q_{呼} + Q_{缝} + Q_{开}$$

二、调温方式的确定

根据运输时外界温度条件、运输时限、产品对温度的要求等参数的不同，在运输过程中有三种调温方式可供选择：保温运输、加温运输和制冷运输。这三种调温运输方式的选用，应根据车辆—货物系统的热负荷平衡状况来决定。

我国铁路部门根据易腐货物运输的一般要求将全年划分为热季（平均外温≥20℃）、温季（平均外温 1～19℃）、寒季（平均外温≤0℃）三个运输季节。

（一）加温运输

加温运输是指由运输工具提供热源，使车内保持高于外界气温的适宜温度，是寒季运输易腐货物的一种方法。如果在运输途中，果蔬的保藏温度过低，会因冻结破坏其呼

吸机能，失去抗菌能力，解冻时会迅速腐烂。加温运输一般在具有隔热性能的车辆内部设置热源进行。加温运输的热平衡式为

$$Q_{总}+Q_{热}=0$$

据此可计算需加的热量。

不过，根据我国气温状况，需加温运输的情况比较少。有许多个体对低温敏感的果蔬产品，在寒季运输时，仍可利用所产生的呼吸热抗寒。如果外界气温不低于－15℃，运送时间不超过 7 昼夜，则可用有防寒装备的保温车。

（二）保温运输

保温运输是指使用的运输车辆没有冷源或热源装置，只是靠运输车辆的绝热结构来减少车辆内外的热交换。采用保温运输的货物，一般在热季应该是冷却和冻结的农产品，而在寒季则是冷却或未冷却的农产品，而且它们的温度允许在一定范围内变化。

理想的保温运输过程中，产品温度应维持在某一温度上不变，此时必有：

$$Q_{出入}+Q_{车}+Q_{风}+Q_{呼}+Q_{缝}+Q_{开}=0$$

在上式不等于零时，为货物热量 $Q_{货}$，因而货物温度必然要随时间发生变化。货温从初始温度开始，直到下限（或上限）的时间限度，也就是保温运输的容许运输时限，可从热平衡方程中求得。

在简化计算中，不考虑产品包装，缝隙泄漏，开门，通风及车体热量变化的情况下，有：

$$W\Delta\theta t+M_{货}C_{货}\Delta\theta_{货}+M_{货}q_{呼}t=0$$

$$t=|(M_{货}C_{货}\Delta\theta_{货})/(M_{货}q_{呼}+W\Delta\theta)|$$

根据上式即可计算用一定类型的保温车装运特定种类和数量货物的容许保温运输时间，并可进而推算出允许的最大运距。

货物到达终点的温度则为

$$\theta_{终}=\theta_{初}+(M_{货}q_{呼}+W\Delta\theta)t/M_{货}C_{货}$$

式中：t——实际运行时间；

$\theta_{初}$、$\theta_{终}$——货物运输开始与终了时的货物温度。

从上式可见，在特定运输条件下，允许的货物温差越大，允许的运输时限就越长。

在具体运输中，有几种情况要分别考虑：

温、热季（$\theta_{外}>\theta_{内}$），采用保温运输时，货温上升，装车前应将货物预冷到适温的下限，以允许货温变动的上限为界计算 t 值，即 $\Delta\theta=\theta_{始}-\theta_{上限}$。

在 $\theta_{外}<\theta_{内}$ 时，有 3 种情况：

(1) 当 $Q_{呼}>Q_{出}$ 时，货温仍将缓慢上升。此时仍应将货物冷却到适温下限。

(2) 如能调节 $Q_{呼}$，使之与 $Q_{出}$ 相等，则货温可保持稳定，这是保温运输最为理想的条件，理论上 t 为无限长。

(3) 当 $Q_{呼}<Q_{出}$ 时，货温将下降，此时，为了防止冷害的发生，应将装车温度掌

握在适温的上限，即 $\Delta\theta=\theta_{始}-\theta_{下限}$，使允许的 $\Delta\theta$ 及 $Q_{呼}$ 均升高，以延长 t 值。

（三）冷藏运输

指在运输过程中，由运输工具提供制冷措施，防止货物因外界高温或低温造成腐烂变质。一般情况下，冷藏运输的必要采用条件为，在运输时限内货温不超出货物允许运输温度的上限，（即 t 短于实际运输时间）。冷藏运输使用有冷源的保温车进行。常用的冷源为冰块，加盐冰块及机械制冷机组。

冷藏运输的热平衡方程为

$$Q_{总}+Q_{冷}=0$$

式中：$Q_{冷}$——冷藏车的产冷量。

在加冰冷藏车中，为了防止冰源加上后即产冷不停，常在冰中掺不同分量的盐，以控制冰箱的产冷量，来适应各种不同货物、不同运输条件下的不同热负荷。掺盐量的计算，可参考专门手册。在使用机械冷藏车时，制冷机组的产冷量为定值，但机器可以开关，因此，机械冷藏车在 $Q_{总}\leqslant|Q_{冷}|$ 的条件下，均能通过自动调节机器运行使系统达到热平衡，满足冷藏运输的要求。

三、预冷

运输前的预冷主要指在将所运输的农产品装载到车、船等运输工具之前，迅速将其温度降低到规定温度的措施。规定温度因农产品的种类、品种而异，一般要求达到或者接近该种农产品贮藏的适温水平。

（一）对农产品运输前的预冷

1. 保持农产品原来的新鲜品质

新鲜农产品具有很强的生理活性，通过预冷可以降低它们内部的各种生理生化反应，减少营养成分的消耗和腐烂损失，尤其对果品蔬菜来说，可以尽快除去田间热和呼吸热，抑制生理代谢，最大限度地保持它们的新鲜品质。

2. 低温运输过程中温度的控制

在低温运输系统中，运输工具所提供的制冷能力有限，不能用来降低农产品的温度，只能维持农产品的温度不超过所要求保持的最高温度，所以，一般农产品不能在冷藏运输工具中预冷，而是在运输前采用专门的冷却或冷冻设备，将品温降低到最佳贮运温度以下，这样可减少运输工具的热负荷，并保证冷藏过程中温度波动不至于过大，以便更有利于保持贮运农产品的质量。经过彻底预冷的果蔬，用普通保温车运输，就能够达到低温运输的效果。反之，即使使用冷藏车，若不经过预冷就难以发挥其冷藏车的效能。例如，未经预冷的广东香蕉装入火车冷藏箱中时，果箱内温度为 27～28℃，火车运行 5d 后，果箱内温度尚在 14℃；而经过预冷的香蕉，装箱 14h 后就可以将温度降到 12℃。

3. 防止农产品运输中腐烂及损伤的发生

未经预冷的果蔬装载在冷藏车内，较长时间内产品温度不能降低，货温与车厢温度相差甚大，果蔬易蒸腾失水，致使车厢内湿度大，易在车厢顶部凝结大量水滴，这些水滴常常滴落在包装箱或产品上，对运输是很不利的。水分滴落在果蔬类农产品的表面，引起霉烂变质；同时包装纸箱吸潮后抗压强度下降，导致果蔬挤压受伤。

农产品预冷的方法主要有风冷、冰冷、水冷（湿冷）和真空冷却等。

（二）对农产品载具的预冷

运输前对所装载的农产品进行预冷的同时，对运载工具进行预冷也是十分重要的。车辆预冷的好处主要有：减轻运输中的温度变动，提高运输质量；提高果蔬的装载量，从而提高运输效率；减少运行途中继续冷却车体的热负荷。

因此，如果时间允许，预冷越充分越好。这一点在热季尤为重要。我国现行《铁路鲜活货物运输规则》规定，机械冷藏车在装车前，车内温度在运送香蕉时应为12～15℃，菠萝、橘子应为9～12℃，其他易腐货物为0～3℃。加冰冷藏车装运冷却货物或未冷却货物时，车内应预冷到12℃以下。

冷藏车的预冷时间按下式计算：

$$t_{预} = M_{车}\ C_{车}\ \Delta\theta_{车}\ /(q_{冷} - q_{入})$$

式中：$M_{车}$——车体需冷却部分的重量（kg）；

$C_{车}$——车厢的比热容，一般取1.42～1.47［kJ/(kg・℃)］；

$\Delta\theta_{车}$——车体初、终温的温差（℃）；

$q_{冷}$——冷藏车的制冷能力（kJ/h）；

$q_{入}$——车外传入的热量（$W\Delta\theta$）（kJ/h）。

在车体预冷时，应注意把“车体温度”降到规定的标准，而不是把“车内空气温度”降到规定标准。车内空气温度与车体温度是不能等同的。因为，车体的比热容比空气高，降温比空气慢得多。如果只降低车内气温，则停止制冷后车内温度很快会回升，起不到预冷的作用。

四、装载

农产品在运输工具内的装载首先必须保证运输货物的质量，同时要兼顾车、船载重力和容积的充分利用。

（一）装载量的确定

1. 车辆的体积、载重量和农产品重量、体积

不同农产品之间其单位质量体积不同，在我国目前冷藏车、保温车多为多用途车，车辆比体积（有效装载体积与标准载质量之比）往往比较小，这类车用于装载果蔬时，因果蔬的质量/体积小，加包装及按不同堆垛要求堆放后的单位质量体积大，装载质量往往不能得到充分利用。

2. 果蔬的性质和热量状态

果蔬及包装是否坚实耐压，预冷程度、呼吸热的大小等，既影响装载方法，又影响车辆热负荷，当然也影响装载量。如呼吸热小，充分预冷的果蔬，就可以多装一些而不致超过制冷能力，装载耐压货物时装载高度可以增加，亦可增装载量；反之，未预冷的果蔬，装载量只能根据车辆的制冷能力来确定，往往大大少于额定装载量。

3. 运输季节和车辆性能

运输时外界温度、车辆的隔热性能和制冷能力与货物的热状态一起决定运输中的热负荷的大小和热平衡。如热负荷大，制冷能力不足，则只能减少装载量，这一点在热季运输时特别明显。显然，热季运输未预冷果蔬的装载量是最低的，因为热季高温及未预冷货物均使车辆热负荷增大，而在热季机械制冷机的工况恶化，制冷能力反而下降。果蔬冷藏运输的装载量计算，要按已预冷及未预冷两种情况分别进行。在货物、车辆均已预冷至规定温度的条件下，一般冷藏车的制冷能力是足够的，故装载量可不考虑制冷能力，按下式计算：

$$M_{货} = V\rho\psi$$

式中：V——冷藏车的装载体积（m^3）；

ρ——果蔬的平均单位体积质量（包括包装）（kg/m^3）。

ψ——充满系数，对有呼吸热的果蔬来说，因需要留通风空间，ψ 值常取 0.5～0.8。

在车体未预冷的情况下，装载未预冷果蔬，则必须考虑制冷能力的限制及要求的冷却时间，此时的装载量为

$$M_{货} = [t(q_{冷} - q_{入}) - Q_{车}]/(C_{货}\,\Delta\theta_{货} + q_{呼}\,t)$$

式中：$q_{冷}$——冷藏车的制冷能力（kJ/h）；

$q_{入}$——单位时间内传入车内的热量（$W\Delta\theta$）（kJ/h）；

t——冷却到要求温度的时间（h）；

$Q_{车}$——冷却车体所需的冷量（$M_{车}\,C_{车}\,\Delta\theta_{车}$）（kJ）。

如果车体已预冷，则上式中 $Q_{车}$ 取零值。我国铁路现行规章规定，未冷却货物装车后冷却到规定温度的时间不得超过 48h。此外，如果在货物间夹冰运输，则须将夹冰所产生的冷量一并计入 $q_{冷}$。

（二）装载方式的确定

农产品采用车、船运输时，其堆码方法大体上分为两类。

1. 紧密堆码法

紧密堆码法适用于冬季短途保温运输的某些怕冷货物，热季运输的某些不发热的冷却货物或者夹冰运输的鱼、虾或蔬菜等。货物必须实行紧密堆码，车内空气不能在货物之间流通，这样货物本身所积蓄的冷量就不易散发，有利于保持货物温度的稳定并有效地利用车、船载重力和容积。但不应过于挤压，以免造成机械伤害影响货物质量。

2. 留间隙堆码法

留间隙堆码法适用于冷却和未冷却的果蔬、鲜蛋等农产品的运输，以及外包装为纸箱或塑料箱的普通农产品的装载码垛。堆码过程中应遵循以下原则：货物应装载牢固，以防止移动、碰撞、振动造成的损伤；货物间留有适当的间隙，以使车内空气能顺利流通；每件货物都不能直接与车辆的底板和壁板相接触；货物不能紧靠机械冷藏车的出风口或加冰冷藏车的冰箱挡板，以免导致低温伤害。

采用留间隙码垛方法可使得车、船内各货件之间都留有适当的间隙。当货物堆放合理时，可以使冷却空气能够合理流动，保持货物间温度均匀，防止因局部温度升高而导致腐败变质。常用于易腐农产品的冷藏运输或保温运输。这种堆码方法按所留间隙的方式及程度不同，又可以分为以下几种（图 7-3）。

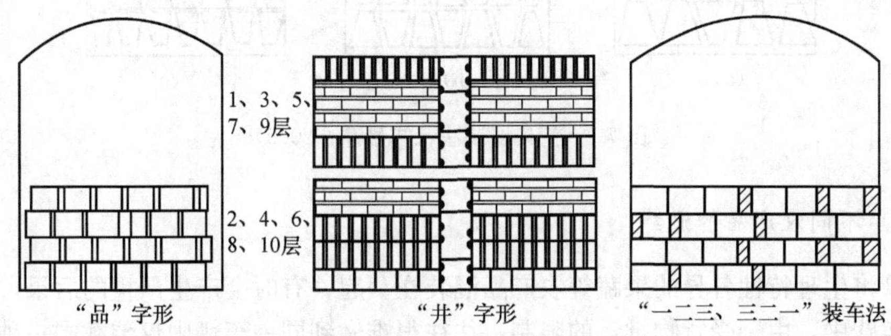

图 7-3 留间隙堆码法示意图（周山涛，1998）

1）“品”字形装车法

该法是奇数层与偶数层货件交错骑缝装载，装后呈现出“品”字形状，适用于箱装货物。由于只能在货件的纵向形成通风道，因此，在高温季节要求冷却或通风，而在寒冷季节则要求加温。该法适用于有强制循环装置的机械冷藏车。

2）“井”字形装车法

“井”字形装车法灵活多样，各层货物纵横交错。实际装载时，根据车辆的有效装载尺寸以及货件的包装规格，具体确定纵向或横向的放置件数。“井”字形装车法可使空气在每个井字孔之间上下流通，基本能够保证空气流通无阻。该法装载的货物较为牢靠，装载量也较大。

3）“一二三、三二一”装车法

这是我国铁路在冬季运输柑橘时使用较多的一种装车方法，用这种方法装车时空气只能在车辆的三条通风道中流通，因此空气循环情况比上述两种方法都差，但装载量可以提高，适于运输较坚实的水果和蔬菜。

4）筐口或筐底对装法

筐口或筐底对装法主要用于竹筐、柳条筐等包装的水果和蔬菜，由于这些筐子本身及编造上的特点，装载时在货物之间能自然形成一定的间隙，便于空气流通，故不必留出专门的通风空隙。筐口对装法有多种方式。常用的几种筐口对装法如图 7-4 所示。

图 7-4（a）能在货堆中形成两条纵向通风道，再加上沿侧墙的通风道，共有 4 条纵向通风道。车内空气也可在上下方向流通，横向货物间也有间隙，车内空气循环较好，为装运香蕉效果最好的一种装车方法。图 7-4（b）货堆中无纵向通风道空气循环不如前者，但可多装货物，冬季装运坚实的水果蔬菜比较合适。图 7-4（c）比前二者通风条件都好，有利于降低未冷却货物的温度，但对车辆容积的利用较差，可用于夏季装运发热量大的水果蔬菜。

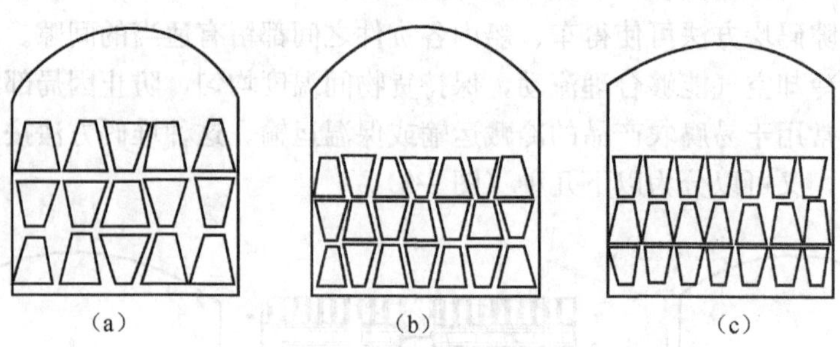

图 7-4　筐口对装法（饶景萍，2009）

（三）不同农产品的混装

尽管将生理特性各异的果蔬等农产品混装在一起，有时会产生严重的后果，但在实际生产实践中，由于受货物批量的限制，往往很难做到同一车辆中仅装载同一种类的货物。例如铁路运输量大，一个种类的果蔬往往从货源组织，到市场销售，在短时间处理 30～40t 产品是很难的，所以在铁路运输中，同一车厢混装不同种类产品是经常的。

不同品种的农产品能否混装，主要遵循以下原则：不同贮运温度的果蔬不能混装；产生大量乙烯的果蔬不能和对乙烯敏感的果蔬混装；适宜相对湿度差异较大的果蔬不能混装；具有异常气味的果蔬不能与其他果蔬混装。

国际制冷学会对 85 种果蔬按要求的温度、湿度、气体成分等条件分为可以混装的 9 个组。

第 1 组，苹果、杏、浆果、樱桃、葡萄、桃、梨、柿、李、梅等。适宜运输温度 0～1.5℃，相对湿度 90%～95%，浆果和樱桃可用 10%～20%的二氧化碳包装运输。

第 2 组，香蕉、番石榴、芒果、薄皮香瓜和蜜瓜、鲜橄榄、木瓜、菠萝、青番茄、粉红番茄、茄子、西瓜。适宜运输的温度 13～18℃，相对湿度 85%～95%。

第 3 组，厚皮甜瓜类、柠檬、荔枝、橘子、橙子、红橘。适宜运输的温度 2.5～5℃，相对湿度 90%～95%，但甜瓜类为 95%。

第 4 组，蚕豆、秋葵、红辣椒、青辣椒（不得与蚕豆混装）、美洲南瓜、西葫芦、粉红色番茄、西瓜等。适宜运输的温度 4.5～7.5℃，但蚕豆为 3.5～5.5℃，相对湿度 95%。

第 5 组，黄瓜、茄子、姜（不得与茄子混装）、马铃薯、南瓜（印度南瓜）、西瓜。适宜运输的温度为 8～13℃，生姜不得低于 13℃，相对湿度 85%～95%。

第 6 组，芦笋、红甜菜、胡萝卜、菊苣、无花果、葡萄、莴苣、蘑菇、荷兰芹、荷兰防风草、豌豆、大黄、菠菜、芹菜、小白菜、甜玉米。适宜的运输温度为0～1.5℃，适宜相对湿度50%～100%。除无花果、葡萄、蘑菇外，这一组其他果蔬均可与第7组货物混装，芦笋、无花果、葡萄、蘑菇等任何时候都不得与冰直接接触。

第7组，花茎甘蓝、抱子甘蓝、球茎甘蓝、花椰菜、芹菜、洋葱（不能和无花果、葡萄混装，最好也不和蘑菇、甜玉米混装）、萝卜、芜菁。适宜的运输温度为0～1.5℃，相对湿度95%～100%。可与冰接触。

第8组，生姜（见第5组）、早熟马铃薯（可按其他货物要求的温度控制）、甘薯。推荐的运输温度13～18℃，相对湿度85%～95%。

第9组，大蒜、干洋葱。推荐的运输温度为0～1.5℃，相对湿度65%～75%。

五、途中管理

农产品在运输过程，承运单位要对所运输的农产品进行控制和管理，最大限度地维护和保证农产品运输所需要的条件，减少损失。

（一）温度的控制

温度是运输过程中的重要环境条件之一。在运输过程中维持低温或根据外界环境气候的变化适当调整温度对保持农产品的品质及降低运输中的损耗十分重要。如冷藏汽车运输果蔬时，要定期检查冷藏汽车上的温度计，如果温度过高，要及时开启制冷机。再如在10月份由广州往满洲里运香蕉，广州的平均外温为23℃，满洲里为0℃。在这种情况下，往往要视具体情况，先用冷藏运输，在途中的适宜区段采用不制冷的保温运输或通风运输，而在严寒地段降温超过允许幅度时，则要采用加温防寒运输，以保证货温的稳定。

（二）湿度的控制

湿度在运输中对果蔬的影响较小。但如果是长距离运输或运输所需时间较长时，就必须考虑湿度的影响。尤其是对水分含量较高的蔬菜，在运输途中要观察水分的散失状况，及时增加环境中的湿度，防止过度失水造成萎蔫，从而影响产品品质。

（三）通风的控制

利用通风可以达到两个的目的，其一为排除农产品运输途中释放的过多水气、CO_2、乙烯和其他气体，保证产品不受有害气体的伤害；其二为散失热量，帮助调节车内温度。机械冷藏车一般有自然通风与强制通风装置，在途中或停站时通风。加冰冷藏车因无强制通风装置，在途中可开启通风口，利用车辆与空气的相对运动来通风。在停站时，只能在通风口临时装设风扇进行通风。如通风的目的是为了换气时，则冷藏车的通风在热季和温季要求进入车内的空气温度低于车内温度，热季通风应在夜间或清晨进行，否则不宜通风或需进行空气的预冷。在寒季一般不进行通风，以免冻坏产品。温、寒季为调节温度而通风时，应根据货温确定通风量，外界气温过低时，通风要缓慢，应在白天进行，否则易冻坏产品。外温小于-10℃时应停止一切通风。

（四）振动的控制

在运输途中剧烈的振动会造成新鲜果品的机械伤，机械伤会促使水果释放乙烯，加快果品的成熟；同时易受病原微生物的侵染，造成果品的腐烂。因此，在运输中尽量避免剧烈的振动。振动的程度与道路的状况、车辆的性能及行驶速度等有直接关系，当路况较差时，应放慢车速，有必要时还应在货物包装内增加填充物使产品稳固或加以牢固捆绑，以免造成挤、压、碰撞等机械损伤。

六、到达作业

农产品运达运输目的地后，首要工作就是要及时卸车，然后通过批发商或直接上市交易。无论是机械卸车还是人工卸车，都应避免粗放、野蛮的操作。果蔬类农产品经长途运输后，所受的损伤及病菌侵染较大，一般不适于继续长期贮藏，故卸车后的产品应及时转运处理，有条件的要及时入库冷藏，避免长时间在室外堆积造成腐烂变质。

第四节　冷链

农产品冷链物流是指使肉、禽、水产、蔬菜、水果、蛋等生鲜农产品从产地采收（或屠宰、捕捞）后，在产品加工、贮藏、运输、分销、零售直到消费的各个环节始终处于适宜的低温控制环境下，最大限度地保证产品品质和质量安全、减少损耗、防止污染的特殊供应链体系。

对植物性农产品来说，呼吸作用是其变质的主要原因，因此要长期贮藏植物性农产品，就在维持其活体特征的前提下通过低温减弱呼吸作用，降低呼吸消耗延长保鲜时间；对动物性农产品来说，微生物和酶是其变质的主要因素，通过低温冻结后，其水分结晶，使微生物活力丧失或不能繁殖，酶的反应受到抑制，减缓变质过程。而农产品冷链物流可以达到这些目的。

农产品冷链物流的建设和实施对于我国国民经济的发展起着重要的作用。随着生活水平的提高，人们对农产品的需求量越来越大，质量的要求也越来越高。而农产品独有的鲜活性、易腐性等特性确定了农产品对物流过程的时效性、安全性等方面的严格标准。但由于冷链不完善的问题，我国农产品产后损失严重，果蔬、肉类、水产品流通腐损率分别已经达到20%～30%、12%、15%，仅果蔬一类每年损失就达1千亿元以上，因此加快建设冷链物流体系迫在眉睫。

一、组成

农产品冷链物流由冷冻加工、冷冻储藏、冷藏运输和配送、冷冻销售四个环节组成，如图7-5所示。

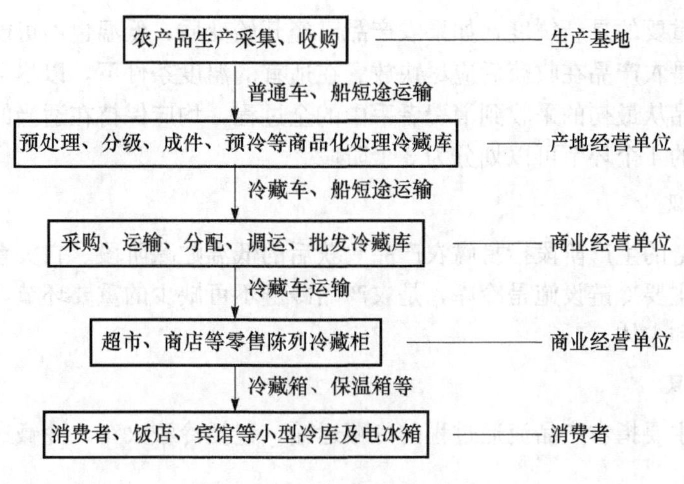

图 7-5　冷链物流的组成模型

（一）冷冻加工

冷冻加工包括植物性农产品如蔬菜、水果在产地的预冷；动物性产品如肉禽类、蛋、奶类、水产品的冷却与冷冻，以及在不同低温条件下的加工处理，还包括速冻食品的低温加工等。在这个环节上主要涉及的冷链装备是冷却、冻结装置和速冻装置。

（二）冷冻储藏

冷冻储藏包括农产品的冷却储藏和冻结储藏，以及水果蔬菜等农产品的气调储藏。它是保证农产品在储藏和加工过程中的低温环境。在此环节主要涉及各类冷藏库、加工间、冷藏柜、冷冻柜及家用冰箱等。

（三）冷藏运输

冷藏运输包括农产品的中、长途运输及短途配送过程中的保证可控的低温状态。它主要涉及铁路冷藏车、冷藏汽车、冷藏船、冷藏集装箱等低温运输工具。在冷藏运输过程中，温度波动是引起农产品品质下降的主要原因之一，所以运输工具应具有良好的性能，远途运输尤其重要。

（四）冷冻销售

冷冻销售包括各种冷链农产品进入批发零售环节的冷冻冷藏和销售，它由生产厂家、批发商和零售商共同完成。随着大中城市各类连锁超市的快速发展，各类连锁超市正在成为冷链食品的主要销售渠道，在这些零售终端，大量使用了冷藏、冷冻陈列柜和储藏库，它们成为完整的农产品冷链中不可或缺的重要环节。

冷链中各环节都起着非常重要的作用，农产品在采收、分级、包装、贮藏、运输、销售和消费等环节必须在作业上紧密衔接，相互协调，形成一个完整的冷链。组成冷链的各个环节和设施，在运作上的一般原则是：第一要保证冷链中的农产品初始质量应该是优良的，最重要的是新鲜度，如果农产品已经开始变质，低温也不可能使其恢复到初始状态；第二是农产品在收获后应尽快放置在适宜的温度条件下，以尽可能保持原有品质；第三是产品从最初的采收到消费者手中的全过程，均应保持在适当的低温条件下。

冷链物流的 4 个环节可以划分为 3 个阶段。

1. 生产阶段

农产品冷链的生产阶段指易腐农产品收获后的低温贮藏阶段。它关系到农产品保鲜质量的起点，主要冷链设施是冷库，是农产品冷链不可缺少的重要环节，也是农产品冷链的硬件设施和主体。

2. 流通阶段

流通阶段主要指农产品流通过程的冷藏运输，包括冷藏火车、冷藏汽车、冷藏船和冷藏集装箱等。

3. 消费阶段

消费阶段的硬件设施从 20 世纪 90 年代初起有了快速发展，我国先后引进多家国外商业零售环节冷藏设施的先进生产技术和设备，各种用途和各种形式的商用冷柜不断推向市场，商业批发零售基本也配置了冷柜或小冷库，这些设施已基本满足了冷链消费阶段实际销售环节的需要。同时冰箱及冷柜也已进入千家万户，这为冷链产品拓展了巨大市场。

二、实现冷链的条件

要想保证冷链的顺利实施，需满足 3 个主要条件：设备、技术、操作管理。

（一）设备要求

在冷藏品的加工、储藏及配送到零售商店的各个环节上都需要特殊的可以保证农产品始终保持在规定的温度（低温）状态的足够数量和质量的预冷站、冷库、冷藏车、冷柜、冷箱等冷冻、冷藏及空调系统和保冷隔热相关设施。

（1）冷冻加工环节。有高温冷库、中温冷库、低温冷库、超低温冷库、预冷装置等设施。

（2）冷藏储存环节。有气调库、各类冷藏库/加工间、冷藏柜、冻结柜及家用冰箱等设施。

（3）冷藏运输环节。有公路冷藏运输车、铁路冷藏车厢、航空冷藏运输装备、冷藏运输船舶等。

（4）冷冻销售环节。有冷藏、冷冻陈列柜、冰箱及储藏柜等设备。

（二）技术要求

冷链物流涉及采收、分级、包装、贮藏、运输、销售和消费等环节，要想保证农产品的品质，则不仅要求低温冷藏保鲜，还要求物流各环节具有较高的组织协调性。在加工部门的生产过程，经营者的货源组织，运输部门的车辆准备与途中服务、换装作业的衔接，销售部门的库容准备等均应快速组织并协调配合，保证冷链协调、有序、高效地运转。因此要求冷藏运输技术、仓储保鲜技术/电子物流信息交换技术、信息管理技术、连锁配送技术等。例如微波保鲜、薄膜保鲜、加压保鲜技术；二维码 IC 卡电子标签、数字加密、数字水印、虚拟托盘、虚拟仓储等技术；指纹、声纹、视网膜等识别技术以及 GIS（地理信息系统）、GPS（全球卫星定位系统）、EDI（电子数据交换）技术。

（三）操作管理要求

在满足设备和技术条件的基础上，针对冷链物流的每个环节提出了具体的操作和管理要求。

1. 农产品采集及预处理期的 3P 条件

3P 条件（product，原料；processing，处理工艺；package，包装）要求原料品质好，处理工艺质量高，包装安全好，符合果蔬特性，这是农产品进入冷链的早期质量要求。

2. 农产品贮运期间温度与品质保持时间的 3T 条件

3T 条件（time，时间；temperature，温度；tolerance，耐藏性的容许限度）指出了冷藏农产品品质保持所允许的时间和产品温度之间存在的关系。对每种农产品而言，其所发生的质量下降与贮运期间温度变化存在确定的关系。以橘子为例，贮藏的基准温度为－2℃时，在环境温度 5℃下存放 10d 时的质量降低为原来的 83%；而在 10℃下存放 10d，则质量降低为原来的 71%。

3. 农产品流通期间质量控制的 3C 条件

3C 条件（care，细心；clean，清洁；cool，低温）要求在农产品整个加工与流通过程中，对农产品进行必要的保护，维持环境的清洁卫生，对环境温度进行控制。这是保证农产品流通质量的基本要求。

4. 冷链各环节协调运行的 3Q 条件

3Q 条件（quantity，数量；quality，质量；quick，快速）即冷链系统中设备在数量上与需求相协调、设备间质量标准一致，以及实现快速作业组织。冷链系统中的预冷库、储藏库、运输工具等都要按照区域和市场的实际客观需要，同步协调建设。快速的作业组织则是指冷链各环节的主体之间衔接紧密，运作高效。如加工者的生产过程，经营者的货源组织，低温运输者的车辆准备与途中服务、换装作业衔接，销售者的库容准备等的快速组织和协调配合。

5. 冷链保鲜方式与管理的 3M 条件

3M 条件（means，工具；methods，方法；management，管理）要求在冷链中所使用的贮运工具及保鲜方法要符合农产品的特性，并能保证既经济又取得最佳的保鲜效果；同时，要有相应的管理机构和行之有效的管理措施，以保证冷链协调、有序、高效地运转。

参考文献

邓汝春. 2007. 冷链物流运营实务 [M]. 北京：中国物资出版社.

韩宇红. 2006. 发展我国冷链物流的对策研究 [J]. 农产品加工学刊，67 (6)：29～32.

郝利平. 2008. 园艺产品贮藏加工学 [M]. 北京：中国农业出版社.

李一凌. 2008. 国内超市生鲜食品供应链存在的问题及对策 [J]. 中国物流与采购，23：70～71.

刘卫站，孙明燕. 2008. 中国冷链物流发展状况分析 [J]. 中国物流与采购，12：70～74.

刘兴华. 2006. 食品安全保藏学 [M]. 北京：中国轻工业出版社.

卢立新，王志伟. 2004. 果品运输的机械损伤机理及减损包装研究发展 [J]. 包装工程，25 (4)：131～141.

农业部农民科技教育培训中心，中央农业广播电视学校. 2007. 水果蔬菜花卉贮藏保鲜技术 [M]. 北京：中国农业出版社.

秦文，吴卫国，翟爱华. 2007. 农产品贮藏与加工学 [M]. 北京：中国计量出版社.

饶景萍. 2009. 园艺产品贮运学 [M]. 北京：科学出版社.

孙企达. 2004. 真空冷却气调保鲜技术及应用 [M]. 北京：化学工业出版社.

屠康. 2006. 食品物流学 [M]. 北京：中国计量出版社.

王颉，张子德. 2009. 果品蔬菜贮藏加工原理与技术 [M]. 北京：化学工业出版社.

徐最. 2008. 国外农产品供应链管理启示录 [J]. 中国物流与采购，11：50～51.

应铁进. 2001. 果蔬贮运学 [M]. 杭州：浙江大学出版社.

张敏. 2009. 农产品物流与运营实务 [M]. 北京：中国物资出版社.

张子德，马俊莲. 2006. 果品蔬菜贮藏运输学 [M]. 北京：中国农业科学技术出版社.

张子德. 2002. 果蔬贮运学 [M]. 北京：中国轻工业出版社.

赵晨霞. 2005. 果蔬贮藏与加工 [M]. 北京：高等教育出版社.

郑永华. 2006. 食品贮藏保鲜 [M]. 北京：中国计量出版社.

周山涛. 1998. 果蔬贮运学 [M]. 北京：化学工业出版社.

朱昌锋. 2009. 铁路鲜活货物运输 [M]. 北京：中国铁道出版社.

第八章
农产品现代物流安全管理与技术

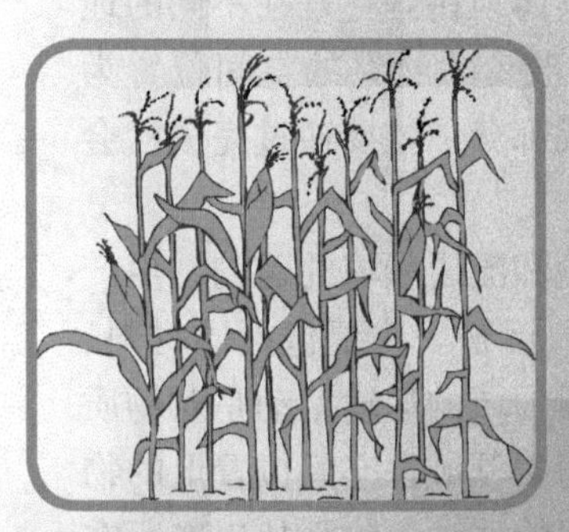

内容提要

本章在介绍农产品物流的构成要素——运输、配送、包装、流通等基本概念的基础上，从宏观层面上探讨了农产品现代物流组织的结构与创新形式，农产品现代物流管理体制制度，农产品现代物流管理绩效评价和现代物流信息系统管理。

教学目标

1. 通过本章的学习，掌握现代物流的构成要素的概念和内容，包括运输与配送、包装与仓储运输、流通与信息处理。

2. 了解农产品现代物流组织与管理相关知识，包括农产品现代物流组织结构、农产品现代物流管理体制制度、农产品现代物流管理绩效评价。

3. 了解现代物流信息系统管理，主要掌握各种现代物流信息技术。

重要概念及名词

运输　商业流通　物流信息　绩效管理　电子商务　数据库技术

思考题

1. 名词解释：流通、物流信息、绩效管理、电子商务、条码技术。

2. 简述流通在社会经济中的地位与作用。

3. 简述一个现代化的直接送的物流组织具有的特点。

4. 简述加强现代农产品物流管理体制制度实施的措施。

5. 简述 EOS 系统在企业物流管理中的作用。

第一节　现代物流的构成要素

一、运输与配送

（一）运输

1. 运输的概念

运输是指物品借助于运力在空间上所发生的位置移动。具体地讲，它是在不同的地域范围内（如两个城市、两个工厂或两个物流结点之间），以改变“物”的空间位置为目的，实现物流的空间效应。运输作为社会生产力的有机组成部分，主要通过完成社会物品的流转表现出来。

运输作为物流系统的一项功能来讲，包括生产领域的运输和流通领域的运输。生产领域的运输活动，一般是生产企业内部进行，因此称之为厂内运输。主要包括原材料、在制品、半成品和成品的运输，有时也称之为物料搬运。流通领域的运输活动是对物质产品的运输，以社会服务为目的，是完成物品从生产领域向消费领域在空间位置上的物理性的转移过程。它包括物品从生产所在地直接向消费所在地的移动、物品从生产所在地向物流网点和从物流网点向消费所在地的移动。

2. 运输的作用

运输具有扩大市场、稳定价格、促进社会分工、扩大流通范围等社会经济功能。运输对发展经济，提高国民生活水平有着十分巨大的影响，现在的生产和消费，就是靠运输事业发展来实现的。运输通过产品转移和产品短期储存两大功能，在现代物流过程中发挥着举足轻重的作用。运输首先是实现了产品在空间上的位移，不论物品的形式如何，在未进入消费领域进行消费之前，它的使用价值只是一种潜在的可能性。而物质产品的生产地和消费地在同一地的情况几乎很少，只有通过运输才能进入消费，从而实现物质产品的使用价值，社会各种需求才能得到满足。

3. 物质产品的运输方式

物质产品的运输有 5 种基本方式，即公路运输、铁路运输、水路运输、航空运输和管道运输。此外还有具有特殊功能的运输（如散装运输）。

1）公路运输

公路运输是使用公路设备、设施运送客货的一种运输方式，是我国货物运输的主要形式，在我国货运中所占的比重最大。公路运输的工具主要是汽车和畜力车，以汽车为主，它主要承担短途运输和无铁路可通的长途货物的运输任务，可分为自用客车运输和营业用卡车运输。公路运输主要优点是灵活性强，实现“门对门”运输，即从发货者门口直到收货者门口，而不需要转运或反复装卸搬运；投资少，资金周转快；受自然条件限制小，由于公路运输灵活方便、送达速度快，对不同的自然条件适应性较强，有利于保持货物的运输质量。不足之处是运量较小，效率低；不适宜装载重件、大件货物；不适宜走长途运输；运输成本费用较水运和铁路高；车辆在运行中震动较大，容易造成货损、货差事故；环境污染严重，如噪声、废气等。一般认为，公路运输的经济半径在200km以内。

2）铁路运输

铁路运输是使用铁路设备、设施运送客货的一种运输方式，是我国国民经济的大动脉，是我国货物运输的主要方式之一。铁路运输，按照货物数量、形状、性质、运输条件可分为整列运输、整车运输、集装箱运输、混装运输和行李货物运输等；按铁路的属性可分为中央铁路运输和地方铁路运输；另外还有营业性线路运输和专用线路运输等。铁路运输的最大特点是适合于长距离的大宗货物的集中运输，并且以集中整列为最佳，整车运输次之。优点主要是适应性强，铁路运输是在专用的轨道上行驶，受自然条件的限制很少，具有较高的连续性和可靠性；运载量大，可运送大批量物品；速度快；能耗小、污染少。不足之处是灵活性差，受运行时刻、配车、编列和中途编组等因素的影响，不能适应用户的紧急需要；铁路轨道的固定使运输只能在固定线路上实现运输，需要以其他运输手段配合和衔接，而衔接过程中就会导致运输速度减缓、装卸时货物损失等现象；近距离运输，运输费用较高。一般认为，铁路应属的经济半径在200km以上。

3）水路运输

水路运输又称为船舶运输，它是利用传播运载工具在水路上运输，简称为水运。水路运输主要承担长距离、大数量的货运，是在干线运输中起主力作用的运输形式，在我国运输业中也占有重要的地位。水运有沿海运输、近海运输、远洋运输和内河运输四种形式。水路运输的主要优点是运载量大、运输成本低，以最低的单位运输成本提供最大的货运量；航道投资省，不占用耕地面积。不足之处是由于水中行驶，水流阻力大，运输的速度慢；适应性低，受港口、水位、季节、气候影响较大，一年中中断运输时间长。水路运输必须靠其他运输手段加以配合和衔接。

4）航空运输

航空运输，是在具有航空线路和航空港的条件下，使用飞机和其他航空器进行货物运输的一种运输方式。航空运输在我国运输业中，其货运量占全国货运量的比重还不是很大。由于航空运输的单位成本很高，因而适用于价值高、运费承担能力强的货物，如贵重设备的零部件、高档产品等；紧急需要的物品，如救灾抢险货物等。航空运输的优点是速度快，是速度最快的运输方式；灵活性强，不受地形、地貌、山川、河流的妨碍，对于交通不发达的地区或者自然灾害的紧急救援，均可采用飞机空投的方式；安全程度高，由于航空运输对货物产生的震动和冲击力小，因此货物只需简单打包即可运输，散包事故少。不足之处是运费高，运载量小。

5）管道运输

管道运输是利用管道输送气体、液体和粉状固体的一种运输方式，是近几十年发展起来的一种新型的运输方式，1971年我国才开始有管道运输。目前主要是对莱油、成品油、天然气和其他气体的输送。其主要原理是运输物品在静止不动的作为运输工具和运输通道的道内顺着压力方向不断流动，通过机泵给货物以压能，使物品本身连续不断的被运送。管道运输的优点是载运量大、连续性强，能够不间断的输送；管道建设投资省，占用土地少，建设周期短，回收快；易取捷径，缩短运输里程，管道可通过河流、湖泊、铁路、公路，甚至翻越高山、横跨沙漠、穿越海底等；损耗少，由于采用密封设备，在运输过程中可避免散失，丢失等损耗；污染少，管道运输不产生噪音，货物漏失污染少；不受气候影响，可以长期安全、稳定地运行。不足之处是管道运输是一个单向的封闭输送系统，灵活性差；适用范围局限性，主要是长期定向、定点输送。

6）散装运输

散装运输是指物质产品直接通过专用的运输工具，不需要进行产品包转的一种运输方式。目前，主要对粮食、水泥、石油等货物采用此方式。散装运输的主要优点是由于采用机械化装卸技术，减轻了装卸搬运过程的劳动强度，从而提高劳动生产率；节约包装材料，降低物流成本；途中损耗少。

4. 运输的合理化

物流过程的合理运输，是从物流系统的总体目标出发，运用系统理论和系统工程原理的方法，充分利用各种运输方式，选择合理的运输路线和运输工具，以最短的路径、最少的环节、最快的速度和最少的劳动消耗，组织好物质产品的运输活动。合理运输的要素包括：运输距离、运输环节、运输工具、运输时间、运输费用。缩短运输距离，减少运输环节，选择最优运输工具，缩短运输时间，降低运输费用都是运输合理化的重要目标。

不合理的运输是在现有的条件下可以达到的运输水平而未达到，造成了运力浪费、运输时间增加、运费超支等问题的运输形式。目前一般存在的不合理运输形式有返程或起程空驶、对流运输、迂回运输、重复运输、倒流运输、过远运输、运力选择不当、托运方式选择不当等。

（二）配送

1. 配送的概念

配送是指按客户或收货人订货要求，在配送中心或其他物流节点进行集货、分货、配货业务，并将配置货物送交给客户或收货人的过程。配送一般具有备货、储存、分拣、配货、包装、加工、配装、运输等基本功能要素，但是并不是所有的配送都按同样的流程进行。

从配送活动的实施过程上看，配送主要包括两个方面的要素："配"是对货物进行集中、分拣和组配；"送"是以各种不同的方式将货物送达至指定地点或用户手中。配送不是单纯的运输或输送．而是"配"和"送"的有机结合，完全按照客户要求的数量、种类、时间等进行分货、配货、配装等工作。配货是以客户的要求为出发点，按客户的要求进行的一种活动。配送是一种先进的现代物流形式，它不但给供应者和需求者带来降低物流成本的直接效益，而且还能为社会节省运输车次、缓解交通压力等做出贡献。

2. 配送的作用

发展配送，对于物流系统的完善，流通企业和生产企业的发展，以及整个经济社会效益的提高，具有重要的作用。配送有利于降低整个社会物资的库存水平，实现高水平配送后，生产企业只需保持少量保险储备而不必留有经常储备；配送有利于提高物流效率，降低物流费用，采用配送方式，批量进货，集中发货，以及将多个小批量集中一起大批量发货，都可以有效地节省运力，实现经济运输，降低成本，提高经济效益；配送完善运输和整个物流系统，采用配送方式，从范围来讲将直线运输及小搬运统一起来，解决运力往往利用不合理、成本过高等问题；配送可以成为流通社会化、物流产业化的战略选择，实行社会集中库存、集中配送，可以从根本上打破条块分割的分散流通体制，实现流通社会化、物流产业化。

3. 配送方式

配送作为一种现代流通组织形式，具有集商流、物流于一身的职能，但由于配送者，主体、配送对象、服务对象，以及流通环境的不同等，配送可以按不同的标志进行不同的分类。

1）按配送商品的种类和数量分类

（1）单（少）品种大批量配送。当客户所需的商品品种较少，或对某个品种的商品需要量较大、较稳定时，可采用此种配送方式。由于数量大，不必与其他商品配装，可使用整车运输，有利于车辆满载和采用大吨位车辆运输，而且配送中心内部的组织工作也较简单，配送成本较低。

（2）多品种少批量配送。在现代化生产发展过程中，客户的需求在不断的变化，市场的供求情况也随之变化，促使生产向多样化方面发展，引起了企业对原材料需求方面的变化，此种配送方式应运而生。此种方式是按照客户要求，将所需的各种商品配备齐全，凑整装车后由于配送作业水平要求高、使用设备较为复杂、计划难度大，需要有高水平的组织工作保证和配合。

（3）配套成套配送。此种配送方式是为满足企业的生产需要，按其生产进度，将装配的各种零部件、成套设备定时送到生产线进行组装的一种配送形式。

2）按配送时间和数量的多少分类

（1）定时配送。这种配送是按规定的时间间隔进行配送，每次配送的品种、数量可按计划执行，也可以在配送之前以商定的联络方式通知配送时间和数量。这种方式由于时间固定，易于安排工作计划，客户也易于安排接货，但由于备货的要求下达较晚，配货难度较大，在要求配送数量较大时，会使配送计划安排出现困难。它可以区分为当日配送和准时方式的配送。

（2）定量配送。这种配送是指按规定的批量在一个指定的时间范围内进行配送。这种方式计划性强，配送数量固定，备货工作简单，可以通过与用户协商，按托盘、集装箱及车辆的装载能力确定配送数量，配送效率较高，成本较低。由于时间限制不严格，可以将不同客户所需要商品凑整车后配送，提高车辆利用率，有利于人力、物力的准备。

（3）定时定量配送。这种配送是按照规定时间和规定商品的种类和数量进行配送、兼有定时配送和定量配送的特点，要求配送管理水平较高，组织工作难度增加很大。

（4）定时定量定点配送。这种配送是按照确定的周期、确定的商品品种和数量、确定的客户进行配送。它的形式一般事先由配送中心与客户签订协议，双方按协议执行，有利于保证重点需要和降低企业库存，适用于重点企业和重点项目。

(5) 即时配送。这种配送是完全按用户提出的配送时间和数量随即进行配送，是一种灵活性很高的应急配送方式。采用这种方式的物品，用户可以事先保险储备为零的零库存，以即时配送代替了保险储备。适合一些零星商品、临时需要的商品或急需商品的配送。

3) 按经营形式的不同进行分类

(1) 销售配送。这种配送是指配送企业是销售性企业，或销售企业作为销售战略措施，即所谓的促销配送型。这种配送的对象一般是不固定的，用户也不固定，配送的经营状况也取决于市场状况，配送随机性较强而计划性较差，大部分商店配送就属于这一类。

(2) 供应配送。这种配送是用户为了自己的供应需要采取的配送方式，它往往是由用户或用户集团组建的配送据点，集中组织大批量进货，然后向本企业或企业集团内若干企业配送。这种配送形式在大型企业或企业集团、联合公司中采用较多，如商业中广泛采用的连锁商店，就常常采用这种方式，可以提高供应水平和供应能力，可以通过大批量进货取得价格折扣的优惠，达到降低供应成本的目的。

(3) 销售-供应一体化配送。销售企业对于基本固定的客户和基本确定的配送产品在自己的销售的同时承担客户执行有计划供应的职能，既是销售者，又是用户的供应代理人。采用这种配送方式，销售者能获得稳定的客户和销售渠道，有利于形成稳定的供求关系，有利于采取先进的计划手段和技术手段，保持流通渠道的畅通稳定。

(4) 代存代供配送。这种配送是用户将属于自己的货物委托配送企业代存、代供，有时还委托代订，然后组织对本身的配送。这种配送特点是商品的所有权在配送前后都属于客户所有，所发生的只是货物的位置转移。配送企业仅从代存、代送中获取收益，而不能获得商品销售的利润。

4) 按配送组织者分类

(1) 配送中心配送。配送中心配送是指配送组织者专职从事配送的配送中心。其组织者是配送中心，规模大，有一套配套的实施配送设施、设备和装备等。需配送的商品通常有一定的库存量，一般情况很少超越自己的经营范围。配送中心配送覆盖面较宽，是一种大规模的配送形式，其配送中心建筑、车辆、路线等一旦建成很难改变，灵活机动性较差，投资较高，因此具有一定的局限性。

(2) 仓库配送。此种配送一般是以仓库为据点进行的配送，也可以是以仓库在保持储存保管功能的前提下，增加一部分配送职能。由于不是专门按配送中心要求设计和建立，因此，仓库配送规模小、配送的专业化较差。是开展中小规模的配送可选择的配送形式。

(3) 商店配送。商店配送是指配送组织者从事商业零售网点的配送。这些网点主要承担商品的零售，规模不大，但经济品种齐全。此种配送除自身日常的零售业务外，按用户的要求将商店经营的品种齐全，或代用户外订购一部分平时不经营的商品，和本店经营的品种配齐后送达用户。这种配送组织者实力有限，只是少量、零星产品的配送，有些商品也只是偶尔需要。商业零售网点数量较多，配送距离较短，具有灵活机动性，可承担生产企业非主要生产物资的配送及对客户个人的配送。

(4) 生产企业配送。配送组织者是生产企业。在运作时，直接由本企业开始进行配送而无需将产品运于配送中心再进行配送。一般认为这类生产企业是具有生产地方性较差的产品的特点，如食品、饮料、百货等。

(5) 按配送组织者分类。

综合配送。综合配送是指配送商品种类较多，不同专业领域的产品在一个配送结点中组织对客户的配送。由于综合配送的特点，决定了它可以减少用户为组织所需全部商品进货的负担，只需和少数配送企业联系，便可以解决多种需求。由于产品性能、形状差别很大，综合配送在组织的技术难度上较大，因此，一般只对形状相同或相近的同类产品实行综合配送，差别太大的产品难以综合化。

专业配送。它是指按产品形状不同适当划分专业领域的配送方式。专业配送并非越细分越好、实际上在同一形状而类别不同的产品方面也是有一定综合性的。这种配送可以优化配送设施、合理配备配送机械、车辆，并能指定适用合理的工艺流程，以提高配送效率。

5) 配送的合理化

合理配送一般有 7 个方面标志：库存标志，包括库存的总量和库存中转；资金标志，包括资金总量、资金周转和资金投向；成本和效益；供应保证标志，包括缺货次数、配送企业集中库存量以及即时配送的能力和速度；社会运力节约标志；用户企业仓库、供应、进货人力物力节约标志；物流合理化标志，包括物流费的降低、物流损失的减少、物流速度的加快、最优的物流方式、干线运输和末端运输的衔接、中转次数的减少。

不合理配送是在现有的条件下可以达到的配送水平而未达到，从而造成了资源的浪费、成本增加、服务不到位等问题的配送形式。目前一般存在的不合理配送形式有：资源筹措不合理、库存决策不合理、价格不合理、配送与直达决策不合理、不合理运输、经营观念不合理。

(三) 运输配送技术创新

1. 运输方式创新

1) 复合一贯制运输

复合一贯制运输是指在门对门运输链中，至少利用两种以上不同运输工具的运输，又称为多式联运，它吸取了铁路、汽车、船舶等基本运输方式的长处，采用一体化方式，通过多环节、多区域、多运输工具的相互衔接进行城市内的货物运输。

2) 共同配送

共同配送就是为了提高车辆装载率有效地进行配送，对多数企业共同进行配送。此种方式增加汽车装载率，多数货主的货物一次便可送达，装卸搬运作业省力方便。

2. 运输工具创新

1) 地下物流

地下物流是为了减少大城市地面交通拥挤而在地下修建的一种专门铁道物流系统，

开辟了城市物流发展的新方向。地下物流一般都用电力机车牵引，具有降低废气排放量、减少能源消费量、提高物流效率、优化城市物流网络系统，实现城市物流的经济效益和社会效益。

2）高速铁路运输

高速铁路是区域经济社会发展和科学技术进步的产物，它的出现代表传统轮轨系统上的陆上运输工具进入了新的发展阶段。它具有运量大、能耗少、污染少、安全性和舒适性高、占地少等特点。

3）浮动公路运输

浮动公路运输是利用一段水运衔接两段陆运，衔接方式采用将车辆开上船舶，以整车货载完成这一段水运，到达另一港口后，车辆开下继续利用陆运的联合运输形式。它具有运输方式转换速度快，在转换时不触碰货物，有利于减少或防止货损等特点。

4）大陆桥运输

大陆桥运输是指用横贯大陆的铁路或公路系统作为中间桥梁，将大陆两端的海洋运输连接起来的连贯运输方式。它是多式联运的一个重要组成部分，具有速度快、风险小、费用低、提供“门到门”服务等特点。

二、包装与仓储运输

（一）包装

1. 物流系统中包装的意义与内容

在物流系统中，把包装种类区别为单件包装和集合包装两种，单件包装就是把需要转移运送的货物作为独立的一个单位进行的包装，通常包装较为细致精美，常见的有包装袋、桶、箱等，而集合包装顾名思义就是把进行单件包装后的货物整合在一起，进行进一步的包装工作，组合成一个大件的包装，其主要的意义在于方便物流的运输，装卸等工作，还可以维持单件包装的完整性，保护货物，比如口岸的集装箱、集装包、托盘等。

在物流包装中，包装主要具有以下的一些特性：

首先，它可以保护商品，只有对商品货物进行合理的包装工作，为货物提供一个合适的保护措施，才能使货物在运输的过程中不受损失，比如在海上运输一些易受潮变质的货物时，就要做好防潮措施；在一些水分含量较大的货物需要运输时，就要做好货物的保水保湿工作，实现货物的所有权的转移。

其次物流包装还具有标志特性，用图形、文字、数字、制定记号和说明事项以方便运输、装卸、搬运、仓储、检验和交接等工作的进行，保证货物安全迅速地运交收货人。物流包装的标志只要有三类，分别是运输标志、指示性标志和警告标志。

再次物流包装的便利特性也是包装在物流中的非常重要的一个方面，它起到方便货物的流通和消费的作用，便于物流的各个环节的作业、商品的陈列、包装物的生产以及再利用，这样从另一个方面节约了潜在的成本，在下一次的包装过程中，降低了包装所消耗的费用，这样使商品为消费者提供最大的价值。

以上就是物流包装所具有的一些基本的特性，充分掌握这些特性不仅可以使包装在物流中更好的发挥作用，也可以对包装的意义有更深的理解。

2. 物流包装的合理化

物流包装不是简简单单的将货物进行裹包，其中需要考虑的问题很多，比如包装材料的选择。依据运输方式的不同，往往同一种货物也会选择不同的包装材料，同时要考虑包装的经济效用，受众群体也就是能不能被购买者接受，包装还要能够合适的透露出商品的相关信息。这只是需要衡量的几个方面，其他还有很多，所以包装是否合理就成为需要慎重思考的一个问题。大部分的商品再通过综合物流系统的时候需要保护，包装不仅仅有助于防止盗窃的损坏，而且也有助于推销商品，使顾客得知产品的信息。包装还与生产有关，因为生产工人经常包装商品，包装的大小、形状、材料极大地影响着生产劳动的效率，尽管包装不像运输一样昂贵，但包装占了综合物流成本的10%。包装不仅影响销售和生产，而且还影响其他综合物流活动，包装的大小形状影响到材料的搬运装备的类型和数量，以及商品在仓库中的储存，同样，包装的大小与形状也影响到产品运输过程中的装载、卸货和转运。搬运产品越容易，运输费用也就相应的越低，包装与综合物流的接口不像它与运输的接口那样明显。包装随运输方式的变化而变化，由于搬运强度大，用卡车运输的货物与用火车运输的货物相比，则不需要那么多的保护，但卡车运输通常需要用托盘装卸而水路运输是散装运输，因此货物通常只要极少的保护包装。

物流包装的合理化包括包装总体的合理化，也包括包装材料、包装技术、包装方式的合理组合与运用。要做到合理化的物流包装，应该考虑以下的几个问题。首先是防止包装的不足，也就是说要对商品提供足够的保护，其最低的标准是使商品不遭受损失，比如易受潮的产品，如果没有足够的防潮措施，就有可能导致产品的质量下降，甚至导致产品的变质。它主要体现在以下的方面：要避免包装的强度不够，包装产品就是为了使产品受到保护，所以在包装某些怕压怕碰易碎的产品时，包装需要具有一定的包装强度，能够承受一定的机械压力，具有抗形变的机械强度，这样才能使产品得到保护，不造成损失。

相对应的，也要防止包装的过剩，主要指以下的几个方面：包装强度设计过高，包装材料选择过高，包装技术过高，层次过多，体积过大，成本过高。以上的几个方面与包装不足的几个注意事项相对应，包装过高与包装不足同样不可取。包装过高虽然在产品的保护上，可能做到了对产品的保护的全面性，但是它们有一个通病就是往往过高的包装就意味着要支出大量的成本来完成包装，支出的成本远远的高于了为避免产品受到损失而得到的收益。这样，包装在商品的成本中占有较大的比重，必然使得产品的价格升高，不仅仅对生产者不利，降低了其产品的市场竞争力，减少了经济方面的效益，而且也损害了消费者的利益，消费者的支出购买的不仅仅是产品的使用价值，还要为生产者不合理的包装选择买单。

为了使包装尽可能的合理化，不出现包装不足或者包装过剩的错误现象，需要利用科学的方法来寻找一个最优化的包装。包装中最重要的因素有以下的几个方面：第一是装卸搬运，在确定包装时，必须对该种产品的装卸搬运手段，方法有所了解，使包装的形式方法与之相适应，也就是要为物流的装卸搬运提供最大的便利，做到尽量简化物流装卸搬运的难度，节省装卸搬运的时间，降低货品在装卸搬运时造成损失的可能性，如果装卸搬运在某个物流周期中占有较大的比重，那么又可以缩短物流周期，这样间接地降低了成本；第二是保管，在确定包装时，必须对保管的条件和方式有所了解；第三是运输运送工具的类型，输送距离的长短，道路情况都对包装有所影响。

包装在整个物流活动中具有特殊的地位，包装的材料、形式、方法以及外形设计都对其他物流环节产生重要影响。在社会再生产过程中，包装是物流活动的起始之处，货物进行包装后，才能实现它的转移。同时包装也是生产活动的终点，生产出的产品最后都要经过一定的包装才能走向生活的各个流通领域，因此应根据生产后的物流系统的情况考虑包装，反过来，物流业也受到产品包装的制约。

在现代物流观念形成以前，包装一直被看成生产的终点，因而把包装归属到生产领域的范畴，包装的各个因素如美观程度、耐用程度、包装材料等，往往都是从产品走向市场的角度出发而进行的设计安排。因而，从一定程度上忽略了包装在物流系统中的特殊地位与作用，往往不能满足物品流通的要求，现代物流学把包装归属到物流领域范畴，认为包装对于作为物流起始点的意义，比之于作为生产终结的意义更为重要。因此，包装被归属到物流领域的范畴是现代物流学的一个新的概念，故而在对包装进行设计时，不仅仅要考虑到包装作为生产中介需要满足的条件，与此同时，还要满足作为物流起始点的包装需要满足物流诸因素的种种制约条件，这才是现代物流学对于包装的完整的诠释。

（二）物流中货品的仓储运输

物流中对于仓储来讲，其主要的意义在于两个方面：首先就是货品的储存问题，就是指产品已经完成了生产过程，离开了生产领域，但是还没有走入流通领域这之间的过程就涉及到储存、保养、维护管理等多方面的问题；其次就是货品存量的控制和管理，即控制库存，不可过多的囤积货物，也不能使库存量过低，以防不能及时供应。存储是物流众多环节中一个具有重要地位的环节，具有“货品转运站”与“货品银行”的作用，也就是说，它在生产与销售之间架起了一座桥梁，沟通了生产与销售两个领域，可见其地位的重要性，从现代物流学的角度出发，对于仓储，需要考虑诸多因素，比如仓储的规划与设施，存储货物的技术与方法，物资订购与存储数量的适度性，涉及的知识面范围很广。仓储对于调节生产、消费之间的矛盾，促进商品的生产流通，物流系统的发展都有着重要的意义。

1. 降低物流成本

现代物流中，仓库不仅仅是存储和保管物品的场所，还是促使物品更快、更有效地流动的场所。现代物流要求缩短进货与发货的周期，物品停留在仓库里的时间很短，甚至可以不停留，即所谓的“零库存”。进入仓库的货物经过分货、配货或者加工后随即入库。物品在仓库中处于运动状态。这样通过储存的合理化，减少存储时间，来降低储存投入，加速资金周转，降低成本。

2. 时间效用

仓储的目的是消除物品生产与消费在实践上的差异。而且在数量上、时间上存在不同步性，因此在流通过程中，产品从生产领域进入消费领域之前，往往要在流通领域中停留一段时间，形成商品的存储。同样，在生产过程中，原材料、燃料和工具、设备等生产资料和在制品，在进入直接生产过程之前或在两个供需之间，也有一小段停留时间，形成生产储备。这种储备保障了消费需求的及时性。

也有一小段停留时间，形成生产储备。这种储备保障了消费需求的及时性。

3. “蓄水池”作用

仓库是物流过程中的蓄水池。无论生产领域、流通领域，都离不开储存。有一定量的商品、物资财富，平时总是处在存储状态，保管在生产、流通各个环节的仓库里，成为大大小小的“蓄水池”，以保证生产与流通顺利进行。

4. 保存商品的时间价值

科学的保管与养护，可以减少商品在存储过程中的损失，保持其使用价值和价值，从而实现及时供货的目标。

1）按保管目的分类

配送中心或称流通中心型仓库：具有发货配送和流通加工的功能。

存储中心型仓库：以储存为主的仓库。

物流中心型仓库：具有储存、发货、配送、流通加工功能的仓库。

2）按经营者的性质分类

营业用仓库：这类仓库有保管杂货的1类仓库；保管小麦肥料的2类仓库；保管玻璃、瓷砖的3类仓库；保管水泥、缆线的露天仓库；保管危险品仓库；温度在10℃以下，保管农产品、水产品和冷冻食品的冷藏库等8种。

自用仓库：自家使用的仓库。

3）按所属职能分类

分为生产仓库和流通仓库。

4）按结构和构造分类

分为平房仓库、楼房仓库、高层仓库和罐式仓库。

5）按技术处理方式及保管方式分类

分为普通仓库、冷藏仓库、恒温仓库、露天仓库、水上仓库、危险品仓库、散装仓库和地下仓库。

货物依据其特有的性质和种类，适当的选择适宜的仓库种类进行储存，对货物的流通，储存的时间，保存与维护的程度都很重要。作为物流的一个重要环节，选择好储存货物的仓库类型创造一个适于保存货物的环境尤为重要。同时要尽量做到仓储的合理化，也就是在保证货物良好储存的前提下还要尽可能降低为此支出的费用。用经济的办法实现储存的功能，储存的合理与否首先要考虑的就是最根本的用途也就是要能够完成其储存功能的根本要求保证货物的质量，其次就是要在保证存储功能实现的条件下有一个较为合理的数量范围与适宜的储存时间以保证一定的周转天数，周转周期以及次数等。费用也是一个重要的方面，租赁仓库的费用，维护费用，保管费用，损失的费用等都能从实际费用上判断储存合理与否。

关于物流中的运输设施目前有5种基本的运输模式，分别是航空运输、管道运输、铁路运输、水路运输、汽车运输，每种运输模式的魅力体现于以下几个方面的“性能”：成本、速度、可靠性、能力、容量、柔性。政府颁布的政策以及社会需求等多方面因素都会对这些因素产生影响，依据需要运送货物本身的特性，选择适当的运输工具，最大的发挥其所具有的特性是物流中要考虑的重要因素，不但可以降低成本，而且可以保证货物及时的输送转移，最大的保持货物所具有的价值，事实上，货物或者人员在两点间的实体移动是任一物流和供应链成功运作的关键所在。不仅仅要掌握当前我国的物流基础设施，而且还应对不同国家的物流基础设施进行比较，发现其间的不同，作为一个国家的物流管理者，这种比较是非常重要的。

三、流通与信息处理

（一）流通

人们对物流的最早认识是从流通领域开始的，从经济运行的角度（生产、流通和消费的关系）来看物流的产生，二者之间存在着密不可分的关系。

流通是联结生产和消费之间的纽带，因而，作为一种经济形式而存在的流通是伴随着商品生产和交换的历史而产生和发展的。在商品经济初期，由于产品的种类、数量较少，生产与消费间的交换关系以直接方式进行，流通处于初级形态。随着社会的全面发展，生产方式多样化、分工专业化，生产规模化尤其是现代经济全球化的发展等大大增加了产品的种类和数量，生产地点与消费地点逐渐分离，流通走向更高级、更复杂阶段。

1. 流通在社会经济中的地位与作用

1）流通是联结生产和消费的纽带

现代社会经济活动是一个极为庞大、复杂的系统。人类为了满足生活和生产的需要，不断地消费着各式各样的物质资料；同时也有无数的工厂或其他制造系统不停顿地生产和制造人类所需要的物质。生产者只有将产品转移给消费者才能实现产品的使用价值，同时可以获得效益，使劳动组织者的各种劳动消耗得到补偿，才能有条件组织再生产。因此，在生产和消费之间必须建立通畅的渠道，这就是流通的任务，所以流通是联结生产与消费的纽带。

2）流通对生产的反作用

生产决定流通，生产方式的性质决定流通的性质，生产的发展水平决定流通的规模和方式，生产是流通的物质基础，没有生产就没有源源不断地供给市场的商品，当然也就没有流通。

反之，流通也对生产有反作用，流通的状况制约着生产的规模、范围和发展速度。由于生产方的产品要进入市场，只有通过流通领域到达消费者（用户）手中，产品才能实现其使用价值。生产者不能收回必要的补偿，也就失去了再生产的条件，销售不出去的产品生产的越多，生产者蒙受损失就越大，这是明显的道理。另一方面，生产的原材料也要通过流通领域从市场获取，流通渠道不畅，不能及时得到原材料，生产也会陷入困境。或者在流通领域由于某种原因导致原材料价格上涨，将使产品成本随之上升，生产者也会在经营方面产生困难。

生产越发展，物资越丰富，流通的反作用也就越显著。日本在20世纪50年代末期进入高速增长时期，由于流通未及时发展，以致造成市场供应紧张，价格混乱，严重阻碍了生产的发展，以后经过十几年的努力才扭转了流通落后的局面。通过不断地加强物流管理，提高物流技术水平，降低物流成本，建立了高效、通畅的物流体系，因此，生产也得到了稳步的发展。

3）流通是国民经济现代化的支柱

国民经济现代化的标志就是发展生产力，使产品极大地丰富，充分满足人民日益增长的、多样化的需求。由于社会产品数量的增长和品种的增多，给流通领域提出了更高的要求。如果众多的产品不能及时送到用户手里，或者生产厂家的原材料供应没有保障，提高生产率就难以实现。因此，国民经济现代化水平越高，对流通的要求也就越高。可以说，没有现代化的流通，就没有国民经济的现代化。

2. 流通的过程

流通包含商流、物流、资金流和信息流。其中资金流是在所有权更迭的交易过程中发生的，可以认为从属于商流；信息流则分别从属于商流和物流，属于物流的部分称为物流信息。所以流通实际上是由商流和物流组成的，它们分别解决两方面问题：一个是产成品从生产者所有转变为用户所有，解决所有权的更迭问题；一个是要解决对象物从生产地转移到使用地以实现其使用价值，也就是实现物的流转过程。

3. 流通的内容

商流是对象物所有权转移过程所发生各项活动总的称谓。商品通过交易活动由供给方转让给需求方，这种转让是按价值规律进行的。商流的研究内容是商品交换的全过程。

商流是商业流通的简称，既包括贸易决策，也包括具体业务处理。主要内容如下：

（1）商品的买卖活动、实现商品所有权的转移。

（2）市场需求预测、计划分配与供应，货源组织。

（3）商品的订货、签订合同、采购调拨、供销衔接。

（4）计价结算和商流信息等活动。

（5）解决生产者和消费者之间人的分离。

（6）实现商品的价值。

4. 商流和物流的关系

商流和物流都是流通的组成部分，二者结合才能有效地实现商品由供方向需方的转移过程。商流和物流关系密切、相辅相成。物流是产生商流的物质基础，在交易实施的步骤上商流是物流的先导。二者共同实现流通领域中生产资料商品的价值和使用价值，因此商流和物流是互相依存的关系。但是，商流和物流又有不同的内容、特点和规律性，因此可以把商流和物流作为两个独立的范畴加以研究。一般来讲，商流和物流是前后继起的运动。在商品经济的条件下，商流是物流的前提，而物流是商流的继续和完成。只有通过商流，才能实现产品所有权、支配权、使用权的转移；而在商流的基础上必须通过物流才能实现产品由生产领域向消费领域的运动。只有生产企业内部或在特殊情况下的流通局部环节中，商流和物流可能独立发生，例如，工商企业集团内部发生的纯物流活动、流通领域中的期货交易等。一般而言，从全局来看商流和物流总是相伴发生的，因此，物流要受商流的制约，而商流要靠物流来完成。它们之间的相互关系主要表现在以下几点：

(1) 商流反映一定生产关系，决定着生产资料流通的社会性质，也决定着物流的社会性质。

(2) 流通的实质是实现商品价值和使用价值，商流是实现商品价值形式的更替，物流是实现商品使用价值位置的变换，它们共同保证商品价值和使用价值在流通领域顺利地得到实现。

(3) 商流的价值运动方向和规模，决定着物流的使用价值运动的方向和规模，而物流的交通运输、储存、保管、包装等条件，也制约着商流交换中人们彼此接触的范围和广度。

(4) 商流阻塞、停滞会直接涉及物流的顺畅与发展，而物流阻塞、不通畅也会直接影响商品到达消费者手中的速度和商品价值实现的时间，影响商流的发展。

5. 商物分离

尽管商流和物流的关系非常密切，但是它们各自具有不同的活动内容和规律。在现实经济生活中，进行商品交易活动的地点，往往不是商品实物流通的必经之处。如果商品的交易过程和实物的运动过程路线完全一致，往往会发生实物流路线的迂回、倒流、重复等不合理现象，造成资源和运力的浪费。商流一般要经过一定的经营环节来进行业务活动；而物流则不受经营环节的限制，它可以根据商品的种类、数量、交货要求、运输条件等，使商品尽可能由产地通过最少环节，以最短的物流路线，按时保质地送到用户手中，以达到降低物流费用、提高经济效益的目的。

因此，在合理组织流通活动中，实行商物分离的原则是提高社会经济效益的客观需要，也是企业现代化发展的需要。

（二）物流信息

近年来，在企业经营方面，有关信息的重要性日益显现，在国际化、多样化、高速化等经营环境下，企业如果没有良好的信息系统，将会直接影响到企业的生存。

1. 物流信息的概念

物流信息包含的内容和对应的功能可以从狭义、广义两方面来考虑。从狭义范围来看，物理信息是指与物流活动有关的信息。在物流活动的管理与决策中，都需要详细和准确的物流信息，因为物流信息系统对运输管理、库存管理、订单管理、仓库作业管理等物流活动都具有支持保证的功能。

从广义范围看，物流信息不仅指与物流活动有关的信息，而且包含与其他流通活动有关的信息，如商品交易信息和市场信息等，商品交易信息是指与买卖双方的交易过程有关的信息，如销售和购买信息、订货和接受订货信息、发出货款和收到贷款信息等。市场信息是指与市场活动有关信息，如消费者的需求信息、竞争业者或竞争性商品的信息、销售促进活动信息、交通通信等基础设施信息等。在现代经营管理活动中，物流信息与商品交易信息、市场信息相互交叉、融合，有着密切的联系。物流信息在现代企业经营战略中占有越来越重要的地位。建立物流信息系统，提供迅速、准确、及时、全面的物流信息是现代企业获得竞争优势的必要条件。

2. 物流信息的分类

1）按信息产生的领域和作用的领域分类

物流信息可分为物流活动所产生的信息和其他信息源产生的供物流使用的信息。一般而言，在物流信息工作中，前一类是发布物流信息的主要信息源，其作用不但可以知道下一个物流循环，还可以提供给社会，成为经济领域的信息。后一类信息则是信息工作收集的对象，是其他经济领域。工业领域产生的对物流活动有作用的信息，主要用于指导物流。

2）按物流信息作用的不同分类

物流信息可分为计划信息、控制及作业信息、统计信息和支持信息 4 类。

(1) 计划信息。是指尚未实现的但已当作目标确认的一类信息，如物流量计划、仓库吞吐量计划、车皮计划、与物流活动有关的国民经济计划、工农业产品产量计划等，许多具体工作的预计、计划安排等，甚至是带有作业性质的，如协议、合同、投资等信息，只要尚未进入具体业务操作的，都可归入计划信息之中。这种信息的特点是带有稳定性，信息更新速度较慢。

(2) 控制及作业信息。这种信息是物流活动过程中发生的信息，带有很强的动态性，是掌握物流现实活动状况不可缺少的信息，如库存量、在运量、运输工具状况等。

(3) 统计信息。这种信息是物流活动结束后，针对整个物流活动归总的一种总结性、归纳性信息、这是一种恒定不变的信息，有很强的针对性，虽然新的统计结果不断出现，从而从总体来看具有动态性，但已产生的统计信息都是一个历史性的结论，是恒定不变的。

(4) 支持信息。这是指能对物流计划、业务、操作有影响或有关的文化、科技、产品、法律、教育、民俗等方面的信息。

3）按活动领域分类

物流各个分系统、各不同功能要素领域，由于物流活动性质有区分，信息业有所不同，按这些领域分类，有采购供应信息、仓库信息、运输信息等，甚至更细化分成集装箱信息、托盘交换信息、库存量信息、汽车运输信息等。

3. 物流信息的作用

物流信息在物流活动中具有十分重要的作用，通过物流信息的收集、传递、存储、处理、输出等，成为决策依据，对整个物流活动起指挥、协调、支持和保障作用。

1）沟通联系的作用

物流系统是由许多个行业、部门以及众多企业群体构成的经济大系统，系统内部正是通过各种指令、计划、文件、数据、报表、凭证、广告、商情等物流信息，建立起各种纵向和横向的联系，沟通生产厂、批发商、零售商、物流服务商和消费者，满足各方的需要。因此，物流信息是沟通物流活动各环节之间联系的桥梁。

2）引导和协调的作用

物流信息随着物资、货币及物流当事人的行为等信息载体进入物流供应链中，同时信息的反馈也随着信息载体反馈给供应链上的各个环节，依靠物流信息及其反馈可以引导供应链结构的变动和物流布局的优化；协调物资结构，使供需之间平衡；协调人、财、物等物流资源的配置，促进物流资源的整合和合理使用等。

3）管理控制的作用

通过移动通信、计算机信息网、电子数据交换（EDI）、全球定位系统（GPS）等技术实现物流活动的电子化，如货物实时跟踪、车辆实时跟踪、库存自动补货等，用信息化代替传统的手工作业，实现物流运行、服务质量和成本等管理控制。

4）缩短物流管道的作用

为了应付需求波动，在物流供应链的不同节点上通常设置有库存，包括中间库存和最终库存，如零部件、在制品、制成品的库存等，这些库存增加了供应链的长度，提高了供应链成本。但是，如果能够实时地掌握供应链上不同节点的信息，如知道在供应管道中，什么时候、什么地方、多少数量的货物可以到达目的地，那么就可以发现供应链上的过多库存并进行缩减，从而缩短物流链，提高物流服务水平。

5）辅助决策分析的作用

物流信息是制定决策方案的重要基础和关键依据，物流管理决策过程的本身就是对物流信息进行深加工的过程，是对物流活动的发展变化规律性认识的过程。物流信息可以协助物流管理者鉴别、评估经比较物流战略和策略后的可选方案，如车辆调度、库存管理、设施选址、资源选择、流程设计以及有关作业比较和安排的成本—收益分析等均是在物流信息的帮助下才能作出的科学决策。

6）支持战略计划的作用

作为决策分析的延伸，物流战略计划涉及物流活动的长期发展方向和经营方针的制订，如企业战略联盟的形成、以利润为基础的顾客服务分析以及能力和机会的开发和提炼，作为一种更加抽象、松散的决策，它是对物流信息进一步提炼和开发的结果。

7）价值增值的作用

物流信息本身是有价值的，而在物流领域中，流通信息在实现其使用价值的同时，其自身的价值又呈现增长的趋势，即物流信息本身具有增值特征。另一方面，物流信息是影响物流的重要因素，它把物流的各个要素以及有关因素有机地组合并联结起来，以形成现实的生产力和创造出更高的社会生产力。同时，在社会化大生产条件下，生产过程日益复杂，物流诸要素都渗透着知识形态的信息，信息真正起着影响生产力的现实作用。

4. 物流信息的功能

物流信息除了反应物品流动的各种状态外，更重要的则是控制物流的时间、方向、大小和发展进程。物流信息的总体目标就是要把物流涉及企业的各种具体活动综合起来，加强整体的能力。

1）市场交易活动的功能

交易活动主要指记录接货内容、安排存储任务、作业程序选择、指定价格及相关人员查询等。物流信息的交易作用就是记录物流活动的基本内容，主要特征是程序化、规范化与交互化，强调整个信息系统的效率性和集成性。

2）业务控制功能

物流服务水平和质量以及资源的管理，要有信息系统来进行相关的控制，利用信息系统来控制业务操作和管理资源，并建立完善的考核指标体系来对作业计划和绩效进行评价和鉴别，保证物流服务水平和质量。

3）工作协调功能

在物流运作中，加强各部门不同种类的信息集成与流通，有利于提高工作的时效性，提高工作的质量与效率，降低劳动强度。这里，物流信息系统起到了重要作业。

4）支持物流决策和战略定位功能

物流信息系统管理协调工作人员和管理层的活动评估和成本收益分析，从而有助于更好的进行决策，同时强调对物流信息系统的信息进行整合，辅以多维数据分析、数据仓库与数据挖掘技术，支持决策和战略定位。

5. 物流信息的技术

1）条形码

在贸易和物流活动中，为了能迅速、准确的识别商品、自动读取有关商品的信息，条形码技术被广泛应用。条形码是用一组数字来表示商品的信息。按使用方式分为直接印刷在商品包装上的条形码和印刷在商品标签上的条形码。按使用目的分为商品条形码和物流条形码。

商品条形码是以直接向消费者销售的商品为对象、以单个商品为单位使用的条形码。它由 13 位数字组成，最前面的 2 个数字表示国家或地区的代码，中国的代码是 69，接着的 5 个数字表示生产厂家的代码，其后的 5 个数字表示商品品种的代码，最后的 1 个数字用来防止机器发生误读错误。例如，商品条形码 6902952880041 中，69 代表中国，02952 代表贵州茅台酒厂，88004 代表 53%（体积分数）、106proof、500mL 的白酒。

物流条形码是物流过程中的以商品为对象，以集合包装商品为单位使用的条形码。标准物流条形码由 14 位数字组成，除了第 1 位数字之外，其余 13 位数字代表的意思与商品条形码相同。物流条形码第 1 位数字表示物流识别代码，如在物流识别代码中 1 代表集合包装容器装 6 瓶酒、2 代表装 24 瓶酒，物流条形码 26902952880041 代表该包装容器装有中国贵州茅台酒厂的白酒 24 瓶。商品条形码和物流条形码的区别如表 8-1 所示。

表 8-1　商品条形码和物流条形码的区别

条形码种类	应用对象	数字构成	包装形状	应用领域
商品条形码	向消费者销售的商品	13 位数字	单个商品包装	POS 系统、补充订货系统管理
物流条形码	物流过程中的商品	14 位数字	集合包装	出入库管理、运输保管、分捡管理

另外，条形码与其他辨识商品的方法如 OCR（optical character recognition，光学文字识别）、OMR（optical mark reader，光学记号读取）相比较，具有印刷成本低和读取精度高的优点。

2）电子数据交换（EDI）

当今世界，信息技术正以其强大的渗透力，深入到社会经济生活的各个方面。在商业金融等领域，电子数据交换（electronic data interchange，EDI）作为一种新的商务手段正在被广泛使用，以取代传统的商务交易方式。

（1）EDI 的定义。EDI 是一种计算机应用技术，商业伙伴们根据事先达成的协议，对经济信息按照一定的标准进行格式化处理，并把这些格式化的数据，通过计算机通信网络在他们的计算机系统之间进行交换和自动处理。

这是现代信息技术和经济管理相结合的例子。它极大地改变了传统的商贸手段和管理手段，不仅使商务业务的操作方式得到改观，而且影响了企业的行为和效率，在市场结构、国民经济的运行方式等方面都引起了根本性的变化，因而被认为是一次影响深远的结构性商业革命。

EDI 作为计算机通信技术的一部分，其应用范围远不止通常意义上的贸易部门。

（2）EDI 的结构。EDI 可以分成 3 个部分：EDI 的标准、EDI 的软件和 EDI 的硬件。

（3）EDI 的标准。指它的数据标准。EDI 是以格式化的、可用计算机自动处理的方式来进行的公司间文件交换。在用人工处理订单的情况下，工作人员可以从各种不同形式的订单中，得出所需信息，如：要什么货、什么规格、数量多少、价格、交货日期等。这些信息可以是用手工书写的方式，也可以是用打字的方式；可以是先说明所要的规格、型号，再说明价格；也可以先说明价格，再说明所要的规格、型号。订单处理人员在看到这些格式各异的订单时，能看懂其上所传达的信息。但计算机却无法识别这些信息。要使计算机“看懂”订单，订单上的有关信息就不应是自然文字形式，而应是数码形式，并且这些数码应该按照事先规定的格式和顺序排列。事实上，商务上的任何数据和文件的内容，都要按照一定的格式和顺序，才能被计算机识别和处理。这些大家共同制定并遵守的格式和顺序，就是 EDI 标准。

EDI 标准主要包括以下内容：语法规则、数据结构定义、公共文件规范、公共文件规范、通信协议、计算机语言。

EDI 的标准有 4 种：企业专用标准、行业标准、国家标准和国际标准。

企业专用标准。当某一公司采用计算机进行管理时，就需要使输入计算机的数据或文件具有一定的格式。这种标准专门适用于某个公司的情况，并将该公司的数据都纳入到这个标准中去。

行业标准。企业各自维持互不相通的数据标准，在 EDI 应用于商务领域的初期是难免的。但随着 EDI 应用的发展，各个企业都认识到，如果能把各个不同的企业专用标准统一成一个标准，就会给大家都带来好处。在此共识下，大家克服在建立统一标准问题上的分歧，从而形成该行业企业共同采用的行业标准。

国家标准。行业标准的出现和企业专用标准相比，是一个巨大的进步，但它还不是最终解决问题的方法。当一个公司的业务不限于本行业，还需要和其他行业做生意时，行业标准就有局限性了，这个公司可能被迫维持多种标准。于是，正如不同的企业专用标准最终会产生一个统一的行业标准那样，不同的行业标准又会促使大家去开发一种适用各个行业的国家标准。它具有足够的灵活性，以满足各个行业的需要。

国际标准。20 世纪 90 年代是各国寻求实现一个世界范围内的 EDI 标准的时代。如果能有一种全球范围内的标准，其好处是十分明显的。EDI 用户用不着支持多种标准，便能进行国际间的电子数据交换。目前，世界上通用 EDI 标准有两个：一个是由美国国家标准局（ANSI）主持制定的 x. 12 数据通信标准，它主要在北美使用。另一个标准是 edifact（edi for administration，commerce and transportation），最早在欧洲使用。现在，ansi x. 12 和 edifact 两标准已经被合并成为一套世界通用的 EDI 标准，可以使现行 EDI 客户的应用系统能够有效地移植过来。

(4) EDI 的软件。在大多数情况下指翻译软件，其主要功能是把某个公司的各种商务文件和单证，从该公司专有的文件格式转换成某种标准的格式，比如说转换成 x. 12 格式或 edifact 格式，同时，这个翻译软件也能够把某种标准格式的文件转换成某公司的专用格式。之所以需要翻译软件是因为计算机应用系统只能够处理各个地方合某种格式的数据或文件，各个公司由于自己业务特点和工作需要，它们在设计自己计算机应用系统的时候，不可能采用完全相同的格式。

因此，要实现不同公司之间的 EDI 通信，翻译软件是不可缺少的。

EDI 翻译软件除了转换文件格式以外，还必须指导数据的传输，并保证传输的正确和完整。它应该知道贸易伙伴用的是什么标准，并能处理有关的问题等。一般地说，一个翻译软件应包括 5 个文件：贸易伙伴文件、标准单据文件、网络文件、安全保密文件、差错管理文件。它们和主处理程序相互作用来完成翻译、发送和接受电子单证的工作。

EDI 的软件除了翻译软件外，常常还有另一种形式的软件，那就是“搭桥”(bridging) 软件。搭桥软件的作用是像桥一样将一个组织内的各种计算机应用程序连接起来。当这个组织收到 EDI 报文后，有关数据应能为这个组织的各个部门的计算机应用系统所用，而不必在组织内部各部门之间再进行键盘输入。比如，当一个企业收到一份订单后，其数据就能自动被用于更新销售文件的内容。同样地，这些数据不需要重新键入，就能用于更新会计部门的文件内容，于是就能自动生成一份发票单证。有了搭桥软件，企业在发出去的订购单和收到的发票之间，就用不着人工核对，而完全可以由计算机自动核对以消除可能的错误。

(5) EDI 的硬件。有 4 种基本类型的计算机平台可以用来实行 EDI。

只使用一台主机或中型机。此种方法将所有的 EDI 软件放到主机或中型机上去，使其执行全部的 EDI 功能。这种方法的优点是：首先，它能对大量交易进行迅速处理；其次，因为所有的数据处理活动都在主机或中型机中完成，并不存在处理过程中对数据装载和卸载（uploading and downloading）问题，也不需要把数据重新键入，这就提高了数据处理速度，同时又消除了因数据重新键入而可能带来的误差；第三，使用主机或中型机，就可以较容易地在公司内部的各个部门的计算机系统之间搭桥连接，数据可以自由地在各个部门的应用系统之间传输、被使用，从而大大提高公司的计算机管理水平。这种方法的缺点一是成本高，二是在主机或中型机上建立 EDI 系统由于一般没有现成的软件，故需要花费大量的时间来编制，通常要做许多测试和调试工作。

只使用一台 PC 机。也可以将所有 EDI 软件放到 PC 机上去，使其执行全部的 EDI 功能。这台 PC 机和公司的其他机器一般并没有密切的联系，EDI 活动只是在这台微机里单独地进行。这种方法的优点一是成本低，二是系统的安装调试容易。这种方法存在某些缺点：首先，数据需要重复输入，容易出错；第二，其处理速度低，处理数据的容量、能力也比较小。

使用 PC 机作为主机的前端处理器，也可以作为实行 EDI 的一种平台。在这种情况下，PC 机与主机相连，存在主机中的数据可以传输到 PC 机中，PC 机中的数据也可以传输到主机中（即卸载）。在这种安排下，如果要向外发送一份 EDI 报文，先从主机里取出所需的数据，将这些数据传向 PC 机，在 PC 机上将这些数据翻译成符合 EDI 标准的格式，并产生电子单证。这种方式，可以同时具有某些只使用一台主机和只使用一台 PC 机时所具有的优点。

专用的 EDI 操作系统。这种系统通常采用一台中型机平台，以及专门化的 EDI 软件，这个 EDI 软件把 EDI 活动和公司的计算机应用系统进行一体化。在许多情况下，这种操作系统被用来对组织内部 EDI 网络的所有 EDI 活动和功能进行总的管理。例如，某连锁商店系统，有一个总配货中心，各个商店通过条形码的光笔扫描，对各种货物的存货和销售进行计算机管理。当商店里某些货物的存货水平降到某一事先设定的水平时，计算机就能自动产生一份配货通知送往配货中心，而配货中心的计算机系统又会自动安排这种货物的发送，并和商店进行电子化的结算。

（6）EDI 的业务流程。

一般来说，EDI 较多地应用于有大量表单式数据处理的部门和单位，而且要求有一定的规范性。从应用领域看，通常可以分为如下类型：

贸易数据交换系统（trade data inter change）；用 EDI 来传送订单、供应单等——金融汇兑系统（electronicfundtransfer）；用 EDI 进行费用汇兑；公用事业系统（publicsectors）主要用于商检、海关以及税务等部门。交互式应答系统（interactivequeryresponse）主要用于机票预订、饭店预订等。

下面以采购业务为例，说明在采用 EDI 进行商务处理的情况下，买卖双方是如何处理业务的。

① 当买方的库存管理系统提出购买某种物资的数据时，EDI 的翻译软件据此编制一份 EDI 订单。

② 通信软件将订单通过网络送至网络中心指定的卖方邮箱内。同时，利用公司内

部计算机应用程序之间的搭桥软件，将这些数据传送给应付账部门和收货部门，进行有关的登记。

③ 卖方定时经通信网络到网络中心的邮箱内取回订单，EDI 的翻译软件把这份订单翻译成卖方数据格式。

④ 如果确认可以售给买方指定的物资，则送出供应单经相反方向返回给买方。若只有部分满足买方要求或不能满足要求，则以相同的方向返回相应信息。

⑤ 卖方收到订单时，卖方的搭桥软件把有关的数据传送给仓库或工厂，以及开票部门，并对计算机发票文件的内容进行相应的更新。

⑥ 买方收到供应单后，在订单基础上产生一份商品情况询问表，传送给卖方。双方就商品价格等问题进行讨论，直到达成一致。

⑦ 达成一致后，卖方的仓库或工厂填制装运单，编制船期通知，并将其传送给买方。同时，通过搭桥软件，将船期通知传送给开票部门，生成电子发票，传送给买方。卖方在开立发票时，有关数据就进入应收账部门，对应收账的有关数据进行更新。

⑧ 买方接到船期通知后，有关数据自动进入收货部门文件，产生收货通知。收货部门的收货通知通过搭桥软件传送给应付账部门。

⑨ 买方收到电子发票以后，产生一份支付核准书，传送给应付账部门。

⑩ 买方应付账部门开具付款单据通知自己的开户银行付款，同时通知卖方付款信息。

⑪ 卖方收到汇款通知后，有关数据经过翻译进入应收账户，买方则因支付而记入货方项目。

由此可见，当买方提出购买的要求后，EDI 就可以自动进行转换操作，生成不同用途的数据，送至各相关伙伴，直至该事务处理结束。

第二节　农产品现代物流组织与管理

一、农产品现代物流组织结构

现代物流在工业物流和商业物流所表现出来的强调过程的一体化管理、追求效率、成本与效益均衡、注重满足顾客对物流服务的需求等特点，也是农产品物流所希望达到的目标。因此现代物流的概念已经被引入农产品领域。农产品物流不同于工业物流和商业物流，具有自己的独特性：农产品具有大众生产、大众消费的特点，而且产品的差别化程度较小，这一特性导致物流供应链上各组织之间相互选择的余地很大，很容易造成农产品物流供应链的动态变化；农产品的易腐烂特性，必须采取一定的措施才能保证不会在物流过程中价值损失，许多农产品还需要特定的包装容器和运输、储存设备，反映农产品物流资产的专用性程度高，并且要求物流时间尽量缩短，因此要求物流系统具有快速的反应能力；农产品物流相对于工业品物流来说过程长，环节多，包装、搬运、储存、运输环节可能对农产品的形态、品质等造成破坏而价值受损，因此，农产品物流过程中不确定性更强。农产品的物流特性反映农产品物流体系的构成要素中，物流组织、物流渠道、物流功能的选择有其动态的特征。

近年来，我国农产品物流产业发展取得了明显成就，主要表现在物流主体趋于多元、设施装备初具规模、政府出台支持政策、市场环境保持良好等。但是，从国内视角看，农产品物流总值在社会物流总值中的比重很小；从国际角度分析，我国农产品物流同发达国家相比，在物流成本、损耗率及加工比重等指标上存在着很大差距，在储、运、加工和销售环节的过高成本成为农产品在国际市场竞争力弱的主要原因之一。发展农产品物流产业，不仅有利于实现农产品货畅其流，而且还可以降低农产品生产成本和流通成本，使农产品在流通过程中增值，从而促进农村经济发展和增加农民收入，提高农业整体效益。同时，有效的物流管理已经成为企业的“第三利润来源”。由于信息技术的发展，现代物流企业组织结构的一个显著特征就是网络化运营和电子商务，使扁平式智能组织结构模式变为可能。这一趋势将强烈影响农村物流组织结构再造的方向和进程。所谓农村物流组织再造主要包括农村物流组织结构再造、农产品物流流程再造、农村物流组织的改制重组、农村物流组织的基础设施现代化等。

（一）农产品物流组织的内涵与形式

农产品物流组织是以农产品物流运作和管理为核心的实体性组织，主要从事农产品收购、运输、储存、装卸、包装、配送、流通加工、信息处理等一系列活动，是农产品物流活动的组织者和协调者，是农产品物流活动得以有效进行的基础和保障，也是农产品生产经营活动中最关键的微观主体之一。农产品物流组织不同于农产品流通组织，前者的目的是实现农产品实体从生产者到消费者的空间转移，主要是完成农产品贮运等一系列物流活动；后者的目的是通过转移农产品的所有权实现农产品的价值，主要是完成农产品交易谈判、合同签订等一系列商流活动，也可能同时兼具农产品物流活动的功能。

农产品物流组织形式与社会生产力发展水平有着直接关系，在一定的经济和技术发展水平条件下，农产品物流组织常常是多种形式共存，并以某种或某几种组织形式为主。在农业生产和流通水平较低的情况下，“商物合流”是农产品流通的主导形式，这时农产品物流组织常常以个体私营运输业者、非社会化的企业内部组织为主。随着农业生产和流通水平的不断提高，农产品的生产、流通、加工等领域的社会分工不断加剧，农产品的“商物分流”现象将日渐突出，专业化的农产品物流组织将会越来越多，社会化的农产品第三方物流企业逐渐成为主导形式。当信息网络技术较为发达，合作竞争的理念被企业广泛接受的情况下，以合作为基础，以物流信息化和网络化为本质特征的新型农产品物流中间性组织将获得较快发展。

（二）几种物流组织结构创新

1. 基于供应链动态联盟的农产品物流组织设计

农产品物流的供应链动态联盟管理以农产品供应链的整个流程为对象，着眼于动态联盟、团队管理、信息共享、核心竞争力和农产品物流需求的驱动，追求供应链内部的有机整合、利益互补及资源优化配置，以实现农产品物流过程的增值。农产品供应链动态联盟组织具有如下特点：

1）内部有一个核心物流组织

这一核心组织具有很强的信息网络技术和物流管理能力，能够对农产品物流市场作出快速响应，能够有效整合外部资源，完成农产品物流业务。

2）内部有较高的专业化分工

各物流成员组织专注于自己最有竞争力的业务，具有核心能力和物流业务的互补性，通过合作能够实现供应链的集成、协调与重构，从而有效提高农产品供应链的运作效率。

3）动态性

农产品供应链动态联盟模式具有物流产出弹性高的优势，联盟的物流组织之间是独立营运的，各物流组织具有很大的灵活性。当农产品旺季时，不大规模增加物流投资，即可扩大农产品物流运营规模，实现良好的效益。当淡季时，各物流组织能够结合自身条件，迅速调整物流营运范围，重组资源，主动向外寻找机会，从而避免大量固定资产闲置，减轻物流运作的风险。农产品供应链动态联盟组织实质上是网络组织，具有开放性、动态性，供应链信息平台是连接农产品物流节点和保障物流组织运作的载体。

对物流组织来说，市场机遇就是农产品物流需求，这种需求具有时间性、约束性及效益风险性等特征。在农产品供应链动态联盟组织设计中，首先要考虑农产品物流需求，按照农产品物流需求所确定的目标选择物流成员组织，确定工作团队。因此，农产品供应链动态联盟组织的关键要素有：组织目标、物流组织的核心能力、物流工作团队、联盟关系、重组原则、供应链动态联盟方式。

（1）组织目标（goal）。用 G 表示农产品供应链动态联盟组织系统完成的目标的集合。

（2）物流组织的核心能力（core competence）。物流组织的核心能力是一组物流先进技术的组合，是响应物流市场需求参与竞争所依赖的能力。它是联盟组织成员选择的第一原则，只有具备这种能力的物流组织，才有可能成为农产品供应链动态联盟组织的成员。用 C 表示各成员组织所具有的核心能力的集合。

（3）物流工作团队（logistics work team）。不同成员组织的动态管理实体之间围绕着物流需求实现过程的需要，可选择供应链动态联盟的方式而建立物流工作团队，在农产品供应链动态联盟组织中形成基层组织，称这种组织为农产品供应链动态联盟组织物流工作团队，是组织的基本组成单元。

（4）合作伙伴关系（relation）。农产品供应链动态联盟组织是各成员组织为了满足物流需求而形成的联盟体。各物流工作团队之间存在着合作伙伴关系，这些关系包括信息交互、信息共享、信息反馈、柔性决策、协作方式等。用 R 表示农产品供应链动态联盟组织系统中团队之间的相互关系集。

（5）联盟重组原则（organization principle）。联盟重组是农产品供应链动态联盟组织为快速满足市场需求而对联盟组织的再设计。它是农产品供应链动态联盟组织以较快的时间（T）、质量（Q）、成本（C）及服务（S）性能的服务产品实现物流需求的必要手段。原则是建立在组织结构之上的行为约束函数，以满足组织结构定义的基本约束为前提，组织原则中的每一项策略都代表一个形式化的系统承约，策略之间具有相互关联和相互制约的作用。Op＝f(C1,C2,C3)，Op 表示组织原则（organization principle），C1 表示协作控制策略（coordination），C2 表示冲突调解策略（conflict），C3 表示信息传递策略（communication），包括信息交互的内容、范围和权限等。

（6）农产品供应链动态联盟组织结构描述。农产品供应链动态联盟组织结构是由组织单元的性质和单元之间耦合方式所形成的形态，这是组织单元间有效协作的关键因素。可用如下形式定义系统组织结构模型：OM＝(G,C,T,R,O,M)式中，OM 表示组织结构模型（Organization Model）。

根据对农产品供应链动态联盟组织的关键要素分析及动态联盟组织设计的基本要求，构建农产品供应链动态联盟组织结构形式如下：

工作团队。来自各成员组织的功能小组具有各成员组织的核心能力，按照动态联盟的任务要求形成不同的工作团队，这些工作团队构成动态联盟体。工作团队之间通过两种方式进行交流：一是建立协调小组，即每个工作团队组长组成协调小组，定期开会汇报、交流和协调。二是团队成员互叠式，一个团队的成员同时又是另一个团队的成员，进行相互沟通。第一种方式适合任务复杂、人员较多的情况，第二种方式适合任务简单、人员少的情况。

农产品物流信息网络是各物流组织与用户之间形成一个复杂的物流网络结构，实现农产品信息的转移。核心组织发起构建农产品物流的供应链动态联盟组织，并对组织成员提出要求、协调和运作。当有物流业务需求时，核心组织将物流业务服务内容传递到信息平台，通过信息平台，各成员组织将业务信息传递到物流工作团队，并由功能小组完成作业流程。通过这个信息网络，联盟能够行使各项基本职能，共享各类信息和资源，与外界建立充分的联系，并且以此为基础不断扩大联盟的规模。

物流契约。网络是具有互补关系的物流核心能力组织在双边谈判的基础上形成契约关系，在大量如此工作的基础上，形成了农产品供应链动态联盟的契约平台。契约的存在在于成员组织对合作关系的确认，保证供应链动态联盟组织的稳定性。承担非关键性农产品物流业务主要是个体及私营贮运者、中小型物流企业或涉农非物流企业等，通过采用以序列性为基础的动态合同，在农产品供应链动态联盟成员中寻找和调整物流合作伙伴，保证农产品供应链动态联盟组织的高度柔性。

2. 农产品直接配送物流的组织创新

从我国农产品配送的现状来看，农产品配送渠道混乱，配送过程浪费大，配送时间长，成本高，效率低是当前的主要问题，而且配送组织也存在着体制落后，运作机制不成熟，竞争力不强等问题。因此有必要对农产品直接配送的物流组织进行创新以促进物流效率与竞争力的提高。

目前，国际上关于配送还没有一个统一的定义，在《物流术语》（GB/T18354—2006）中给出了一个关于配送的定义：是在经济合理区域范围内，根据用户的要求，对物品进行挑选、加工、包装、分割、组配等作业，并按时送达指定地点的物流活动。而关于直接配送的定义就更没有具体的，直观的定义。一个现代化的直接送的物流组织至少要具有以下四个特点：

第一，直接配送与运输不同，它是建立在以需求为导向的基础上的一种从物流据点到用户终端的特殊送货方式。

第二，由于顾客的差异化，个性化需求，使得有时为完成配送任务需要在一个以上的物流据点进行集货、配货、包装、加工等操作。

第三，直接配送是比传统物流配送环节更少，客户反应更快，线路运输更合理的“门到门”服务。

第四，直接配送以信息流为脉络，通过对商流、物流、资金流的信息集成实现系统整合，使得物流作业活动得以有效运行，并最终实现经济高效的零库存经营方式。

农产品直接配送物流围绕着配送中心，通过对信息流、物流、资金流的控制，从采购地就严格把关农产品质量安全，经初步检验后，运输到配送中心，将农产品进行分拣、包装加工等处理成客户要求的产品，最后由配送中心把农产品送到规范化的集贸市场或超市等末端行销渠道。它是一个整体的功能网链结构模式，能否有效实现在配送过程中提高农产品附加值，降低物流总成本和为顾客提供更好的服务是其重要目标。这种直接配送物流的组织包含了所有加盟的节点企业，不仅着眼于企业组织内部的合作，而且跨越组织边界，寻求整个社会企业网络联系的最优资源配置。

经济增长对物流的需求越来越大，经济发展对物流协调发展的依赖程度也就越高。不过在全国社会物流总值处于高速增长状态，农产品物流总值占社会物流总值的比例还是很小，2007 年其比例仅为 2.11％。考虑到由于 2006 年我国才对农产品市场建设有总体规划，致使以前的农产品市场建设盲目运行，有的有场无市，而有的有市无场。有数据表明，我国水果蔬菜等农副产品在采摘、运输、储存等物流环节上的损失率在 25％～30％，也就是说有 1/4 的农产品在物流环节中被消耗掉了，而发达国家的果蔬损失率则控制在 5％以下。专家认为，效率低下的农产品物流正成为我国农业产业化进程和农产品流通产业发展中的巨大障碍。

农产品直接配送是通过“生产地→配送中心→超市、连锁店→消费者”这一渠道完成其分销过程，基本组织形态如图 8-1 所示，农产品配送供应链是由以核心企业为主导的各节点企业共同参与的，以共同利益为基础，以提高整个供应链的总体效益为目的，

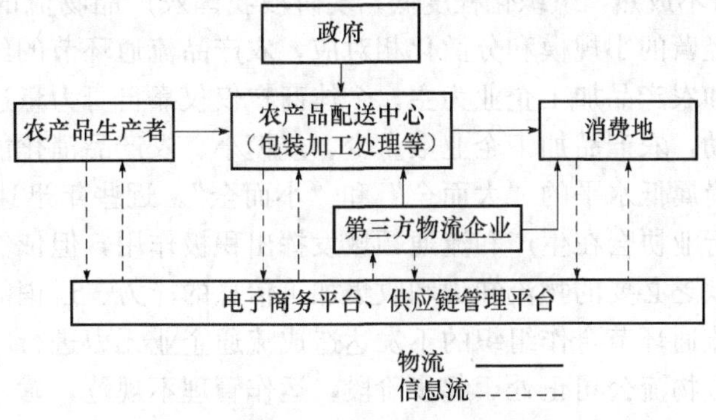

图 8-1　农产品物流配送新的发展模式

通过长期契约和长期合同方式围绕物流开展各环节节点企业的协调合作来实现供应链的长期稳定关系的。在这种配送模式中，政府不直接参与农产品市场流通过程而只起到规范各方行为，从宏观上调控市场的作用，并为市场的公平竞争提供制度性服务。对于我国农产品配送组织建设，其一可以通过改造升级农产品批发市场，以具备一定组织化程度的农产品经营者为主体，围绕着批发市场，建立以规范化的集贸市场或者生鲜超市为末端的农产品营销渠道体系。或者可以大力发展以物流配送为枢纽，以连锁公司为经营主体，以超市为末端的现代化农产品流通体系，并取代批发市场体系。这两种方式不存在绝对的优劣，视当地的经济发展实际情况与市民消费水平而定。但无论如何，发展农产品物流配送中心是一种必然趋势。

要进行组织结构创新，就必须了解农产品直接配送物流组织结构中有哪些主体或成分。若从大的结构讨论，则要分别考虑并确定农户、政府、物流配送企业等在组织中所应该承担的角色。鼓励众多农户参加不同类型的农业生产与销售合作社或专业合作经济组织，以增强其谈判能力，改进交易方式，形成规模效益及从源头把握农产品质量等。政府应致力扶持农民合作组织并促成农产品交易规则、农产品评级制度的形成，使大批农产品能像工业产品一样形成交易标准；完善物流政策法规，为组织创新提供良好的制度环境；加快基础平台建设，为组织创新提供所需的公共产品；鼓励农产品超市、物流企业、农贸市场等市场主体公平竞争，健康发展。对于企业，其主要的配送主体可能有连锁超市、中间商或供应商和大型农产品批发市场这三种，最应成为农产品物流配送供应链的主体，所以应大力发展配送中心规模化、专业化等。

若从企业组织角度考虑结构创新，应强调以供应链管理和业务流程再造为指导，构建新的面向客户的流程导向型组织，快速响应顾客的需求，实现配送组织向一体化，虚拟网络化，过程扁平化发展。组织里把物流职能部门独立出来，并设有总部和区域配送中心。设置订单处理人员或需求预测人员，这部分人员实行矩阵式管理，业务上受物流部门指导，而行政上由总经理管理。在订单处理为有效订单后，由信息系统根据设定的规则自动安排发货指令传递到哪个区域配送中心，只有特殊需要审批和协调的订单需要总部处理。

（三）农产品物流组织结构上存在的问题

物流主体发育不成熟，组织化程度低，现阶段我国农产品物流的运作载体比较单一，与农业生产经营的小规模和分散化相对应，农产品流通环节的经营者也多以实力有限的个体商户和农产品加工企业为主。个体商户仅仅靠自身力量进行一些简单而分散的运输仓储活动，农产品加工企业数量少、规模小、农产品消化能力亟待增强，其从事农产品物流尚属低水平的“大而全”和“小而全”。近些年迅速发展起来的农民合作组织或农业行业协会在生产和流通领域发挥出积极作用，但依然存在组织化程度低、经营分散、缺乏必要的物流知识和收集加工信息的能力、运销能力低、抵御风险能力差等问题。流通环节合作组织的不发达造成流通企业无力进行农产品的品牌化营销。目前，第三方物流公司正处于起步阶段，运作管理不规范，营销能力尚未得到充分体现。

优化组织结构，提高流通效率，建立合理的农产品物流组织体系是一项系统工程。日本、欧美等国家经过了几十年甚至上百年的发展，才形成了从农产品生产到流通一整套的理论和体系，基本上实现了经营规模化，功能综合化，资本股份化，市场开设和经营管理分离化。值得关注的重要经验之一是：发达的市场经济国家都将农产品的生产管理、产后加工、安全卫生、上市运销、零售消费等的生产和流通诸环节的行政管理职能，归口于农业行政管理部门。日本在全国层面上由农林水产省流通局负责农产品的流通行政管理，在省、市级层面由地方农林行政部门的流通室负责行使职能。美国和法国农产品流通行政管理职能也由农业行政管理部门负责。事实证明，这种管理体制符合市场经济条件下的农产品生产与流通一元化的运行原理，可减少政出多门，充分发挥农业行政部门的管理与服务职责，提高行政管理效率，值得我国借鉴。

我国农产品的生产、流通和加工等领域中的“二元经济”现象比较明显，“多样化共存”是目前我国农产品物流组织形式的基本特征。我国农产品物流主要依靠传统的商粮供企业、个体运输业者、单个农户以及批发市场等组织实施，而农产品第三方物流企业、农产品配送中心、农产品物流联盟和农产品虚拟物流组织等新型组织形式发展缓慢，这已成为制约农产品物流产业发展的重要因素。据报道（2010），经有关机构研究分析，我国每年生产的水果蔬菜从田间到餐桌，物流损失率高达 20%～25%，而发达国家的果蔬损失率则普遍控制在 10%以下，美国果蔬在保鲜物流环节的损耗率仅有 3%～4%。这由于当前我国果蔬产后保鲜、冷链物流产业应用范围狭窄、发展滞后，每年的果菜的损失率高达三成，浪费率仍然十分惊人。

二、农产品现代物流管理体制制度

（一）物流管理体制制度的选择与确定

1. 物流人事制度

企业物流主要包括企业从供应地采购原材料的供应物流，企业内部的生产物流，企业产品到客户的销售物流，以及与其他经营活动相关的物流阶段等。因此，企业的物流工作人员可以分为从事某一具体阶段物流工作的基层物流操作人员和从事企业物流一体化和集约化战略管理的高级物流管理人员。对于基层物流操作人员，除了要具备相关的理论基础知识以外，还需要用至少 2～3 年的时间到企业的具体部门去实习，了解本部门的业务特点、物流需求，从而帮助本部门实现成本的最低化，服务的最优化；一个优秀的企业高级物流管理人员应当具有这样的综合素质，他们能够在企业生产过程中，根据物质资料实体流动的规律，应用管理的基本原理和科学方法，对企业的整个物流活动进行计划、组织、指挥、协调、控制和监督，使各项物流活动实现最佳的协调与配合，以降低物流成本，提高物流效率和经济效益，从而帮助企业物流运作实现系统化。不论是基层物流操作人员还是高层物流管理人员，对于企业物流战略目标的实现都是至关重要的。所以，建立人事制度是非常重要的。

2. 物流激励制度

物流工作人员的激励制度应该针对我国企业物流组织管理的实际情况来设计。必须从员工的心理特点出发，实施“个性化”激励，实现激励效果的最大化。通过对改革开放以来我国企业物流工作人员激励机制存在的问题的分析，企业物流组织在设计激励制度时应该处理好以下关系。

1）效率与公平的关系

从企业物流组织的角度看，效率是指物流工作人员在整个企业物流运作中所消耗的劳动量与所获得的劳动成果的比率。公平是指正确处理整个企业组织中的各种利益关系。对于企业物流组织而言，由于其首要目标是追求物流成本的节约，因而，效率往往是最重要的。效率优先不仅能够促进物流间组织的发展，而且能增加整个企业组织的财富，有利于最终实现企业组织的目标。效率高，贡献就大，相应的报酬也高，这是事实上的公平。

实际上，物流工作人员的能力大小差异很大，这种能力的差异导致他们在组织中的分工不同，而分工不同又导致他们在组织中的价值不同，价值不同又导致收益不同。因此，物流工作人员与其他工种员工有一定的收入差异是正常的、合理的、公平的。而公平原则是保证效率实现的重要前提，兼顾公平主要是对物流工作人员一视同仁地寻求起点的公平，为物流工作人员创造平等的竞争条件，提供平等的竞争机会。兼顾公平还包括利益分配上的公平，这有利于物流组织的安定与团结，也有利于效率的提高。由于内外环境的影响，物流越来越成为“企业的第三利润源泉”，所以对物流工作人员适当的倾斜激励，无疑这就是充分地体现了兼顾公平的同时，也重视了效率。因此，要正确处理效率和公平的关系，一方面不能只重视效率而忽视公平，另一方面也不能只重视公平而忽视效率，要将效率和公平有机结合起来。

2）公平与期望值的关系

根据亚当斯的公平理论，员工是否有公平感是影响员工积极性的重要因素。作为企业领导者，秉持公平是激励职工的根本准则。作为企业物流工作人员，追求绝对的公平是不现实的。公平只是一个相对的概念，是一种主观感觉，企业领导者对物流价值观的重视不断加强，所以有时会导致物流工作人员在考虑自己的贡献时容易夸大，在衡量别人的贡献时容易缩小，所以这种所谓的公平与自己的期望之间易产生鸿沟。企业领导者应该在对物流工作人员严格考核的基础上，对其进行公平的激励。如果考核不严，奖罚不当，其结果只能挫伤物流。

3）强化人员素质制度

人才的培养与使用的重要性已经无需多说了，由于农产品物流是农产品产业和物流产业的交叉领域，是技术、知识密集型产业，因此，在重视人力资源管理的同时，农产品物流企业更应该注重提高知识管理水平，把知识管理与人力资源管理结合起来，从而能够为企业的长远发展提供保障。

所谓知识管理，就是以企业知识为基础和核心的管理，是对企业生产和经营依赖的知识及其收集、组织、创新、扩散、使用和开发等一系列过程的管理，也是对各种知识的连续过程管理，以满足企业现有和未来的需要，确认和利用已有的和获取的知识资产，实现最大价值。企业知识管理力图能够将最恰当的知识在最恰当的时间传递给最恰当的人，以便使他们能够做出最好的决策。知识管理不同于信息管理，信息管理包括信息的收集、筛选、分类、分析、评价和分配、利用等内容，而知识管理则强调把信息、人力资源、知识、市场与经营过程等协调统一起来，从而最有效、最大限度地提高企业经营效果。二者最根本的区别在于企业知识管理强调对人力资源和知识的开发和利用。

大力培养复合型物流人才。复合型物流人才对于物流专业和客户行业都有较好的理解和把握，对客户个性化的需求有辨别能力，具有营销方案、物流解决方案的设计能力、项目管理、控制能力和问题解决能力。目前物流人才选拔最常用的渠道是通过各类学校和人才培养机构提供基础人员。这些人员通过接受系统教育，具有一定理论知识，经过企业实践锻炼，可以很好地把理论与实践相结合。人才招聘最经济的办法是在职培训，在职培训的人员有一定的职业经验积累，经过培训，完成从经验到理论，再用理论指导实践的螺旋式上升过程。

（二）物流管理体制制度的优化技术

1. 设施规划与物流分析技术

设施规划与物流分析技术是指确定农产品物流中运输器材本身在仓库里的分布，以实现物料搬运费用最小化，库容利用率最大化，同时满足器材厂已经规划好的成品堆放位置的限制条件。

器材厂生产线的投产带来各个仓库库存和垛位的变化，因此研究库房设计的依据便十分必要。库房设计主要是指仓库内部的合理布局，其具体要求有：要根据仓库作业程度，有利于提高作业效率；要尽可能减少储存物料及仓储人员的运动距离；要有利于仓库作业时间的有效利用，尽量减少人员、设备窝工，防止物资堵塞；要充分利用仓库面积和建筑物空间，但需注意存储数量要易于读取，便于检查；有利于物资、人员、设施安全，要符合“三防”（防水、放火、防爆）。

库房设计的具体内容包括：确定仓库形式和作业形式；确定货位尺寸和库房总体尺寸；物资堆码设计；通道设计；设备配置；存取模式和管理模式；建筑和公用工程设计。库房设计的主要设计参数包括：静态的库容量、物品物理特征、库房辅助工具（托盘）尺寸等，动态的出入库时间、批次、作业时间等。

由于生产线的逐步施工和建设，各个库特别是原料库和成品库的库内垛位和库容量也会不断地动态变化。

2. 库存管理技术

库存管理技术集中于分析库存绩效和生产率。分析时考虑有关的库存管理环节和库存周转量，并在ABC的基础上完成。

仓储系统围绕物资储存而开展一系列业务活动，这些活动可分为三个阶段实现：

（1）物资的验收入库：包括物资接运、验收、办理入库手续等。

（2）物资的储存保管：即根据各物资的性能特点，结合具体自然条件，来确保库存物资的完好程度。影响物资储存的因素主要有：物资本身的性质、储存时间的长短和储存环境（防腐、防锈、防虫）。物资储存的核心工作是合理存放的问题，以确保物资不损坏和易于提取。

（3）物资的出库发运：一般有两种情况，一种是用料单位凭调拨单自提，一种是仓库发运。物资出库一般要遵循"先入先出"的原则。

物料管理的三个环节中通用活动如图 8-2 所示，方案中成品库的物料管理制度也是从成品库输入，成品库库内管理和成品库输出三个环节制定的。

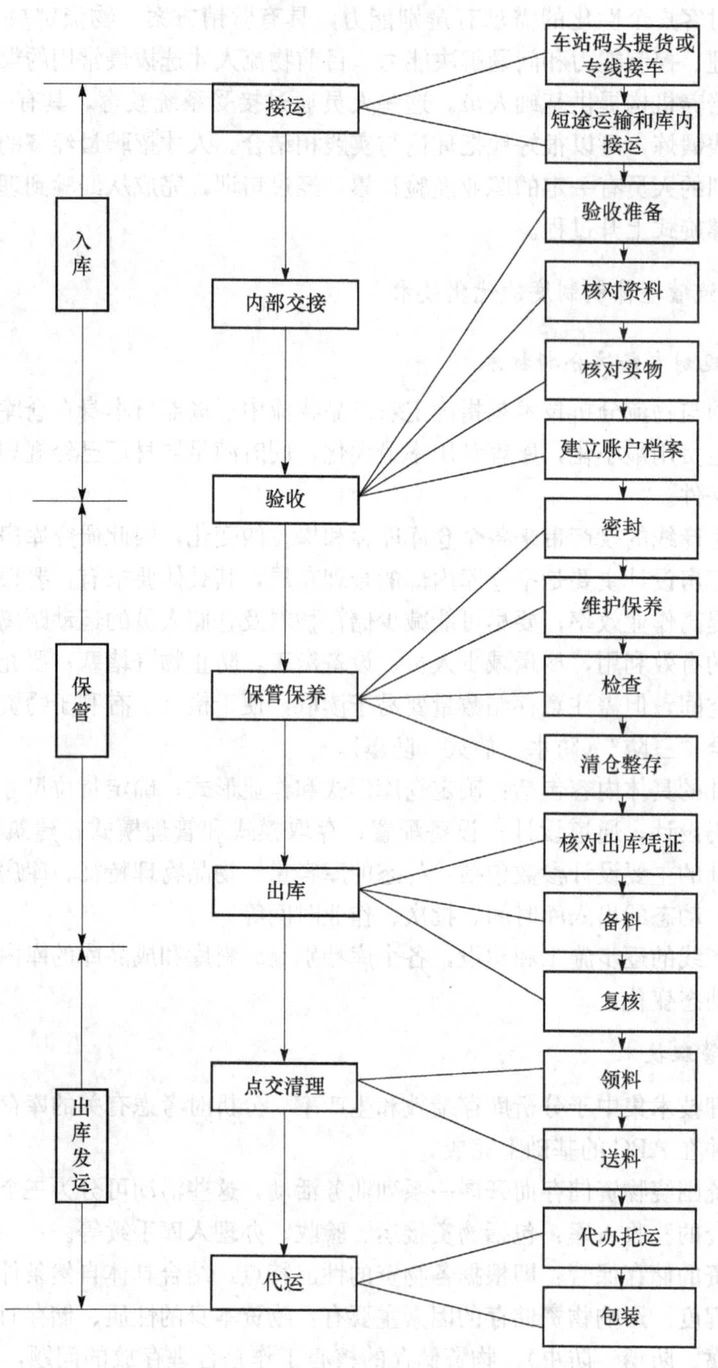

图 8-2　物料管理三个环节中通用活动图（牛承德，2008）

库容量是仓库的主要参数之一，是规划仓库和库存优化首先要确定的问题，结合农产品加工厂成品堆放的具体情况，计算工作以无货架仓库为对象。

库容量的大小首先取决于仓库对生产经营缓冲平衡的需要；其次，仓库建设投资费用和建成后的经营费用是库容量经济性的评价指标；再次，出入库频率（仓库另一主要参数）与库容量密切相关，当出库与入库频率一致时，库容量可为极小值；最后，库容量还与库内货物存放形式、装卸搬运机械类型及通道有关。

农产品加工厂的库存容量主要依据为垛位的设计容量，但由于不同规格的产品的物理形状不同，相邻产品间的空缺不同，堆放量也有所差异，项目组研究了一种以空缺损失为主要依据的库容量计算方法。

1）首先计算蜂窝型空缺系数的计算（概率论）

无货架堆放时，必须将同一种物品存放在一堆，如果在一列货堆上取走一层或几层，所产生的空缺不能用别的货物填补，从而影响了库容量的充分利用，这就是蜂窝空缺。

空缺系数期望值：

$$E(H)=\frac{1}{N}\sum_{i=0}^{N-1}\frac{i}{n}$$

式中：n——一列货位堆码货物的件数。

2）计算总损失 A

$$A=\text{通道损失}+\text{空缺损失}$$

3）计算库容量

$$\text{库容量}=(\text{实际库容量})/(1-\text{总损失})$$

4）计算仓容利用率（库存评价）

$$R=[(\text{存储货物实际数量或容积})/(\text{库存数量或容积})]\times 100\%$$

5）计算空缺损失 G

$$G=E(H)\times\text{可利用面积}$$

3. 生产流程再造技术

生产流程再造指的是生产企业对其所从事的最关键与最基本的管理工作及作业程序进行重新设计和构建的过程，这个再造过程通常是为了使生产本身在成本、品质和服务等方面的绩效取得大幅度改进。

实施 BPR（业务流程重组）思想的最终原则是以最快、最好、最省、最简单的方式做最正确的事情，针对物料管理流程的实际情况，生产流程再造的思想主要表现在以下 4 个方面：

（1）实现从职能管理到面向流程管理的转变。其强调面向生产流程的管理，将业务的审核与决策点定位于流程执行的地方，缩短信息沟通的渠道和时间，从而提高对顾客和市场的反应速度。

（2）注重整体流程最优的系统思想。其根据整个生产流程全局最优（而不是局部最优、部门最优）的目标，设计和优化流程中的各项活动，尽可能减少无效的或不增值的活动。

(3) 充分发挥每个人在整个生产流程中的作用。要求将决策点定位于流程执行的地方，这就要求工作人员不断提高个人素质，并强调团体合作精神，将个人的成功与其所处理流程的成功作为一个整体来考虑。

(4) 利用IT手段协调分散与集中的矛盾。在设计和优化生产流程时，要尽可能利用IT手段实现信息的一次（集中）处理与共享使用机制，解决数据控制权与使用权之间的矛盾。将一部分串行工作流程改造为并行工作流程，协调分散与集中的矛盾。

如在《成品库物流现状诊断分析和报告》中对现有的成品外发生产流程进行了分析：在成品库内成品的外发过程中，与上下游部门存在一些沟通不及时的问题；当生产部下达准发计划时，出厂中心没有运输计划；当出厂中心有运输计划时，生产部不能及时下达准发，成品库不能及时装车外发。

借鉴生产流程再造的思想，鉴于成品库处于生产部和出厂中心的中间部门，我们提出生产部和出产中心联合办公同时下达准发和运输计划。即生产部在下达准发时，确认运输中心有运输计划。成品库只负责接受外发命令，如果接到外发命令，则准备装载外发。这样，将瓶颈部门置于流程的末端，减少瓶颈部门的操作量，提高其运转效率。

（三）加强现代农产品物流管理体制制度实施的措施

1. 普及现代物流的管理思路

“观念先行”是企业一切变革的客观要求，只有首先树立正确的观念，才有可能做正确的事。在现今条件下，整合农产品企业物流资源，再造农产品企业物流流程，必须树立以下几方面观念：

一是整合农产品企业物流资源。农产品企业物流资源的整合不仅仅是对农产品企业原有的物流资源进行重新的优化配置，更重要的是为了使企业的运作形态发生根本性的转变，使企业由以职能为中心的传统运作形态向以优化资源配置为中心的现代企业运作形态的转变。实现农产品企业经营治理运作的根本性变革。

二是加强企业物流知识管理。农产品企业物流管理创新的源泉主要不是实物资产，也不是金融资产的物质资源，而是企业拥有的知识及其对知识治理的能力。企业要想整合物流资源，再造物流流程，必须开展全方位的知识管理，加大企业创新的广度和深度。

三是建立物流流程评判标准。农产品企业物流事业的成功来自于优异的物流流程绩效，一个好的物流流程要同时具备可行性和效益性，用一套合理的绩效标准来衡量农产品企业物流流程的先进程度十分必要，经过低成本的物流资源整合与流程改造，运用现代物流管理思想创造利润是农产品企业物流发展的趋势。

2. 确定农产品企业物流边界

物流资源的整合优化只有在系统边界确定的情况下，才能便于其整合运作的开展，否则，将无从着手。不论如何界定系统边界，物流系统的含义还是比较确定的，它包括运输、储存、装卸、包装、流通加工、配送和物流信息。也就是说，企业在进行其物流资源整合的系统边界界定时，最好以其供给链物流系统，即包含物资需求、物资采购、配送、出入库等在内的所有物流资源的物流系统，作为其系统边界，即企业应以其内部所有的物流资源的物流系统作为其系统边界。否则，农产品企业物流资源整合的开展便会失去其应有的意义。

3. 合理规划农产品企业物流结构

农产品企业传统的物流形式是以高库存保持生产的连续性，库存决策缺乏与供应商的联系，无法利用供应链上的相关物流资源，致使库存成本太高。企业之间缺乏合作，企业往往从各自的短期利益目标出发，挑起供应商之间的价格竞争，失去了供应商的信任与合作基础，无法实现企业价值最大化的长远目标。

为适应不断变化的市场环境的需要，在科学合理的制度安排下，借助现代科技网络技术的力量，以培养企业核心竞争力为主要目标，将农产品企业有限的物流资源与社会分散的物流资源进行无缝化对接而进行物流结构改造。

首先，对现有的管理机构进行合理化分解，剥离传统农产品企业物资部门的附属企业、单位，如一些赢利性工厂、油料库、质检中心等，然后对剩下的物资采购部门和物资仓库进行重新组合，削减人员与机构，成立物资采购中心和物资仓储中心，并适当引入第三方物流，有效利用社会资源，降低整体物流成本。

其次，要按照采购流程设定选择合理的采购方式并执行，在执行物资采购过程中注重市场信息的调研，参考市场行情，确定物资合理价格，组织签订物资采购合同，并将物资采购交易信息通过信息平台传递给物资仓储中心。

4. 制定先进的物流管理体制制度

农产品企业物资部门是在计划经济时期，为保障生产建设需要而建立的，在所有制和组织结构上有着浓厚的计划性、封闭性特点。要根据市场经济对社会化物流服务的要求进行改革、重组，以彻底改变条块分割、层层设库、机构重叠、组织僵化的管理模式，代之以符合市场经济规律、专业化、社会化、高效、灵活的现代化物流组织结构。研究和制订规范的物流管理实施办法，改进对物流相关领域的管理方式，对不适应物流业发展的各类规定和政策进行清理、修改和完善，建立适合供应链管理一体化发展需要的物流管理制度和可持续性发展的物流政策。资源的整合应有合理的制度安排作为其前提，必须通过制度的合理安排，对物流的作业和流程进行规范，只有这样才能降低物流成本。

三、农产品现代物流管理绩效评价

（一）绩效与绩效管理的定义

绩效是正在进行的活动或已经完成的活动，是对命令、责任、目的、或承诺等的执行情况及取得的结果；绩效体现投入与产出的对比关系；绩效是可以观察和度量的。

绩效管理是一个完整的系统。在这个系统中，企业、管理者和员工全部参与进来，管理者和员工通过沟通的方式，将企业的战略、经理的职责、管理的方式和手段以及员工的绩效目标等管理的基本内容确定下来，管理者为员工提供必要的支持、指导和帮助，与员工共同完成绩效目标，从而实现企业的远景规划和战略目标。

绩效管理评价是通过对适当数据的采集、整理、分类、分析、解释和传播，来对以往行为的效力和效率进行量化，并据此做出相应决策，采取相应行动的过程。

（二）物流绩效评价指标

物流绩效评价就是指以有效满足物流需求为目的，通过客观定量标准与主观效用行为测定物流绩效的活动过程。物流绩效评价是对整个供应链体系中多个群体利益的协调、平衡和兼顾、为了建立起企业内部物流运作体系和各环节、各部门和各个员工的激励机制，并建立起企业和供应商、客户等外部利益群体的利益分享机制，需要对物流绩效进行多角度评价的平衡和有机协调。

物流绩效评价指标是物流绩效评价内容的载体，也是物流绩效评价内容的外在表现。具体地说，物流绩效评价指标就是为实现评价目的，围绕物流绩效评价的各项基本目标，按照系统论方法构建的由一系列反应物流相关指标集合的系统结构。为此，必须在系统分析基础之上，对目标、功能、环境及各种要素进行统筹考虑，充分体现物流绩效的基本内容，建立逻辑严密、相互联系、互为补充的系统结构。

（三）物流绩效评价指标体系的构成

物流绩效评价指标体系主要包含物流资源评价指标、物流管理评价指标和物流成本收益评价指标等二级指标。

物流资源评价指标是指能运用的与物流活动相关的各种资源，包括政策环境、交通环境、政府管理、经营规模、物流市场秩序、物流人才、物流设施设备等三级指标。在具体评价时还可以对三级指标进一步分解，如物流设施设备按类型、价格、利用率等分解成第四级指标。

物流管理评价指标主要指物流活动过程的全部管理工作的评价，包括管理制度、物流组织、物流流程、服务标准、管理人员、信息管理等三级指标，仍然可以在三级指标中分解出第四级指标。

物流成本收益评价指标是指从物流活动的成本投入与价值收益方面进行的评价，包括各类财务评价指标。

（四）物流绩效评价的内容

1. 客户服务绩效评价

客户服务绩效直接决定着外部客户和内部客户的满意程度，直接影响着供应链的整体绩效。对于企业来说，客户服务绩效主要受产品质量、服务质量、产品价格、柔性、交货可靠性和信息沟通等因素的影响。令人满意的服务，如合意的客户投诉解决方式，是企业能真正在客户中扬名的重要途径。因此，企业能提供出色的客户服务，物流就能大大增强企业的竞争优势。

客户服务分为交易前、交易中和交易后的客户服务。

1）交易前的客户服务

交易前的客户服务与企业的客户服务政策紧密联系，并且客户对企业的感觉及其整体满意度有重要影响。交易前的客户服务包括以下内容：客户服务政策书面指南，它包括跟踪服务运行情况的度量标准，以及汇报实际服务运行情况的频率等；把客户服务政策书面指南提供给客户，服务指南使客户知道企业提供什么服务，以避免发生不合理的期望；组织结构，组织结构应使公司内部和外部在政策、运作和纠正措施等方面的沟通变得容易。客户能很方便地与公司内部能满足其要求以及能回答其问题的个人联系；系统柔性，柔性和应急计划应当被纳入系统之中，使企业能够成功应对不可预见的情况，如工人罢工、物料短缺、暴风等自然灾害；管理服务，在产品销售中为客户提供帮助。

2）交易中的客户服务

缺货水平，能更好地跟踪潜在问题，客户能自主检测缺货情况；订货信息，这方面的信息包括库存状态、订货情况、装运日期等。这一过程应按客户或产品类型跟踪，使发生的问题可视化，而且能得到及时解决；系统准确性，客户希望所收到的关于订单的信息是准确无误的；订货周期，是指从客户开始订货到收到产品或服务的时间的综合，企业要尽量减少订货周期的总时间；特殊运输处理，是指需要加速运货或者有特殊的运输要求的应对方式。公司要确定哪些客户或哪些情况需要特殊对待，哪些不需要；转运，指为了避免缺货，在不同的配送点之间运送产品；订货的便利性，指客户下单的难易程度。如果订单形式混乱，条款不标准，或者接电话的等待时间太长，客户都可能会感觉很不满意；商品的替代性，如果客户订购的商品无法得到，但是可以用同种品牌的不同尺寸的商品或者其他品牌的商品代替，并且这些替代品也能同样或者更好地完成原来商品的职能。制造商应与客户一起建立产品替代政策，而且应当使客户知道这些政策。

3）交易后的客户服务

在客户已经得到商品或服务后，交易后的客户服务是提供商品或服务支持。主要包括：安装、质量保证、修理和配件，这些几乎对所有的商品都是需要重点考虑的，特别是对于那些服务成本远大于商品本身成本的商品；商品跟踪，也称商品追踪，它可以方便企业向客户通告潜在的危险，并能调回有潜在危险的商品；客户投诉、索赔和退货，为了解决客户投诉，应该提供一个准确的在线信息系统，用来处理客户数据、监控走势，以及向客户提供最新消息。企业的政策应建立在尽可能有效益和有效率地处理这些投诉的基础之上；商品的暂时替补，在某些商品接受交易后的服务时，提供备用品非常重要。

2. 成本评价

物流绩效的本质是完成特定运作目标所发生的真实成本。物流在企业价值增值、收入增加、资本消耗和费用控制的过程中扮演着越来越重要的角色，因此物流财务业绩对企业财务业绩的影响越来越大。在评价和改进企业财务业绩时，评估和改进物流财务业绩非常重要。

1）每份订单反应成本

用于衡量订单处理成本花费的多寡。其计算方法为总订单反应成本除以每年处理的订单数目。总反应成本包括用于订单处理和订单状态沟通的人力成本、通信费用和场地租借费用。

2）每份采购订单的采购成本

用于衡量采购成本花费的多寡。其计算方法为总采购成本除以采购订单数量。总采购成本包括在计划、批准、实施和跟踪订单的过程中发生的人力费用、场地费用、系统费用和通信费用。

3）平均库存管理成本

用于衡量库存管理成本花费的多寡。其计算方法为总存货成本除以平均库存量。总存货成本包括存货持有成本、人力成本、办公场地租借成本和存货管理系统费用。

4）每平方米仓储成本

用于衡量仓储管理成本花费的多寡。其计算方法总仓储成本除以总仓储面积。总仓储成本包括人力成本、场地成本、物料搬运系统成本和信息处理系统成本。

5）平均每标准吨商品运输成本

用于衡量配送成本花费的多寡。其计算方式为年运输总成本除以年配送商品总标准吨数。总运输成本包括进出货运输成本。

3. 质量评价

质量指标是指向全过程评估的最主要的指标，它用来确定一系列活动的效率而不是个别活动的效率。物流质量是一个整体概念，它是现代企业根据物流运作规律所确定的物流工作的量化标准与根据物流经营需要而评估的物流服务的客户期望满足程度的有机结合。

1）订单输入准确性

订单输入准确性的简单算法是将按客户要求输入的订单数除以总输入订单数。

2）订单满足率

订单满足率是得到满足的订单数（即无更替或延迟订单）与订单总数之比。

3）订单预测准确率

预测准确性最常用的衡量指标为预测误差的代数偏差和比例、平均绝对偏差和比例、标准偏差。预测误差的标准偏差通常为 MAD×1.5。

4）存货准确率

存货准确率的简单算法是将无差错仓库储位数除以仓库储位总数。

5）商店退货率

这一指标的应用目的在于检测公司货品销货退货情况，以便尽早谋求改善。其计算方法为客户退货数除以出货量。

6）准时运抵比例

准时运抵比例的简单算法是将货物在预定时间内送达的订单数除以总订单数。

7）货物损坏比例

货物损坏比例的简单算法是将在途中货物完好无损的订单数除以总订单数。

4. 供应链密切度

企业物流的竞争很大程度上要依赖于企业与其供应商、分销商及零售商合作的密切程度。

1）客户满意度

用于衡量上游组织的所有产品对下游客户一系列需求的实现程度。没有良好的客户满意度，企业物流战略就不能认为是有效的。这一指标通过问卷调查来获取。

2）畅销品到货率

用于衡量下游组织对关键产品的需求满足程度。计算方式为到货的畅销品金额（数量）除以所需畅销品金额（数量）。

3）缺货率

这一指标用来反映存货控制决策是否得宜，是否要调整订购点与订购量的基准。其计算方式为接单缺货数除以出货量。

4）供应商订单满足率

用于衡量下游企业对上游企业产品满足总体情况。计算方式为满足采购需求的供应商数量除以供应商总数。

5）供应商价格变动率

用于衡量上下游企业间的价格协调状况。计算方式为前一年供应商商品价格除以该年供应商商品价格。

6）企业占供应商业务的比重

用于衡量下游企业对上游企业而言的业务合作状况的重要程度。企业占供应商业务的比重，用于反映企业对于供应商的重要程度，也是决定供应商与企业之间合作关系的一个因素；企业占分销商业务的比重，用于反映企业对于分销商的重要程度，同时也影响着分销商与企业之间的合作关系。计算方式为与供应商来往业务数额除以供应商业务额。

7）供应链信息沟通水平

用于衡量上下游企业之间的信息交流状况，为定性指标，通过专家评价给出相应水平。它反映企业与其供应商和分销商之间的信息共享的程度，是供应链集成、消除不确定性和提高企业物流效益和效率的关键因素。

（五）物流绩效评价的实施与控制

1. 建立科学的物流绩效评价体系

物流绩效评价对降低企业物流成本，改善管理效率有着举足轻重的作用。企业应根据企业目标和环境设定期望的绩效水平，发展有针对性，易理解应用的物流绩效评价模式。鉴于此，一方面企业应当注重加强对企业文化氛围的建设，在企业内部推广全面成本管理的思想，使企业员工对全员参与物流成本管理和物流风险管理的重要性有一个充分的认识，并将这种认识带入到实际的工作中，使成本节约和风险规避成为企业员工自觉的行动；另一方面，将物流管理同人力资源管理结合，将物流的绩效评价同员工的奖酬挂钩，鼓励管理人员到现场进行监督。

2. 建立高效的物流绩效评价系统

首先，建立物流的数据收集系统，由于目前我国企业多从成本角度来考虑物流的绩效，所以数据大多来源于会计所做的报表，通过该方式所获得的数据，其时效性差，不能实时反映物流的状态，所以如果要从成本、风险、效率和客户满意程度来提高物流绩效，那么就应当建立一个更为灵活、反应迅速的物流数据归集系统。

其次，在人员配备方面，可以考虑设立专门的物料经理或者设立比目前的库管员权限更大的物流绩效评价操作员的职位来保证物资供应，保证物料按质按量按计划正常流动。如果公司的规模较小，那么可以通过专业的管理咨询公司对企业内部物流进行定期的绩效评价并提出相应的解决方案。

3. 采取行之有效的控制方式

首先，加强对物流的预算管理。要制定物流成本的中期和长期成本计划，利用系统论的方法将物流相互联系的各个环节组合成为统一的整体，并将供货商和用户纳入系统管理之中。物流的预算管理包括对物流成本的预算管理、对物流效率的预算管理以及物流风险的预算管理。制定物流的长期、中期和短期的计划，根据对企业产品销售量的预测计算所需的物流成本。

其次，对物流实施标准化管理。不但物流的尺寸、操作规程和方法要尽量标准化，而且物流绩效评价体系也应当标准化。如果有国际标准那么最好与国际标准接轨，如果没有国际标准，在这种情况下，虽然各个行业由于生产经营的差异性会使得各企业的物流管理很难用统一的标准来衡量，但是却可以利用物流环节的运输储、运储存装卸搬运等的一些行业定额指标，对照企业生产条件对历年的物流环节的物流成本进行统计分析，从中找出每一种处于最有效到输出和保管状态下的物流成本，并以此为基准参照同行业和同类型的产品的平均物流成本来指定比较合适的衡量标准。

再次，利用系统论的方法对物流进行全局与局部并重的控制。由于上一阶段的物流绩效与下一阶段的物流绩效是相关的，也就是说本阶段的物流成本是相邻阶段的物流衔接成本和本阶段物流的成本。所以，不但要对采购、运输、仓储、包装和流通加工进行局部的控制而且更应当利用由企业内部网、MS、移动通信和车辆跟踪定位技术构成的信息支持系统加强企业各部门的信息共享，改善各个环节的协调程度，减小衔接成本，提高整体的运作效率。例如，在采购阶段，如果采购人员不按照生产部门的要求购进物资，那么超量部分势必会导致装卸仓储费用的增加；对装卸地点的选择不合理也会加大物资入库的成本。因此，形成一个动态的物流网络控制体系是十分必要的。

最后，进行物流管理的创新，加强对物流的风险管理。如果前一阶段对物流疏于控制，那么就会造成后续阶段物流风险的加大。例如，如果在物资采购阶段，采购人员同供应商勾结，购进不能满足生产要求的原材料，那么有可能会导致生产线的停顿，生产线的产品会堆积在仓库中使库存成本上升，这就是所谓的“雪球”效应。因此，应当加强对物流风险的管理和控制，如对采购中存在的暗箱操作问题可以通过财务和审计双管齐下的方法，加强对购进商品承付、验收和审核阶段的管理，将劣质商品拒绝在厂门外。

第三节　现代物流信息系统管理

一、现代物流信息技术

现代物流信息认为物流活动不是单个生产、销售部门或企业的事，而是包括供应商、批发商、零售商等有关关联企业在内的整个统一体的共同活动，因而现代物流通过这种供应链强化了企业间的关系。具体说，这种供应链通过企业计划的连接、企业信息的连接、在库风险承担等技能的连接，使供应链包含了流通过程的所有企业，从而使物流管理成为一种供应链管理。

供应链管理通过有市场参与者的联盟追求流通生产全过程效率的提高，这种供应链管理带来的一个直接效应是产需的结合在时空上比以前任何时候都要紧密，并带来了企业经营方式的转变，即从原来的投机型经营转向时需型经营，同时伴随着这种经营方式的转变，在经营、管理要素上，信息已经成为物流管理的核心，因为没有高度发达的信息网络和信息的支持，时需型经营是无法实现的。相对于国内物流活动来说，全球物流活动中信息量和信息来源更大更广。

从企业内部角度来看，企业需要把分布在世界各地生产、销售、物流等子公司联系起来，建立全球零部件采购信息系统、全球制造物流销售信息系统。同时需要和它的全球供应商中的合作伙伴建立物流信息系统、分享信息。

从企业的外部角度来看，许多国家为了促进国际投资、方便全球贸易，建立了综合的报关信息系统。这种综合的报关信息系统把与报关活动有关的货主企业、运输企业、物流服务企业、银行保险企业、商品检验部门、关税仓库、海关等部门紧密的联系在一起，提高报关速度和全球物流活动的效率。

因此，物流信息在现代企业经营战略中占有越来越重要的地位，建立物流信息系统，提供迅速、及时、准确、全面的物流信息是现代企业获得竞争优势的必要条件。

（一）电子商务技术

电子商务（electronic commerce）是利用计算机技术、网络技术和远程通信技术，实现整个商务（买卖）过程中的电子化、数字化和网络化。人们不再是面对面的、看着实实在在的货物、靠纸介质单据（包括现金）进行买卖交易，而是通过网络，通过网上琳琅满目的商品信息、完善的物流配送系统和方便安全的资金结算系统进行交易(买卖)。

1. 降低交易成本

首先，电子商务可以降低采购成本，因为借助因特网，企业可以在全球市场寻求最优惠价格的供应商，而且通过与供应商信息共享，可以减少中间环节由于信息不准确带来的损失。有资料表明，使用 EDI 通常可以为企业节省 5%～10%的采购成本。其次，通过网络营销活动，企业可以提高营销效率和降低促销费用。据统计，在因特网上做广告可以使销售数量提高 10 倍，而它的成本是传统广告的 1/10。

2. 减少库存

产生库存的根本原因是信息不畅，企业为应付变幻莫测的市场需求，不得不保持一定库存产品，而且由于对原料市场把握不准，也常常维持一定的原材料库存。以信息技术为基础的电子商务则可以改变企业决策中信息不确切和不及时的问题。通过因特网可以将市场需求信息传递给企业以决策生产，同时企业的生产信息可以马上传递给供应商以适时补充供给，从而实现合理库存甚至零库存管理。

3. 缩短生产周期

一个产品的生产是许多企业相互协作的成果，因此产品的设计开发和生产销售可能涉及许多关联的企业，通过电子商务可以将过去的信息封闭的分阶段合作方式改变为信息共享的协同工作方式，从而最大限度地减少因信息封闭而出现等待的时间。

4. 增加商机

传统的交易受到时间和空间限制，而基于因特网的电子商务则是 24 小时全球运作，网上的业务可以开展到传统营销人员销售和广告促销所达不到的市场范围。

5. 减轻对物质的依赖

传统企业的经营活动必须有一定的物质基础才可能开展业务活动，而因特网可以创办虚拟企业，不需要很多的实物基础设施，企业可以将节省下来的费用转让给消费者，这正是网上商店能给消费者提供传统商店无法提供的优惠折扣的原因。

6. 减少中间环节

电子商务重新定义了传统的流通模式，减少了中间环节，使得生产者和消费者的直接交易成为可能，从而在一定程度上改变了整个社会经济运行的方式。

7. 费用低廉

由于因特网是国际的开放性网络，使用费用很便宜，这一优势使得许多企业尤其是中小企业对其非常感兴趣。

8. 覆盖面广

因特网几乎遍及全球的各个角落，用户通过普通电话线就可以方便地与贸易伙伴传递商业信息和文件。

9. 功能全面

因特网可以全面支持不同类型的用户实现不同层次的商务目标，如发布电子商情、在线洽谈、建立虚拟商场或网上银行等。

10. 使用灵活

基于因特网的电子商务可以不受特殊数据交换协议的限制，任何商业文件或单证都可以直接通过填写与现行的纸面单证格式一致的屏幕单证来完成，不需要再进行翻译，任何人都能看懂或直接使用。

（二）数据库技术

数据库技术是一个总称，它包括数据库（DB）、数据库管理系统（DBMS）、数据库系统（DBS）三个部分。

1. 数据库（DB）

数据库是长期存储在计算机内、有组织、可共享的数据集合。数据库中的数据按一定的数据模型组织、描述、存储，既有较小的余度、较高的数据独立性和易扩展性，并可为各种用户共享。

数据库中的数据不仅存储用户的数据，而且还存储有关数据的结构描述信息，包括原数据记录表的名称、列的名称、列的类型、列的宽度、小数位数，以及数据的所属权限等其他相关定义。

2. 数据库管理系统（DBMS）

数据库管理系统是位于用户与操作系统之间的一层数据管理软件，是数据库系统的一个重要组成部分。

它主要功能包括以下几个方面：

1）数据定义功能

用户通过 DBMS 提供的数据定义语言，可以方便地对数据库中的数据对象进行定义。

2）数据操作功能

用户通过 DBMS 提供的数据操作语言，可以方便地实现对数据库的基本操作，如查询、插入、删除和修改等。

3）数据库的运行管理

数据库的建立、运用和维护时由数据库管理系统统一管理、统一控制，以保障数据的安全性、完整性、多用户对数据的并发使用故障后的系统恢复。

4）数据库的建立和维护功能

包括数据库初始数据的输入、转化功能，数据库的转储、回复功能，数据库的重要组织功能和性能监视、分析功能等。

3. 数据库系统（DBS）

数据库系统是指在计算机系统中引入数据库后的系统，一般由数据库、数据库管理员、数据库管理系统、应用系统和用户构成。应当指出的是，数据库的建立、使用和维护等工作只靠一个 DBMS 是远远不够的，还要有专门的人员来完成，这些人被称为数据库管理员。

（三）条形码技术

条码（bar code）是由一组规则排列的条、空及其对应字符组成的，用以表示一定信息的标识（图 8-3）。

图 8-3　条形码

条码技术是研究如何把计算机所需要的数据用一种条码来表示，以及如何将条码表示的数据转变为计算机可以自动采集的数据。

条码技术主要包括条码编码原理及规则标准、条码译码技术、光电技术、印刷技术、扫描技术、通信技术、计算机技术等。主要特点：条码符号图形结构简单；每个条码字符由一定的条符组成，占有一定的宽度和印制面积；每种编码方案均有自己的字符集；每种编码方案与对应的阅读装置的性能要求密切配合。

条码系统是由条码符号设计、制作及扫描识读组成的自动识别系统。

1. 功能

条码识读装置是条码系统的基本设备，它的功能是译读条码符号，即把条码条符宽度、间隔等信号转换成不同时间长短的输出信号，并将该信号转化为计算机可识别的二进制编码，然后输入计算机。

2. 组成

识读装置由扫描器和译码器组成。扫描器又称光电读入器，它装有照亮被读条码的光束检测器件，接收条码的反射光，产生模拟信号，经放大、量化后送译码器处理。译码器存贮有需译读的条码编码方案的数据库译码算法。

(四) 电子数据交换

电子数据交换是英文 electronic data internetchange 的缩写，它将贸易、生产、运输、保险、金融和海关等事务文件，通过电子信箱按各有关部门或公司企业之间的标准格式进行数据交换，并按照国际统一的语法规则对报文进行处理，是一种利用计算机进行事务处理的新业务。

电子数据交换使用是必要的，在国内、国际贸易活动中 EDI 业务，取消了传统的纸面贸易文件（如订单、发货单、发票等），代之以电子资料交换，双方使用统一的国际标准格式编制文件资料，利用电子方式将贸易资料由一方传送到另一方，处理迅速准确，是发达国家已经普遍采用的“无纸贸易”手段。也是关贸总协定成员国将来必须使用和推广的标准贸易方式，如图 8-4 所示。

电子数据交换的技术特点：电子数据交换是格式化的标准文件，并具有格式检验的功能；电子数据交换是计算机之间的自动传输和自动处理，文件用户是计算机系统；电子数据交换对于传输的文件具有自动跟踪、确认防篡改、防冒领、电子签名等一系列安全化措施。

电子数据交换的优点：提高文件处理、传递的速度和效率，大大减少了中间环节和重复劳动，提高文件处理的可靠性，减少差错率，大大提高了办公效率和服务质量，降低成本，加快资金周转，有效的组织库存和组织生产，大大增加企业的贸易机会和市场竞争力。

(五) 射频技术 (RFID)

射频技术是一种基于电磁理论的通讯技术，利用无线电波对记录媒体进行读写。射频系统的优点是不局限于视线，识别距离比光学系统远。射频识别卡具有可读写能力、

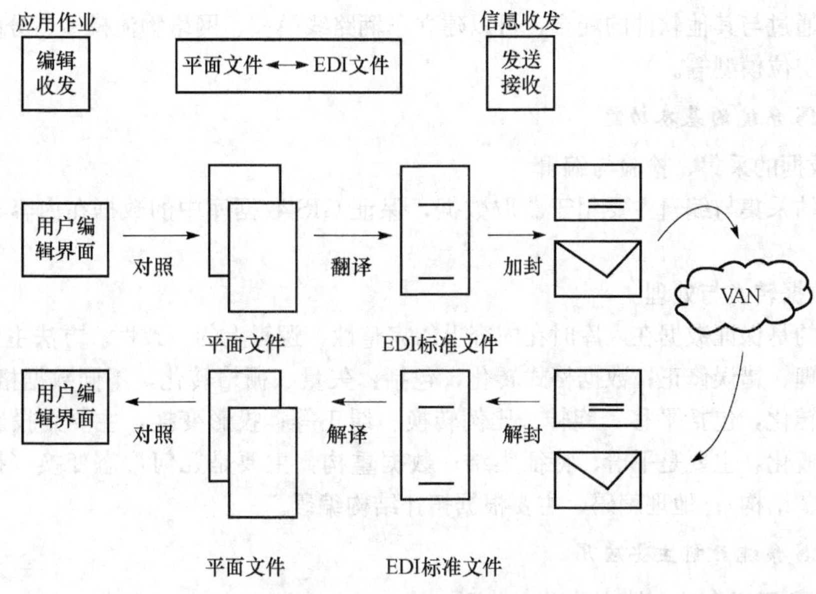

图 8-4　EDI 系统的工作方式

可携带大量数据、难以伪造和有智能等功能。射频识别技术适用的领域为物料跟踪、运载工具和货架识别等要求非接触数据采集和交换的场合，要求频繁改变数据内容的场合尤为适用。

射频识别系统一般都由信号发射机、信号接收机、发射接收天线几部分组成。射频卡和其他自动识别技术（如条码、磁卡、IC 卡等）相比，具有非接触、工作距离长、适于恶劣环境、可识别运动目标等优点，因此完成识别工作时无须人工干预，适于实现自动化且不易损坏，可以识别高速运动物体并可同时识别多个射频卡，操作快捷方便。射频卡不怕油渍、灰尘污染等恶劣的环境，短距离的射频卡可以在这样的环境中代替条码，长距离的射频卡多用于交通上。

最基本的 RFID 系统由三部分组成：

标签（tag）：由耦合元件及芯片组成，每个标签具有唯一的电子编码，附着在物体上标识目标对象。

阅读器（reader）：读取（有时还可以写入）标签信息的设备，可设计为手持式或固定式。

天线（antenna）：在标签和读取器间传递射频信号。

（六）地理信息系统（geographic information systems，GIS）

地理信息系统是一种采集、存储、管理、分析、显示与应用地理信息的计算机系统，是分析和处理海量地理数据的通用技术。

GIS 是一种决策支持系统，它与其他信息系统的主要区别是其存储和处理的信息是经过地理编码的，地理位置及与位置有关的地物属性信息成为信息检索的重要部分。GIS 主要由计算机硬件系统、计算机软件系统、地理数据（或空间数据）、系统操作人员组成。通过与其他软件的配合，可以建立车辆路线模型、网络物流模型、分配集合模型、设施定位模型等。

1. GIS 系统的基本功能

1）数据的采集、检验与编辑

数据的采集与编辑主要用于获取数据，保证 GIS 数据库中的数据在内容与空间上的完整性。

2）数据转换与处理

其目的是保证数据在入库时在内容上的完整性，逻辑上的一致性。方法主要有数据编辑与处理、错误修正；数据格式转化，包括：矢量、栅格转化，不同数据格式转化；数据比例转化，包括平移、旋转、比例转换、纠正等；投影变换，主要是投影方式变换；数据概化，主要是平滑、特征集结；数据重构，主要是几何形态变换（拼接、截取、压缩、结构）；地理编码，主要根据拓扑结构编码。

2. GIS 系统目前主要应用

1）GIS 用于全球环境变化动态监测

1987 年联合国开始实施一项环境计划（UNEP），其中包括建立一个庞大的全球环境变化监测系统（GEMS）；全球森林监测和森林生态变化有关项目（2002 年至今启动的 GEF 项目中，在湖北、湖南、四川、云南、贵州、海南和甘肃 7 省的 13 个自然保护区建立了以地理信息系统为基础的 7 套生态本底图）；海岸线及海岸带资源与环境动态变化的监测；全球性大气环流形势和海况预报等。

2）GIS 用于自然资源调查与管理

在资源调查中，提供区域多条件下的资源统计和数据快速再现，为资源的合理利用、开发和科学管理提供依据；可应用于不同层次和不同领域的资源调查与管理（例如农业资源、林业资源、渔业资源）。

3）GIS 用于监测、预测

借助于遥感（RS）和航测等数据，利用 GIS 对森林火灾、洪水灾情、环境污染等进行监视，例如，广东利用 GIS 技术开发“空气质量预测预报集成系统”可提供广州及其周边地区 AOD、PM10、NO_2、SO_2 等指标的逐日遥感监测结果，实现区域在未来 12、24、48 和 72h，甚至长达 7d 的空气质量条件指数预报。提供广州（含亚运会场馆）及周边地区空气质量条件指数预报，并进行长达 3d 的空气质量等级预报（API 指数定量趋势预报）。显示亚运会期间广州市及周边污染向目标地区聚集的方位和强度，充分发挥了 GIS 的空间分析能力并为辅助决策提供依据。该系统在广州市环境空气质量保障的应用中取得了较好效果，为广州地区的空气质量保障提供有利的技术支撑。利用数字统计方法，通过定量分析进行预测。如加拿大金矿带的调查，分析不宜再行开采的存在储量危机的矿山，优选出新的开采矿区，并作出了综合预测图。

4）GIS 用于城市、区域规划和地籍管理

GIS 技术能进行多要素的分析和管理，可以实施城市和区域的多目标开发和规划，包括总体规划、建设用地适宜性评价、环境质量评价、道路交通规划、公共设施配置

等；城市和区域规划研究（研究城市地理信息系统的标准化、城市与区域动态扩展过程中的数据实时获取、城市空间结构的真三维显示、数字城市等）；地籍管理（土地调查、登记、统计、评价和使用）。

5）GIS的军事应用

反映战场地理环境的空间结构；完成态势图标绘、选择进攻路线、合理配置兵力、选择最佳瞄准点和打击核心、分析爆炸等级、范围、破坏程度、射击诸元等。如海湾战争中，美国利用GIS模拟部队和车辆机动性、估算了化学武器扩散范围、模拟烟雾遮蔽战场的效果、提供水源探测所需点位、评定地形对武器性能的影响，为军事行动提供决策依据。美国陆军测绘工程中心还在工作站上建立了GIS和RS的集成系统，及时（不超过4h）将反映战场现状的正射影像图叠加到数字地图上，数据直接送到前线指挥部和五角大楼，为军事决策提供24h服务。科索沃战争中，利用3S高度集成技术，使打击目标更精准有效。

6）GIS用于辅助决策

为了克服现有农产品供应链中存在的信息流动不畅、信息网更新不及时的问题，采用一种用于农产品供应链中的决策支持辅助系统，该系统包括物流网络、物流监控装置和信息处理系统，其中，所述物流网络由各种具有GPS定位系统和农产品信息记录芯片的流动物流运输工具，物流中转站和物流子站组成，其中，该流动运输工具还具有与物流监控装置相通信的通信装置；所述物流监控装置负责采集物流网络提供的各流动物流运输工具所在的地理位置和记载从所述通信装置中传输来的农产品信息；所述信息处理系统根据所述物流监控装置提供的信息提供农产品价格，并将价格反映到GIS地图系统中，根据此GIS信息提供决策支持辅助。

7）其他

GIS还在金融业、保险业、公共事业、社会治安、运输导航、考古、医疗救护等领域得到了广泛的应用。

（七）全球卫星定位系统（global positioning system，GPS）

目前世界使用最多的全球卫星导航定位系统是美国的GPS系统，一共由24颗卫星组成。它采用时间测距定位原理，可对地面车辆、海上船只、飞机、导弹、卫星和飞船等各种移动用户进行全天候的、实时的高精度三维定位测速和精确授时。

GPS是20世纪70年代由美国陆海空三军联合研制的新一代空间卫星导航定位系统，其主要目的是为陆、海、空三大领域提供实时、全天候和全球性的导航服务，并用于情报收集、核爆监测和应急通讯等一些军事目的，是美国独霸全球战略的重要组成。经过20余年的研究实验，耗资300亿美元，1994年3月，全球覆盖率达98%的24颗GPS卫星星座已布设完成。

GPS系统是由分布在6个轨道面上的24颗卫星组成的星座。GPS卫星的轨道高度为20000km，星上装有10～13个高精确度的原子钟。地面上有一个主控站和多个监控站，定期地对星座的卫星进行精确的位置和时间测定，并向卫星发出星历信息。用户使用GPS接收机同时接收4颗以上卫星的信号，即可确定自身所在的经纬度、高度及精确时间。

GPS系统的基本组成：

（1）空间部分：GPS的空间部分是由21颗工作卫星组成，它位于距地表20200km的上空，均匀分布在6个轨道面上（每个轨道面4颗），轨道倾角为55°。此外，还有3颗有源备份卫星在轨运行。卫星的分布使得在全球任何地方、任何时间都可观测到4颗以上的卫星，并能在卫星中预存导航信息。GPS的卫星因为大气摩擦等问题，随着时间的推移，导航精度会逐渐降低。

（2）地面控制系统：地面控制系统由监测站（monitor station）、主控制站（master monitor station）、地面天线（ground antenna）所组成，主控制站位于美国科罗拉多州春田市。地面控制站负责收集由卫星传回的讯息，并计算卫星星历、相对距离、大气校正等数据。

（3）用户设备部分：用户设备部分即GPS信号接收机。其主要功能是能够捕获到按一定卫星截止角所选择的待测卫星，并跟踪这些卫星的运行。当接收机捕获到跟踪的卫星信号后，就可测量出接收天线至卫星的伪距离和距离的变化率，解调出卫星轨道参数等数据。根据这些数据，接收机中的微处理计算机就可按定位解算方法进行定位计算，计算出用户所在地理位置的经纬度、高度、速度、时间等信息。接收机硬件和机内软件以及GPS数据的后处理软件包构成完整的GPS用户设备。GPS接收机的结构分为天线单元和接收单元两部分。接收机一般采用机内和机外两种直流电源。设置机内电源的目的在于更换外电源时不中断连续观测。在用机外电源时机内电池自动充电。关机后，机内电池为RAM存储器供电，以防止数据丢失。目前各种类型的接受机体积越来越小，重量越来越轻，便于野外观测使用。其次则为使用者接收器，现有单频与双频两种，但由于价格因素，一般使用者所购买的多为单频接收器。

近年来，GPS已在物流领域得到了广泛应用，主要应用在汽车自定位及跟踪调度、铁路车辆运输管理、船舶跟踪及最佳航线的确定、空中运输管理和军事物流配送等领域。

（八）北斗卫星导航系统

北斗卫星导航系统是中国自行研制开发的区域性有源三维卫星定位与通信系统（CNSS），是除美国的全球定位系统（GPS）、俄罗斯的Glonass之后第三个成熟的卫星导航系统，与美国GPS、俄罗斯Glonass、欧盟伽利略系统并称全球四大卫星导航系统。可在全球范围内全天候、全天时为各类用户提供高精度、高可靠的定位、导航、授时服务，并兼具短报文通信能力。

北斗卫星导航系统由空间端、地面端和用户端三部分组成。空间端包括5颗静止轨道卫星和30颗非静止轨道卫星。地面端包括主控站、注入站和监测站等若干个地面站。用户端由北斗用户终端以及与美国GPS、俄罗斯Glonass、欧洲伽利略等其他卫星导航系统兼容的终端组成。

北斗卫星导航系统可以向全球用户提供高质量的定位、导航和授时服务，包括开放服务和授权服务两种方式。开放服务是向全球免费提供定位、测速和授时服务，定位精度10米，测速精度0.2m/s，授时精度10ns。授权服务是为有高精度、高可靠卫星导航需求的用户，提供定位、测速、授时和通信服务以及系统完好性信息。

1. 北斗卫星导航系统基本功能

1）短报文通信

北斗系统用户终端具有双向报文通信功能，用户可以一次传送40～60个汉字的短报文信息。现在可以达到一次传送多达120个汉字的信息。目前在远洋航行中有重要的应用价值。

2）精密授时

北斗系统具有精密授时功能，可向用户提供20～100ns时间同步精度。

3）定位精度

水平精度100m（1σ），设立标校站之后为20m（类似差分状态）。工作频率：2491.75MHz。

4）系统容纳的最大用户数

每小时540000户。

2. 北斗卫星导航系统目前主要应用

1）军用功能

"北斗"卫星导航定位系统的军事功能与GPS类似，如：飞机、导弹、水面舰艇和潜艇的定位导航；弹道导弹机动发射车、自行火炮与多管火箭发射车等武器载具发射位置的快速定位，以缩短反应时间；人员搜救、水上排雷定位等。

这项功能用在军事上，意味着可主动进行各级部队的定位，也就是说各级部队一旦配备"北斗"卫星导航定位系统，除了可供自身定位导航外，高层指挥部也可随时通过"北斗"系统掌握部队位置，并传递相关命令，对任务的执行有相当大的助益。换言之，"北斗"卫星导航定位系统可以执行部队指挥与管制及战场管理。

2）个人位置服务

当进入不熟悉的地方时，可以使用装有北斗卫星导航接收芯片的手机或车载卫星导航装置找到要走的路线。

3）气象应用

北斗导航卫星气象应用的开展，可以促进我国天气分析和数值天气预报、气候变化监测和预测，也可以提高空间天气预警业务水平，提升我国气象防灾减灾的能力。

除此之外，北斗导航卫星系统的气象应用对推动北斗导航卫星创新应用和产业拓展也具有重要的影响。

4）道路交通管理

卫星导航将有利于减缓交通阻塞，提升道路交通管理水平。通过在车辆上安装卫星导航接收机和数据发射机，车辆的位置信息就能在几秒钟内自动转发到中心站。这些位置信息可用于道路交通管理。

5）铁路智能交通

卫星导航将促进传统运输方式实现升级与转型。例如，在铁路运输领域，通过安装卫星导航终端设备，可极大缩短列车行驶间隔时间，降低运输成本，有效提高运输效率。未来，北斗卫星导航系统将提供高可靠、高精度的定位、测速、授时服务，促进铁路交通的现代化，实现传统调度向智能交通管理的转型。

6）海运和水运

海运和水运是全世界最广泛的运输方式之一，也是卫星导航最早应用的领域之一。目前在世界各大洋和江河湖泊行驶的各类船舶大多都安装了卫星导航终端设备，使海上和水路运输更为高效和安全。北斗卫星导航系统将在任何天气条件下，为水上航行船舶提供导航定位和安全保障。同时，北斗卫星导航系统特有的短报文通信功能将支持各种新型服务的开发。

7）航空运输

当飞机在机场跑道着陆时，最基本的要求是确保飞机相互间的安全距离。利用卫星导航精确定位与测速的优势，可实时确定飞机的瞬时位置，有效减小飞机之间的安全距离，甚至在大雾天气情况下，可以实现自动盲降，极大提高飞行安全和机场运营效率。通过将北斗卫星导航系统与其他系统的有效结合，将为航空运输提供更多的安全保障。

8）应急救援

卫星导航已广泛用于沙漠、山区、海洋等人烟稀少地区的搜索救援。在发生地震、洪灾等重大灾害时，救援成功的关键在于及时了解灾情并迅速到达救援地点。北斗卫星导航系统除导航定位外，还具备短报文通信功能，通过卫星导航终端设备可及时报告所处位置和受灾情况，有效缩短救援搜寻时间，提高抢险救灾时效，大大减少人民生命财产损失。

（九）智能交通系统（intelligent transport system 或者 intelligent transportion system，ITS）

智能交通系统是将先进的信息技术、通讯技术、传感技术、控制技术以及计算机技术等有效地集成运用于整个交通运输管理体系，而建立起的一种在大范围内、全方位发挥作用的，实时、准确、高效的综合的运输和管理系统。

智能交通系统的前身是智能车辆道路系统（intelligent vehicle highway system，IVHS）智能交通系统将先进的信息技术、数据通讯传输技术、电子传感技术、电子控制技术以及计算机处理技术等有效地集成，运用于整个交通运输管理体系，而建立起的一种在大范围内、全方位发挥作用的，实时、准确、高效的综合运输和管理系统。

智能交通系统的应用范围包括机场、车站客流疏导系统，城市交通智能调度系统，高速公路智能调度系统，运营车辆调度管理系统，机动车自动控制系统等。

智能交通系统通过人、车、路的和谐、密切配合提高交通运输效率，缓解交通阻塞，提高路网通过能力，减少交通事故，降低能源消耗，减轻环境污染。

智能交通系统是一个复杂的综合性的系统，从系统组成的角度可分成以下一些子系统。

1. 先进的交通信息服务系统（ATIS）

ATIS 是建立在完善的信息网络基础上的。交通参与者通过装备在道路上、车上、换乘站上、停车场上以及气象中心的传感器和传输设备，向交通信息中心提供各地的实时交通信息；ATIS得到这些信息并通过处理后，实时向交通参与者提供道路交通信息、公共交通信息、换乘信息、交通气象信息、停车场信息以及与出行相关的其他信息；出行者根据这些信息确定自己的出行方式、选择路线。更进一步，当车上装备了自动定位和导航系统时，该系统可以帮助驾驶员自动选择行驶路线。

2. 先进的交通管理系统（ATMS）

ATMS有一部分与ATIS共用信息采集、处理和传输系统，但是ATMS主要是给交通管理者使用的，用于检测控制和管理公路交通，在道路、车辆和驾驶员之间提供通讯联系。它将对道路系统中的交通状况、交通事故、气象状况和交通环境进行实时的监视，依靠先进的车辆检测技术和计算机信息处理技术，获得有关交通状况的信息，并根据收集到的信息对交通进行控制，如信号灯、发布诱导信息、道路管制、事故处理与救援等。

3. 先进的公共交通系统（APTS）

APTS的主要目的是采用各种智能技术促进公共运输业的发展，使公交系统实现安全便捷、经济、运量大的目标。如通过个人计算机、闭路电视等向公众就出行方式和事件、路线及车次选择等提供咨询，在公交车站通过显示器向候车者提供车辆的实时运行信息。在公交车辆管理中心，可以根据车辆的实时状态合理安排发车、收车等计划，提高工作效率和服务质量。

4. 先进的车辆控制系统（AVCS）

AVCS的目的是开发帮助驾驶员实行本车辆控制的各种技术，从而使汽车行驶安全、高效。AVCS包括对驾驶员的警告和帮助，障碍物避免等自动驾驶技术。

5. 货运管理系统

货运管理系统指以高速道路网和信息管理系统为基础，利用物流理论进行管理的智能化的物流管理系统。综合利用卫星定位、地理信息系统、物流信息及网络技术有效组织货物运输，提高货运效率。

6. 电子收费系统（ETC）

ETC是目前世界上最先进的路桥收费方式。通过安装在车辆挡风玻璃上的车载器与在收费站ETC车道上的微波天线之间的微波专用短程通讯，利用计算机联网技术与银行进行后台结算处理，从而达到车辆通过路桥收费站不需停车而能交纳路桥费的目的，且所交纳的费用经过后台处理后清分给相关的收益业主。在现有的车道上安装电子不停车收费系统，可以使车道的通行能力提高3～5倍。

7. 紧急救援系统（EMS）

EMS是一个特殊的系统，它的基础是ATIS、ATMS和有关的救援机构和设施，通过ATIS和ATMS将交通监控中心与职业的救援机构联成有机的整体，为道路使用者提供车辆故障现场紧急处置、拖车、现场救护、排除事故车辆等服务。

（十）网购物流配送

随着网上购物的进一步发展与应用，物流配送的重要性对网上购物的影响日益明显。在电子商务环境下，消费者上网浏览后，通过轻松点击完成了网上购物，但所购货物迟迟不能送到手中，甚至出现了送错货物的现象，其结果就是消费者只能放弃电子商务、放弃网上购物，选择更为安全可靠的传统购物方式。另外还有一些网上卖家由于解决不了物流配送的问题，于是告诉消费者只在规定的范围内送货。那么电子商务的跨地域优势也就没有得到体现。由此可见，物流配送是网上购物重要的组成部分。

1. 实现网上购物的保证

物流保障生产。无论在传统的贸易方式下，还是在电子商务下，生产都是商品流之本，而生产的顺利进行需要各类物流活动的支持。合理化、现代化的物流，通过降低费用从而降低成本、优化库存结构、减少资金占压、缩短生产周期，保障可现代化生产的高效进行。相反，减少了现代化物流，生产将难以顺利进行，那么无论电子商务是多么便捷的贸易方式，仍将是无米之炊。

在商流活动中，商品所有权在购销合同签订的那一刻起，便由供方转移到需方，而商品实体并没有因此而移动。在整个电子商务的交易过程中，物流实际上是以商流的后续者和服务者的姿态出现的。没有现代化的物流，如此轻松的商流活动都将成为空谈。

物流是实现"以顾客为中心"理念的根本保证。网上购物的出现，在最大程度上方便了最终消费者。他们不必再跑到拥挤的商业街，一家又一家的挑选自己所需要的商品，而只要坐在家里，在互联网上搜索、查看、挑选，就可以完成他们的购物过程。但请试想一下，他们选购的商品迟迟不能送到，或者商家所送并非自己所购，那消费者还会选择网上购物吗？

2. 制约网上购物发展的瓶颈

网络购物最需要完善的是物流和配送，单就某一个网上购物网站而言，是无法自己组建一支庞大的配送队伍的，只有依托于已有的配送部门。由于网络公司与配送公司是各自独立的，他们无法相互制约。

网上购物是以现代信息技术和计算机网络为基础进行的商品和服务交易，具有交易虚拟化、透明化、成本低、效率高的特点。在网上购物中，信息流、商流、资金流的活动都可以通过计算机在网上完成，唯独物流配送要经过实实在在的运作过程，无法像信息流、资金流那样被虚拟化。因此，作为网上购物组成部分的物流配送便成为决定电子商务效益的关键因素。在网上购物中，如果物流滞后、效率低、质量差，则网上购物经济、方便、快捷的优势就不复存在。所以完善的物流配送系统是决定网上店铺生存与发展的命脉。分析众多电子商务企业经营失败的原因，在很大程度上是缘于物流上的失败。

（十一）销售时点信息系统

POS系统即销售时点信息系统，是指通过自动读取设备（如收银机）在销售商品时直接读取商品销售信息（如商品名、单价、销售数量、销售时间、销售店铺、购买顾客等），并通过通讯网络和计算机系统传送至有关部门进行分析加工以提高经营效率的系统。POS系统最早应用于零售业，以后逐渐扩展至其他如金融、旅馆等服务行业，利用 POS 系统的范围也从企业内部扩展到整个供应链。

POS 是一种多功能终端，把它安装在信用卡的特约商户和受理网点中与计算机联成网络，就能实现电子资金自动转账，它具有支持消费、预授权、余额查询和转账等功能，使用起来安全、快捷、可靠。

POS（point of sale）“销售点”——供应链管理的定义为：对于某个销售点某一时间的销售数据的计算和存货的支出，通常用条形码或磁介质设备。

1. 消费 POS

具有消费、预授权、查询止付名单等功能，主要用于特约商户受理银行卡消费。

国内消费 POS 的手续费如下：航空售票、加油、大型超市一般扣率为消费金额的 0.5%；药店、小超市、批发部、专卖店、诊所等 POS 刷卡消费额不高的商户，一般扣率为消费金额的 1%；宾馆、餐饮、娱乐、珠宝首饰、工艺美术类店铺一般扣率为消费金额的 2%；房地产、汽车销售类商户一般扣率为固定手续费，按照 POS 消费刷卡笔数扣收，每笔按规定不超过 40 元。

2. 转账 POS

具有财务转账和卡卡转账等功能，主要用于单位财务部门。

通过 POS 系统结算时应通过下列步骤：地方易货代理或特约客户的易货出纳系统，将买方会员的购买或消费金额输入到 POS 终端；读卡器（POS 机）读取广告易货卡上磁条的认证数据、买方会员号码（密码）；结算系统将所输入的数据送往中心的监管账户；广告易货出纳系统对处理的结算数据确认后，由买方会员签字。买卖会员及易货代理或特约商户各留一份收据存根，易货代理或特约商户将其收据存根邮寄到易货公司；易货公司确认买方已收到商品或媒体服务后，结算中心划拨易换额度；完成结算过程。

二、食品物流系统安全与运作管理

近年来，随着我国经济的快速发展，食品工业迅猛增长，食品物流迎来了前所未有的发展空间。改革开放以来，政府采取了一系列措施加强食品流通安全工作。然而，食品供应链的各环节安全问题时有发生，令人堪忧。那么，现代食品安全应该以怎样的物流体系作为保障？“十二五”期间物流规划按照“规划指导、项目牵引、加强管理、有序推进”的原则，加快长江干线航道系统治理，全面改善通航条件。以中游荆江河段（宜昌至城陵矶段）航道治理、下游 12.5m 深水航道上延至南京工程为重点，全面带动长江干线航道发展迈上新台阶，力争“十二五”末基本实现《长江干线航道总体规划纲要》的发展目标。长江上游：实施水富至宜宾段三级航道建设工程，将三级航道延伸至云南水富。结合三峡后续规划，适时推进三峡水库库尾航道整治。实施三峡至葛洲坝两坝间乐天溪、莲沱等航道治理及配套设施建设工程，结合优化水库调度、加强管理等手段，改善两坝间通航条件。长江中游：结合河势控制和防洪工程，开展沙市、窑监、藕池口等主要碍航水道的整治工程，将荆江河段的航道等级提高到一级，水深由 3m 提高到 3.5m。实施界牌水道二期等航道整治工程，提高城陵矶至武汉河段的通航标准，将航道水深由3.2m提高到3.7m。实施武汉以下河段主要碍航水道的航道治理，将武汉至安庆段航道水深提高到4.5m，安庆至芜湖段水深提高到6m。长江下游：重点实施南京以下12.5m深水航道建设工程，按照“整体规划、分期实施、自下而上、先通后畅”的思路，先期对通州沙、白茆沙水道进行治理，使南通以下航道水深达到12.5m。实施福姜沙、仪征、和畅洲、口岸直等水道关键控制工程或航道治理工程和后续完善工程，加大维护力度，力争开通南京以下12.5m深水航道。

食品物流安全系指食品在生产、加工、贮藏、运输以及分发配送直至最终消费的全过程中不使消费者受到损害的一种担保。在我国，食品安全已逐渐引起社会各界的关注，但所关注的大多是食品安全生产环节，食品物流过程中的安全问题却没有引起足够的重视。在我国，食品物流安全的监管主要是政府监管模式，即政府依据相关的法律法规，通过对食品的市场准入、生产加工、流通消费等多个涉及食品物流安全的环节进行直接监督与管理，从而来保障食品安全和食品市场的稳定运行。目前，我国的食品物流安全政府监管模式存在一些问题，主要表现在以下三个方面：“真空”与“交叉”监管并存；食品市场准入机制不健全；食品物流安全综合管理与协调机构缺乏权威性。中国食品物流供应链被定位为“昂贵，耗损食品，无利可图，容易造成食物中毒”。伦敦《亚洲海运》的一篇文章指出，由于道路建设、现代化冷藏贮运基础设施落后，一些容易腐坏食品的售价中有七成便是用来补贴在物流过程中损坏的支出，中国每年总损失达近千亿元人民币。我国食品行业有着负面的公众形象。据统计，我国每年食物中毒报告例数约为万人，专家估计这个数字尚不到实际发生数，来路不明、货源不安全的农副产品常常是导致食物中毒“祸首”，流通中的物流环境与运作也是影响食品安全十分重要的因素之一。“阜阳奶粉”、“苏丹红”等事件，暴露出食品物流链上包括生产、原料供应、流通，加工、监管等方面所存在的漏洞。可见，在食品安全问题牵动着国人脆弱神经的今天，建立一个科学、完整，而又适合中国国情的食品物流安全政策与法规体系，为食品物流安全的全程监控和管理提供必要的依据，有着深远的意义。

参考文献

陈宗道，赵国华．2007．食品物流安全的管理与技术［M］．北京：化学工业出版社．

李碧珍．2010．农产品物流模式创新研究［M］．北京：社会科学文献出版社．

李学工．2009．农产品物流框架体系构建［M］．北京：中国物资出版社．

刘德军，张广胜．2009．现代农产品物流技术与管理［M］．北京：中国物资出版社．

刘培松．2009．我国农产品物流与供应链管理存在的问题与对策研究［M］．物流工程与管理，31（8）：91～92，98．

屠康．2006．食品物流学［M］．北京：中国计量出版社．

王可山，赵剑锋，王芳．2010．农产品质量安全保障机制研究［M］．北京：中国物资出版社．

魏建光，崔岩，赵媛媛，等．2010．基于SPR技术的农产品物流安全管理的研究［J］．安徽农业科学，38（17）：9254～9255，9262．

曾佑新，刘海燕. 2007. 食品物流管理 [M]. 北京：化学工业出版社.

张敏. 2009. 农产品物流与运营实务 [M]. 北京：中国物资出版社.

张明玉. 2010. 中国农产品现代物流发展研究——战略·模式·机制·实证 [M]. 北京：科学出版社.

张旭辉. 2008. 鲜活农产品物流与供应链：理论与实践 [M]. 成都：西南财经大学出版社.

赵敏. 2007. 农产品物流 [M]. 北京：中国物资出版社.

周洁红，许莹. 2011. 农产品物流管理 [M]. 杭州：浙江大学出版社.

第九章 农产品物流过程的安全质量管理

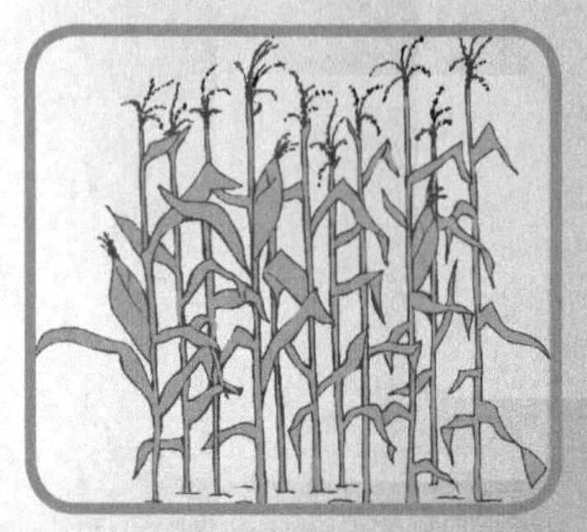

内容提要

本章主要介绍物流农产品的流通管理，物流配送管理，农产品标签、标识与货架管理。

教学目标

1. 掌握物流农产品流通的形式、内容以及农产品流通中的贮藏。

2. 掌握配送模式、配送中心的管理以及配送业务的管理。

3. 掌握标签的概念以及标签标识的作用。

4. 掌握标签的基本内容和标示内容。

5. 掌握农产品的货架管理技术。

重要概念及名词

物流　商流　流向　流速和流量　配送　配送中心　配销模式　物流模式　标签

思考题

1. 简述流通的形式及内容。
2. 农产品销售时如何保护其品质?
3. 农产品消费中如何进行保护其品质?
4. 简述物流配送的组织结构模式。
5. 简述物流配送的业务管理内容。
6. 简述标签和标识的作用和基本要求。
7. 简述农产品的标签的标示内容。
8. 果蔬和肉制品农产品的货架管理应注意什么?

第一节　物流农产品的流通管理

一、流通的形式及内容

（一）流通的形式

农产品流通是指农产品作为商品，从生产者手中所经过的以货币为媒介的交换过程，农产品流通包括流通机构、流通路线、流通信息和流通技术。农产品流通的环节和路线因产品和市场不同而各有差异。农产品的流通过程是价值实现和使用价值替换的统一，也是农产品商品价值与商品实体流通的统一。农产品从生产领域到消费领域是由价值运动和使用价值运动组成的。使用价值运动称物流，价值运动称商流。因此，农产品的流通形式主要有物流形式和商流形式。

1. 物流形式

农产品物流是农产品流通过程中通过运输、转运、贮藏、分级和包装等活动，借助各种运输工具使商品实体发生空间的转移。它的形式也多种多样，如肩挑、手提、车运、船运和机运等。选择什么运输工具，必须根据农产品的特性、运输数量、目标市场、交易时间等来定。

2. 商流形式

农产品商流是通过买卖活动而发生的农产品价值形成的变化和所有权的转移，主要在生产者和消费者之间起衔接作用，使产需双方达到各自目的。农产品一般要经过以下几个主要环节才能完成整个流通过程，到达消费者手中。

1）批发市场

批发市场是农产品流通的枢纽。批发商有供销公司、各种联合体或个人，他们一方面从生产者手中批量购进农产品，另一方面又向零售商或另一批发商销售农产品，其经营的农产品数量大，品种各异，是农产品流通的大动脉。

2）零售商

零售商是指直接将农产品出售给消费者的个人或部门，在时间、地点、服务项目等方面零售商都能为消费者提供更好的服务。

3）拍卖市场

这是流行于一些市场经济比较成熟的欧美和中东国家的农产品和农产品批发的主要环节。拍卖市场制定了统一的质量标准，拍卖样品进行展示后，公开显示拍卖农产品的品种、规格、数量、产地等，由买主出价，经几番竞价后成交，成交后立即打印交易传票，交易过程公开透明。我国也已建立了专业拍卖市场。

4）自采销售

主要流行于北美和西欧，由于北美和西欧每个劳动力经营的农场面积大、机械化程度高、劳动力贵，而有些农产品如草莓、葡萄等水果的采收机械化比较困难，采收成本高，一些农场主就用自采销售的牌子来招揽顾客。我国一些城市居民周末或节假日到园艺场采摘新鲜园艺产品，同时又观赏了田园风光。

5）连锁商店

若干零售商或超市组成的一个供货公司，直接从农民或生产联合体进货，实现“联购联销，风险共担”，减少了中间环节和成本，提高了竞争力。

6）期货市场

这是农产品市场交易的一种创新，期货市场的交易只是合同，所以每天都是“买空卖空”，其好处是套期保值，分担风险。

7）网上贸易

互联网上有各种各样的农产品及其经营者、贸易组织和拍卖市场。消费者或中间商可以在这里找到自己感兴趣的农产品，并进行买卖交易。

（二）流通的内容

研究农产品流通常以流向、流速和流量等指标来反映流通过程的实际状况。

农产品流向指流通中农产品的空间转移方向，即农产品的物流方向。农产品的流向受多种因素和条件的影响和制约，如农产品生产发展水平与布局情况、价格和消费水平高低及其变化、消费习惯、现行农产品流通的管理体制等。合理流向是农产品运输的必要条件，同时也是价值及时实现和迅速转让其使用价值的要求。

流速反映农产品在流通中停留的时间。流通时间短则流速快，反之则流速慢。流通时间由售卖时间和购买时间构成。售卖时间主要包括农产品运往市场的时间和待售时间；购买时间是农产品购买阶段所需时间。农产品的流通时间受许多因素的制约，如农产品的供求状况、市场容量、产销距离、交通运输条件、运输产品的保护等。同时还取决于农产品的种类、特性和生产流通计划等。

流量是指处于商品流通过程中的农产品数量。流通中的商品全部处于运动状态，而流量本身又由流向所区分，每一流向上的流量又受流速影响。

农产品流通过程中的流向、流速和流量因各种因素的制约而呈现不同的运动状况。农产品流通过程要求做到货畅其流。其标志是：农产品流向合理；借以经济、及时、准确、安全的运输手段，实现农产品由产地区域性向消费广泛性的转移，减少中间环节，不使农产品流通中的任何中间环节发生沉滞；农产品在销售中顺利快捷，不压库柜。

二、农产品流通中的贮藏

（一）运输中的贮藏

农产品运输可被看作是在特殊环境下的短期贮藏。农产品在运输时，特别是运输散装的农产品时，严禁与非农产品物资，如农药、化肥、有毒气体等同时运输，也不得使用未经清洗的运输过上述物资的运输工具。如使用非专业的运输工具，在使用前一定要仔细清洗。对运输工具也应定时清洗消毒，确保运输工具的卫生安全性。农产品原辅材料的运输工具应要求专用，并应设置篷盖，防止运输过程中由于雨淋、日晒等造成原辅材料的污染或变质。不同的农产品应依其特性选择不同的运输工具。运输小麦、大米、油料等干性农产品时可用普通常温运输工具。运载水果蔬菜等生鲜植物源农产品应分隔放置，避免挤压撞伤而腐烂，气温较高时，应采用冷藏车，冷藏车要全程开机制冷；气温较低时应采取一定的保温措施，以防冻伤。

装卸应轻拿轻放，严禁摔打，对液态材料还应注意放置方向，切勿倒置。运输冷藏果蔬时，果蔬要放出呼吸热，除了在货垛周围留有间隙以利通风外，还要在货堆内部留有间隙，便于冷风把果蔬放出的呼吸热及时带走。运输肉类等农产品时，如果被运输的肉品在装载之前已充分预冷，货堆内部可以不留间隙，只要冷风在货堆周围循环即可。如果被运输肉品在装载之前没有经过预冷，则货堆内部必须留有间隙允许冷风通过。为了防止在装卸货时温度变化，冷藏库和冷冻库外面应设有预冷间，作为收货和装货时的温度缓冲区。预冷间的卸货平台在装卸货物时能恰好封住对外开放的门，从而隔离外界温度和灰尘。一台8t标准冷冻车，装车和卸车的时间应严格限制在5min之内。装车时应根据被装农产品对温度的敏感程度依次装车。车厢内的温度用恒温器来控制，使温度保持在与规定温度偏离±2℃的范围内。当外界气温为35℃时，一般要2h才能使车厢内的温度降至－18℃。因此在装载物流农产品之前，应提前启动制冷机，待车厢内的温度达到要求后再开始装货。

（二）销售中的贮藏

农产品销售是农产品生产和流通过程的一个中间环节，此时农产品的质量水平才能说明生产企业是否具有向消费者提供符合质量要求的产品的能力。当农产品运输到销售地点后，不可能即刻出售，有时需要在销售场所临时贮藏一段时间。这些销售场所包括一级、二级或三级批发市场，仓储市场、超级市场、零售商场、零售商店等。在农产品销售过程中，为了保证农产品的质量，必须像前面所叙述的那样，把农产品放在一个温度、湿度、气体等环境条件适宜的贮藏场所。大中型商场、正规水产和果蔬批发市场的冰箱、冰柜或冷藏库，一般都可以提供保证农产品贮存的适宜温度和湿度条件，而普通零售商店则可能缺乏这些保障措施。因此，为了保持农产品质量，向消费者提供色、香、味、形俱佳的产品，也应注意加强销售中对农产品的保护。

1. 销售部门必须具备的贮藏条件

在销售环节，农产品由于温度波动次数多、幅度大，被污染机会也多，农产品的质量往往得不到保证。为保持农产品的安全性和应有品质，要求在销售过程中实施低温控制。这就要求农产品销售部门在进行销售时具有贮藏农产品的条件，如冷藏农产品需具有恒温冷藏设备，冷冻农产品需具有低温冷藏设备。目前主要设备是销售陈列柜，陈列柜是农产品零售部门展示、销售农产品所必需的设备。

1）对农产品销售陈列柜的要求

具有制冷设备，可进行隔热处理，能保证冷冻和冷藏农产品处于适宜的低温下；能很好地展示农产品的外观，便于顾客选购；具有一定的贮藏容积；日常运转与维修方便；安全、卫生、无噪声；动力消耗小。

2）农产品销售陈列柜的种类

根据销售陈列的农产品种类，可分为冷冻式陈列柜和冷藏式陈列柜。根据销售陈列柜的结构形式，可分为敞开式和封闭式。敞开式又包括卧式敞开式和立式多层敞开式，封闭式又包括卧式封闭式和立式多层封闭式。

3）农产品销售陈列柜的结构与特性

卧式敞开式陈列柜的上部敞开，开口处有循环冷空气形成的空气幕，可防止外界热空气侵入柜内。通过维护结构，传入的热量也被循环的冷风吸收，不影响农产品的质量。对农产品质量影响较大的是由开口部侵入的热空气及热辐射，当外界湿空气侵入陈列柜时，遇到蒸发器就会结霜，随着霜层的增厚，冷却能力降低。因此，必须在24h内至少进行一次自动除霜。

立式多层敞开陈列柜与卧式相比，立式多层陈列柜单位占地面积的容积大，商品放置高度与人体高度相近，展示效果好，也便于顾客购物。但这种陈列柜内部的冷空气更易溢出柜外，外界侵入的空气量也多。为了防止冷空气与外界空气的混合，在冷风幕的外侧，再设置一层或两层非冷空气构成的空气幕，同时配置了较大的制冷能力和冷风量。由于立式陈列柜的风幕是垂直的，外界空气侵入柜内的数量受空气流速的影响更大。

卧式封闭陈列柜的结构和敞开式的相似，它在开口处设有2～3层玻璃构成的滑动盖，玻璃夹层中的空气起到隔热作用。另外，冷空气风幕也由埋在柜壁上的冷却排管代替，通过外壁面传入的热量被冷却排管吸收。为了提高保冷性能，在陈列柜后部的上方装置冷却器，让冷空气像水平盖子那样强制循环。缺点是商品装载量少，销售效率低。

立式封闭式陈列柜的柜体后壁上有冷空气循环通道，冷空气在风机作用下强制地在柜内循环。柜门为2～3层玻璃，玻璃夹层中的空气具有隔热作用。由于玻璃对红外线的透过率低，虽然柜门很大，传入的辐射热并不多。

2. 销售过程中的保护

1）进货要有质量确认制度

农产品在进货时要有质量确认制度，主要是温度确认。对于生鲜易腐农产品要确认其在运输和贮藏过程中始终保持在0～4℃环境中，速冻农产品在－18℃以下。如果进货时农产品已经在不适温度下存放了较长时间，产品质量下降，难以保证销售过程中的农产品安全。

2）在适宜温度下销售

为保证农产品的安全性，保持农产品出厂时的品质，要求销售过程必须在较低的温度下进行。经营销售冷藏和冷冻农产品的商店和超市、农产品专营店等，必须具备冷藏和冷冻设备，使冷藏农产品中心温度控制在0～4℃，冷冻农产品的中心温度控制在－18℃以下。冷藏柜应放置在市场或商店中间部位，尽量吸引顾客，以加快这类农产品的销售。

3）销售柜中的农产品周转要快

冷藏农产品一旦运送到零售商店，在放入零售冷藏柜之前往往要先在普通仓库进行短暂的贮存周转，陈列的商品要经过事先预冷。冷冻和冷藏农产品在销售商店滞留的时间越短越好，陈列柜内的农产品周转要快，绝不能将销售柜当作冷藏库或冷冻库使用，否则升温过高和温度波动频繁会严重影响农产品质量。一般而言，速冻农产品可在柜中贮藏 15d 左右。

4）防止温度的波动

农产品在陈列柜中的存放是造成温度波动的一个潜在因素。产品从冷藏库转移堆放到陈列柜时，在室温下停放的时间不能太长。农产品在陈列柜中的存放位置对温度也有重要影响，位置之间的温度差异可达 5℃左右，越靠近冷却盘管和远离柜门的地方温度越低。零售陈列柜的另一个主要作用是给消费者提供可见和易取的方便性，故陈列柜大部分时间都是敞开的，其冷量会不断损失；另外，柜中的照明也需要消耗额外的冷量。因此，制冷系统必须满足冷量的损失和照明所消耗的冷量，陈列农产品时的灯光亮度要适宜，不宜过强，尽量防止温度的波动。

5）保证售出的农产品具有一定的保质期

要注意农产品的保质期，一方面不能销售超过保质期的农产品，另一方面销售出去的农产品应具有一定的保质期，以避免消费者购回农产品后因不能及时食用而造成损失。贮存在冷藏柜中的农产品要经常轮换，要实行农产品先进先出的原则，让较早放入的农产品首先被消费者买走，以确保农产品在冷藏柜中的存放时间不超过最佳保质期。

6）注意农产品销售过程中的卫生管理，防止农产品污染

经销人员要注意保持清洁，农产品从业人员的健康直接关系到广大消费者的健康，所以必须按规定加强农产品从业人员的健康管理。农产品从业人员不仅要从思想上牢固地树立卫生观念，而且要在操作中保持个人的清洁卫生，这是防止农产品受到污染的重要防护手段之一。

7）加强对销售陈列柜的管理

农产品展卖区要按照散装粮食区、定型包装区、果品蔬菜区、速冻产品区和生鲜动物性农产品区等分区布置，防止生、熟产品，干、湿产品区间的污染。从业人员应当按照规范操作，销售过程中应轻拿轻放，不要损坏产品的销售包装；冷藏柜不能装的太满；结霜不能太厚，定期除霜；要定期检查柜内的湿度；及时清扫货柜；把温度计放在比较醒目的位置，让消费者容易看到陈列柜中的温度显示。速冻陈列柜一般标有堆装线以保证农产品品质，不要让产品超过堆装线。

（三）消费中的贮藏

农产品流通的最后一个环节就是消费者的消费。消费者的消费包括人们的生活消费和食品企业的原料利用。消费者的消费包括即时消费以及在消费前和消费过程中的临时贮存。在农产品消费过程中，为保持农产品的质量和安全，仍要注意将农产品放在适宜的环境条件下；另外还要注意各种不同农产品正确的食用和烹调方法。

消费者一旦从市场购买了农产品，那么农产品流通就已经进入到消费阶段。在消费阶段，农产品的保护也非常重要，如果操作不当，那么前面各个环节所做的努力就会前功尽弃。要进行消费中的保护，首先要保证选购农产品的质量，如果农产品本身的质量不好，已经过了保质期，那么无论采取何种先进有效的保鲜措施或保护措施，都无法保证其质量。所以，消费者要学会正确的消费，以保证食用的农产品营养、安全、质优。

1. 购买新鲜优质的农产品

农产品被购买后，即使有适宜的贮藏场所，如冰箱、冰柜或者小型贮藏库，也只能保持原有质量，并不能改善其质量。因此，为了保证农产品的质量安全，购买时应注意以下几点：由于温度是保持农产品品质的关键，因此购买时要仔细观察存放农产品的货柜温度是否在农产品的适宜保藏温度下；要选择形状完整、包装完好、新鲜的农产品，速冻农产品要选择质地坚硬，包装纸（袋）无破损，包装袋内侧冰、霜少的农产品，不宜购买解冻后的农产品；要看清农产品的生产日期和保质期，生产日期过早、临近或超过保质期的产品不宜购买，另外还应验看产品检验合格证；速冻陈列柜一般标有堆装线以保持农产品的品质，故不要购买超过堆装线的速冻农产品。

2. 农产品在消费中的保护措施

1）在适宜的温度下存放农产品

农产品购买后如不立即食用，应将其放在适宜的环境条件下，特别是冷藏或冷冻农产品，必须将它们快速放入冰箱或冰柜中。农产品被带回家的运输过程及将农产品放入冰箱、冰柜之前存放的时间较长，会在很大程度上影响到农产品的贮藏期。冰箱中的冷藏温度一般在 0～5℃，不过通过隔离设计可以形成不同的贮存区，设置不同的贮存温度。具体贮藏条件可参考前面章节有关内容。

目前，在消费阶段保持低温的设备主要是家用冰箱和冰柜。家用冰箱在我国大城市日趋普及，为农产品消费过程中的保护和完善冷藏链提供了条件。因此，农产品的家庭消费实际上就是消费者从市场买回农产品后放入冰箱、冰柜中短暂贮藏，维持其品质及其合理食用的过程。

冰箱的温度管理对保持农产品质量有着重要的作用，但即使在－18℃的低温下冻结贮藏，由于农产品的种类不同，贮藏期也各不相同，而且随着贮藏时间的延长，农产品的品质也会发生变化。为了加强对冰箱的温度管理，应尽量减少冰箱门开启的次数，防止温度波动过大过频。

2）勿让农产品超过保质期

在农产品消费阶段，由于冰箱本身温度不很均匀，所以只是用于临时的短期贮藏，不宜进行长期贮藏。冰箱中的农产品要分类，要先进先出，一次进入冰箱、冰柜的农产品不要太多，超过保质期的农产品切勿食用。冰箱中超过保质期的鲜奶、酸奶、开盖后冷藏超过 7d 的果汁饮料等都不能食用。

对于农产品的贮藏期，不能看得太机械，因为贮藏期的长短不但受农产品本身的品质、种类的限制，而且也受冰箱诸因素的限制，如冰箱的制冷能力、箱内温度状况、箱内农产品的堆装方式、冰箱门的密封性能等都会对农产品贮藏期的长短产生影响。所以，为了使冰箱贮藏的农产品保持好的口感和营养成分，贮存时要了解农产品的贮藏期限，尽早在贮藏期内食用完，如脂肪多的农产品最好在一周内食用完，维生素 C 含量高的农产品宜在 2 周内食用完。

3）一次未消费完产品的再贮藏

农产品尽量一次消费完，如果消费不完，比如番茄酱、大桶装饮料、茶叶等，最好还是保持原有包装，置于适宜的贮藏条件下以保持其原有品质。对于易变质的散装农产品，在开袋或开罐消费过程中，要注意对开封的农产品进行适当的密封，以防止吸潮和氧化变质，储存温度最好在25℃以下，相对湿度在75%以下。

4）经常消毒杀菌以保证冰箱、冰柜内清洁卫生

家用冰箱、冰柜由于放置的农产品种类很多，所以常常会带入很多微生物和病菌，所以要定时清洗和消毒，以防止交叉污染。没有包装的散装农产品，如没有包装的各种蔬菜或肉品等，一定要进行适当的裹包，裹包后可防止串味和相互之间产生不良的影响。

5）勿损坏农产品的包装

农产品在购买之后和消费之前尽量不要损坏农产品的原有包装，以防止农产品遭受微生物的污染而腐败变质。例如鲜切农产品、方便菜肴等易腐农产品，大都采用了贴体保鲜包装，购买后应尽快食用，食用之前尽量不要损坏包装，以免加快其腐烂变质。

（四）仓储中的贮藏

仓储的目的是为了保证农产品的生产和经营企业正常连续对市场供货的需求。农产品在仓储过程中不当的贮藏操作会导致农产品的变质。因此，农产品生产企业或物流企业必须创造一定的条件，采取合理的方法来贮藏农产品，以确保其安全卫生：一是要有适当的贮藏设施；二是要有合理的贮藏管理技术。

农产品贮藏设施的要求依农产品的种类不同而不同，农产品的性质是决定贮藏设施的主要因素。对于容易腐烂变质的肉、鱼等农产品，应采取低温冷藏；对于容易腐烂、失水的果品蔬菜原材料应有保险仓库，依品种或材料的不同采取冷藏或气调贮藏等；对于油料、面粉、大米等干燥原料贮藏设施可以是一般的仓库，但要求具有防潮功能。

第二节　物流配送管理

“配送”这个词汇来自于日语原词，是日本在引进美国物流科学时，对英文原词delivery的意译，我国转学于日本，从而形成了我国的一个新词汇。《日本工业标准(JIS)物流用语》将配送定义为：将货物从物流据点送交给收货人。

《物流术语》(GB/T 18354—2006)将配送定义为：在经济合理区域范围内，根据用户的要求，对物品进行拣选、加工、包装、分割、组配等作业，并按时送达指定地点的物流活动。

事实上，从配送活动的实施过程来看，配送包括两个方面的活动：“配”是对货物进行集中、分拣和组配；“送”是以各种不同的方式将货物送达指定地点或用户手中。

一、物流配送的组织结构模式

（一）按照配送机构的经营权限和服务范围不同分类

按配送机构的经营权限和服务范围不同，配送可以分为配销模式和物流模式两种，

其运作特点如图 9-1 所示。

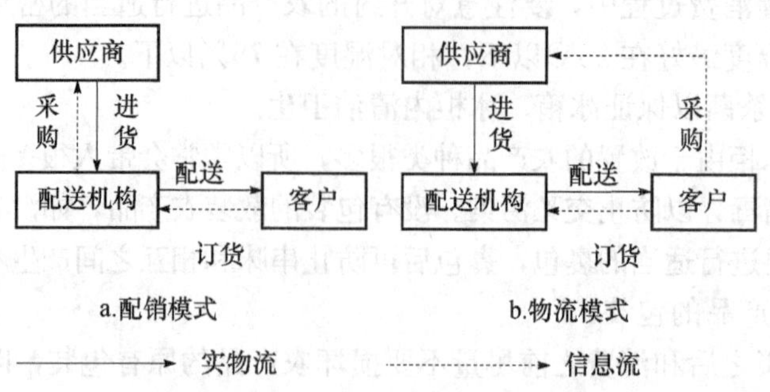

图 9-1 配销模式和物流模式的运作特点

1. 配销模式

配销模式又称为商流、物流一体化的配送模式，其基本含义是配送的组织者既从事农产品的进货、储存、分拣和送货等物流活动，又负责农产品的采购与销售等商流活动。这类配送模式的组织者通常是农产品的经销企业，也有些是生产企业附属的物流机构。

这些经营实体不仅独立地从事商品流通的物流过程，而且将配送活动作为一种“营销手段”和“营销策略”，既参与商品交易，实现商品所有权的让渡与转移，又在此基础上向客户提供高效优质的物流服务。在我国的物流实践中，配销模式的组织方式大多存在于以批发为主体经营业务的商品流通机构。

配销模式的特点在于：对于流通组织者来说，由于其直接负责货源组织和商品销售，因而能形成储备资源优势，有利于扩大营销网络和经营业务范围，同时也便于满足客户的不同需求。但由于这种模式的组织者既要参与商品交易，又要组织物流活动，因此投入的资金、人力、物力比较多，不但需要一定的经济实力，而且还需要较强的组织和经营能力。

2. 物流模式

物流模式是指商流、物流相分离的模式，配送组织者不直接参与商品的交易活动，不经销商品，只负责专门为客户提供验收入库、保管、加工和分拣送货等物流服务。其业务实质上属于“物流代理”，从组织形式上看，其商流和物流活动是分离的，分别由不同的主体承担。

商流、物流分离型的配送模式有着三个明显的特点：一是配送企业的业务活动比较单一，也比较专一，因而企业占压的资金也比较少；二是配送活动属于代理性质，配送企业的收益主要来自服务费，其经营风险比较小；三是因占压的资金较少，故其容易扩大服务范围和经营规模。

当然，这种配送模式也存在一些缺点。比如，由于配送企业不直接掌握货源，所以在其开展配送活动的过程中，可能会出现调度和调节能力较差、不灵活的问题。但总体来说，物流模式是一种有效的、比较完整的配送模式，代表了现代物流配送业务的一个主要发展方向。

（二）按配送主体的承担者不同分类

1. 自有型配送模式

目前生产流通中综合性企业（集团）所广泛采用的一种配送模式。企业（集团）通过独立组建配送中心，实现内部各部门、工厂、店铺的物品供应的配送。在这种配送模式中，虽然体现出自给自足的特点，形成了新型的“大而全”、“小而全”倾向，但却造成了社会资源浪费；但是，就目前来看，自有型配送模式在满足企业（集团）内部生产材料供应、产品外销、零售店铺供货和区域外市场拓展等企业自身需求方面发挥了重要作用。

较典型的企业（集团）内的自有配送模式就是连锁企业的配送。大大小小的连锁公司或集团基本上都是通过组建自己的配送中心，来完成对内部各部门、店铺的统一采购、统一配送和统一结算的。

2. 外包型配送模式

主要是由具有一定规模的物流设施设备（库房、站台、车辆等）及专业经验和技能的批发、贮运或其他物流业务经营企业，利用自身业务优势，承担其他生产性企业在该区域内市场开拓、产品营销而开展的纯服务性的配送。通过这种现场办公式的决策组织，生产企业在该区域的业务代表控制着信息处理和决策权，独立组织营销、配送业务活动。提供场所的物流业务经营企业，只是在生产企业这种派驻机构的指示下，提供相应的仓储、运输、加工和配送服务，收取相对于全部物流利润极小比率的业务服务费。开展这种配送模式的企业，对所承揽的配送业务缺乏全面的了解和掌握，无法组织合理高效的配送，在设备、人员上浪费比较大。因此，这是一种高消耗、低收益的配送模式。

3. 综合型配送模式

从事配送业务的企业，通过与上家（生产、加工企业）建立广泛的代理，或者通过买断关系，与下家（零售店铺）形成稳定的契约关系，从而将生产、加工企业的商品或信息进行统一组织、处理后，按客户订单的要求，配送到店铺。这种模式的配送，还表现为在用户间交流供应信息，从而起到调剂余缺、合理利用资源的作用。综合化的中介型配送模式是一种比较完整的配送模式。

4. 共同配送模式

配送经营企业间为实现整体的配送合理化、以互惠互利为原则，互相提供便利的配送业务的协作型配送模式，是配送的一种发展方向，特别是在城市中的配送。

共同配送模式是相对于独立配送而言的一种货物配送形式。从形态上看，它是各个配送组织协同作业的模式。共同配送模式最早产生于日本等发达国家。实践证明，这种配送模式，不但可以利用距离用户最近的配送中心开展配送活动，从而大大降低物流成本，而且有利于发挥配送企业的整体优势及缓解交通拥挤的矛盾。

由于共同配送涉及的面较广，涉及的单位较多，因此，组织工作难度较大。在选择、实施这种配送模式时，企业不但必须建立起庞大的信息网络，而且更需要建立起层次性的管理系统。显然，只有大型的专业流通组织才有能力、有条件开展这类活动。

二、物流配送中心的管理

《物流术语》（GB/T 18354—2006）给配送中心的定义是：从事配送业务的物流场所或组织，应基本符合下列要求：主要为特定的客户服务；配送功能健全；完善的信息网络；辐射范围小；多品种、小批量；以配送为主、储存为辅。

配送中心的管理主要有收货管理、存货管理、发货管理、退货管理、信息管理、财务管理和设备管理。

（一）收货管理

收货管理是配送中心物流管理的第一个环节，其核心任务是将总部订购的来自各个生产厂家的货物汇集到配送中心，经过一系列的收货流程，按照规定的储存方法将货物放置于合适的地点。

（二）存货管理

存货管理是指对货物的存储管理。商品在仓库里的存放有两种模式：一是商品群系统；二是货位系统。商品群系统是指将同类商品集中放于一处；货位系统包括开放货位系统和统制货位系统，其中开放货位系统是货位编号固定，某类产品可随机调换货位；而统制货位系统中，商品则被赋予同一编号，改变货位，编号亦随之改变。

（三）发货管理

发货管理是配送中心物流管理的最后一个环节，目标是把商品准确而又及时地运送到各个连锁店铺。这便要求采用经济科学的配货方法和配货流程，在现代信息管理设备的辅助下，顺利完成这一管理职能。

（四）退货管理

退货管理是配送中心的一项重要的辅助服务活动，是配送中心提高客户服务水平的重要手段之一。

（五）信息管理

信息流系统和配送系统是结合在一起发生作用的，是支撑配送中心营运的两个车轮。可以说，信息流系统流畅与否直接决定着配送系统的流畅程度，因为信息流直接沟通着配送中心与外界的商务联系，决定着订货与收货的精确性。

（六）财务管理

配送中心因类型不同承担着不同的财务职能，特别是总部授权进货或参与进货的配送中心，财务管理是其内部职能之一。

（七）设备管理

设备管理是指为使设备在寿命周期内的费用达到最经济的程度，而将用于机器设备的工程技术、设备和财务经营等其他职能综合起来考虑，从设备的选择开始，直到设备报废为止所开展的一系列管理工作。

三、物流配送业务管理

配送是由物流系统中运输环节派生出来的功能，是短距离的运输。它是物流中一种特殊的、综合的活动形式，是将物流和商流紧密结合，包含了商流活动，也包括了物流中若干功能要素的一种形式。从宏观上看，配送主要包括备货、理货和送货等三个功能要素，其中每一个环节又包含着具体的、细节的功能要素。

（一）备货

备货是配送的准备工作或基础工作，它包括筹集货源、订货或购货、集货、进货及有关的质量检查、结算、交接等环节。配送的优势之一，就是可以集中用户的要求进行一定规模的备货。备货是决定配送成败的初期工作，是由用户自己订立的，由配送企业来承担。如果备货成本太高，会大大降低配送的效益。

（二）储存

储存是备货的延续。在配送活动中，货物储存有两种表现形态：一种是暂存形态；另一种是储备（包括保险储备和周转储备）形态。暂存的储存形态是在具体执行日配方式送货时，按分拣、配货要求，在理货场地所做的少量储存准备。由于总体储存效益取决于储存总量，所以，这部分暂存数量只会对工作方便与否造成影响，而不会对储存的总效益造成影响，因而暂存数量并不受严格控制。还有另一种形式的暂存，即是分拣、配货之后，形成的发送货载的暂存，这个暂存主要是调节配货与送货的节奏，暂存时间不长。

另一种储存形态储备，是按一定时期的配送经营要求形成的对配送的资源保证。这种类型的储备数量较大，储备结构也较完善，可以视货源及到货情况，有计划地确定周转储备及保险储备结构及数量。配送的储备保证有时在配送中心附近单独设库解决。

（三）分拣和配资

分拣和配货是配送不同于其他物流形式的功能要素，也是关系配送成败的一项重要支持性工作。分拣和配货是完善交货、支持送货的准备性工作，是不同配送企业在送货时进行竞争和提高自身经济效益的必然延伸，所以，也可以说是送货向高级形式发展的必然要求。货物的分拣是指采用适当的方式和手段，从储存的货物中分出用户需要的货物。为了完好无损地运送货物和便于识别配备好的货物，有些经过分拣。经过分拣的货物再进行配货。配备好的货物尚需重新包装，并在包装物上贴上标签，记载货物的品种、数量、收货人姓名、地址及运抵时间等。一般来说，有了分拣和配货就能大大提高送货服务水平，所以，分拣和配货是决定整个配送系统水平的关键要素。

（四）配装

在单个用户配送数量不能达到车辆的有效载运负荷时，就存在如何集中不同用户的配送货物进行搭配装载以充分利用运能、运力的问题，这就需要配装，即所谓的协同配送。

配装与一般送货的不同之处在于：通过配装送货可以大大提高送货水平及降低送货成本。所以，配装也是配送系统中有现代特点的功能要素，也是现代配送车辆不同于传统送货方式之处。

（五）配送运输

配送运输即送货，是配送活动的核心，实质就是货物运输。与一般运输形态不同的是，配送运输是较短距离、较小规模、较高频度的运输形式，它是面向用户的“末端运输”、“支线运输”、“二次运输”，一般使用汽车作为运输工具。它与“干线运输”的区别是，“干线运输”的干线是唯一的运输线，配送运输却存在复杂的路线选择问题。在配送运输中，由于配送用户较多，城市交通路线又较复杂，对于解决如何组合最佳路线，如何使配装和路线有效搭配等问题，存在很大的难度。这也是配送运输的特点。

（六）送达服务

配好的货运输到用户还不算配送工作的完结，这是因为送达货物和用户接货之间往往还会出现不协调，使配送前功尽弃。因此，要圆满实现送达货物的移交，并有效方便地完成相关手续和结算，还应讲究卸货地点、卸货方式。送达服务也是配送运输的独特之处。

（七）配送加工

配送加工是流通加工的一种，但具有不同于一般流通加工的特点，配送加工一般只取决于用户的要求，其加工的目的较为单一。在配送中，配送加工这一功能要素不具有普遍性，但往往是具有重要作用的功能要素。主要原因是通过配送加工，可以极大地提高用户的满意程度。

第三节　标签、标识与货架管理

一、标签与标识的审核及评价

（一）标签与标识

标签是指书写、涂描、印刷、标刻、模压、冲印于包装物上，或随附于包装物的任何标牌、商标、记号、图片及其他具有描述功能的材料。标签或标识应用于农产品包装，可以显示、说明农产品的特征和性能，向消费者传递商品的一般信息。随着市场经济的快速发展和商品贸易的激烈竞争，标签已成为公平交易、商品竞争的一种重要形式。农产品关系着消费者的健康、安全，所以农产品的标签比其他商品的标签更能引起消费者的重视。

标签与标识审核的依据是国际食品法典委员会（CAC）标准《预包装食品标签通用标准》(CODEX STAN 1—1985)、中华人民共和国国家标准《预包装食品标签通则》(GB 7718—2011）和《预包装特殊膳食用食品标签通则》（GB 13432—2004）的各项规定。

1. 农产品标签和标识的作用

1）引导、指导消费者选购农产品

包装农产品不同于裸装农产品，消费者难以识别包装内农产品的详细情况，只能通过标签上的文字、图形、符号了解包装农产品的采收期、保质期、质量（品质）等级等，从而决定购买或不购买。而对于未包装的农产品，也应当采取附加标签、标识牌、标识带、说明书等形式标明农产品的品名、生产地、生产者或者销售者名称等内容。

2）促进销售

农产品标签犹如一幅广告，农产品生产者可以在标签上展示产品的优越性，真实宣传产品的独特风格，吸引消费者购买。

3）向消费者承诺

农产品的生产者通过农产品标签，向消费者承诺所售农产品的质量（品质）水平，达到的标准，保藏期限等内容。标签上标明的产地及相关信息便于消费者投诉。

4）向监督机构提供监督检查依据

农产品标签上标示的产品标准代号和编号是监督机构监督检查的依据。

5）维护农产品生产者的合法权益

一些农产品（生鲜和鲜切）生产者在标签上标明的生产日期、保质期、贮藏条件等内容同样便于企业自身权益的维护。超过标签上标示的期限，或消费者、经销者未按标签上标示的保质期或贮藏条件食用或储存食品而发生意外，农产品生产者不再承担责任。从这个意义上讲，农产品标签也是维护农产品生产者合法权益的凭证。

2. 标签与标识的基本要求

一般来说，标签和标识的内容根据要求可分为强制性标示和非强制性标示。对任何农产品，农产品名称、生产者或经销者的名称和地址、净重、日期标示、产品等级标示都属于强制性标示。对于食用方法与能量和营养素标示属于非强制标示。

(1) 标签的所有内容应符合国家法律、法规的规定，并符合相应产品标准的规定。其所有内容应清晰、醒目、持久；产品标识不得在流通环节变得模糊甚至脱落，应使消费者购买时易于辨认和识读。

(2) 标签的所有内容应通俗易懂、准确、有科学依据，不得标示封建迷信、黄色、贬低其他农产品或违背科学营养常识的内容。标签的所有内容不得以虚假、使消费者误解或有欺骗性的文字、图形等方式介绍农产品，也不得利用字号大小或色差误导消费者。标签的所有内容不得以直接或间接暗示性的语言、图形、符号导致消费者将购买的农产品或农产品的某一性质与另一产品混淆。

（3）除注册商标之外，标签内容应使用规范的汉字。在标签和标识中可以同时使用拼音或少数民族文字，但不得大于相应的汉字。可以同时使用外文，但应与汉字有对应关系（进口农产品的制造者和地址，国外经销者的名称和地址、网址除外），要求所有外文不得大于相应的汉字（国外注册商标除外）。

（4）标签不得与包装物（容器）分离。包装物或包装容器最大表面面积大于 20cm^2 时，强制标示内容的文字、符号、数字的高度不得小于 1.8mm。

（5）如果透过外包装物能清晰地识别内包装物或容器上的所有或部分强制标示内容，可以不在外包装物上重复标示相应的内容。如果在内包装物（或容器）外面另有直接向消费者交货的外包装（或大包装），可以只在外包装（或大包装）上标示强制标示内容。

3. 标示内容

1）农产品名称

农产品名称应能表明农产品的真实属性。通常是专用名称而非通用名称。当有关标准已为某种农产品规定了一个或几个名称时，则至少应采用其中的一个名称。在其他情况下，应使用当地国家法规中规定的名称。在以上名称均不存在的情况下，应使用现存的常用名称或惯用名称，该名称应作为恰当描述性用语普遍使用，且不会使消费者产生误解或混淆。

2）净含量

净含量应以公制（国际单位制）标明。液态农产品用体积标示，固态农产品用质量标示，半固态农产品用质量或体积标示。同一包装内如果含有互相独立的几件相同的包装农产品时，在标示净含量的同时还应标示农产品的数量或件数。

3）生产者或经销者的名称和地址

农产品标签应具体标注该产品的真实产地，产地的标注区域详细度不得大于县级辖区。如应标“××市××县××基地”或“××市××县××乡（镇）”等。有些农产品还应标明该农产品的制造厂、包装厂、批发商、进口商、出口商或销售商的名称和地址：依法独立承担法律责任的集团公司、集团公司的分公司（子公司）应标示各自的名称和地址；依法不能独立承担法律责任的集团公司的分公司（子公司）或集团公司的生产基地可以标示集团公司和分公司（生产基地）的名称和地址，也可以只标示集团公司的名称和地址；受其他单位委托加工预包装食品但不承担对外销售，应标示委托单位的名称和地址；进口包装农产品应标示原产国的国名或地区区名（指我国香港、澳门、台湾），以及在中国依法登记注册的代理商、进口商或经销商的名称和地址，如果省略食品原产国会使消费者误解或受骗，则应标明原产国。

4）日期标志和贮藏指南

按照食品法典标准，食品标签应标明“最短适用日期”。对于最短适用日期不超过三个月的产品，应标明月和日；对于最短适用日期超过三个月的产品，应标明年和月。如果该月是12月，则标明年份即可。植物产品应标明农产品的收获或采收日期；动物产品应标明动物的宰割日期；粮食产品只标注年份即可。对于标示术语，用于保质期的常有“最好在……之前食用”、“最好在……之前饮用”、“……之前最佳”、“……之前食用最佳”、“……之前饮用最佳”、“此日期前最佳……”、“此日期前食用最佳……”或“此日期前饮用最佳……”。对于保质期，常用以下术语标示，“保质期（至）……”、“保质期××个月［××日（天），×年］”。对于保存期常用以下术语“……之前食用”、或“……之前饮用”、“此日期前食用……”、“此日期前饮用……”、“保存期（至）……”或“保存期××个月［××日（天），×年］”。在标签上同时应标示给定日期的所在部位。但是对于新鲜水果和蔬菜，包括未去皮或切块或类似处理过的马铃薯、葡萄酒、利口酒、起泡葡萄酒、加香葡萄酒、果酒和起泡果酒等不要求标明最短适用日期。对于乙醇含量10%或10%以上的饮料酒、食醋、食用盐、固态食糖类可以不标示保质期。除标明最短适用日期以外，如果农产品的保质期或保存期与贮藏条件有关，应标示农产品的特定贮藏条件。预包装食品的日期标示不得另外加贴、补印或篡改，应按“年-月-日”顺序标示日期，如生产日期是2004年1月15日，可以标示为2004 01 15（用间隔字符分开）、20040115（不用分隔符）、2004-01-15（用连字符分隔）或2004年1月15日。日期标示中年代号一般应标示四位数字，对于难以标示四位数字的小包装食品，年代可以标示两位数字。

5）特殊农产品标示

经电离辐射处理的农产品的标签上，应在紧靠农产品名称处用文字指明此种处理。转基因食品的标示应符合国务院行政管理部门的规定。植物、食用菌产品要标示“本产品农药残留、重金属含量符合强制性国家标准要求”，动物产品要标示“本产品兽药残留及其他安全指标符合强制性国家标准要求”。

6）等级与食用方法

销售获得无公害农产品、绿色食品、有机农产品等质量标志使用权的农产品，应当标注相应标志和发证机构。禁止冒用无公害农产品、绿色食品、有机农产品等质量标志。有分级标准或者使用添加剂的，还应当标明产品质量等级或者添加剂名称。农产品使用的等级标记，应使人容易看懂，并且不会使人产生任何误解或受骗。如有必要，可以标示容器的开启方法、食用方法、每日（每餐）食用量、烹调方法等对消费者有帮助的说明。特殊膳食用农产品应标示预包装特殊膳食用农产品适宜的人群。

（二）营养标识

对于预包装特殊膳食用农产品，能量与营养素标示属于强制内容，农产品标签应按规定标示蛋白质、脂肪、碳水化合物、反映食品特性的维生素、矿物质的含量以及产品的能量值。

1. 能量与营养素标示方法

农产品的能量是指食物中能提供燃烧热的能量，即热能，一般是根据所含能量物质的量而计算的。不同能量物质的换算因子不一样。碳水化合物为17kJ/g，蛋白质为17kJ/g，脂肪为37kJ/g，乙醇为29kJ/g，有机酸13kJ/g。能量标示时应标示每100g（100mL）或每份（每餐）农产品的能量值，以千焦（kJ）或焦耳（J）为单位标示，如1966kJ/100g或1966kJ/100mL。

营养素的标示不同物质具有不同的标示方法。蛋白质、脂肪、膳食纤维和碳水化合物（指可利用碳水化合物）应标示每100g（100mL）或每份（每餐）农产品中蛋白质、脂肪、膳食纤维、碳水化合物（指可利用的碳水化合物）的含量（g）。如需标明碳水化合物的类型，可标示为"每100g或100mL含碳水化合物××g，其中××糖（如葡萄糖、蔗糖）××g"。对于维生素应标示每100g（100mL）或每份（每餐）食品中维生素的含量。不同维生素的含量单位不一样。维生素B_1、维生素B_2、维生素C以mg或μg表示，维生素A、维生素D、维生素E以国际单位（IU）、mg或μg表示。对于矿物质与微量元素，应标示每100g（100mL）或每份（每餐）农产品中矿物质或微量元素的含量（mg或μg）。

在标示营养成分的同时，可以依据适宜人群，按质量分数标示每份或每100g（100mL）食品中的营养素占《中国居民膳食营养素参考摄入量》中推荐摄入量（RNI）的量。如果《中国居民膳食营养素参考摄入量》未提供推荐摄入量（RNI），可按质量分数标示每份或每100g（100mL）食品中的营养素占《中国居民膳食营养素参考摄入量》中适宜摄入量（AI）的量。在标示方式上，秉着最合理、消费者最容易理解的总要求，可采用三种常用方式进行标示，即范围标示法、平均值标示法和最低最高值标示法。

（1）范围标示法，如每100mL灭菌纯牛乳中蛋白质的含量为3.0%～3.5%，每100g乳粉中铁的含量为6～11mg。按此方式标示时，营养素的实际含量不得超出标示值的范围。

（2）平均值标示法，如每100mL灭菌纯牛乳中蛋白质的含量平均为3.0g，每100g乳粉中铁的含量平均为8mg，或在营养成分（表）的适当位置标示每100g（100mL）平均含量。按此方式标示时，强化的营养素或天然存在的固有营养素的实际含量不得低于标示值的80%。如声称低能量、低脂肪、低饱和脂肪酸、低胆固醇或低钠时，这些物质的实际含量不得超过标示值的20%。

（3）最低最高值标示法，如每100mL灭菌纯牛乳中蛋白质的含量不低于3.0g（或蛋白质不低于3.0g/100mL）；每100g脱脂乳粉中脂肪的含量不高于1.5g（或脂肪含量不高于1.5g/100g）。按此方式标示时，营养素的实际含量不得高于或低于对应的标示值。

2. 能量与营养素低水平含量声称

《预包装特殊膳食用食品标签通则》（GB 13432—2004）规定对于符合规定要求的预包装特殊膳食用食品可以声称能量、营养素含量的水平，如"低能量"、"低脂肪"、"低胆固醇"、"无糖"、"低钠"。表9-1列出了能量与营养素水平声称的声称项目以及声称条件，农产品的能量与营养素低水平含量生成可参考此条件。

表 9-1　能量与营养素水平声称

声称项目	食品类型	声称条件
低能量	固体食品	能量不高于 170kJ/100g
	液体食品	能量不高于 80kJ/100mL
无能量	液体食品	能量不高于 17kJ/100mL
低脂肪	固体食品	脂肪含量不高于 3g/100g
	液体食品	脂肪含量不高于 1.5g/100mL
无脂肪	所有食品	脂肪含量不高于 0.5g/100g（100mL）
低饱和脂肪	固体食品	饱和脂肪含量不高于 1.5g/100g，其能量占总能量的 10%以下
	液体食品	饱和脂肪含量不高于 0.75g/100mL，其能量占总能量的 10%以下
无饱和脂肪	所有食品	饱和脂肪含量不高于 0.1g/100g（100mL）
低胆固醇	固体食品	胆固醇含量不高于 20mg/100g
	液体食品	胆固醇含量不高于 10mg/100mL
无胆固醇	所有食品	胆固醇含量不高于 5mg/100g（100mL）
无糖	所有食品	单糖与双糖总含量不高于 0.5g/100g（100mL）
低钠	固体食品	钠含量不高于 120mg/100g
非常低钠	固体食品	钠含量不高于 40mg/100g
无钠	固体食品	钠含量不高于 5mg/100g

3. 能量与营养素含量的比较声称

在与现有普通农产品对比的基础上，预包装特殊膳食用农产品可以对能量或营养素含量做比较声称，如“减少了”、“增加了”、“少于”（低于）、“多于”（大于、高于）等。一般要求被比较的农产品应与比较的农产品是同类或同一属类，而且容易被消费者理解。在标示时应按质量分数或绝对值标示被比较农产品与比较的农产品的能量值或营养素含量的差异。只有比较的农产品与被比较农产品的能量值或营养素含量的相对差异不少于 25%的项目才可以另以能量或营养素声称。

4. 营养素作用的声称

对于特殊膳食用农产品，可以声称某种营养素对维持人体正常生长、发育的生理作用。例如，“钙是构成骨骼和牙齿的主要成分，并维持骨骼密度”、“蛋白质有助于构成或修复人体组织”、“铁是血红细胞的形成因子”、“维生素 E 保护人体组织内的脂肪免受氧化”、“叶酸有助于胎儿正常发育”。不得声称或暗示某种营养素有治愈、治疗或防止疾病的作用，也不得声称所示产品本身具有某种营养素的功能。另外，应要求被声称的营养素在所示产品中的含量显著以及被声称的营养素作用有公认的科学依据。

二、货架管理

（一）普通果蔬管理

1. 果蔬货架管理

果蔬采收后或经贮藏后进入零售市场，摆放在货架上的时间称为货架期，又称货架寿命。果蔬作为商品摆放在货架上，不同于果蔬的贮藏。果蔬贮藏时处于相对稳定的环境中，各种果蔬有其各自的适宜温度、湿度和气体环境。而果蔬摆放在货架上时，一方面要求控制货架的温度、湿度条件，另一方面还要求果蔬以最好的外观状态呈现给顾客。所以，货架期的管理是果蔬一系列商品化处理的终点，将直接关系到果蔬的货架寿命及商品价值，同时，还对指导果蔬商品化处理具有重要的作用和意义。

2. 果蔬的货架生理

果蔬的货架生理主要体现为贮运后生理。在此期间，果蔬的生理表现主要为衰老。衰老是一系列不可逆变化的开始。果蔬在衰老初期，通常表现为呼吸作用的骤然升高，然后随着呼吸基质的减少，最终细胞崩溃，整个器官死亡。这一时期果蔬生理变化的主要特点是膜透性增强，氧化作用加速，抗性下降等。因此在贮藏后期和出库后，果蔬的呼吸基质如糖、酸大量消耗，使其风味降低；氧化作用使酚类、酮类氧化，使果蔬出现褐变，并产生异味；叶绿素大量分解使果蔬变黄；果胶分解使果肉硬度下降；另外，由于代谢中间产物的逐渐积累，果蔬更容易产生中毒伤害。如采收过晚或在贮藏后期的果实，由于果实中法尼烯积累并在蜡质中氧化，果皮出现褐变，最终导致衰老型虎皮病，这种病症在苹果中很常见。另外果蔬在贮藏后期出库过程中或摆在货架上时，由于温度的骤然升高（尤其对于冷藏的果蔬）和气调贮藏气体成分（主要是 O_2）的突然改变，都可能产生大量生理病害。

3. 果蔬的货架寿命

果蔬的货架寿命是由其自身质量及货架条件决定的。果蔬的质量受很多采前及采后因素的影响，这些因素包括品种、生长期的气候条件、栽培管理方法、采收处理方法和贮运条件等。货架条件从果蔬保鲜的角度来讲与贮藏条件相似，即最适货架条件就是最适贮藏条件。但是，货架条件与贮藏条件有不同之处，货架期温度较高，湿度低，容易失水，条件不宜控制。常见果蔬的货架寿命如表 9-2 所示。

表 9-2 常见果蔬的货架寿命 单位：d

品名	一般货架	冷气货架	品名	一般货架	冷气货架
苹果（无处理）	5～8	10～12	大白菜（纵部）	2～3	5～7
苹果（上蜡）	20～30	＞30	花椰菜	4～7	10～12
梨	5～3	10～13	菜豆	2～3	7～9
蜜桃	3～5	8～10	豇豆	2～3	5～7
蜜梨	2～3	7～10	芹菜	1～2	3～4
黄桃	3～4	10～12	西芹菜	2～3	4～7
杏	3～5	7～10	甜玉米	1	2
李子	3～5	7～10	黄瓜	2～3	4～5
荔枝	1	2～3	茄子	2～4	5～7
龙眼	1～2	3～4	番茄（红热）	3～5	5～10
葡萄（马奶）	7～10	18～25	结球生菜	1～2	2～3
葡萄（巨峰）	2～3	5～8	冬瓜（切开）	1	1～2
草莓	1～2	3～4	冬瓜（整瓜）	5～8	10～20
甜樱桃	3～4	8～10	南瓜（切开）	1	1～2
大白菜	5～8	15～20	南瓜（整瓜）	5～8	10～20

续表

品　名	一般货架	冷气货架	品　名	一般货架	冷气货架
丝瓜	2～3	3～4	芫荽	1	1～3
青圆椒	2～3	4～5	芥菜	1	1～3
红圆椒	1～2	3～4	萝卜（白）	3～4	4～6
辣椒	1	4～5	萝卜（青、红）	4～5	6～8
菠菜	1	1～2	胡萝卜	3～4	4～6
小白菜	1	1～2	马铃薯	3～4	4～6
生菜	1	1～2	甘薯	3～4	4～6
柿（后熟）	3～5	6～10	芋	3～4	4～6
芒果	1～2	3～4	山药	3～4	6～10
柑橘	10～12	15～20	蒜（干）	10～20	>20
香蕉（黄熟）	20～25	3～4	姜	4～5	6～7
甜橙（套装）	3～4	20～25	荸荠	4～5	7～10
甜橙（上蜡）	2～3	25～30	大葱	7～8	10～20
菠萝（黄熟）	3～4	5～7	小青葱	1～2	2～3
番木瓜（黄熟）	2～3	4～5	豌豆（鲜）	1	2
西瓜（成熟）	3～4	5～7	荷兰豆	2～3	3～5
厚皮甜瓜	4～5	6～8	洋葱（干）	7～10	9～15
猕猴桃（软熟）	1～2	5～6	鲜蘑菇	1	1～2
石榴	5～8	10～15	西兰花	1	2～3
大枣（鲜）	1～6	10～12	绿豆芽	1	2
杨梅	2～3	5～7	石刁柏	1	1～2
茼蒿	1	1～2			

注：一般货架指在25℃下储藏的货架寿命，而冷气货架指在15℃下储藏的货架寿命。

4. 上架前的准备

上架前需要打开贮运时的大包装，剔除黄化、腐烂、变质、劣质、菜帮等部分后分解为若干小包装（即一般消费者利用起来较为合适的包装），将印刷有品名、产地、特色等简洁内容的宣传标签以及定价标签粘贴于小包装上，美化商品，提高商品价值。在此过程中，要继续保持果蔬鲜度。常用的小包装有网套包装、伸缩薄膜包装、塑料袋包装等。伸缩薄膜包装在市场上应用越来越多，这种包装利用具有伸缩性、黏合性、不宜穿刺、气体透过率高的软质聚氯乙烯薄膜，能够抑制蒸发，提高美观度，是目前果蔬在货架上包装的主要形式。这种包装的使用形态有单个或半切包装（大白菜、甘蓝、萝卜、花椰菜、西瓜、甜香瓜等）、寡数包装（长形菜，如黄瓜、茄子、大葱、石刁柏等）以及方塑盘包装等。方塑盘包装是将果蔬装进透明或发泡方塑盘，用薄膜将盘与果蔬一起包起来。盘的大小、深浅等是根据果蔬的特性来选择。如番茄、菜豆、莲藕、生姜可用浅盘，青豌豆、马铃薯等可用深盘。目前，市场上流行的果篮即是这种方式包装的。

5. 产品展示

果蔬产品展示台有较先进的冷藏展示台，即目前许多大型市场或超市出售果蔬的货架。也有常温货架。在货架上陈列产品时，只放置一层或两层，可使产品免受挤压，并可避免产品在出售给消费者时受损伤，产品的柜台温度或装有制冷设备的超市的温度必须满足待售商品对温度的要求。例如，辣椒、番茄与莴笋放在一起时，虽然看起来很美观，但由于辣椒和番茄不适低温，而莴笋则需低温，因此不宜混放。

6. 货架管理技术

果蔬冷藏货架一般为开放型的（没有门），分3～5层，架内温度为5～8℃。冷藏货架的容量是有限的，要将最需要低温的、价格高的种类优先摆上去。需要注意：茄子、黄瓜、南瓜等原产热带的果蔬易遭受冷害；许多新鲜果蔬在常温下会很快变质、萎蔫、腐烂。为了改善常温货架的温度条件，可以用铺冰袋、保冷剂等方法来降温。保冷剂是由吸水性能好的高分子聚合物、淀粉等充分吸水后，用非织造布包起来，然后密封于聚乙烯等塑料袋内而制成的。用于保冷剂的塑料袋应耐低温和撞击，袋形为枕状或棒状。保冷剂使用前在冷冻库中进行冷冻，使用时铺在货架上，包装好的菜置于其上。为了有效地利用保冷剂，减少保冷剂与热空气的接触，可以将保冷剂铺于发泡聚苯乙烯箱上，包装好的果蔬置于其上。有的常温货架也可以用冷水进行降温。向一些果蔬表面喷洒些干净的凉水，可以保持台面相对高的湿度，防止果蔬过度失水。国外有一种装置用于给展示台喷水，这种装置是在水管上打一些小洞，与水龙头的蛇形管相连，使用很方便，并能用微机自动控制喷水的时间和次数。

7. 货架检查和处理

即使上架前果蔬处理及货架保鲜条件均良好，也需要经常进行货架检查。发现腐烂的水果或黄化、萎蔫、腐烂的叶片要及时剔除。容易疏忽的劣化，如柑橘烂果、甜椒果梗处腐烂、韭菜烂叶等要特别予以重视。未售完且腐烂变质的应及时去掉，以免影响其他果蔬的销售；可以修整的应修复后重新上架。冷藏货架中的大部分果蔬不需处理，但常温货架中的优质高价果蔬有必要放进冷库或者冷藏货架上。当一些蔬菜出现了有损于外观品质的变化时，需进行开封、修整及再包装处理。如白菜、甘蓝的外叶萎蔫时，可以剥去萎蔫叶再进行包装；半切白菜、甘蓝、莲藕、冬瓜等的切口褐变时，可将褐变的部分削去，对新鲜切口后再进行包装。

（二）冷却肉的货架管理

从冷藏库取出的冷却肉要迅速加工，缩短时间，冷藏库门要尽量少开。第一批原料加工后，再从冷藏库取出下一批的原料，严禁积压导致回温。在冷藏展销柜中，摆列的肉制品不宜太多，要少摆多补。在展销过程中，若发现有不良品质，要马上拿开，防止交叉污染。专卖店管理员要定时测定肉品鲜度。对于在展销柜摆放超过3d的冷却肉，要每隔2h测定一次肉品鲜度，要根据肉品鲜度情况作出相应的处理。冷却肉在不能及时销售的情况下，应进行冷藏，其温度保持在0～1.5℃，相对湿度85%～90%。常见不同品种冷却肉的保藏温度和贮藏期限分别为牛肉－1.5～0℃，28～35d；小牛肉－1～0℃，7～21d；羊肉－1～1℃，7～14d；猪肉－1.5～0℃，7～14d。另外，冷却肉在切片或绞碎后，放在保鲜盒，于冷藏柜展销时，常有出水现象，这主要是因为保鲜盒为绝缘隔热材料，透气性差，肉品放入保鲜盒，在冷藏柜中温度降低较慢所致。可采取在保鲜盒底垫上能吸水的纸或其他材料的方法来降低滴水，还能保持美观。

饲养活鱼的用水必须清澈，水质良好，符合国家标准，淡水鱼的鱼水比一般为1∶(3～4)。通常超市中的养鱼缸还应装有增氧、净水或降温等设备。在日常水产品管理中，如发现鱼浮头严重，或水面泡沫过多，则表明该水质恶化，应立即换加含氧量较多的新水。

冷冻鱼在碎冰床上摆放时，鱼体应放在托盘上，不能与冰直接接触。

参考文献

曹洪军，阚功俭. 2009. 物流学 [M]. 北京：经济科学出版社.

陈锦权. 2008. 食品物流学 [M]. 北京：中国轻工业出版社.

陈宗道，赵国华. 2007. 食品物流安全的管理与技术 [M]. 北京：化学工业出版社.

刘兴华. 2008. 食品安全保藏学 [M]. 北京：中国轻工业出版社.

屠康. 2006. 食品物流学 [M]. 北京：中国计量出版社.